Josef Berghold

Feindbilder und Verständigung

Josef Berghold

Feindbilder und Verständigung

Grundfragen der politischen
Psychologie

3., aktualisierte Auflage

VS VERLAG FÜR SOZIALWISSENSCHAFTEN

Bibliografische Information Der Deutschen Nationalbibliothek
Die Deutsche Nationalbibliothek verzeichnet diese Publikation in der
Deutschen Nationalbibliografie; detaillierte bibliografische Daten sind im Internet über
<http://dnb.d-nb.de> abrufbar.

1. Auflage 2002
2. Auflage 2005
3. Auflage 2007

Alle Rechte vorbehalten
© VS Verlag für Sozialwissenschaften | GWV Fachverlage GmbH, Wiesbaden 2007

Lektorat: Frank Schindler

Der VS Verlag für Sozialwissenschaften ist ein Unternehmen von Springer Science+Business Media.
www.vs-verlag.de

Umschlaggestaltung: KünkelLopka Medienentwicklung, Heidelberg
Druck und buchbinderische Verarbeitung: Krips b.v., Meppel
Gedruckt auf säurefreiem und chlorfrei gebleichtem Papier
Printed in the Netherlands

ISBN 978-3-531-15628-6

Inhalt

1 Einleitung

So schwierig es in Wahrheit ist, so wesentlich ist es doch zugleich: Sich Klarheit darüber zu verschaffen, wo man eigentlich steht, woher man kommt, wohin man überhaupt will. Wozu man sich denn anstrengt, was man sich davon tatsächlich erhofft und ob das Erhoffte denn erreichbar ist — im wissenschaftlichen Arbeiten ebenso wie natürlich im Leben überhaupt. Das, was man tut, in einen größeren Zusammenhang zu stellen, oder den größeren Zusammenhang, in dem es schon steht, zumindest ein wenig deutlicher zu erkennen. Wenn ich mich nicht mit einigen ziemlich allgemeinen Erklärungen zufrieden geben will — die mehr oder weniger sinnvoll sein können, denen aber auch ein wenig der Geruch des Vorgefertigten anhaftet — muss ich eingestehen, dass es da ziemlich weitläufige Gänge, Räumlichkeiten und dunkle Winkel gibt, in die ich noch nie oder höchstens flüchtig hineingeleuchtet habe.

Die sich mit der vorliegenden Habilitationsschrift ergebende Gelegenheit, einen ausschnittweisen Überblick über meine wissenschaftlichen Bemühungen neueren Datums zu liefern, bringt mich dazu, mich eingehender als sonst mit der Frage auseinanderzusetzen, welchen „eigentlichen" Sinn das alles denn nun hat oder haben könnte. Obwohl ich einerseits bereits seit jüngeren Jahren ein starkes Gespür für diesen Sinn habe, bin ich andererseits mit den Worten, in die ich meine Erklärungen darüber kleide, seit jeher ziemlich unzufrieden: Da fehlt doch immer wieder was Wesentliches, das ist zu unscharf, das müsste doch viel dichter und überzeugender herausgearbeitet werden... Da dieser Sinn letztlich nicht ohne eine Auseinandersetzung mit der eigenen Herkunft und subjektiven Ausgangsbasis erschlossen werden kann, möchte ich in dieser Arbeit auch einigen persönlichen Erinnerungen nachspüren, um der Entstehungsgeschichte meiner wissenschaftlichen Interessen ein wenig auf den Grund zu gehen.

Einen für eine solche Absicht nahe liegenden ersten Anhalts- und Knotenpunkt, an dem sich die verschiedensten autobiographischen Fäden kreuzen, liefert der Beginn meines Studiums der Psychologie und Politikwissenschaft (an der Universität Salzburg). Ähnlich wie viele andere Studienanfänger wurde ich dabei ziemlich unvermittelt mit der Tatsache konfrontiert, dass sich mein intuitives Vorverständnis vom Sinn psychologischer Forschung auffällig wenig mit dem deckte, was von der Mehrheit der akademisch Maßgeblichen für wissenschaftlich zulässig und notwendig gehalten wurde.

Wie für die meisten Erstsemestrigen an den meisten Universitäten (zumindest in unseren Breiten) war auch für mich schnell erkennbar, dass die meisten in der akademischen Psychologie tonangebenden Richtungen die mathematische Mess- und Testbarkeit bzw. die äußerliche Kalkulier- und Lenkbarkeit menschlichen Verhaltens bevorzugen — und dass sie dies üblicherweise mit einer weitgehenden Zurückweisung der Psychoanalyse verbinden, wie auch allgemeiner mit einer Ablehnung des Anliegens, psychologische Erkenntnisse über den Resonanzkörper der eigenen Gefühle, über das Erkunden der subjektiven Verstricktheiten mit einem untersuchten Objekt gewinnen zu wollen. Damals wie heute trifft es gewiss für eine Mehrheit der Studienanfänger zu, dass ihnen „schon nach kurzer Zeit [...] im Grundstudium der Psychologie deutlich [wird], dass computertechnische, mathematische und messtechnische Kenntnisse gefordert werden, um ein objektives und messbares Verhalten von Menschen darzustellen, und dass ihre Wünsche, den Beweggründen und Motiven menschlichen Handelns in sozialen Situationen nachzuspüren, als unwissenschaftlich bezeichnet werden." (Keupp/Weber 2001: 14)

Zwar erschien mir (und erscheint mir auch heute noch) ein äußerliches Messen und statistisches Korrelieren mancher Aspekte menschlichen Verhaltens in Grenzen durchaus auch sinnvoll — vorausgesetzt, man ist sich über deren unausweichliche Einseitigkeit und Verzerrung gegenüber den ins Auge gefassten psychologischen Phänomenen im Klaren. Dass man diese methodische Vorgangsweise jedoch in kämpferischer Abgrenzung gegen das Erkenntnismedium der eigenen Subjektivität vertreten konnte, machte auf mich unmittelbar den Eindruck eines geradezu fatalen Verfehlens des eigentlichen Gegenstands der Psychologie und einer weitgehenden Selbstbeschränkung auf mit Fachjargon verbrämte Banalitäten. Dementsprechend überraschte es mich dann auch eher wenig, in einem Buch des Begründers und ersten Lehrstuhlinhabers des Salzburger Instituts für Psychologie einmal das immerhin bemerkenswerte Eingeständnis zu lesen, dass er sich im Rückblick auf ein Jahrhundert Psychologiegeschichte seit Gustav Fechners ‚Psychophysik' des Verdachts nicht erwehren konnte, „dass im Vergleich der wissenschaftlichen Disziplinen die Psychologie in der Konsequenz des Ausweichens vor der Klärung ihres Gegenstandes konkurrenzlos ist." (Revers 1962: 14)

Die zumindest in ihrer emotionalen Heftigkeit für mich überraschende Gegnerschaft einer großen Mehrheit der am Institut Lehrenden gegen die Psychoanalyse war also die erste große Enttäuschung meines beginnenden Studiums. Gleich in der ersten Uni-Vorlesungsstunde meines Lebens hörte ich das völlig unerwartete, mit spürbarem Ingrimm vorgetragene Verdikt, dass Sigmund Freuds Theorien nicht einmal den Mindestanforderungen genügen könnten, die an eine Wissenschaft zu stellen seien. Meine Enttäuschung über diese Haltung schlug sich auch im ärgerlichen Empfinden nieder, in meiner neuen universitären Umgebung nun also doch nicht so recht — oder auf jeden Fall nicht im von mir erhofften Ausmaß — der Borniertheit meiner provinziellen Herkunftswelt entkommen zu sein, von der ich mich ja gerade auch durch meine Studienwahl abnabeln wollte.

Während Freuds Lehren — wie ich zum Beispiel auch einem viel verwendeten Wörterbuch für Psychologie entnehmen konnte — in der weiteren (vor allem westlichen) Welt „heute als eine der Hauptquellen psychologischer Einsichten [gelten] und [...] auch auf benachbarte Wissensgebiete (Soziologie, Geschichtswissenschaften) ihren fruchtbaren Einfluss aus[übten]", war also die Mehrheit der Lehrenden, deren Kurse ich laut Studienplan zu belegen verpflichtet war, offensichtlich von einem philisterhaften Kleingeist beherrscht, der sich gegen diese anregendere und befruchtendere Atmosphäre der internationalen Entwicklungen abschotten wollte: „In der österreichischen und deutschen Universitätspsychologie ist man in der Anerkennung der Freudschen Verdienste bis heute recht zurückhaltend", vermerkte einer der beiden Autoren des Wörterbuchs mit kaum zu überhörender ironischer Untertreibung, „vielleicht aus einer Einstellung heraus, die sich aus einer Mischung von Schuldgefühlen und Prüderie erklären lässt. In der medizinischen und klinischen Psychologie dagegen sind die Ideen und Methoden der Psychoanalyse zu Selbstverständlichkeiten auf der ganzen Welt geworden." (Fröhlich 1968: 28)

Abgesehen von den Gründen, die schon von vornherein zu meiner Studienwahl geführt hatten, verstärkte also auch mein Ärger über die am Institut vorherrschende Abwehrhaltung gegen die Psychoanalyse meinen spontanen Widerspruch gegen das methodische Diktat eines Ausblendens der forschenden Subjektivität — das in meinen Augen zum Beispiel auch durch die absurde Unterweisung für „wissenschaftliches" Arbeiten, das Wort „ich" beim schriftlichen Formulieren tunlichst zu vermeiden, geradezu punktgenau symbolisiert wurde. Mit umso größerer Bestimmtheit fand ich mich dementsprechend auch sogleich auf der Seite derer, die in Gegenposition dazu ihre Interessen in erster Linie am kurz zuvor eingerichteten Lehrstuhl des Psychoanalytikers Igor Caruso wahrnehmen wollten und wahrgenommen sahen (und Jahre später — nach Carusos Emeritierung — auch im leider erfolglosen Engagement für eine seine Orientierung weiterführende Nachfolge auf diesem Lehrstuhl).

Wie für viele andere, die in diese Richtung tendierten, wurde in der Folge auch für mich das bahnbrechende Werk ,Angst und Methode in den Verhaltenswissenschaften' des Ethnopsychoanalytikers Georges Devereux zu einem der wichtigsten Bezugspunkte für mein weiteres Arbeits- und Selbstverständnis. Sowohl Devereuxs Plädoyer gegen zwanghafte Tendenzen, „mehr und mehr Filter — Tests, Interviews, technische Errungenschaften und andere heuristische

Kunstgriffe — zwischen uns und unsere Objekte zu schieben" (Devereux 1967: 18) und damit die Illusion der Ausschaltung aller Subjektivität zu nähren, als auch seine Argumentation, dass „das größte Hindernis auf dem Wege zu einer wissenschaftlichen Erforschung des Verhaltens [...] die ungenügende Berücksichtigung der emotionalen Verstrickung des Untersuchenden mit seinem Material [ist], das er letzten Endes selber ist und das deshalb unvermeidlich Ängste in ihm erregt" (ebenda: 28), boten mir entscheidende Koordinaten für meine Orientierung. Sie vermittelten mir zahlreiche Hilfestellungen, meine bis dahin nur recht unklar entwickelten Auffassungen über Sinn und Widersinn im wissenschaftlichen Arbeiten nach und nach in (für mein Empfinden) weitaus schlüssigeren und dichteren Zusammenhängen sehen zu können.

Im Grundsätzlichen also ziemlich überzeugt von Devereuxs Forderung, die eigenen „Gegenübertragungen" als „das entscheidende Datum jeglicher Verhaltenswissenschaft" (ebenda: 17) zu analysieren, nahm ich nach dem Abschluss meines Studiums die mir von Klaus Ottomeyer 1987 angebotene Gelegenheit gern wahr, am von ihm damals geleiteten Forschungsprojekt ‚Zur Sozialpsychologie des Friedens' mitzuarbeiten, in welchem eben dieser Forderung ein zentraler Stellenwert zugesprochen wurde — in enger Verknüpfung mit den ähnlich orientierten Ansätzen des „szenischen" und „tiefenhermeneutischen Verstehens", wie sie von Alfred Lorenzer, Ute Volmerg, Birgit Volmerg und Thomas Leithäuser entwickelt wurden (Graf/Ottomeyer 1989a: 3ff).

Gerade auch Ottomeyers Reflexionen und Erläuterungen zu diesen methodischen Ansätzen — insbesondere die Konsequenz, „dass die Selbsterforschung der Irritationen im Subjekt des Forschers ein Hauptweg zum Verstehen des fremden Subjekts und der gemeinsamen bewusst-unbewussten Inszenierung wird" (Ottomeyer 1987: 93) — stießen bei mir überwiegend auf bereitwillige Zustimmung und auf Wertschätzung für die Anschaulichkeit, mit der er Kernprobleme und wesentliche davon berührte Zusammenhänge auf den Punkt brachte: Einerseits den damit verbundenen, oft tief verunsichernden Verzicht auf narzisstisch besetzte „wissenschaftliche" Souveränitätsfiktionen — da derart gewonnene Erkenntnisse vielfach „mit charakteristischen Gefühlen der Verwirrung, der Scham, des vorübergehenden Fassungsverlusts (im Lachen oder Weinen), der Verrückung der Perspektive" (Graf/Ottomeyer 1989a: 4) einhergehen; andererseits die „Chance des Wissenschaftlers, der sich auf das Risiko der Irritation einlässt", die in seiner „Verlebendigung", seinem Gewinn an bis dahin verschütteter Lebenslust und psychischer Beweglichkeit besteht, „ähnlich der Chance (und Notwendigkeit) zur ‚unendlichen Analyse', die Freud in Bezug auf den therapeutischen Praktiker betont hatte" (Ottomeyer 1987: 93f); vor allem aber auch die hohe soziale Hemmschwelle gegen das offene Eingeständnis, „dass das wichtigste Wahrnehmungsorgan des Psychologen seine empfindliche Subjektivität mitsamt ihren lebensgeschichtlichen Verletzungen, rumorenden Wünschen und dem Stempel der individuellen ‚Neurose' ist. Wenn man schon um dieses Organ weiß, so zeigt man es doch nicht öffentlich." (ebenda: 96)

Wenn ich nun auf die verschiedenen Themen und Fragestellungen zurückblicke, an denen ich — seit meinem Einstieg beim erwähnten Forschungsprojekt — in den letzten eineinhalb Jahrzehnten gearbeitet habe, so muss ich mir ernüchtert eingestehen, dass ich den mich theoretisch so überzeugenden Anspruch auf Selbsterforschung der Irritationen nur ziemlich beschränkt in die Praxis umgesetzt habe. Dies bringt mich nicht zuletzt zur Schlussfolgerung, dass meine schon seit Beginn meines Psychologiestudiums gehegte Abneigung gegen die Vertreter des methodischen Prinzips, die forschende Subjektivität möglichst auszuschalten, wohl auch dem undurchschauten Zweck gedient haben muss, meine eigenen Widerstände zum Teil anderen in die Schuhe zu schieben (die mich ja im Grunde nicht ernsthaft daran hindern konnten, meine wissenschaftlichen Interessen entsprechend der von mir anerkannten Wertmaßstäbe zu verfolgen). Unzweifelhaft verschafft es ja einen ziemlich „bequemen" psychischen Gewinn, d. h. entspricht es dem Weg des geringeren Widerstands, einen (selbst auch legitimen) Ärger gegen andere vorzuschieben, um der schwierigen Auseinandersetzung mit den eigenen Widerständen aus dem Weg gehen zu können.

Im Lichte der von Ottomeyer angesprochenen Schwierigkeiten liegt es freilich schon grundsätzlich nahe, dass ein derartiges Versäumnis unter denjenigen, die sich theoretisch zum Anspruch der Selbsterforschung der Irritationen bekennen, nicht gerade sehr selten sein kann. „Es ist auffällig", bemerkt er in diesem Zusammenhang, „dass es eine wachsende Fülle von Literatur über Gegenübertragung in der Therapie gibt, in der man aber über die Gegenübertragung des jeweiligen Autors fast nichts erfährt. [...] In der Methodendiskussion der Wissenschaftler, die die Devereux'sche Entdeckung würdigen, sieht es ähnlich aus. Es bleibt bei der respektvollen Erwähnung des Phänomens oder aber bei programmatischen Erklärungen über die notwendige ‚Gegenübertragungsanalyse'. In den wenigen durchgeführten ‚qualitativen Forschungen' werden die praktischen Forscher oft doch wieder zu merkwürdigen Anonymi, über die man teilweise nicht einmal die Geschlechtszugehörigkeit erfährt." (Ottomeyer 1987: 95)

Dass die wenigen Autoren, die sich dennoch zu einer eingehenderen Thematisierung ihrer eigenen Gegenübertragungen entschließen konnten, dies vielfach erst nach Erreichen der Pensionierungsgrenze taten bzw. tun (zum Beispiel auch Devereux selbst), hängt auch mit den — realen und phantasierten — Gefährdungen zusammen, die eine Entblößung der eigenen Subjektivität in der konkurrenzbestimmten akademischen Kultur mit sich bringen kann. Nicht zuletzt auch im Rahmen des erwähnten Forschungsprojekts konnten „gesellschaftliche Schamgrenzen" und „die Angst vor dem persönlichen Verletztwerden in der

Konkurrenzgesellschaft" (Graf/Ottomeyer 1989a: 3) als mächtige Hindernisse im Erkenntnisprozess benannt und diskutiert werden — wobei insbesondere ein diesbezüglich sehr beispielhaftes akademisches Trauerspiel, das an einer Methodentagung des Projekts „aufgeführt" worden war, für die Teilnehmer Thomas Leithäuser und Birgit Volmerg zum Anlass einer umsichtigen Analyse der darin wirksamen Ängste (und Mechanismen zu deren Verleugnung) wurde. Die Wichtigkeit des Grundsatzes, „dass wir gerade die Störungen und Frustrationen, die im Forschungsprozess auftreten, zum Gegenstand der Reflexion und des Nachspürens machen können" (ebenda: 30), fand dabei eine sehr anschauliche Bestätigung (Leithäuser/Volmerg 1988: 262-291).

Wie aus diesen einleitenden Seiten schon andeutungsweise hervorgeht, unternehme ich also im Rahmen der vorliegenden Arbeit den Versuch, die bisher vernachlässigte Untersuchung meiner subjektiven Verstrickungen mit den von mir beforschten Fragestellungen ein wenig nachzuholen. Schwerpunktmäßig verfolge ich dieses Bestreben im Abschnitt 2.2, in dem ich versuche, mich über einige persönliche Erinnerungen zu wesentlichen Beweggründen und Überlegungen vorzuarbeiten, die meine wissenschaftlichen Interessen bestimmen und aus denen sich in der Folge (im Abschnitt 2.3) auch ein, wie ich hoffe, halbwegs überzeugender Ausblick auf grundlegende Fragen politischer Psychologie herausschält. Anhand dieses größeren thematischen Panoramas sollte auch ein roter Faden erkennbar werden, der die daran anschließende Auswahl von Texten, die ich in den vergangenen eineinhalb Jahrzehnte verfasst habe (und hiermit in großteils überarbeiteter Form vorlege), einigermaßen dicht miteinander verbindet.

Insgesamt geht es mir im 2. Kapitel also darum, meinen grundsätzlichen Zugang zur psychoanalytischen Perspektive in den Gesellschaftswissenschaften und zu ihrem „Wozu" — zu ihren praktischen Anliegen — möglichst schlüssig zu entwickeln. Wesentliche Kristallisationspunkte bilden dabei die für das gesellschaftliche Zusammenleben und die individuelle Selbstverwirklichung entscheidenden Werte der Solidarität und des Dialogs — die in ihnen angelegten großen produktiven und kreativen Potentiale, ihre Notwendigkeit für jede lebendige demokratische Kultur wie auch für das längerfristige Überleben unserer rasch zusammenwachsenden Welt, sowie besonders auch die Frage nach den offensichtlich sehr mächtigen und tief verwurzelten Hindernissen, die sich der Durchsetzung dieser Grundwerte entgegenstellen (und die sich unter den aktuellen „neoliberalen" Globalisierungstrends noch wesentlich zu verhärten scheinen).

Einer Möglichkeit, diesen Hindernissen auf die Spur zu kommen, gehe ich (im Abschnitt 2.4) mit dem Versuch nach, das verwirrend vieldeutige Phänomen der Macht und die dahinter stehenden Beweggründe unter einigen zentralen Blickwinkeln zu beleuchten. Ansätze zu einer systematischeren Annäherung an diese Fragestellung entwickle ich in der Folge (im Abschnitt 2.5) in der Form von neun Thesen, die ich ursprünglich für eine Diskussion über die vom Psychohistoriker Lloyd deMause begründete Methode der ‚fantasy analysis' — zur Deutung von in öffentlichen Phantasien enthaltenen unbewussten Motiven — entworfen hatte. Ich formulierte sie vor allem in der Absicht, aus einigen Eckpunkten des psychoanalytischen Denkmodells Schlussfolgerungen darüber abzuleiten, nach welcher grundsätzlichen Logik und in wie hohem Ausmaß gesellschaftliche Entwicklungen und politische Auseinandersetzungen durch unbewusste Ängste und Zwänge beeinflusst werden. Zentrale Angelpunkte ergeben sich dabei aus der (auch bereits im Abschnitt 2.1 erörterten) Konzeption des Widerstands, sowie aus der Konzeption des psychischen Traumas bzw. dessen grundlegender Auswirkung der Dissoziation (des nachhaltigen Abspaltens des damit verbundenen Erlebens), welche auch einen entscheidenden Hintergrund für die unbewusste Zwanghaftigkeit bildet, mit der frühkindliche Schicksale das erwachsene Gefühlsleben beherrschen können.

Das 3. Kapitel der Arbeit konzentriert sich auf ein sehr geläufiges Phänomen, das sich bereits in den Auseinandersetzungen des 2. Kapitels (vor allem in den Abschnitten 2.3.5 und 2.3.6) als entscheidende Barriere gegen die gesellschaftliche Umsetzung der Prinzipien von Solidarität und Dialog abzeichnet: Tief verwurzelte Anfälligkeiten zur Dämonisierung und Verächtlichmachung von Außengruppen und -personen, die in den vielfältigsten sozialen Vorurteilen und Feindbildern ihren Niederschlag finden. Deren enormes Gewicht spiegelt sich etwa eindrücklich im Umstand, dass in einem vor wenigen Jahren erschienenen Sammelband, in dem aus fünfzig Jahrgängen der Zeitschrift ‚Psyche' herausragende Beiträge zum Arbeitsfeld der politischen Psychologie vereinigt wurden, dem Themenblock „Vorurteil und Antisemitismus" der erste Rang und der mit Abstand breiteste Raum zuerkannt wurde (Krovoza 1996). Ich greife in diesem Kapitel vier für die neuere politische Großwetterlage symptomatische Beispiele heraus, um an ihnen den Anfälligkeiten für Feindbilder konkreter auf den Grund zu gehen.

Im Abschnitt 3.1 verfolge ich die Absicht, deren verborgenen Wurzeln mit einiger Konsequenz auf die Spur zu kommen, indem ich das aktuell besonders im Zentrum stehende Zuwanderer-Feindbild grundsätzlich von verschiedenen Motiven und Phänomenen abzugrenzen versuche, die zwar typische Vorwände, Auslöser oder Verstärker für ausländerfeindliche Haltungen abgeben, diese aber für sich genommen nicht ursächlich motivieren können (Fremdenscheu; geistige Trägheit gegenüber Unvertrautem; „Vorurteile" im oberflächlichen Wortsinn von Irrglauben und Unwissenheit; irritierende Erfahrungen und Wahrnehmungen; wirtschaftliche Konkurrenz). Anhand dieser inhaltlichen Ausgrenzungen kristallisieren sich mehrere Kernaspekte heraus, die auch allgemeiner für Feindbilder grundlegend sind: Die radikale Abwehr gegen Dialog und Empathie, sowie das zwanghafte, von konkreter Erfahrung enthobene Festnageln der betreffenden Gruppen und Personen auf ein Negativbild — woraus vor allem auch auf eine suchtartige (aber nicht bewusst eingestehbare) Bedürftigkeit danach geschlossen werden kann. In diesem Zusammenhang gewinnt auch die Frage ein wesentliches Gewicht, weshalb es innerhalb des breiten Spektrums möglicher Vorurteile und Feindbilder gerade ethnisch-nationale Fremdgruppen sind, die unter einem sehr gesteigerten Risiko stehen, in die Rolle dämonisierter, verachteter und verfolgter Außenseiter gedrängt zu werden.

Im Abschnitt 3.2 untersuche ich Botschaften und Inszenierungen zweier Rechtsparteien (der FPÖ Jörg Haiders und der Lega Nord Umberto Bossis), zu deren Wesensmerkmalen ein permanentes Anheizen von Feindbildern gehört und die im Europa der 1990er Jahre die wohl steilsten Aufwärtskurven bei Wahlen zu verzeichnen hatten. Die im Unterschied zur Lega Nord (lange Zeit) weitaus größere Nachhaltigkeit der Erfolge der Haider-FPÖ erörtere ich im Zusammenhang ihrer außergewöhnlichen Fähigkeit, die divergierenden Haupttrends der breiteren Rechtsentwicklung („Neoliberalismus", Rechtspopulismus, Rechtsextremismus, religiöser Fundamentalismus) zu bündeln — was mit Besonderheiten der politischen und sozialpsychologischen Verhältnisse in Österreich, aber auch mit der besonderen Geschicklichkeit Haiders erklärt werden kann, sich auf sehr unterschiedlichen Bühnen effektvoll in Szene zu setzen. In einer zentralen Selbstinszenierung — als gnadenlose Jäger — stimmen Haider und Bossi freilich auch weitgehend überein. Sie heizen damit die um sich greifenden Ängste unserer Zeit gezielt an und machen zugleich Angebote zu ihrer primitiven Verdrängung: vor allem über die identifizierende Unterwerfung unter die als übermächtig-gefährlich phantasierte Führerfigur und die Illusion, das eigene Bedroht-Sein durch die Teilnahme an der Verfolgung Schwächerer nach außen ableiten zu können.

Im Abschnitt 3.3 analysiere ich die neonazistische österreichische Schülerzeitung ‚Gäck', die aufgrund ihrer satirischen und comic-artigen Aufmachung ungewöhnlich starken (wenn auch zum Glück zeitlich und regional sehr beschränkten) Zuspruch finden konnte. Eines ihrer prägenden Stilmittel besteht in einem feindselig-witzelnden Habitus, der von Gewaltfaszination nur so trieft und dabei — ähnlich wie die rechtspopulistische Jagdrhetorik — offensichtlich auch eine Verdrängungsfunktion gegenüber massiven Ängsten erfüllt. Dies kommt nicht zuletzt in einer heftigen Feindseligkeit gegen jede Infragestellung herkömmlich-holzschnittartiger Geschlechtsidentitäten zum Ausdruck (welche u.a. vom „richtigen Mann" die pauschale Verleugnung jeder Angst oder Weichheit fordern). Hinter dieser Männlichkeitsfiktion schälen sich freilich schwere Defizite an emotional tragenden Vaterbeziehungen — und damit gerade eine tiefe

Unsicherheit der männlichen Identität — als eines der (verschlüsselt) dominierenden Motive der Zeitung heraus, das auch einen relevanten Hintergrund für weitere stark zur Geltung kommende Themen (wie konsumistische Passivität, narzisstische Wut oder Ausbildungs-Versagensängste) bildet.

Im Abschnitt 3.4 untersuche ich das Beispiel einer beinahe überfallsartigen Zuspitzung sozialdarwinistischer und feindbildhafter Einstellungen, wie sie sich in den USA während des Golfkriegs des Jahres 1991 — des (in allen westlichen Ländern) populärsten Krieges des späteren 20. Jahrhunderts — durchsetzen konnten und etwa auch in einer Umfrage-Zustimmung von 45 Prozent für einen eventuellen Atomwaffeneinsatz gipfelten. Als hervorstechende Merkmale der Kriegsstimmung beschreibe ich eine radikalisierte Wahrnehmungsspaltung zwischen „Gut" und „Böse", ein massives Verweigern jedes Sich-Hineinversetzens in die Lage der anderen, eine tranceartige Blindheit gegenüber der den Krieg kompromisslos ansteuernden Regierungspolitik und gegenüber dem konkreten Terror des Krieges selbst, gleichzeitig aber auch vielfältige Anzeichen einer unheimlichen Euphorie über diesen Terror. Diese überaus grellen Symptome der Gewaltfaszination wurden freilich von maßgeblichen politischen Psychologen — die sich vorzugsweise mit den Chancen für eine diplomatische Konfliktlösung befassen wollten — konsequent ignoriert, wohingegen sie Psychohistorikern wie deMause eine Bestätigung ihres Erklärungsansatzes lieferten, wonach Kriege einem kollektiven Ausagieren früher lebensgeschichtlicher Traumen dienen.

Einer differenzierenden Auseinandersetzung mit diesem Erklärungsansatz ist das daran anschließende Abschnitt 3.5 gewidmet, das einen Briefwechsel mit deMause wiedergibt, den ich im Rahmen des Forschungsprojekts ‚Zur Sozialpsychologie des Friedens' initiiert hatte und über den ich erstmals mit ihm und der von ihm mitbegründeten Forschungsrichtung in Kontakt gekommen war. Mein in diesem Briefwechsel verfolgtes Hauptanliegen gilt einer ebenso notwendigen wie schwierigen Balance zwischen psychologischen und politisch-ökonomischen Ursachen, die zur Erklärung von Kriegen und anderen zerstörerischen gesellschaftlichen Entwicklungen in Betracht kommen. Eine solche Balance sollte sich gerade im kritisch-interessierten Dialog mit einer Forschungsrichtung, die sich von vornherein fast ausschließlich auf psychologische Erklärungen festlegt, mit etwas größerer innerer Schlüssigkeit entwickeln lassen.

In Anbetracht des aus tiefenpsychologischer Sicht recht nahe liegenden Risikos, dass „was man bekämpft, [...] auch die eigene Seele [infiziert]" (Meerloo 1950: 220) — bzw. „Destruktivität als Gegenstand des Denkens [...] sich leicht über das Denken selber aus[breitet] und [es] zersetzt" (Erdheim 1988: 204) —, setze ich setze ich in den beiden Abschnitten des 4. Kapitels noch einen konstruktiven Kontrapunkt zum destruktiven Thema des vorhergehenden Kapitels und richte daher das Augenmerk stärker auf Chancen des Feindbild-Abbaus: der

Öffnung zum Dialog, zum umsichtigen Umgang mit inneren und äußeren Konflikten, zur Bereitschaft, sich in die Lage eines Gegenüber einzufühlen und anzuerkennen, „dass nur der Schutz anderer Identitäten die Verschiedenartigkeit aufrechterhält, in der die eigene Einzigartigkeit gedeihen kann." (Bauman 2000: 45) Dieser Perspektivenwechsel ist natürlich nicht im Sinne eines blauäugigen (d.h. massiv verdrängenden) „positiven Denkens" gemeint, sondern als Anregung zu einem durchaus illusionslosen, aber auch aufmerksamen Blick auf eine möglichst große Bandbreite unserer oft sehr widersprüchlichen Empfindungen, Regungen und Einstellungen: Im sorgfältigen Ausloten dieser psychologischen Spannungsfelder können in ihnen dann — neben ihren destruktiven Aspekten — auch ihre konstruktiven Potentiale erkannt und entwickelt werden.

Im Abschnitt 4.1 versuche ich, solche Spannungsfelder anhand von drei Gesprächen an Außenposten der Festung Europa zu analysieren, die ich mit Angehörigen der österreichischen Grenzkontrolle und Fremdenpolizei geführt habe. In der Ausübung ihrer beruflichen Pflichten sind sie immer wieder hautnah mit der verzweifelten Situation von Flüchtlingen und Zuwanderungswilligen konfrontiert und müssen zu dieser oft auch selber beitragen. Unter solchen Vorzeichen treten zwei psychische Konfliktzonen wie unter einem Vergrößerungsglas hervor, die schon ganz allgemein — falls wir uns ihnen nicht offen stellen — unseren Anfälligkeiten für Sündenbock-Mechanismen wesentlichen Antrieb geben: Ein schwer erträglicher Druck des moralischen Gewissens (bzw. der nahe liegende Wunsch, diesen in möglichst pauschaler Weise loszuwerden); und tief sitzende Ängste, die in uns allen mobilisiert werden, wenn wir Menschen begegnen, die traumatisiert oder ihrem Schicksal hilflos ausgeliefert sind. Mit der bemerkenswerten Offenheit, mit der die Gesprächspartner teilweise imstande waren, diesen schweren emotionalen Belastungen ins Auge zu blicken (anstatt sich in eine Haltung des Zynismus zu flüchten), liefern sie einige schlaglichtartige Anhaltspunkte, wie persönliche Integrität und Dialogfähigkeit auch allgemeiner ermutigt werden könnten.

Im Abschnitt 4.2 diskutiere ich schließlich — anknüpfend an die Ergebnisse einer mehrjährigen Forschungsarbeit — den Fall eines positiven Einstellungswandels, wie er sich im Laufe des späteren 20. Jahrhunderts zwischen den vormaligen „Erbfeinden" Italien und Österreich durchsetzen konnte. Trotz seines eher unspektakulären Charakters weist er unter einem mentalitätsgeschichtlichen „Weitwinkelobjektiv" immerhin sehr beziehungsreiche Aspekte auf: etwa vor dem Hintergrund traditioneller Kontraste zwischen der romanischen und germanischen Welt oder zwischen urbanen und agrarischen Gesellschaften, alter Erinnerungsspuren zahlreicher germanischer Invasionen Italiens (bis herauf zu den Jahren 1943-45) oder auch der großen ideologischen Frontstellungen seit der Französischen Revolution. Ein entscheidendes Kettenglied der Annäherung war zweifellos das Autonomiepaket für Südtirol, das die zeitweise explosive Eskalation des dortigen Volksgruppenkonflikts wesentlich entschärfen konnte und (trotz mancher engstirniger Proporzregeln) auch das Rahmengerüst für einen tragfähigen Interessensausgleich schuf.

An einigen Beispielen und Anzeichen für die neueren interkulturellen Öffnungstendenzen zwischen den Nachbarländern beschreibe ich — als eine ihrer psychologischen Grundbedingungen — den offeneren Blick auf innere Gefühlsambivalenzen, der auch ein breiteres Sensorium für die Einfühlung in das Erleben anderer eröffnet und so die Chancen einer Kultur des Dialogs nährt. Auch wenn es eine solche Kultur in beiden Ländern unter den in neuerer Zeit gestärkten autoritären Tendenzen schwerer als zuvor haben dürfte, sich zu behaupten, so zeigen die Entwicklungen der vergangenen Jahrzehnte doch auf jeden Fall eine Reihe von Ansätzen, an denen Brückenschläge über einstige Abgründe der Gruppendämonisierung nachvollzogen werden können.

Da die Ausschnitte aus einer relativ breiten Palette von Arbeiten, die in dieser Habilitationsschrift vereinigt sind, einen Zeitraum von beinahe eineinhalb Jahrzehnten umfassen, waren es naheliegenderweise ziemlich viele, die mir dabei in verschiedenster Weise geholfen haben — durch Zusammen- oder Mitarbeit, Anregungen, Ermutigungen, Materialien, Feedback, Kritik, Kontaktvermittlungen, die Bereitschaft zu Interviews und vieles andere mehr. Mein herzlicher Dank und meine Anerkennung für all das, was sie zur Ermöglichung, Bereicherung und zur inhaltlichen Klärung wesentlicher Teile meiner Arbeit beigetragen haben, geht auch an die überwiegende Mehrheit unter ihnen, die ich hier nicht namentlich anführen kann.

Unter denen, die mir für meine Bemühungen besonders kreative Anregungen und Möglichkeiten geboten haben, möchte ich an erster Stelle Klaus Ottomeyer nennen, mit dem ich seit 1987 in manchmal intensiverer, manchmal loserer Zusammenarbeit oder Diskussion stehe. Ähnlich wie ihm verdanke ich auch einer Reihe weiterer an der Universität Klagenfurt Arbeitender sehr wesentliche Impulse für die Entwicklung meiner wissenschaftlichen Interessen — namentlich der Arbeitsgruppe des unter seiner und Jutta Menschik-Bendeles Leitung durchgeführten Forschungsprojekts ‚Psychoanalyse und Sozialpsychologie des jugendlichen Rechtsextremismus‘ (Menschik-Bendele/Ottomeyer 1998) und besonders auch dem interkulturellen Bildungsforscher Dietmar Larcher. Lloyd deMause, der wohl originellste, aber auch umstrittenste Hauptvertreter der ‚Psychohistory‘ bot mir vor allem im Laufe eines dreijährigen Aufenthalts in New York die Gelegenheit, mich mit seinen eigenwilligen und facettenreichen Ansätzen eingehend auseinanderzusetzen (die mich zwar nicht durchwegs überzeugen konnten, mir aber immer wieder zu einer überraschenden Öffnung meines Horizonts auf neue Fragestellungen verhalfen). Unter einer Reihe von Personen, die mir bei verschiedenen in Italien verfolgten Forschungsanliegen geholfen haben, möchte ich vor allem die an der Universität Ferrara lehrenden interkulturellen Pädagogin Annalisa Pinter und Pädagogik-Historiker Carlo Pancera hervorheben. Zwei Personen, denen ich weitreichende Denkanstöße verdanke, sind inzwischen leider gestorben: Silvano Bonetti, der unmittelbar nach dem Zweiten Weltkrieg als Vizebürgermeister von Marzabotto (Provinz Bologna) für die Erhebung der Opferbilanz verantwortlich war, die das größte Massaker an der italienischen Zivilbevölkerung durch die deutsche Besatzungsmacht verursacht hatte; und Chaim Shatan, dessen präzise Analyse der militaristischen Feindbildlogik und der Auswirkungen schwerer, vor allem kriegsbedingter Traumen meinen Reflexionen wesentlich auf die Sprünge geholfen hat. In keiner Weise zu unterschätzen sind auch die zahlreichen intelligenten Diskussionsbeiträge und Anregungen, die ich von Studierenden in meinen Lehrveranstaltungen (vor allen an den Universitäten Wien, Klagenfurt, Innsbruck und Ferrara) erhalten habe. Und von auf jeden Fall entscheidendem Gewicht waren die rege inhaltliche Auseinandersetzung und die emotionale Unterstützung, die ich von meiner Frau Laurie Cohen erfahren habe.

2 Bausteine für eine politische Psychologie

„… die Lektion, dass in einer zusammenwachsenden Menschheit die
Herrschaft einer Sektion über andere unweigerlich einen Bumerang-
effekt hat, [ist] noch nicht gelernt worden." (Elias/Scotson 1965: 30)

2.1 Schwierigkeiten des wissenschaftlichen „Wozu"

Wie in der Einleitung bereits angeklungen ist, sollte in einer Wissenschaft wie
der Psychologie — deren zentraler Gegenstand die subjektive Dimension unseres
Verhaltens ist — der intime Zusammenhang zwischen forschender Person und
beforschten Themen eigentlich schon von vornherein auf der Hand liegen. Auch
ohne tief schürfende methodische Reflexionen müsste sich also die schon umrissene Forderung, die eigenen subjektiven Motive und Verstricktheiten mit dem
untersuchten Problem oder Phänomen zu berücksichtigen, beinahe von selbst
aufdrängen.

Was für die Psychologie in besonders offenkundiger Weise gilt, kann aber
auch — wenn man versucht, dieser inneren Verbindung von Subjekt und Objekt
ein wenig auf den Grund zu gehen — in ähnlicher Weise für jedes sonstige Bemühen um Erkenntnisse behauptet werden (wobei es im Prinzip auch egal ist, ob
solche Erkenntnisse nun wissenschaftlichen oder „bloß" alltagspraktischen Ansprüchen genügen sollen). Letzten Endes muss jede Auseinandersetzung mit
einer Fragestellung — und somit auch jede wissenschaftliche Bemühung —
ihren Ausgangspunkt in Beweggründen haben, die aus dem konkreten Leben der
sie betreibenden Person kommen (womit allerdings noch nicht gesagt ist, inwieweit diese Beweggründe jeweils bewusst oder unbewusst sind, ob sie wohlverstandenen eigenen Lebensinteressen oder etwa undurchschauten Obsessionen
entspringen). Niemand könnte ja schließlich an der Erkenntnis irgendwelcher
beliebigen Wahrheiten — über bloß nach dem Zufallsprinzip herausgegriffene
Bereiche oder Aspekte der Wirklichkeit — interessiert sein.

„It is disingenuous", schreibt der Biologe Richard Lewontin in diesem Sinne, „to
claim that scientists come to their scientific work without prior ethical, economic,
and social values and motivations. Everyone I know who studies endangered species
cares about saving them. One never hears that the malarial parasite is 'endangered.'
To do science is to be political if only because it is a political decision to spend
some amount of limited human energy and social resources on a particular ques-
tion." (Lewontin 2004: 39)

Außer der bereits angesprochenen Wichtigkeit der Selbsterforschung der Irritationen geht also auch schon aus dieser grundsätzlicheren Überlegung hervor, dass wissenschaftliche Arbeit einen zentralen Bezug zur eigenen Person haben muss: bei den eigenen subjektiven Interessen und Fragestellungen, bei den Anliegen, die einem am Herzen liegen oder unter den Fingernägeln brennen — und man also nicht so tun sollte, als habe der eigene Forschungsgegenstand nichts (oder kaum irgendwie Beachtenswertes) mit einem selber zu tun; als sei man also bloß eine Art Denk- und Beobachtungsmaschine, die mit irgendeiner einem selbst völlig äußerlichen Aufgabenstellung programmiert worden sei.

Auf den ersten Blick könnte dieser Gedankengang fast schon zu banal erscheinen, um überhaupt ausgesprochen werden zu müssen. Sogar originelle Formulierungen, die ihn recht treffend auf den Punkt bringen, scheinen mir neben ihrem Scharfsinn auch ein Quäntchen von etwas zu enthalten, das an der Grenze zur überflüssigen Bemerkung liegt: Etwa wenn der Philosoph Ernst Bloch davon spricht, dass alle Wahrheit eine Wahrheit wozu ist und es keine um ihrer selbst willen gibt, außer als Selbsttäuschung oder als Spintisiererei", (Bloch 1959: 311) oder wenn der Schriftsteller Arthur Schnitzler in ähnlicher Weise zum Beispiel anmerkt: „Die Wahrheit um ihrer selbst willen ist kein Wert, so wenig wie ein Geldstück in einem Land, wo es keinen Kurs hat." (Schnitzler 1967: 45)

Eine derartige Weisheit — so könnte jemand leicht einwerfen — muss sich ja doch einfach von selbst verstehen. Es genügt doch schon, sich nur vor Augen zu halten, dass ohne ein lebenspraktisches „Wozu" kein Kriterium denkbar wäre, durch das — unter der unendlichen Menge von prinzipiell Beforsch- oder Erkennbarem — die Wahl überhaupt auf bestimmte Themen oder Fragestellungen fallen könnte. So etwas liefe doch allzu offenkundig auf eine ganz unsinnige Verschwendung unserer Verstandeskräfte hinaus, welche uns fürwahr alles andere als unbegrenzt zur Verfügung stehen, um mit den Herausforderungen unseres Lebens halbwegs zu Rande zu kommen.

Dass Aussagen wie die Blochs oder Schnitzlers aber doch nicht so selbstverständlich oder überflüssig sind wie sie eventuell scheinen können: Das wird freilich unmittelbar deutlich, wenn man demgegenüber in Betracht zieht, wie häufig wissenschaftliche Arbeiten in einer Weise dargestellt werden, als seien sie nur ihrem abgehobenen Selbstzweck gewidmet, von keinen subjektiven Erkenntnisinteressen geleitet und von keinerlei praktischem „Wozu" motiviert; als sei die zehrende Langweiligkeit, Trockenheit und Sterilität, die sich unter solchen Voraussetzungen oft breit machen muss, ohnehin etwas weitgehend „Natürliches" im Wissenschaftsbetrieb — und kein Problem eines Verständnisses von Wissenschaft, das im Hinblick auf ihren größeren sinnstiftenden Zusammenhang allzu viele blinde Flecken hat.

Solche blinde Flecken empfinde ich in besonders eindrucksvoller Weise, wenn ich (zum Beispiel auf Tagungen oder in Publikationen) bei vielen Darstellungen von Forschungsarbeiten den Eindruck bekomme, als sei den sie betreibenden Personen die Frage, warum sie gerade mit diesen und nicht mit irgendwelchen anderen Themen befasst sind, etwas ungemein Fern liegendes — als hätten sie sich nie oder kaum je bewusst mit ihr auseinandergesetzt, oder als ob das zuhörende oder lesende Publikum entweder kein Interesse oder kein Recht haben könne, darüber etwas zu erfahren. Bereits in einer ziemlich typischen schulischen und akademischen „Lern(un)kultur" scheinen solche blinden Flecken nicht unwesentlich gefördert zu werden — zum Beispiel durch verbreitete, wenn nicht oft vorherrschende Einstellungen, mit denen Studierende an Schulen oder Universitäten einem Thema oder einem Wissensgebiet begegnen: Wichtig sind fast nur die formalen Voraussetzungen, um Prüfungen oder sonstige Ausbildungshürden zu schaffen; eine eigenständige (einen spürbaren persönlichen Bezug herstellende) Auseinandersetzung mit den Inhalten würde bloß als belastende Zumutung und Zeitverschwendung empfunden werden. Einen traurigen Höhepunkt erreichen von solchen Einstellungen beeinträchtigte Ausbildungslaufbahnen, wenn so manche Studienabgänger erklären können, dass sie am Thema ihrer Abschlussarbeit eigentlich nicht interessiert gewesen seien, ihnen dieses eventuell lediglich von einem betreuenden Professor vorgegeben worden sei und sie auf jeden Fall auch gar nicht in der Lage gewesen wären, selber ein Thema vorzuschlagen, das sie vielleicht doch inspirieren und zu einem subjektiv engagierten Suchen anregen hätte können.

Nach meinem Eindruck wird das entscheidende Anliegen, bei sich selbst von vornherein — und immer wieder von Neuem — auszuloten, was man denn nun im Grunde erkennen will und sich davon erhofft, nicht zuletzt auch durch einen großen Teil der üblichen Wissenschaftlichkeits-Inszenierungen entmutigt. Einer der Haupteffekte dieser akademischen Inszenierungen scheint mir darin zu bestehen, dass die meisten Betroffenen unwillkürlich den Kopf etwas einziehen und sich besorgt fragen, wie sie nur im Wissenschaftsbetrieb einigermaßen unbeschadet weiterkommen können, ohne sich schlimm zu blamieren oder gar aus der Gemeinschaft der klugen Köpfe exkommuniziert zu werden.

Kein Wunder, wenn unter solchen Bedingungen auch ein missgünstiges Konkurrenzdenken einen großen Teil der Aufmerksamkeit und Energien auf sich ziehen kann: Sind denn diese oder jene anderen vielleicht besser, kenntnisreicher, intelligenter, wendiger als ich? Werden sie das gegen mich ausspielen? Muss ich mich da nicht dagegen wehren, indem ich meine Schwächen möglichst gut verstecke und die der anderen vielleicht möglichst zahlreich aufdecke? Muss ich nicht aufpassen und mich bedeckt halten, damit mir nicht vielleicht dieser oder jene meine Ideen oder Entdeckungen stiehlt und dann vielleicht statt mir die

Nase vorn hat...? Je mehr derartige Sorgen das Denken absorbieren und beschäftigt halten, desto leichter kann jemand eben auch die Frage aus den Augen verlieren, welche eigenen Anliegen, Hoffnungen, Wünsche und Ängste ihn ursprünglich zur Wahl seines Forschungsgebiets und zu seinen konkreten wissenschaftlichen Bemühungen motiviert haben.

2.1.1 Der Widerstand, Angelpunkt psychoanalytischen Denkens

Noch schwerwiegender als solche Konkurrenzängste dürften aber auf jeden Fall in uns allen wirksame Neigungen sein, der Frage bereits von vornherein auszuweichen — was indirekt auch der erörterten Beobachtung zu entnehmen ist, dass sie eigentlich fast schon zu offensichtlich erscheinen kann, um überhaupt ausgesprochen werden zu brauchen: Wenn eine sich im Grunde aufdrängende Problemstellung so stark vernachlässigt wird, dann liegt die Schlussfolgerung natürlich nahe, dass es sich dabei nicht in erster Linie um eine Folge von Ablenkung, Unachtsamkeit oder geistiger Schlamperei handeln wird.

Die Entdeckung sehr mächtiger Motive, zumindest in vieler Hinsicht eine Klärung der eigenen Beweggründe — in wissenschaftlichen ebenso wie in allen anderen Bestrebungen des Lebens — zu vermeiden, entspricht nun gerade einem der grundlegenden Bausteine der modernen Psychologie, wenn nicht unseres zeitgenössischen Denkens überhaupt: Sigmund Freuds bahnbrechende Erkenntnis vom Widerstand, das heißt vom tief emotionsgeladenen Sträuben gegen das Bewusstwerden unseres Unbewussten, bildet zweifelsohne eine der großen historischen Wasserscheiden in der Entwicklung der menschlichen Selbstreflexion.

So einfach sie in ihrer grundsätzlichen Aussage sein mag, so weitreichend und vielschichtig sind ihre Konsequenzen, und es liegt vor allem an ihrer unerhört schweren emotionalen Verdaulichkeit, dass sie sehr häufig der Missachtung oder dem Missverständnis anheim fallen (andererseits aber meist wohl auch, angesichts ihrer offensichtlichen Wichtigkeit, zumindest unterschwellig in recht zutreffender Weise verstanden werden dürften). Eine der unmittelbarsten und schwerwiegendsten Konsequenzen besteht nun eindeutig darin, dass es uns — wenn überhaupt — nur um den Preis emotionalen Schmerzes und tiefer innerer Verunsicherung möglich ist, einem großen Teil unserer wirklichen Motive ins Auge zu blicken; und dass wir daher aus Angst davor dazu neigen müssen, eben weitläufig der Klärung dessen auszuweichen, was uns denn im Grunde unserer Seele dazu bewegt, unsere bewusst erkennbaren (äußerlich sichtbaren, scheinbar oft klaren) Zwecke und Zielsetzungen zu verfolgen.

Die Erkenntnis vom Widerstand bildet — wie auch im Abschnitt 2.5 noch erörtert werden wird — einen zentralen Angelpunkt, ja im Grunde genommen das erste Axiom des psychoanalytischen Denkens überhaupt. Sie markiert daher nicht zufällig auch die historische Geburtsstunde der Psychoanalyse selbst, welche nach allgemeiner Übereinstimmung mit Freuds erstmaliger Entschlüsselung von unbewussten Bedeutungen eines eigenen Traums (des „Traums von Irmas Injektion") am 24. Juli 1895 angesetzt wird (Freud 1900: 110-126). Die aus dieser Deutung gewonnene entscheidende Einsicht, dass Träume grundsätzlich (überwiegend maskierte) Wunscherfüllungen darstellen, wurde erst durch Freuds Eingeständnis sich selber gegenüber möglich, unter der Herrschaft von Schuld-, Versagens- und Beschämungsgefühlen zu stehen, die ihm bis dahin so schwer erträglich waren, dass er gar nicht anders konnte, als sie überwiegend mit Rechthaberei zuzudecken bzw. weitgehend unter die Bewusstseinsschwelle zu drängen.

Erst aufgrund der damit gewonnenen neuen Offenheit und Illusionslosigkeit sich selbst gegenüber konnte er in markanten Elementen dieses Traums den Ausdruck seines intensiven Wunsches erkennen, diese Gefühle doch ja auf keinen Fall haben zu brauchen. Diesem Wunsch entsprechend hatte sein Unbewusstes in der Ausgestaltung seines Traumes denn auch die unterschiedlichsten Motive zu ihrer „Widerlegung" (bzw. zu seiner phantasierten „Freisprechung" von jeglicher Beschuldigung und Beschämung) zusammengetragen — ohne auch nur darauf Rücksicht nehmen zu können, dass sie sich nicht wechselseitig ad absurdum führen sollten: „Das ganze Plaidoyer — nichts anderes ist dieser Traum — erinnert lebhaft an die Verteidigung des Mannes, der von seinem Nachbarn angeklagt war, ihm einen Kessel in schadhaftem Zustande zurückgegeben zu haben. Erstens habe er ihn unversehrt zurückgebracht, zweitens war der Kessel schon durchlöchert, als er ihn entlehnte, drittens hat er nie einen Kessel vom Nachbarn entlehnt. Aber umso besser; wenn nur eine dieser drei Verteidigungsarten als stichhaltig erkannt wird, muss der Mann freigesprochen werden." (ebenda: 125)

Freuds Entdeckung des Widerstands, seiner Mächtigkeit und tief greifenden Konsequenzen bietet einen zentralen Schlüssel zum Verständnis sozialpsychologischer, mentalitäts- oder geistesgeschichtlicher Phänomene und Entwicklungen, durch den zahlreiche auf den ersten Blick widersinnig anmutende Beobachtungen nun in einer nachvollziehbaren Logik gesehen werden können. Ein besonders aussagekräftiges Beispiel liefert in diesem Zusammenhang der kuriose Umstand, dass die Psychologie im Laufe der Geschichte der modernen Wissenschaften erst sehr spät entstanden ist, wohingegen der unbelebten Natur — und dabei insbesondere der von menschlichen Lebenssphären weit entfernten unbelebten Natur — sehr lange die bei weitem bevorzugte Beachtung geschenkt wurde. Bezeichnenderweise wurde so auch der erste große Meilenstein der neuzeitlichen Wissenschaft (die Erkenntnis von Nikolaus Kopernikus, dass sich die

Erde nicht im Zentrum des Universums befindet) auf dem Gebiet der Astronomie gesetzt.

Unter dem Gesichtspunkt der praktischen Brauchbarkeit wissenschaftlicher Forschung wäre eigentlich davon auszugehen gewesen, dass die menschliche Subjektivität und Motivation schon von vornherein mindestens ebenso viel Aufmerksamkeit und Bemühung verdient haben müsste wie die Positionen oder Bewegungen der Planeten und Sterne — umso mehr, als die für psychologische Erkenntnisse wesentlichen „Mittel, deren es bedurfte, um die notwendigen Rohdaten zu sammeln und zu vergleichen, schon immer verfügbar und zugänglich und zum großen Teil von primitiven Medizinmännern schon korrekt verwendet worden waren, wenn auch für nicht-wissenschaftliche Zwecke." Unter dem Gesichtspunkt des Widerstands ist es freilich, wie Devereux ausführt, nur folgerichtig, „dass die drei Männer, die unsere Vorstellung von der Stellung des Menschen im Universum am radikalsten verändert haben — Kopernikus, Darwin und Freud — in dieser Reihenfolge auftraten. Es war leichter, in Bezug auf die Himmelskörper objektiv zu sein als in Bezug auf den Menschen als Organismus, und das wiederum fiel leichter als die Objektivität gegenüber Persönlichkeit und Verhalten des Menschen." (Devereux 1967: 25)

Aus derselben Perspektive argumentiert auch der Psychoanalytiker Otto Fenichel, wie die hartnäckigen Widerstände, gegen die sich die Entwicklung der modernen Wissenschaften erst nach und nach (teilweise) durchsetzen konnte, in dem Maße zunehmen mussten, in dem der Gegenstandsbereich „sich den persönlichen Belangen der Menschen näherte: Physik und Chemie befreiten sich früher" von der Herrschaft magischen und abergläubischen Denkens „als die Biologie; die Biologie wiederum früher als Anatomie und Physiologie (denn noch vor nicht allzu langer Zeit war es den Pathologen verboten, den menschlichen Körper zu sezieren); Anatomie und Physiologie wiederum befreiten sich früher als die Psychologie." (Fenichel 1945: 13f)

Die Entwicklungspfade, auf denen sich wissenschaftliches und aufgeklärtes Denken entlang der relativ geringeren Widerstände vorwärts tastet, kollidieren nun offensichtlich auch mit immer intensiveren Gegenkräften, je näher man sich an die menschliche Subjektivität heranwagt. Wie zur Kompensation scheint daher die Befreiung bestimmter wissenschaftlicher Gegenstandsbereiche aus magischer Vormundschaft mit einer besonders weitgehenden Preisgabe der den „persönlichen Belangen der Menschen" noch näher liegenden Bereiche einherzugehen: „In der Blütezeit der materialistischen Biologie und Medizin", erläutert Fenichel dies an einem klassischen Beispiel, „betrachtete man nicht den ganzen Menschen als Untersuchungsgegenstand der Wissenschaft. Der Fortschritt wissenschaftlichen Denkens war erkauft um den Preis einer Vernachlässigung des Seelischen. Ein ganzes Gebiet der Natur, der menschliche Geist, blieb ein Residuum religiösen und magischen Denkens." (ebenda: 15) Nicht zuletzt in diesem Zusammenhang ist auch die prägnante Beobachtung von Max Horkheimer und Theodor Adorno zu verstehen: „Auf dem Weg zur neuzeitlichen Wissenschaft leisten die Menschen auf Sinn Verzicht" (Horkheimer/Adorno 1947: 9) — denn das Wort „Sinn" beschreibt ja den eigentlichen Kern von Subjektivität.

Dieses kompensatorische Nachgeben gegenüber diesem Negativ-Kraftfeld des Widerstandes kann wohl wesentlich zur Erklärung beitragen, warum auch innerhalb der sich schließlich herausbildenden Disziplin der Psychologie Strömungen vorrangigen Einfluss erlangen konnten und können, die (wie bereits in der Einleitung angedeutet) eine mehr oder weniger weitgehende Ausblendung subjektiver Perspektiven fordern — sei es, indem nur äußerlich beobacht- und messbare Reiz-Reaktions-Muster für erforschungswürdig erklärt werden; sei es, indem die Erfassung des psychischen Geschehens überwiegend auf kognitive Prozesse und Strukturen eingeschränkt wird; oder sei es, indem die Existenz eines unbewussten Seelenlebens für unbewiesen oder unbeweisbar erklärt wird. Ohne entsprechende Widerstände müsste sich etwa die letztere Behauptung schon auf Grund einfachster Beobachtungen verbieten: Bereits die alltägliche Tatsache des Vergessens zahlreicher kognitiver Details (zum Beispiel von Namen, Fakten, Umständen, Ereignissen, Träumen), derer man sich eventuell zu späteren Zeitpunkten wieder gut erinnern kann, beweist eindeutig, dass Bereiche unseres Seelenlebens unbewusst sein müssen. Unterstrichen wird dies noch durch den Umstand, dass wir sehr häufig, wenn uns ein Detail nicht zu Bewusstsein kommen will, gleichzeitig mit Sicherheit wissen, dass es uns sehr wohl bekannt ist (und wir es eventuell auch sofort wieder erkennen würden, falls es uns von anderen in Erinnerung gerufen würde).

Ähnlich erscheint es im Lichte dieser Widerstandslogik auch verständlicher, warum die Anwendung psychologischer Gesichtspunkte auf die Wissenschaften von der Gesellschaft, der Politik oder der Geschichte so oft auf entschiedene Ablehnung gestoßen ist und stößt; wobei die Dimension des Psychischen auch häufig als auf die „kleine" private Ebene des individuellen Lebens beschränkt gedacht wird — wohingegen die großen oder öffentlichen Sphären von Gesellschaft, Politik oder Geschichte als weitgehend nur objektiv-strukturellen bzw. rationalen Gesetzen gehorchend vorgestellt werden, die irgendwie über- und außerhalb des individuellen Lebens und Erlebens existieren würden.

„Obwohl wir uns alltäglich spontan und intuitiv mit der psychologischen Seite politischer Vorgänge beschäftigen", beschreibt der Psychoanalytiker Horst-Eberhard Richter die diesem Denken zugrunde liegenden Einstellungen, „reden wir uns ein, es handle sich hierbei um etwas Nebensächliches, um unwesentliches Beiwerk. Dabei folgen wir nicht nur einer entsprechenden Suggestion der Mächtigen und ihrer Gehilfen in den Medien, sondern wir machen diese Entwertung des Psychologischen meist willig mit. Allzu sehr schreckt uns die Vorstellung, dass sich in der Politik bis in die großen Entscheidungen über das Schicksal der Völker hinein auswirken könnte, was wir alles in uns spüren an Angst und Ressentiment, an Hass und Selbstsucht, an Eitelkeit und Größenideen. Es ist ein tiefer Argwohn gegenüber unserer inneren Welt, der uns inständig wünschen lässt, sie möge dort ohne Einfluss sein, wo nur das Vernünftige und Gute geschehen soll." (Richter 1995) Wie sehr dieses inständige Wünschen auf ein Nicht-sehen-Wollen hinausläuft, kann man etwa auch der grundsätzlichen Beobachtung des Psychohistorikers Peter Loewenberg entnehmen: „The forces of passion and irrationality which are all about us, as well as in us, are so overwhelming in history that only by the utmost stretching of all plausibility can they be denied." (Loewenberg 1984: 15)

Das mächtige Motiv des Ausweichens vor der subjektiven Perspektive — welche zunächst einmal (wie schon angesprochen) vor allem die jeder forschenden Person ist — liefert nicht zuletzt auch eine wesentliche Erklärung für die weithin vertretene Forderung, dass Wissenschaftlichkeit sich grundlegend durch „Wertfreiheit" (d.h. durch ein Vermeiden jeglichen wertenden Urteils) auszeichnen müsse. Dieser Anspruch kann nur aufgestellt werden, wenn man eben den schlichten Umstand unter den Teppich kehrt, dass hinter jeder Forschung wirkliche Personen mit subjektiven Motiven und Sichtweisen stehen. Allein schon aus dieser Grundtatsache des persönlichen „Wozu" (sei dieses nun bewusst oder unbewusst, ausdrücklich oder nur indirekt ins Spiel gebracht) ergibt sich mit zwingender Notwendigkeit, dass jeder Forschung von Anfang an persönliche Anliegen, Zu- und Abneigungen zugrunde liegen müssen — das heißt, vorgegebene Maßstäbe des Wünschens- und Ablehnenswerten bzw. positiv und negativ definierbare Werte (Werthaltungen), die jedes wissenschaftliche Arbeiten bestimmen.

Während einzelne (isoliert betrachtete) Aussagen, zu denen wissenschaftliche Bemühungen gelangen können, im Sinne dieser vorgegebenen Wertmaßstäbe wohl wertfrei sein können, ist es aber schlicht undenkbar, dass Forschungsarbeiten in ihrer Gesamtheit bzw. in ihren grundlegenden Zusammenhängen nicht entscheidend von diesen Maßstäben geleitet würden. Die Wertfreiheitsfiktion erscheint somit als einer der effektivsten intellektuellen Strategien zur Vermeidung jeder eingehenderen Auseinandersetzung mit dem eigenen „Wozu", das heißt, zur Abwehr der intensiven inneren Ängste, die an die Oberfläche kommen müssen, wenn wir unseren Blick mit einiger Sorgfalt auf unsere ausschlaggebenden Beweggründe zu richten versuchen.

Nur im — auch im besten Fall nur beschränkten — Ausmaß, als es uns gelingt, diese Ängste abzubauen, können wir also imstande sein, uns unsere tieferen Ausgangspunkte für unser forschendes Bemühen deutlicher zu machen und damit auch sinnvolle Kriterien für die konkrete Wahl von Themen und Fragestellungen zu entwickeln. Je weniger uns dies gelingt — das heißt, je mehr die Motive unserer Wahl unbewusst bleiben —, desto mehr wird ein manifestes Thema unsere wirklichen Anliegen nur in sehr verschobener, verzerrter und damit unproduktiver Weise zum Ausdruck bringen, das heißt, desto größer wird dabei das Gewicht von Widerstandsmotiven sein (d.h. des Errichtens innerer Barrieren gegen Wahrnehmungen, die uns schwer erträglich sind).

Derart durch Widerstand motivierte Verschiebungen zwischen den zu Grunde liegenden Motiven und den manifesten Themen sind gewiss mitverantwortlich für den oft eher langweiligen Charakter wissenschaftlicher Arbeiten, da ihr sinnstiftender Ursprung allzu weit aus dem Blickfeld entschwindet — was sich etwa auch in der treffenden Formulierung des französischen Kulturkritikers Maurice Maschino spiegelt, dass „la science apparaît à beaucoup comme une machine à fabriquer du non-sens"[1] (Maschino 1980: 9). Umgekehrt kann die stimulierendere Qualität von Forschungsbemühungen als guter Indikator für eine relativ größere Klarheit über die zugrunde liegende eigene Motivation gelten. Eine solche Klarheit ist aber auch eine notwendige Voraussetzung für jeden sinnvollen und ökonomischen Einsatz unserer Arbeitsenergien, d.h. für jede inhaltliche Ordnung und Zielrichtung, für jede zweckmäßige Auswahl und Begrenzung der ins Auge zu fassenden Details und Aspekte — unter der letztlich unübersehbaren Menge von Fakten, Ereignissen, Entwicklungen und Zusammenhängen, die selbst schon durch die eingeschränktesten Themenkreise berührt werden.

In der Hoffnung auf ein wenig Klarheit im eben beschriebenen Sinn werde ich nun in den Abschnitten 2.2 und 2.3 versuchen, einige nachvollziehbare Umrisse meiner persönlichen Ausgangspositionen und meines „Wozu" zu zeichnen, d.h. einige grundlegende Anliegen und Fragen erörtern, die ganz allgemein für meine Auswahl von Themen und mein Herangehen an Probleme von wesentlicher Bedeutung sind (nicht zuletzt auch in der Hoffnung, dass die Leserin oder der Leser darin auch ein wenig von ihrem oder seinem eigenen „Wozu" wieder finden kann).

Wenn man allerdings auch nur halbwegs imstande ist, das psychoanalytische Verständnis des Widerstands in seiner enormen Tragweite ernst zu nehmen, so muss man schon von vornherein zugeben, dass eine durchwegs schlüssige Beantwortung der Frage nach den tieferen Beweggründen eigener Forschungsbemühungen grundsätzlich unmöglich ist. Dieselben tiefen Ängste, die viele Forschende davon abhalten, sich dieser Frage überhaupt zu stellen, müssen unausweichlich — hoffentlich in etwas geringerer Intensität — auch bei allen

---

[1] „die Wissenschaft vielen als eine Unsinn erzeugende Maschine erscheint"

jenen, die sich im Prinzip darum bemühen, wirksam sein und immer wieder zu inhaltlichen Entgleisungen und zu einem Verfehlen wichtiger Gesichtspunkte führen.

Dementsprechend können natürlich auch meine nachfolgenden autobiographischen Erkundungsversuche und grundsätzlichen Überlegungen nur eine ansatzweise und bruchstückhafte Klärung des Erkenntnisinteresses leisten, nur teilweise zu richtungweisenden Fragestellungen führen. So sehr dieser Umstand ein solches Bestreben gewiss zu entmutigen geeignet ist, so ändert dies natürlich nichts an der Wichtigkeit, dieses nur sehr beschränkt Erreichbare, so gut es gerade gelingen mag, eben doch in Angriff zu nehmen.

2.2 Von woher ich zu meinem „Wozu" kam

Einen Anknüpfungspunkt, der sich ziemlich umstandslos anbietet, um der Entstehungsgeschichte meiner wissenschaftlichen Interessen in meiner Jugend auf die Spur zu kommen, entnehme ich einer originellen Untersuchung über die soziale und psychische Bedeutung der Schule für den Schüler, die die Ethnopsychoanalytiker Mario Erdheim und Maya Nadig zwischen 1972 und 1975 an einem Züricher Gymnasium durchgeführt haben (Erdheim 1984: 335-358). Erdheim, der dort in dieser Zeit auch als Geschichtslehrer arbeitete, fiel bei seinen Schülerinnen und Schülern die deutliche Übereinstimmung auf, die zwischen den Einstellungen zum persönlichen Leben und zur allgemeinen Geschichte herrschte. Er unterteilte sie im Hinblick auf diese grundsätzlichen Orientierungen in vier große Gruppen:

- Diejenigen, „die von mir nur Daten und Namen zu lernen wünschten", hatten zu ihren persönlichen Lebensperspektiven eine „‚positivistische' Haltung: die eigene Geschichte bestand aus Stationen, Prüfungen, die man ablegt, Schulen, die man besucht hatte etc. Sie erschien als ein Ergebnis von Rollenzuweisungen, und die affektive Dimension war ausgeklammert";
- für andere, „die nur Anekdoten über Herrscher und bedeutende Geister hören wollten", bestand die eigene Lebensgeschichte „aus einer unverbundenen Ansammlung pointierter Geschichten, die das Individuum mit seiner Familie ebenso wie mit Gleichaltrigen verknüpfte";
- einer weiteren Gruppe dienten die Inhalte des Geschichtsunterrichts dazu, „die Werte der Eltern zu relativieren (‚In Ägypten war ja alles ganz anders und folglich muss es auch hier nicht so sein, wie es ist')", was sich ihrem persönlichen Leben gegenüber in einer „spekulativen Haltung" niederschlug: „die Lebensgeschichte war auf die Zukunft bezogen, in der das, was

‚heute' nur Ideal war, Wirklichkeit werden würde. Die Ideale konnten wechseln, aber sie wurden immer dazu verwendet, die augenblickliche Situation zu erklären";

- eine letzte Gruppe verhielt sich der Geschichte gegenüber „vollständig indifferent": „Ihr war es gleichgültig, was sie lernte, Hauptsache war eine genügende Note" — und gleichermaßen erschien ihr auch die persönliche Geschichte bedeutungslos: „Sie konnte keine Identität vermitteln, weil sie als unstimmig und brüchig erfahren wurde." (ebenda: 339)

Innerhalb dieser Typologie wäre ich sicherlich der dritten Gruppe zuzurechnen gewesen, die sich der Geschichte in einer fragenden, vergleichenden, sie auch auf ihren Gebrauchswert für Gegenwart und Zukunft abklopfende Weise anzunähern versucht. Geschichte war einer der wenigen Unterrichtsgegenstände, die mich von Anfang an niemals langweilten und aus denen ich mir im Gegenteil spannende Erkenntnisse und Anhaltspunkte erhoffte, die auch wesentliche Impulse für die eigenen Lebensperspektiven liefern sollten. Ähnlich empfand ich auch Politik relativ frühzeitig als eine Angelegenheit, die das persönliche Leben entscheidend mitbestimmen muss — und Geschichte dementsprechend als einen Überblick und Versuch der Verarbeitung von vergangenen Erfahrungen des politischen Gestaltens, woraus die Suche nach neuen Entwürfen für die Zukunft schon ganz von selbst hervorgehen musste.

Diese spekulative, herkömmliche Werte in Frage stellende Einstellung schlug sich in einer großen Bereitwilligkeit nieder, mit der ich die Anregungen zum Nachfragen und Überdenken aufnahm, die mein Geschichtslehrer der Unterstufen-Gymnasialjahre schon frühzeitig in seinen Unterricht einbaute. Seine häufigen Aufforderungen, sich zum Beispiel über mögliche Beweggründe historischer Akteure Gedanken zu machen, Konflikte und deren Hintergründe von verschiedenen Seiten her zu beleuchten, Alternativen des Handelns in bestimmten Situationen in Betracht zu ziehen, oder sich ein wenig in die Vorstellungswelt eines anderen Zeitalters oder einer anderen Gesellschaft hineinzuversetzen, stießen bei mir auf lebhaftes Interesse und eröffneten mir immer wieder faszinierende Denkhorizonte. Dass derart zum Beispiel verschiedene Gebote oder Verbote, die mir ansonsten in Elternhaus, Kirche oder Schule mit erhobenem Zeigefinger als ewig-unumstößliche Normen eingeredet wurden, aus historischen Zusammenhängen heraus begreifbar werden konnten, empfand ich manchmal in geradezu sensationeller Weise als befreiend.

Meine autoritätskritischen Schlussfolgerungen dürften freilich kaum den pädagogischen Zielsetzungen dieses Lehrers entsprochen haben. Als vormaliger Nationalsozialist (mit allerdings „idealistisch" antiklerikaler Orientierung, wie sie einer Hauptströmung der damaligen Jugendbewegung entsprochen hatte) war er durchaus noch von nationalistischen und autoritären Schlagseiten gezeichnet, auch wenn er sich von seiner NS-Vergangenheit doch entschieden distanziert zu haben schien.

Überraschend war für mich auf jeden Fall der breite Protest, der unter meinen Mitschülern gegen seine Aufmunterung zu spekulativen Fragestellungen ausbrach. Viele forderten in ärgerlichen Stellungnahmen eine Rückkehr zum schlichten Namen-und-Daten-Lernen und zu den anekdotisch-unterhaltsamen Geschichten, mit denen er den Geschichtsunterricht in einer ersten Zeit gestaltet hatte. So war ich also frühzeitig mit dem Rätsel konfrontiert, dass ich zumindest in mancher Hinsicht anders zu ticken schien als fast alle Gleichaltrigen, die ich kannte. Was bei mir jedenfalls spannende Fragen und Neugier an Themen auslösen konnte, die mehr Freiheit und kreative Chancen versprachen — das war offenbar für die allermeisten eine sinnlose und reichlich unattraktive Beschäftigung. In diesem Zusammenhang fand ich es auch unbegreiflich, warum die quasi selbstverständliche Reaktion auf „Politisches" dahin ging, es grundsätzlich reizlos und blödsinnig zu finden und zu meinen, dass so etwas Leuten, die irgendwie „auf der richtigen Wellenlänge liegen", gar nichts anzugehen bräuchte.

In meinem (konservativ-katholischen) Elternhaus und in meiner Verwandtschaft war ich allerdings schon von Kindheit an gewohnt gewesen, dass man viel über politische Dinge redete. Lange Zeit begriff ich natürlich nichts vom sachlichen Inhalt dieser Gespräche, konnte in ihnen aber meist eine starke Unterströmung von Anspannung, Ärgerlichkeit und Ressentiments wahrnehmen — was in mir einerseits die Reaktion hervorrief, davon lieber verschont bleiben zu wollen, andererseits aber auch meine Neugier erweckte, die Gründe für diese Gefühle verstehen zu wollen.

Einer der ersten politischen Inhalte, den ich schließlich gedanklich erfassen konnte und der mich auch gefühlsmäßig sehr ergriff, war das die Atmosphäre des Kalten Kriegs so bestimmende Thema einer schweren Bedrohung für Freiheit und Demokratie, die von der Sowjetunion bzw. den kommunistischen Staaten und Parteien ausging — einer Bedrohung, die meine Eltern und die meisten Verwandten darüber hinaus auch noch (in nur geringfügig abgemilderter Form) auf Seiten der österreichischen Sozialisten wahrzunehmen vermeinten. Unter diesem Blickwinkel war dann die christlich-konservative ÖVP das große Bollwerk der Freiheit, der Menschenrechte und menschenwürdiger Lebensbedingungen, und hinter ihr standen die westlich-demokratischen Länder Europas und vor allem natürlich die USA, die die wichtigste Schutzmacht der Demokratie auf der Welt darstellte.

Unter diesen Vorzeichen wurde ich im Alter von elf oder zwölf Jahren auch nachhaltig von einem propagandistischen Buch mit dem Titel ‚Eine neue Welt für unsere Jugend' beeinflusst, das aus einer losen Sammlung von illustrierten

Texten bestand, in denen die Vereinigten Staaten unter vielfältigen Gesichtspunkten vorgestellt wurden. Ich wurde zu einem begeisterten Anhänger der USA und besonders auch der demokratischen Ideale, wie sie in diesem Buch beschrieben wurden. Besonders die Darstellungen der amerikanischen Revolution und ihrer Unabhängigkeits- und Grundrechtserklärung, aber auch kurze Lebensbeschreibungen von engagierten Protagonisten der US-Geschichte prägten sich mir stark ein und boten mir reichlichen Rohstoff für meine Ideale.

Mein politisches Interesse kristallisierte sich also in einigen kräftigen Bildern: Hier erblickte ich das Vorbild einer Gesellschaft, die sich energisch auf die eigenen Beine stellen und beschließen konnte, sich selbst zu regieren, und in der alle das Recht haben und eingeladen sind, beim Entscheiden über gemeinsame Zielsetzungen und Prioritäten, beim Gestalten und Regeln des Zusammenlebens frei und gleichberechtigt mitzumachen. In dieser Gesellschaft mussten sich gewiss alle im Klaren sein, wie sehr ihre persönlichen Lebenschancen und Freiheiten von der politischen Meinungs- und Willensbildung (und von der eigenen Mitwirkung daran) abhängen — dass Politik also nicht etwas Langweiliges und dem individuellen Leben Äußerliches ist, sondern dass da Fragen verhandelt werden, die alle Einzelnen gar nicht anders als dringend interessieren können.

Mit diesen Idealen musste ich bald in Widersprüche mit den mich umgebenden Verhältnissen geraten. Ein früher Reibepunkt ergab sich aus meiner Lektüre der österreichischen Schulordnung für Mittelschulen. Sie schien mir in fast jeder Zeile den demokratischen Geist zu verhöhnen: Als Schüler wurde man da eigentlich zu einem völlig rechtlosen Untertanen reduziert. Erst einige Jahre später sollte ich erfahren, dass diese Schulordnung in der Nazizeit erlassen und nach 1945 einfach so beibehalten worden war — gerade einmal ein paar Passagen, die sich explizit auf die NS-Ideologie bezogen, waren aus ihr gestrichen worden. Hätte man sie konsequent angewandt, so hätte sich der Alltag eines Schülers wohl bedenklich dem eines Strafgefangenen angenähert. Auch wenn die Praxis natürlich weitaus nicht so schlimm war, so verschärfte meine Empörung über diese Schulordnung doch den Widerwillen gegen alle möglichen kleinlichen Befehle und Verbote, denen man als Schüler unterworfen war. Ich konnte einfach nicht verstehen, wie derart undemokratische Regeln in einem westlichen Land überhaupt möglich waren und vor allem auch von der regierenden ÖVP zugelassen werden konnten, die doch die Demokratie so entschieden gegen jede Unfreiheit zu verteidigen vorgab.

Natürlich musste sich dieser Gegensatz zwischen meinen demokratischen Idealen und den realen schulischen oder familiären Verhältnissen gerade in den Jahren meiner Adoleszenz immer mehr zuspitzen. Reichlichen Anlass dafür boten die Mitte der 1960er Jahre einsetzenden neuen Mode- und Lebensstil-Strömungen — und deren Verteufelung durch gesellschaftliche Autoritäten, Lehrer,

Eltern, Verwandte, Nachbarn usw. Da kamen die neuen Musikrichtungen, besonders aus den englischsprachigen Ländern: der Jazz, die Beatles, die Rolling Stones, Jimi Hendrix ..., deren Rhythmen und Schwingungen so wunderbar unter die Haut gingen und gegen das Erstarrte, Beschränkte und Verkrampfte anbrandeten, das die biederen heimischen Lebensformen beherrschte. Hand in Hand mit dieser Musik kamen denn auch die Mode der langen Haare, neue, phantasievollere und ungezwungenere Kleidungsstile, die in der Schule verboten und im Elternhaus verpönt waren, und überhaupt viele Symbolträger eines neuen Lebensgefühls, neuer Lebensstil- und Identitätsangebote, von denen ich so manche — durchaus auch mit wählerischem Eigensinn — begeistert für mich annehmen oder aufgreifen konnte.

Und dann hörte man noch von ganz schlimm radikalen, vor allem studentischen Protestbewegungen, die dort draußen in Deutschland und anderswo, besonders aber in Berlin vor sich gehen sollten und auf deren konkrete Anliegen ich mir noch einige Jahre keinen Reim machen konnte — trotz aller ärgerlichen Gefühle gegen die meisten mich umgebenden Autoritäten. Jedenfalls kamen sie mir zunächst einmal nicht so sinnlich-phantasievoll vor wie die neue Lebensart der Popkultur, die im Dunstkreis der englischsprachigen Musik daherkam. Sie wirkten auf mich eher zu asketisch, und ihre Sprache hörte sich auch zu sperrig an. Als personifizierter Inbegriff dieser subversiven Umtriebe wurde von Eltern, Lehrern und anderen Erwachsenen meist ein gewisser Rudi Dutschke genannt. Allein schon im Tonfall, in dem er erwähnt wurde, klang oft namenloser Abscheu durch.

Während mich dies zunächst dahingehend beeinflusste, diese Bewegungen für etwas eher Unbehagliches zu halten, so empörte ich mich aber gleichzeitig auch über die Begründungen, mit denen ihnen jede Rechtfertigung abgesprochen wurde. Diese jugendlichen Protestierer, so polterten viele Erwachsene immer wieder aufgeregt, hätten ja noch überhaupt nichts geleistet, „noch keinen Stein auf den anderen gesetzt", und hätten daher auch kein Recht, an was auch immer Kritik zu üben. Eine so pauschale Verständnislosigkeit, die sich ja grundsätzlich gegen das Recht aller jungen Menschen auf freie Meinungsäußerung richtete, löste in mir schwerste Oppositions- und Entfremdungsgefühle aus.

Die Unvereinbarkeit zwischen den minimalsten demokratischen Ansprüchen und diesen intoleranten Einstellungen hätte in meinen Augen kaum unerträglicher ausfallen können. Wie konnte man denn von sich behaupten, für Freiheit und Demokratie (vor allem im Gegensatz zur kommunistischen Bedrohung) einzutreten — und gleichzeitig uns Jugendlichen in wutentbrannten Predigten das Recht auf Kritik absprechen, oder das Recht, sich je nach persönlichem Geschmack zu bekleiden, die Haare länger wachsen zu lassen oder eine bestimmte Musik zu bevorzugen? Es ging ja nicht darum, dass den Eltern, Lehrern oder

Autoritäten diese Äußerungsformen eines neuen Lebensstils selber gefallen mussten. Wenn es aber nicht einmal gestattet sein sollte, die strikt persönliche Sphäre selber zu gestalten, zum Beispiel den eigenen Körper nach eigenem Gutdünken zu verzieren (ohne dass daraus irgendjemandem ein Schaden erwachsen konnte), dann fielen doch ihre großen Reden über Demokratie wie ein Kartenhaus in sich zusammen. In den von den Autoritäten kritisierten kommunistischen Ländern war die Unterdrückung der persönlichen Freiheiten sicherlich noch extremer. Aber der Unterschied zwischen hier und dort schien mir dann doch mehr gradueller als grundsätzlicher Art zu sein.

2.2.1 Psychologie als oppositioneller Hoffnungsträger

Mein starker Widerwille gegen die autoritären Zwänge und die konformistische Atmosphäre meiner Umgebung war denn auch ein Anstoß zu den ersten Regungen eines psychologischen Interesses. Im Alter von fünfzehn Jahren belegte ich aus spontaner Neugier einen Einführungskurs in Psychologie, der von einer in Postwurfsendungen beworbenen Schule für Fernstudien angeboten wurde. Von diesem für mich noch geheimnisumwitterten Wissensgebiet erhoffte ich mir eine Art Anleitung und Orientierungshilfe: Unterstützung für meine oppositionellen Freiheitswünsche, ein Hinausblicken- und Heraustreten-Können aus der Enge meiner Lebenswelt, ein Entblößen und Durchschauen ihrer Borniertheit, irgendwie auch einen mit psychologischem Scharfsinn erzielbaren Gewinn von Macht und Durchsetzungsfähigkeit. Es sollte mir geistige Landkarten und Wegweiser ins Freie liefern, den bereichernden Ausblick auf eine weitere Welt, von der ich mir in kräftigen Farben ausmalte, dass dort unvergleichlich mehr Stimulierung, Offenheit, Auseinandersetzung möglich war.

Weiter draußen in der Welt, so empfand ich, da ging es ja sicher nicht so kleingeistig zu, da bewegte sich doch etwas. Da war interessantes Leben, da gab es kulturelle Vielfalt, gestaltende Phantasie und Sinnlichkeit. Da musste es alle möglichen selbstbewussten Leute geben, die das Leben als echte Herausforderung nahmen, daraus etwas Erfinderisches zu machen — ihm mit unkonventionellen Ideen und Versuchen tieferen Sinn abzugewinnen, die vorstellbare Reichweite von Lebensentwürfen immer wieder aufs Neue auszudehnen. Da draußen gab es die verschiedensten Akteure im öffentlichen Rampenlicht — in Unterhaltungsindustrie, Politik, Medien, Kunst —, die um so viel attraktiver, origineller, echter wirkten als die heimischen.

Auf dem Boden solcher Empfindungen ist auch schon früh mein Bedürfnis gewachsen, mich auf Lebensart, Kultur, Politik usw. verschiedener anderer Länder einzulassen — vor allem solcher, in denen mir die Atmosphäre mehr von der größeren Offenheit, Kreativität und Freizügigkeit jener weiteren Welt bestimmt schien —, was mich auch sehr zum Erlernen von Fremdsprachen motivierte und mir auch, wie ich glaube, zu einer relativen Leichtigkeit des „Hineintauchens" in andere Sprachen verholfen hat. Eine wesentliche Antwort auf die Enge der Heimat hat dementsprechend später darin bestanden, jeweils mehrere Jahre lang in anderen Ländern zu leben (in Frankreich, in den USA und in Italien).

Dass mein oppositioneller Ärger dann wesentlich zum Erwachen meines Interesses an Psychologie beitragen konnte: dazu bedurfte es aber auch noch anderer Motive — darunter besonders eines Beweggrunds, der im Widerspruch zu ihm stand und dennoch mit ihm zusammenhing: eines manchmal ausgeprägt unglücklichen Bewusstseins meiner selbst. Es war besonders ein Empfinden der Unsicherheit meiner Oppositionshaltung, das mich entmutigte. Das kam sowohl aus meiner Angst vor den autoritären Drohgebärden von Eltern und Lehrern als auch daher, dass ich mich in meiner Haltung eher isoliert fühlte, nur selten die Bestätigung anderer finden konnte, die mir das Gefühl gegeben hätte, ernst zu nehmen zu sein.

Ich fühlte mich also zu wenig selbstsicher, um entschieden genug (und für mich selbst überzeugend) gegen das aufzustehen, was ich als unerträglich beengend empfand. Dementsprechend spürte ich auch, dass ich in das, was mir so zuwider war, zum Teil auch selber verstrickt sein musste. Wogegen man sich nicht mit ausreichender Bestimmtheit zu wehren imstande ist, darin muss man ja irgendwie auch befangen sein. Wenn ich mir gerade vom Erwerb psychologischen Wissens eine Hilfe für meine oppositionellen Freiheitswünsche erhoffte, so spielte dabei also eine intuitive Wahrnehmung eine Rolle, dass die Hindernisse dagegen auch in mir selbst liegen mussten.

Andererseits entsprachen meine Freiheitswünsche auch einem gewissen Gegenpol zum unglücklichen Bewusstsein meiner selbst. In einem widersprüchlichen Nebeneinander mit einer oft über weite Strecken vorherrschenden Mutlosigkeit war ich immer auch von einem inneren Funken des Prinzips Hoffnung beseelt — von einem zwar oft nur sehr gedämpften Funken, der aber selbst in den tieferen Niederungen der Demoralisierung auf seinem Eigensinn beharren konnte.

Was diesen Funken ausmacht, spüre ich mit einer subjektiven Gewissheit, die es mir (glaube ich) auch ermöglicht, ihn mit einiger Sicherheit bei anderen wahrzunehmen: wie weit er bei einer Person lebendig oder verkümmert, oder tragischerweise auch weitgehend untergegangen ist. Er liegt in einem gewissermaßen „leisen" Gespür für das, was ich mein „wahres Selbst" nennen könnte (wenn nicht ein diesem Ausdruck anhaftender salbungsvoller Ton dem, was ich meine, zuwiderlaufen würde). Er hat gewiss mit einer (wenn auch oft nur äußerst mühsamen) Verwirklichung der von Erdheim beschriebenen Entwicklungsaufgabe zu tun, die Größen- und Allmachtsphantasien der Adoleszenz in schöpferische Arbeit zu überführen und damit auf Ich-nahe Weise mit den Beschränkungen der Realität und der Gesellschaft zu vermitteln (Erdheim 1984: 306ff; 1988: 199ff). Gleichzeitig scheint mir aber auch, dass nicht Größenphantasie, sondern schlicht ein innerer kreativer Fluss (trotz aller seiner Mängel und Hemmnisse) das Grundlegendste sei, das diesen Funken am Leben hält und mir das Gefühl gibt, dass er zum Wertvollsten gehört, was man auf der Welt haben kann.

Dieser Funke dürfte auch meinem Gefühl zu Grunde liegen, dass mir meine Eltern und einige meiner Lehrer neben ihren autoritären Einschränkungen auch noch etwas anderes vermittelt haben, das darüber hinauswies. Dieses Andere schlug sich zum Beispiel in der Vorbildwirkung nieder, dass sie den Inhalt ihrer Arbeit (zum Beispiel ihres Unterrichtsfaches) zumindest manchmal in einer für mich spürbaren Weise lieben konnten. Dies dürfte eine Voraussetzung dafür geboten haben, manche ihrer Interessen auch für mich anzunehmen und verfolgen zu können — teilweise sogar dann, wenn ich daneben oppositionellen Widerwillen gegen sie empfand. Die dadurch geweckte Freude an manchen Interessensgebieten und die daraus gelegentlich erwachsenen Erfolgserlebnisse mit kreativen Leistungen boten wesentliche Energiespender des Prinzips Hoffnung.

Den wirklich entscheidenden Anstoß, Psychologie zu studieren, erhielt ich im Laufe meines letzten Schuljahres. Ironischerweise war es im Rahmen des Religionsunterrichts, dass das Buch ‚Theorie und Praxis der antiautoritären Erziehung‘ von Alexander Neill (1960), des Begründers der freien Schule von Summerhill, von einer befreundeten Mitschülerin vorgestellt wurde und danach zu monatelangen, unerhört polemischen Auseinandersetzungen führte.

Dieses Buch, das wie wenige andere die Aufbruchsstimmungen rund um 1968 spiegelte und stimulierte, sprach mir aus tiefster Seele und bot mir einen radikal neuen Kristallisationspunkt für meine Sichtweisen und Lebensorientierungen. Mit einer Klarheit, die ich zuvor nicht für möglich gehalten hätte, brachte es mir die folgenschweren emotionalen Verletzungen zu Bewusstsein, die den meisten Menschen durch die herkömmlichen Erziehungspraktiken in Familie, Kindergarten, Schule, Kirche usw. zugefügt werden. Dies erlaubte mir, bis dahin stark Empfundenes, aber nur unscharf Gedachtes in einer Weise auf den Begriff zu bringen, die mich geradezu elektrisierte, meine Phantasien über denkbare und wünschenswerte Lebensformen bzw. gesellschaftliche Entwicklungen ungemein beflügelte.

Vor allem vermittelte mir Neills Buch auch ein überzeugendes Verständnis vom intimen Zusammenhang zwischen Psychologie und Politik, zwischen Erziehung und Gesellschaftsordnung: dass eine verantwortungsbewusste, solidarische, von gelebter Demokratie bestimmte Gesellschaft aus Individuen bestehen muss, die in ihrem Leben Selbstbestimmtheit, schöpferische Entfaltung und sexuelle

Erfüllung finden können; dass dies grundlegend davon abhängt, ob ihnen in ihrer Kindheit durch ihre Eltern und Erzieher Freiheit, Anerkennung, einfühlsame Liebe, Aufrichtigkeit und Sinn für Eigenverantwortung vermittelt wurde; dass im Gegensatz dazu die vorherrschenden Formen der Kindererziehung auf (offene wie versteckte) Dressur zielen, die zu Konformismus, Duckmäusertum, Heuchelei, Autoritätshörigkeit und tief sitzendem Hass gegen sich und andere führt — und dass diese Folgen autoritärer Erziehung zum weitgehenden Scheitern der konstruktiven Chancen unserer Gesellschaft beitragen: das heißt, zu einer weitgehenden Unmöglichkeit, wirklich lebenswerte Ziele und Prioritäten zu setzen, und zu einer damit einhergehenden Verschwendung und Zerstörung unabsehbar großer produktiver Mittel und kreativer Potentiale; zum dichten Geflecht großer und kleiner Grausamkeiten und Feindseligkeiten, die die meisten Bereiche des Zusammenlebens durchziehen; zu Ausbeutung und Profitgier, zu den großen Verbrechen, Gewalttaten, Kriegen, Rüstungswettläufen und Umweltzerstörungen, die heute unser aller Überleben akut gefährden. Im Zusammenhang dieses Ausblicks auf die größeren Zusammenhänge konnte ich auch zum ersten Mal ein deutliches Gefühl für das große befreiende Potential der Psychoanalyse entwickeln, das in der Aufdeckung unbewusster Ängste und Zwänge liegt. Bis dahin waren der Schulunterricht und die Lektüre, die mir einige ihrer Grundsätze vermitteln konnten, für mich noch überwiegend abstrakt geblieben.

Ebenso lehrreich wie der Inhalt des Buches selbst — auf jeden Fall aber ausgesprochen entmutigend — waren die Reaktionen, die in meinem Umkreis durch seine Vorstellung und Diskussion ausgelöst wurden. Die Haltungen der großen Mehrheit unter den Mitschülern, aber auch im sonstigen Bekannten- oder Verwandtenkreis reichten von einem verhaltenen Unwillen bis zu einer heftig überschießenden Abneigung, bei der ein wütendes Abwehren und Nicht-wissen-Wollen fast mit Händen zu greifen war. In unzähligen erhitzten Gesprächen war es mir nur selten möglich, auch nur einfachste Missverständnisse im Hinblick auf die von Neill vertretenen Standpunkte auszuräumen. Offensichtlich war damit bei vielen ein allzu wunder Nerv getroffen, sodass sie ein hoch aufgeladenes Negativ-Kraftfeld gegen jede sinnvolle Auseinandersetzung errichten mussten. Man hätte schon von sehr mächtigen eigenen unbewussten Zwängen beherrscht sein müssen, um hier nicht unmittelbar die Wirkung starker unbewusster Zwänge der betreffenden Personen zu erkennen.

Wie wenig die diesbezüglichen Einstellungen mit sachlichen Argumenten zu tun haben, wurde mir auch an einem langjährigen Schulfreund deutlich, der sich als leidenschaftlicher Gegner der in Summerhill praktizierten Prinzipien entpuppte. Unter dem Gesichtspunkt der wissensmäßigen Bildung — der bis dahin von Schule, Elternhaus oder anderen Quellen erhaltenen intellektuellen Nahrung — gab es zwischen ihm und mir nur geringe Unterschiede. Wie radikal aber die Meinungen auseinander gehen konnten, die er und ich unter Verwendung unserer ähnlichen „kognitiven Rohmaterialien" entwickelten, wurde mir im fruchtlosen Streit über Neills Erziehungsmodell zum ersten Mal in vollem Ausmaß deutlich (und sollte sich in den folgenden Jahren übrigens in fast allen anderen gesellschaftlichen und politischen Fragen bestätigen).

Ganz allgemein brachten mir diese Diskussionen um die Schule von Summerhill also eindrucksvoll bei, in wie hohem Grad Standpunkte gegen logische Auseinandersetzungen immun sein können — wie gering der kognitive Anteil an der Bildung von Meinungen und Einstellungen sein kann, wenn die betreffenden Angelegenheiten an undurchschaute emotionale Verstrickungen rühren (und dass dies auch sehr häufig der Fall ist). Allein schon aus diesem Grund konnte meine Entscheidung, Psychologie zu studieren, nicht schwergewichtig die Beschäftigung mit kognitiven Strukturen oder mit statistisch kategorisierbaren Verhaltensmustern im Auge haben.

2.2.2 Schockwellen einer politischen Bewusstwerdung

Im Zusammenhang dieses Lernprozesses schälte sich auch ein wesentlicher Anhaltspunkt für die Beantwortung des an mir nagenden Rätsels heraus, warum so viele (z.B. Gleichaltrige) Politik und Geschichte für langweilig befinden konnten und warum sich dieses breite Desinteresse oft sogar so darstellt, als ob es sich dabei um etwas ganz Selbstverständliches und landläufig Normales handeln müsse. Was auf der Oberfläche als gelangweiltes, vielleicht auch leicht angewidertes Sich-Abwenden erscheinen kann, kam mir nach und nach (jedenfalls zum Teil) zunehmend als eine Art „Sich-blind-stellen-Wollen" vor — als mächtige Abwehrhaltung dagegen, die beängstigenden und erschütternden Realitäten zur Kenntnis zu nehmen, auf die man unweigerlich stößt, sobald man sich einmal eingehender mit Politik auseinandersetzt. Wer sich auch nur halbwegs sehenden Auges der Geschichte, Gegenwart und Zukunft unseres gesellschaftlichen Zusammenlebens stellt, kann wohl nicht umhin, immer wieder von Gefühlen tiefen Entsetzens, heftiger Wut oder lähmender Hilflosigkeit heimgesucht zu werden.

Wie massiv hinter dem Ausweichen vor der Beschäftigung mit Politik und Geschichte die schweren Schatten der Verbrechen gegen die Menschheit, des totalitären und militaristischen Terrors erkennbar werden, die das 20. Jahrhundert geprägt haben, kann man etwa recht handgreiflich einer Beobachtung des Psychoanalytikers Martin Wangh entnehmen: „Meines Erachtens ist die gegenwärtig weit verbreitete Tendenz zum Rückzug eine Nachwirkung der Erlebnisse von Insassen des Konzentrationslagers und des Ghettos" (Wangh 1991: 226) — was darauf hinausläuft, dass deren bis zum Äußersten getriebene Erniedrigung,

Terrorisierung und grausame Ermordung auch nachhaltig auf den Rest unserer Gesellschaft durchschlagen musste. Wenn praktisch bewiesen wurde, dass bestimmte Menschen — die noch dazu über das extrem willkürliche Auswahlkriterium der Zugehörigkeit zu einer „Rasse" dazu verdammt wurden — einem solchen Schicksal ausgeliefert werden konnten (ohne dass die meisten Verantwortlichen dafür jemals belangt wurden), dann muss dies auch auf gesamtgesellschaftlicher Ebene tief ins Fundament reichende Risse im Zusammenhalt und im Mindestvertrauen des Zusammenlebens zur Folge haben. Der damit vollzogene radikale Bruch des Gesellschaftsvertrags signalisiert letztlich allen die lauernde Gefahr, eventuell sehr plötzlich in eine ähnliche Lage totalen Ausgeliefertseins gestoßen zu werden — eine Gefahr, auf die die meisten Menschen vor allem mit Wegsehen, Verleugnen und Verdrängen zu reagieren scheinen.

„Seit Hitler rechnen die Menschen im Stillen mit allem und wollen es zugleich nicht wahrhaben", bringt dies der Psychoanalytiker Helmut Dahmer mit einer scharfen Formulierung auf den Punkt. „Das bringt sie dazu, das Grauen, das anderen angetan wird, zu tolerieren, und das stempelt sie zu Bürgern unseres barbarischen Zeitalters." (Dahmer 2004: 24) Wie diese innere Logik des gebrochenen (und danach nicht ausreichend wiederhergestellten) Gesellschaftsvertrags vom Holocaust zu unserer heutigen atomaren Existenzbedrohung führt, wird etwa auch in einer Stellungnahme des Auschwitz-Überlebenden Elie Wiesel eindrucksvoll veranschaulicht: „Once upon a time it happened to my people, and now it happens to all people. And suddenly I said to myself, maybe the whole world, strangely, has turned Jewish. Everybody lives now facing the unknown. We are all, in a way, helpless." (Lifton/Markusen 1990: 1)

In diesem Sinne scheint es mir auch folgerichtig, wenn Wangh im Anschluss an seine eben zitierte Aussage ohne weitere Vermittlungsschritte auf Abwehrhaltungen gegen die Wahrnehmung der globalen Vernichtungsgefahren durch Atomwaffen zu sprechen kommt: „Narzisstischer Rückzug ist das am weitesten verbreitete Mittel, um die überwältigende nukleare Gefahr zu leugnen. ‚Über die Sache mit der nuklearen Bedrohung kann ich nicht nachdenken, soll die Regierung sich darum kümmern', war die häufigste Antwort bei einer informellen, unveröffentlichten Umfrage unter Menschen im Alltag, die in Zusammenarbeit mit der Yankelovitch-Organisation durchgeführt wurde." (Wangh 1991: ebenda) Zu einem sehr ähnlichen Ergebnis gelangte übrigens auch — im Zusammenhang des bereits in der Einleitung erwähnten Forschungsprojekts ‚Zur Sozialpsychologie des Friedens' — eine auf Gruppendiskussionen aufbauende Untersuchung der Pädagogin Martina Sommeregger, in der psychische Verarbeitungsmuster der atomaren Bedrohung in verschiedenen österreichischen Bevölkerungsgruppen analysiert wurden (Berghold/Sommeregger 1989: 180f).

Eine Erklärung unpolitischer Haltungen durch ein abwehrendes „Nicht-nachdenken-Können" über schwere äußere Bedrohungen steht nicht im Widerspruch zu Erklärungen wie der des Ethnopsychoanalytikers Paul Parin, der auf innere Bedrohungen verweist, mit denen die Betreffenden nicht zu Rande kommen: „Personen, die im Abwehrkampf gegen ihnen unerträgliche Triebregungen begriffen und zu keiner für das Selbstgefühl oder den Libidohaushalt annehmbaren Lösung gekommen sind, [neigen] in der Regel nicht dazu, sich für die Umwelt, die nicht unmittelbar in ihr Leben eingreift, zu interessieren." (Parin 1978: 31) Tatsächlich ergänzen sich beide Erklärungsansätze: Die Hilflosigkeit gegenüber inneren Konflikten verstärkt auch die Hilflosigkeit gegenüber äußeren Bedrohungen (die bei allem abwehrenden „Desinteresse" natürlich dennoch — quasi wie aus dem Augenwinkel — wahrgenommen werden müssen); und der Aufwand zur Verleugnung äußerer Bedrohungen verknappt seinerseits wieder die psychischen Ressourcen, um mit inneren Konflikten konstruktiv umgehen zu können.

Aus dem Blickwinkel eines von inneren und äußeren Abwehrmotiven wechselseitig auf die Spitze getriebenen „Nicht-nachdenken-Könnens" kann man jedenfalls auch die enorme Tragweite einer Beobachtung erahnen, die der Historiker Eric Hobsbawm zu einer verbreiteten Bewusstseinslage macht, aus der die Geschichte weitgehend ausgeblendet und die Wahrnehmung des öffentlichen Lebens zu bruchstückhaften Momentbildern des gerade aktuellen Geschehens zu verkümmern scheint: „Die Zerstörung der Vergangenheit, oder vielmehr die jenes sozialen Mechanismus, der die Gegenwartserfahrung mit derjenigen früherer Generationen verknüpft, ist eines der charakteristischsten und unheimlichsten Phänomene des späten 20. Jahrhunderts. Die meisten jungen Menschen am Ende dieses Jahrhunderts wachsen in einer Art permanenter Gegenwart auf, der jegliche organische Verbindung zur öffentlichen Vergangenheit ihrer eigenen Lebenszeit fehlt. [...] jeder, der je von einem intelligenten amerikanischen Studenten gefragt wurde, ob die Bezeichnung ‚Zweiter Weltkrieg' bedeute, dass es auch einen ‚Ersten Weltkrieg' gegeben habe, [muss sich bewusst sein], dass nicht einmal die Kenntnis der grundlegendsten Fakten dieses Jahrhunderts vorausgesetzt werden kann." (Hobsbawm 1994: 17)

Die Abwehrhaltungen gegen Gefühle von schwerer Hilflosigkeit, die sich mir immer mehr als Erklärungsansatz für unpolitische und „geschichtslose" Einstellungen aufdrängten, brachten mich also auf die Idee, dass sich hinter der Fassade von gelangweiltem Desinteresse (oder auch zynisch-„überlegener Abgeklärtheit" gegenüber mitmenschlicher Betroffenheit bzw. gegenüber jedem Engagement für gesellschaftlich verantwortungsvolle Anliegen) wohl vor allem eine panische Flucht vor den politischen Realitäten verbirgt. Demzufolge dürften Angst und Verzweiflung bei politisch und historisch Desinteressierten auch größer sein als bei jenen, die sich eher auf derartige Realitäten einlassen können. Der seichte „Optimismus", der z.B. von einer verbreiteten Unterhaltungskultur und „Spaß-Gesellschaft" gefördert wird, schien mir somit immer deutlicher die Züge eines kräftezehrenden Ausweichens aufzuweisen. Nicht zuletzt der krampfhaft-fröhliche Ton à la „Das Leben ist ein Hit" und eine ihm anhaftende unechte Schwachsinnigkeit legt dies spürbar nahe.

Die Entwicklung meines eigenen politischen Bewusstseins war jedenfalls im Verlauf der späteren Adoleszenz durch eine immer länger werdende Reihe von Erschütterungen gekennzeichnet. Das hatte zunächst viel damit zu tun, dass ich widerstrebend und bestürzt zur Kenntnis nehmen musste, dass die westlich-demokratischen Mächte, an deren Engagement für Freiheit und Menschenrechte ich bis dahin so stark geglaubt hatte, eine zynische Machtpolitik verfolgten, die sich in ihren gewaltsamen Mitteln nicht sehr von diktatorischen Regimes unterschied. Einer der ersten Anlässe, bei dem sich in mir ein leiser Zweifel einnistete, ergab sich im Zusammenhang des griechischen Militärputsches im Jahre 1967. Die Medien berichteten von zahlreichen Stellungnahmen westlicher Regierungen, die den Putsch scharf verurteilten und die diplomatischen Beziehungen zu Griechenland abbrachen — eine Protestmaßnahme, an der sich die USA zu meiner großen Überraschung und Verstörung aber nicht beteiligten. Wie konnte denn die führende demokratische Macht der Welt gegenüber einer so wichtigen Herausforderung einfach umfallen? Ich beruhigte mich zunächst noch mit der Überlegung, dass die US-Regierung doch wohl ihre pragmatisch gerechtfertigten, wenn auch mir (noch) nicht nachvollziehbaren Gründe gehabt haben musste.

Bei der zunehmenden Aufmerksamkeit, mit der ich politische Ereignisse und Berichte verfolgte, mussten sich die Anlässe natürlich häufen, die mich zur Erkenntnis zwangen, dass die westlich-demokratischen Regierungen und Akteure die Menschenrechte häufig missachteten, wenn ihre eigenen Machtinteressen auf dem Spiel standen. Während brutale Unterdrückungsmaßnahmen in den Staaten des Ostblocks mit großer Empörung verurteilt wurden, hatte man erstaunlicherweise nichts oder nur wenig auszusetzen, wenn Ähnliches unter verschiedenen „Diktaturen der freien Welt" (diese Formulierung konnte ich tatsächlich in der Zeitung lesen) geschah. Ein von amnesty international dokumentierter Erlebnisbericht erschütterte mich besonders nachhaltig. Ein vormaliger politischer Gefangener aus dem Iran beschrieb darin die Arten der Misshandlung und Folter, denen er durch Angehörige der Geheimpolizei ‚Savak' ausgesetzt gewesen war. Eine der Foltermethoden der Savak bestand darin, ihre Opfer mit nackter Haut auf eine glühend heiße Metallfläche zu setzen und sie so zu verkrüppeln.

Dieser Bericht löste in mir wilde Empörung, aber auch einen beinahe betäubenden Schock aus. Zwar konnte mir die grundsätzliche Erkenntnis nicht neu sein, auf wie erbarmungslose Weise manche Menschen andere Menschen zu quälen bereit sind — zum Beispiel in der fernen Vergangenheit mittelalterlicher Folterkammern, oder in der viel näheren (mir allerdings noch ziemlich nebulosen) Vergangenheit der nationalsozialistischen Gewaltverbrechen. Aber solche Schrecken gehörten in meinen Augen ja einer früheren, von der heutigen Zeit stark abgehobenen Welt an und schienen mir damit irgendwie schon ins Reich des Unwirklichen entrückt zu sein. Was mich jedoch auch aus allen Wolken fallen ließ, war der Umstand, dass die Regierung, unter der diese Foltermethoden angewandt wurden, im westlich-demokratischen Lager als wichtiger Verbündeter und Freund anerkannt war. Die Politik ihres Oberhaupts, des Schahs Reza Pahlevi, wurde von den Politikern und Medien des Westens überaus positiv bewertet, seine Familie gehörte zu den Lieblingen der illustrierten Zeitschriften, die gegen ihn gerichteten Proteste, von denen manchmal berichtet wurde, wurden als Machenschaften von Fanatikern dargestellt. Wie um alles in der Welt konnten die Mächte des freien Westens ein solches Folterregime nicht nur nicht entschieden bekämpfen, sondern sogar noch besonders loben und unterstützen?

Eine Zeit lang versuchte ich noch, mir meinen Glauben an deren Engagement für demokratische Werte durch gedankliche Hilfskonstruktionen zu erhalten. Vielleicht blieb ihnen ja unter gewissen strategischen Zwängen keine andere Wahl, als mit manchen Regierungen zusammenzuarbeiten, die ihnen sicher sehr unsympathisch waren — um so wenigstens mit einiger Wirksamkeit gegen die viel größere Bedrohung ankämpfen zu können, die vom kommunistischen Machtblock ausging? Meine Rechtfertigungsversuche überzeugten mich zunehmend weniger, je mehr ich von ähnlichen schweren Menschenrechtsverletzungen erfuhr, die auch von anderen dem westlichen Lager zuzurechnenden Akteuren oder Regierungen zu verantworten waren.

Als ich dann im Alter von siebzehn Jahren aus dem Nachrichtenmagazin ‚Der Spiegel‘ von den Gewaltexzessen und Massakern erfuhr, in die die US-Armee auf breitester Ebene in Vietnam verwickelt war, krachte mein bisheriges politisches Weltbild schließlich tosend zusammen. Das traf mich wie ein Blitzschlag. Der Gesamteindruck dieser Berichte und die Glaubwürdigkeit ihrer Quellen ließen keinen Raum mehr für Zweifel: Die angeblich führende demokratische Macht der Welt verteidigte hier nicht die Freiheit eines Landes gegen kommunistische Expansionsgelüste, sondern führte einen Krieg gegen die Bevölkerung, in dem sie vor keinerlei Grausamkeit, Terror, Mordrausch oder Massenvernichtung zurückschreckte.

Was immer man auch der kommunistischen Seite an Gewalttaten oder Unterdrückung vorwerfen konnte — es konnte nicht entfernt an diese Verbrechen heranreichen, die hier in unvorstellbaren Ausmaßen von der größten Streitmacht des „freien Westens" verübt wurden. Im Vergleich dazu konnten der Vietcong und das kommunistische Nordvietnam zweifellos nur das kleinere Übel darstellen, und ich konnte den Vietnamesen dann eigentlich nur wünschen, dass wenigstens dieses kleinere Übel möglichst bald den Sieg davontragen würde, damit zumindest dieser Krieg ein Ende fände. Es fiel mir dabei nicht ein, angesichts der Gräueltaten der einen Seite die Gegenseite deswegen schon weniger kritisch zu betrachten: Ein politisches System, in dem nur eine (regierende) Partei gestattet ist und oppositionelle Meinungsäußerungen unterdrückt werden, war (und ist) in meinen Augen auf jeden Fall unerträglich — aber immer noch weitaus weniger unerträglich als diese ausufernden Massaker und Zerstörungen, die die Ausmaße eines Völkermords annahmen.

Ein weiterer Schock kam mit der Erkenntnis, wie wenig diese Berichte über den Vietnamkrieg die meisten mir bekannten Menschen wie auch die breitere Öffentlichkeit zu alarmieren oder auch nur zu interessieren schienen. Massive emotionale Reaktionen erlebte ich fast nur gegen die wenigen Menschen, die gegen den Vietnamkrieg protestierten. Wie war es nur möglich, solche Berichte nicht zur Kenntnis zu nehmen oder von ihnen nicht schwer aufgerüttelt zu werden? Wie war es möglich, nicht zu erkennen, dass solche massiven Verbrechen — eine solche extreme Entwertung des Lebens von Millionen von Menschen zur militärstrategischen Manövriermasse, die bedenkenlos terrorisiert oder abgeschlachtet werden konnte — weltweit zu einer zunehmenden Barbarisierung und Bedrohung unser aller Überlebens führen mussten (wenn man sie jedenfalls nicht mit aller Entschiedenheit bekämpft)? Wie konnten so viele Menschen mit dem schlichten Hinweis auf die Untaten des kommunistischen Lagers so umstandslos über diese brennende Frage hinwegsehen (als ob die Untaten der anderen die des eigenen Lagers irgendwie wegwischen könnten)?

Es war das erste Mal, dass ich die extreme Wahrnehmungstrübung handgreiflich zur Kenntnis nehmen musste, die von George Orwell treffend als ein Wesensmerkmal des Nationalismus[1] beschrieben wurde: Je nach Rechtfertigungsbedarf können selbst die schlimmsten Gräueltaten in ein vorteilhaftes Licht getaucht werden oder sich sogar in nichts auflösen. „The nationalist not only does not disapprove of atrocities committed by his own side, but he has a remarkable capacity for not even hearing about them." (Orwell 1945: 166)

Hatte ich das politische Desinteresse der meisten mir bekannten Menschen bis dahin befremdlich gefunden, so empfand ich es nunmehr als schweres menschliches Versagen. Hatten die meisten Autoritäten meines Lebensumkreises bereits vorher einen Großteil ihrer Glaubwürdigkeit verloren, so stürzten sie für mich nunmehr aber in die bodenlose Tiefe. Hatte ich die Zukunftsaussichten

---

[1] Womit Orwell allerdings — in Ermangelung eines präziseren Begriffs — nicht nur die kritiklose Identifikation mit Nationen, sondern ebenso mit politischen Lagern, Religionen, sozialen Klassen, „Rassen" u.ä.m. bezeichnen wollte.

unserer Gesellschaft bereits vorher mit wachsender Sorge betrachtet, so verfiel ich nun manchmal in Stimmungen schwerer Hoffnungslosigkeit.

Weit mehr noch als von den menschenverachtenden oder völkermörderischen Handlungen so vieler Machthaber wurde meine Hoffnungslosigkeit aber von den vorherrschenden Einstellungen genährt, die ich bei der großen Mehrheit der mir bekannten Menschen und in der Öffentlichkeit wahrnahm. Die Gleichgültigkeit, Borniertheit, mangelnde Kritikfähigkeit der Vielen — das sah ich nun immer mehr als das Entscheidendere an, das die großen Verbrechen der Wenigen, der skrupellosen Machtmenschen an der Spitze überhaupt erst möglich macht, wenn es ihnen nicht oft mit geradezu schlafwandlerischer Treffsicherheit zur Hand geht.

2.2.3 Noam Chomsky vs. William Buckley

In einer um diese Zeit in den USA abgehaltenen Fernsehdiskussion — von der ich allerdings erst ein Vierteljahrhundert später einige Ausschnitte zu sehen bekommen sollte — wurde dieser Zusammenhang in einer mich besonders beeindruckenden Weise zur Sprache gebracht. Einer der bekanntesten Gegner des Vietnamkriegs, der führende Sprachwissenschafter und Medienkritiker Noam Chomsky, traf dabei auf den ultrakonservativen Intellektuellen William Buckley, in dessen Sendereihe er sein neuestes Buch vorstellen konnte.

In einem mit nervöser Spannung aufgeladenen Gesprächsabschnitt, in dem die Atmosphäre zwischen den beiden politischen Gegnern zu knistern schien, schlug Buckley zunächst einen blasiert-süffisanten Tonfall an, um dann plötzlich mit nur dünner ironischer Verkleidung eine grob verletzende Verbalattacke gegen Chomsky zu starten: Falls es diesem im Laufe der Sendung vielleicht einfallen sollte, aus Empörung über den Krieg die Selbstbeherrschung zu verlieren, wolle er ihm umstandslos eine in seine „gottverdammte Visage" reinknallen („I'd smash you in your goddamn face") — woraufhin er die Debatte ebenso plötzlich zu einer kontroversen Aussage des Buches überleitete. Chomsky, den diese Attacke in einem ersten Moment der Überraschung ein wenig aus der Fassung zu bringen schien, konnte zwar recht gewandt mit einer ironischen Gegenbemerkung reagieren, die Wucht der gerade erlittenen Aggression damit aber nicht ganz abfedern (was innerhalb des Rahmens einer solchen Fernsehsendung vielleicht auch nicht möglich gewesen wäre).

Die Gesprächssituation schien kurzfristig hart am Rande des Entgleisens zu schweben und von nervösem Lachen gerade noch notdürftig gehalten zu werden. In diesem kritischen, unsicher dahindriftenden Augenblick, in dem sein feindseliger Gastgeber gleich noch in „cooler" Manier mit einem scharfen Streitpunkt nachsetzte, mag Chomsky mit schneller Intuition auf einen tieferen, meist relativ ausgeblendeten Fundus seiner emotionalen Wahrnehmungen zurückgegriffen haben. In einer spontanen inhaltlichen Wendung, die er zwar mit einer Aussage seines Buches verband, kam er auf ein brisantes Thema zu sprechen, das im Allgemeinen nicht im Brennpunkt seiner politischen Analysen steht (die vor allem der kritischen Untersuchung der Machteliten gewidmet sind): Die heimliche Komplizenschaft der „normalen", vorgeblich machtlosen Durchschnittsmenschen — und sogar oppositioneller Kritiker wie er selbst — mit den kriegerischen und gewalttätigen Praktiken selbst der verbrecherischesten Machthaber.

Unter einem momentanen Fassungsverlust mag Chomsky also gewissermaßen halb zurückgewichen sein und nach dem nächst besten Anhaltspunkt gegriffen haben, der ihm in den Sinn kam — und der vielleicht gerade seinem Auftauchen im anschwellenden Fluss spontaner Einfälle, welcher von einem Adrenalinschub ausgelöst werden kann, eine hohe Aussagekraft verdankt. Zugleich kann Chomskys Antwort wohl auch ein wenig wie die Reaktion eines Judokämpfers gedeutet werden, der der Stoßkraft des gegnerischen Angriffs teilweise nachgibt und diese dadurch in seine eigene Gegenbewegung einfließen lassen kann.

Auf Buckleys plötzliche Drohgebärde — welche die daran anknüpfende hämische Anregung, sich doch vielleicht ein wenig über die Verwerflichkeit der Kriegstreiber in Wut zu reden, gleichzeitig auch zu einer Warnung davor machte — schien Chomsky auf den ersten Blick überraschend weich zu reagieren: Sein kritischer Blick schien sich beinahe von diesen abzuwenden und in erster Linie in Selbstbezichtigung umzuschlagen. Tatsächlich aber machte er diesen scheinbaren Rückzieher zum Ausgangspunkt für eine Kritik an den gesellschaftlichen Verhältnissen, deren Blickwinkel auf ihren psychologischen Untergrund mir radikaler und weitreichender zu sein scheint als seine (an sich zweifellos auch gut begründete) Kritik an der Machtpolitik und den Wirtschaftsinteressen herrschender Gruppen oder politischer Führer.

Ich zitiere im Folgenden den längeren Diskussionsausschnitt, der mit der eben erörterten raschen Folge von Äußerungen eingeleitet wurde, bei der vor allem an den feineren Stimmungsdetails ein kurzfristig steil in die Höhe schnellendes Spannungsniveau erkennbar wird:

> *Buckley* [ironisch-blasiert] I rejoice in your disposition — to argue the Vietnam question, especially when I recognize what an act of self-control this must, ah, involve...
> *Chomsky* It does...
> *Buckley* [ironisch] ... sure...
> *Chomsky* ... it really does — and then, I think, with the kind of issue...
> *Buckley* [ironisch] ... and you're doing very well...
> *Chomsky* ... sometimes I lose my temper... [halb ironisch] maybe not tonight...

Buckley [lächelnd] ... maybe not tonight, okay... ah, because if you would, I'd smash you in your goddamn face. [nervöses Lachen aus dem Publikum im Fernsehstudio, aber auch Chomskys] You see, you say...

Chomsky [scherzhaft, zugleich etwas verunsichert] That's a good reason for not losing my temper...

Buckley [blasiert] ... you say the war is simply an obscenity, a depraved act by weak and miserable... men...

Chomsky ... including all of us — including myself, including...

Buckley ... well...

Chomsky ... every... that's the next sentence, the same sentence...

Buckley [etwas überrumpelt wirkend] ... sure-sure-sure — sure, because you count everybody in the company of the guilty...

Chomsky I think that's true in a sense.

Buckley Ah, yeah, but...

Chomsky You see, one of the points I'm trying to make...

Buckley ... this is in a sense a theological observation, isn't it...

Chomsky No, I don't think so.

Buckley ... because, [plötzlich sehr schnell und etwas perplex] as somebody pointed out, if everybody is guilty of everything, then nobody is guilty of anything, that's the trouble with that...

Chomsky No, I don't, well, no, I don't believe that. You see, I think that the point that I'm trying to make, and I think ought to be made, is that — the real... at least to me, I say this elsewhere in the book... What seems to me a very, in a sense, terrifying aspect of our society, and other societies, is the equanimity and the detachment with which sane, reasonable, sensible people...

Buckley ... m-m...

Chomsky ... can observe such events. I think that's more terrifying than the occasional Hitler or Le May[1] or other that crops up. These people would not be able to operate were it not for the... this apathy and equanimity. And therefore I think that it's in some sense the sane and reasonable and tolerant people who should... who share a very serious burden of guilt that they very easily throw on the shoulders of others who seem more extreme and more violent.[2]

Chomskys Antwort auf Buckleys Provokationen ließ also dessen offensichtliches Bestreben, es im Sinne der Freund-Feind-Konstellation des Kalten Kriegs zu einem Aufeinanderprallen von zwei entgegengesetzten Schwarz-Weiß-Bildern kommen zu lassen, ins Leere gehen. Die dadurch vereitelte Möglichkeit, sich

---

[1] Curtis Le May war einer der Planer der Atombombenabwürfe auf Hiroshima und Nagasaki 1945; 1961-65 Oberster Befehlshaber der US-Luftwaffe; einer der aggressivsten „Falken" im Vietnamkrieg; 1968 US-Vizepräsidentschaftskandidat des Rechtsaußen George Wallace.

[2] Aus dem Film ‚Manufacturing Consent: Noam Chomsky and the Media‘ von Mark Achbar und Peter Wintonick (Kanada 1992; vgl. Achbar 1994).

quasi in gegenüberliegenden Schützengräben der Selbstgerechtigkeit zu verschanzen, brachte Buckley sichtlich ein wenig aus dem Konzept. An einer plötzlich sehr schnell und beinahe unwillkürlich aus ihm hervorschießenden Bemerkung lässt sich erahnen, wie verunsichernd ihm die Denkmöglichkeit aufstieß, die Last von Schuldgefühlen nicht definitiv bei scharf eingegrenzten Außengruppen abzuladen zu können — d.h. letztlich auf Feindbilder zu verzichten („if everybody is guilty of everything, then nobody is guilty of anything, that's the trouble with that..."). Kurzfristig wohl etwas ratlos geworden, überließ er nun für einige Momente — im Gegensatz zu den schnellen gegenseitigen Unterbrechungen in der vorangegangenen Gesprächssequenz — Chomsky die Initiative zur Darstellung seiner Sichtweise.

Diese Stellungnahme Chomskys brachte das, was ich in erster Linie empfand, nachdem die Berichte über die Gräuel des Vietnamkriegs mein vorheriges Weltbild zum Einsturz gebracht hatten, wohl eindrücklicher auf den Punkt als alles, was ich in dieser Zeit tatsächlich zu hören oder zu lesen bekam. Die damals viel zitierte und diskutierte Kritik Herbert Marcuses an der „repressiven Toleranz" lief gewiss auf eine ähnliche Aussage hinaus; ich empfand sie aber als weniger deutlich auf den Punkt gebracht. Der wichtigste Punkt, der sich mir aufdrängte, bestand also in der entscheidenden Mitverursachung, die politisches Desinteresse und Passivität zu den großen menschengemachten Katastrophen, zu den zerstörerischen und existenzbedrohenden Entwicklungen unserer Zeit beitragen. Da es in deren Wesen liegt, dass man ihnen gegenüber nicht neutral oder unbeteiligt sein kann, laufen scheinbare Gleichgültigkeit und Distanziertheit auf faktische Komplizenschaft und Beihilfe zum Völkermord (und zu anderen riesigen Verbrechen) hinaus.

Bereits damals hätte ich dabei allerdings zwar wohl von schwerem moralischen Versagen, nicht aber (wie es Chomsky tat) von Schuld sprechen wollen, da ich ein deutliches Empfinden von den tiefen inneren Nöten, Ängsten und Zwängen hatte, die dieser Abgestumpftheit und Verantwortungslosigkeit zu Grunde liegen müssen. Das hing auch ein wenig damit zusammen, dass die bei so vielen Menschen kritisch wahrgenommene Passivität und ihr innerer Sog zum narzisstischen Rückzug mir durchaus auch als eigene Schattenseite bewusst war und ist. Zumindest in mancher Hinsicht spürte ich also hinter meiner eigenen inneren Lähmung und Verzagtheit von vornherein ähnliche Motive wie jene, die bei anderen zum bewussten Desinteresse und zu Gefühlen der Teilnahmslosigkeit führen.

2.2.4 Weichenstellung nach links im Schatten von 1984

Meine schwere Besorgtheit über die politischen Entwicklungen steigerte sich noch unter dem Eindruck von Orwells scharfsichtiger Negativ-Utopie ‚1984‘, die ich in dieser Zeit zum ersten Mal las. Im Gegensatz zu einer ebenso verbreiteten wie oberflächlichen Lesart dieses Romans war es für mich von vornherein klar, dass er keineswegs nur als dramatische Warnung vor dem Stalinismus gemeint war, sondern viel grundlegender vor den totalitären Gefahren jeder Unterdrückung der politischen Freiheiten und jeder gesellschaftlichen Ausbeutungsordnung in unserem Zeitalter.

Um aus diesem Buch — wie dies zu großen Teilen getan wurde und wird — eine Rechtfertigung des Kapitalismus oder konservativer Politik herauslesen zu können, muss man schon von massiven ideologischen Scheuklappen beeinträchtigt sein. Man denke zum Beispiel nur an die darin entwickelten historischen Überlegungen über soziale Ungleichheit, Klassengesellschaften und die denkbaren Aussichten auf ihre Überwindung (Orwell 1949: u.a. 173, 186f). Darüber hinaus erfordert ein solches Missverständnis auch ein konsequentes Ignorieren von Orwells Lebenswerk und politischem Engagement. „Every line of serious work that I have written since 1936", erklärte er etwa zwei Jahre vor seinem Tod „has been written, directly or indirectly, against totalitarianism and for democratic socialism, as I understand it. It seems to me nonsense, in a period like our own, to think that one can avoid writing of such subjects." (1947: 186)

> „Indeed, from one point of view", hatte er bereits 1937 geschrieben, „Socialism is such elementary common sense that I am sometimes amazed that it has not established itself already. The world is a raft sailing through space with, potentially, plenty of provisions for everybody; the idea that we must all cooperate and see to it that everyone does his fair share of the work and gets his fair share of the provisions seems so blatantly obvious that one would say that no one could possibly fail to accept it unless he had some corrupt motive for clinging to the present system." (Orwell 1937: 149f)

So lag etwa auch die einzige große Perspektive, die Orwell nach dem Zweiten Weltkrieg für anstrebenswert (wenn auch für sehr unwahrscheinlich) hielt, in der Schaffung der „Socialist United States of Europe", welche durch die breite Beispielwirkung „of a community where people are relatively free and happy and where the main motive in life is not the pursuit of money or power" die Entwicklung zu einem demokratischen Sozialismus auf Weltebene einleiten könnte (1947a: 425) — eine Vision, die dem Geschmack jedes Konservativen oder Kalten Kriegers doch nur radikal entgegengesetzt sein konnte. Als das größte aller Hindernisse, die sich der Verwirklichung einer solchen Vision entgegenstellen, sah Orwell übrigens „the apathy and conservatism of people everywhere, their unawareness of danger, their inability to imagine anything new — in general, as Bertrand Russell put it recently, the unwillingness of the human race to acquiesce in its own survival." (ebenda: 426)

Was ich einige Jahre später in einem Nachwort von Erich Fromm zu einer US-amerikanischen Ausgabe von ‚1984‘ lesen konnte, bekräftigte meine unmittelbare Wahrnehmung, dass die von Orwell präzise beobachteten Elemente totalitärer Machtausübung und des damit einhergehenden (von ihm mit dem Ausdruck eines „Zwiedenkens" umschriebenen) wahnhaft gespaltenen Bewusstseins nicht nur in stalinistischen Diktaturen, sondern in bedrohlich ähnlicher Weise auch in den westlichen Gesellschaften wirksam sind.

Als schlagendes Beispiel dafür zitierte Fromm unter anderem den führenden US-Experten für Atomkriegsstrategie Herman Kahn:

> „Kahn assumes that thermonuclear war might mean the destruction of sixty million Americans, and yet he finds that even in such a case 'the country would recover rather rapidly and effectively,' and that 'normal and happy lives for the majority of the survivors and their descendants' would not be precluded by the tragedy of thermonuclear war. [...] People who accept this kind of reasoning are called 'sober'; those who doubt that if two million or sixty million died it would leave America essentially untouched are not 'sober'; those who point to the political and psychological and moral consequences of such destruction are called 'unrealistic.' [...] 'doublethink' is already with us, and not merely something which will happen in the future, and in dictatorships." (Fromm 1961: 265)

Wer Orwells Beschreibung der totalitären Welt von ‚1984‘ aufmerksam liest, betonte Fromm, wird darin unweigerlich zahlreiche Merkmale auch der gegenwärtigen westlichen Gesellschaft wiedererkennen müssen — „provided he can overcome enough of his own 'doublethink.'" (ebenda: 266) Gerade der Umstand, dass offensichtlich nur eine kleine Minderheit dieses (unter dem Gesichtspunkt seiner Verkaufsziffern) sehr erfolgreiche Buch ohne die Brille des Kalten Krieges lesen konnte — und dementsprechend zu einem solchen Wiedererkennen bereit und imstande war —, verstärkte in mir den bestürzenden Eindruck eines überragenden Gewichts des „Zwiedenkens" im politischen Durchschnittsbewusstsein. Durch Orwells Beschreibungen sensibilisiert und alarmiert, konnte ich nicht umhin, im politischen Geschehen und in zahlreichen Meinungsäußerungen immer mehr Anzeichen dieser totalitären Bewusstseinsspaltung wahrzunehmen.

Ein besonders schockierendes Beispiel dafür entnahm ich etwa der Nachricht, dass in einer 1970 in den USA durchgeführten Umfrage, „bei der beliebig ausgewählte Bürger aufgefordert wurden, wörtlich zitierte Passagen aus der amerikanischen Verfassung zu bekräftigen", sich herausstellte, „dass mehr als die Hälfte dies nicht nur ablehnte, sondern den zitierten Text sogar heftig verurteilte." Bei einer ähnlichen Erhebung „war nur einer von fünfzig angesprochenen Passanten aus Miami bereit, eine Schreibmaschinenabschrift der amerikanischen Unabhängigkeitserklärung zu unterzeichnen. Typische Antworten waren unter anderem: ‚Roter Ramsch!' oder: ‚Sehen Sie sich vor, wenn Sie dieses regierungsfeindliche Zeug zeigen!' oder: ‚Man sollte das FBI über diesen Dreck unterrichten'." (Lettau 1971: 82) So stand es also in Wirklichkeit um die demokratischen Ideale in dem Land, das in mir noch wenige Jahre zuvor so viel Bewunderung und Hoffnung ausgelöst hatte...

Unter dem Eindruck der erschütternden Erkenntnisse, die die Entwicklung meines Bewusstseins bestimmten, näherte ich mich nun in meinen Orientierungen relativ schnell der Linken an. Naheliegenderweise waren es nicht die traditionellen Linksparteien, die ich als mögliche politische Antwort in Betracht zu ziehen begann, sondern die zunächst nur sehr vage wahrgenommene „Neue Linke". Jene politischen Strömungen also, die durch ihre Proteste gegen den Vietnamkrieg, gegen den iranischen Schah, gegen diktatorische Notstandsgesetze oder gegen die Verstricktheit der älteren Generationen mit der nationalsozialistischen Vergangenheit hervorgetreten waren und durch den Pariser Mai und den Prager Frühling von 1968 ansatzweise Konturen gewonnen hatten — für mich aber vor allem durch die Kritik an den vorherrschenden konformistisch-autoritären Lebensformen Glaubwürdigkeit gewonnen hatten, wie ich sie zum ersten Mal anhand von Alexander Neills Erziehungsmodell nachvollziehen konnte und bald darauf bei ähnlich argumentierenden Autoren wie Wilhelm Reich, Erich Fromm oder Herbert Marcuse in theoretisch ausgefeilterer Form wieder fand.

Auch wenn ich meine Position auf dem herkömmlichen politischen Spektrum seit dieser Zeit nie mehr anders denn als links bezeichnen könnte (Bobbio 1994), so wurde mein erwachendes Interesse an den neuen linken Strömungen gleich wieder von einem Schock eingebremst. Zur selben Zeit, das heißt zu Beginn der 1970er Jahre, entwickelte sich ein Großteil der neuen, sich nun verbindlicher organisierenden Linken in die Richtung eines ausgeprägt stalinistischen Politikverständnisses (pro-chinesischer und pro-sowjetischer Orientierung). Und soweit ich es wahrnehmen konnte, fand dies eine Mehrheit derjenigen Linken, die nicht gerade so weit gehen wollten, höchstens mäßig irritierend.

Ein weiteres Mal fiel ich aus allen Wolken. Nachdem ich gerade angefangen hatte, einen neuen, wenn auch vorsichtigen Hoffnungsschimmer für die Durchsetzung solidarischer und demokratischer Werte ins Auge zu fassen, versank ich wieder in schwerer Enttäuschung. Was für eine Solidarität, was für ein Mitgefühl mit den terrorisierten, gefolterten, unterdrückten Menschen in Vietnam, Iran, Südafrika, Lateinamerika und anderswo im Westen konnten denn eigentlich Personen haben, die zum Beispiel imstande waren, im Genossen Stalin ein leuchtendes Vorbild zu sehen? In deren Wahrnehmungswelt konnten die gerade von den US- Bombenteppichen angegriffenen Vietnamesen kaum mehr als leblose Figuren auf einem ideologischen Schachbrett sein. Wer für die Opfer des Stalinismus kein Mitgefühl hat, kann doch auch keine wirkliche Solidarität mit den Opfern des kapitalistischen Terrorismus empfinden. (Es sollte eigentlich überflüssig sein hinzuzufügen, dass dasselbe natürlich auch umgekehrt gilt).

Umso glaubwürdiger erschien mir nun die in Orwells ‚1984' umrissene Sichtweise zur Geschichte der Klassengesellschaften und zu den in ihnen immer wieder zu Stande kommenden Aufstandsbewegungen und Revolutionen. Im Wesentlichen seien sie auf einen Sturz der jeweiligen Oberschicht durch eine Mittelschicht hinausgelaufen, die die große Masse der Unterdrückten und Ausgebeuteten für ihre eigenen Zwecke einsetzen konnte, „indem sie ihnen vormachen, für Freiheit und Gerechtigkeit zu kämpfen. Sobald sie ihr Ziel erreicht haben, drängen die Angehörigen der Mittelklasse die Unteren wieder in ihre alte Knechtschaftsstellung zurück, und sie selber werden die Oberen." Die unteren Gesellschaftsklassen konnten somit ihre Interessen nie auch nur zeitweise durchsetzen, höchstens ansatzweise Erleichterungen ihrer Lebensumstände erreichen. Kein geschichtlicher Wandel habe vom Standpunkt der Unteren „jemals viel anderes bedeutet als eine Änderung der Namen ihrer Herren" und das Ziel der sozialen Gleichheit je der Verwirklichung näher gebracht.

Seit dem Ende des 19. Jahrhundert aber — als dieses Ziel auf Grund des wirtschaftlich-technischen Fortschritts vom idealen Wunschtraum zu einer praktischen Möglichkeit geworden war und zunehmend klar wurde, dass keine materielle Notwendigkeit mehr für Klassen- oder große Besitzunterschiede besteht — änderten die die Vorherrschaft anstrebenden Mittelschichten ihre Vorgangsweise und bauten dieser „Gefahr" nun gleich von langer Hand vor: „In der Vergangenheit hatte die Mitte Revolutionen unter dem Banner der Gleichheit gemacht und dann eine neue Tyrannei aufgerichtet, sobald die alte gestürzt war. Die neuen Mittelgruppen proklamierten ihre Tyrannei im Voraus." (Orwell 1949: 184f) Ab dem beginnenden 20. Jahrhundert gingen sie daher dazu über, die im 19. Jahrhundert entwickelten sozialistischen Ideale von Freiheit und Gleichheit (ohne sie äußerlich aufzugeben) in immer krasserer Weise in ihr Gegenteil umzudeuten — was schließlich dazu führte, dass etwa ab den 1930er Jahren „Praktiken, die seit Langem aufgegeben worden waren, in manchen Fällen seit Hunderten von Jahren — wie Inhaftierung ohne Gerichtsverhandlung, die Verwendung von Kriegsgefangenen als Arbeitssklaven, öffentliche Hinrichtungen, Folterung zur Erpressung von Geständnissen, das Gefangennehmen von Geiseln und die Deportation ganzer Bevölkerungsteile — [...] auch von Menschen geduldet und sogar verteidigt [wurden], die sich für aufgeklärt und fortschrittlich hielten." (ebenda: 187)

Dieses historische Deutungsmuster schien mir leider zu einem maßgeblichen Teil des linken Spektrums nur allzu gut zu passen. Wie sonst wäre es zu erklären gewesen, dass der massive Autoritarismus, der in den propagandistischen Botschaften aus der VR China, der Sowjetunion, der DDR usw. zur Geltung kam (und im Vergleich zu dem sogar manche Konservative gemäßigt wirken konnten), von so vielen akzeptiert wurde und bei vielen anderen nur wenig Widerwillen hervorrief? Das musste doch eine tiefere Bedeutung haben. Bei aller Vielschichtigkeit von Motiven, die dabei eine Rolle spielen müssen, schien mir jedenfalls das von Orwell angesprochene Motiv sehr wesentlich zu sein: Was diese Menschen am kapitalistischen Herrschaftssystem am meisten stört, kann kaum das soziale Elend, die vereitelten Lebenschancen, Entfremdung, Repression, Krieg, die Zerstörung der Umwelt und der Zukunft sein. Es muss wohl mehr am Umstand liegen, dass in diesem System für sie selber nicht mehr Macht und Prestige abfällt (woraus sich auch mit einiger Folgerichtigkeit ergibt, dass sie sich im Falle eines geglückten sozialen Aufstiegs häufig genug, vor lauter alternder Reifung, zu Verteidigern der in jüngeren Jahren bekämpften Ordnung bekehren können). In diesem Sinne hatte etwa auch Orwell auf „the ugly fact" hingewiesen, „that most middle-class Socialists, while theoretically pining for a classless society, cling like glue to their miserable fragments of social prestige." (Orwell 1937: 153)

Damit ist natürlich nicht die ganze Bandbreite dessen beschrieben, was ich im Hinblick auf „die Linke" dachte und empfand (insofern man das sehr unterschiedliche Spektrum, das unter dieser Bezeichnung zusammengefasst wird, überhaupt zusammenfassend beschreiben kann). Natürlich habe ich daneben auch Befreienderes wahrgenommen und erlebt, und natürlich konnte mich meine Enttäuschung auch nicht davon abhalten, von den Grundwerten überzeugt zu sein, die nach meinem Verständnis in jeder sinnvollen Definition von „links" enthalten sein müssen: gesamtgesellschaftliche Solidarität, wirtschaftliche Sicherheit für alle, soziale Gleichheit (was — im Gegensatz zu zwanghaften rechten Missverständnissen und Propagandalügen — überhaupt nichts mit konformistischer Gleichförmigkeit oder einer Unterdrückung individueller Eigenheiten zu tun hat); die Verteidigung der Interessen der Schwachen, Diskriminierten und Unterdrückten; die konsequente Demokratisierung aller Lebensbereiche (was die Qualifizierung mancher, insbesondere stalinistisch orientierter Richtungen als links freilich zweifelhaft macht); eine von allen gemeinsam getragene Verantwortlichkeit für die großen (auch globalen) Lebens- und Überlebensfragen der Gesellschaft (im Gegensatz zur blinden Rücksichtslosigkeit der „freien" Marktkräfte); die Umwidmung der für die Austragung von Interessensfeindschaften verschwendeten (materiellen, intellektuellen, emotionalen) Ressourcen zur Herstellung von Lebensbedingungen, die allen Menschen eine möglichst freie und schöpferische Entfaltung erlauben würden.

Auch wenn ich solche Prinzipien von den verschiedenen linksgerichteten Parteien und Strömungen meist nur wenig glaubhaft vertreten sah (und sehe), so doch immerhin in manchen Ansätzen, aufgrund derer ihnen im Verhältnis zum konservativen bzw. rechten Spektrum natürlich auf jeden Fall der Vorzug zu geben ist. „Eine Politik erscheint uns schon ausgezeichnet, wenn sie nicht gerade miserabel ist", las ich ein paar Jahre später in einem Essay des Kulturphilosophen José Ortega y Gasset (1942: 26), der dies von seinem entgegengesetzten, sehr konservativen Standpunkt aus formulierte. Die Ironie dieses Satzes schien mir aber seitenverkehrt auch ganz gut zu meiner Sicht der Dinge zu passen.

Wichtiger als solche abwägenden Beurteilungen war aber der Umstand, dass der grobe Bremseffekt auf mein gerade erst erwachtes Interesse an den neuen linken Strömungen die Restbestände meines Hoffens reduzierte, dass man vielleicht doch einen Ausweg aus dem totalitären und existenziellen Bedrohungsszenario finden könnte, das sich in unserem Zeitalter zusammenbraut. Die Überzeugungskraft und Klarheit des emanzipatorischen Willens, die Motivierbarkeit zum Einsatz von Energien und Erfindungsreichtum, die notwendig wären, um einer solchen Aufgabe vielleicht doch gewachsen zu sein — das fehlte dieser Linken doch ganz offensichtlich. Einer Linken, die zum Beispiel nicht einmal imstande war, vor aller Welt unzweideutig klarzustellen, dass die anzustrebende Alternative zum herrschenden Gesellschaftssystem grundsätzlich nichts mit „real existierenden" Ein-Parteien-Systemen zu tun haben konnte, in denen Menschen wegen unerwünschter Meinungen mundtot gemacht, in Gefängnisse gesteckt oder auch gefoltert und ermordet werden.

Ab dem Moment, als mir die vom US-Militär in Vietnam verübten Kriegsverbrechen bekannt geworden waren, war ich so innerhalb von zwei Jahren an einem Tiefpunkt der Verzagtheit und des Zukunftspessimismus angelangt. Ein Befund Erich Fromms, den ich in dieser Zeit las, gab meine Erwartungshaltungen ziemlich genau wieder:

„Wir stehen vor der Wahrscheinlichkeit, dass in fünfzig Jahren — vermutlich aber viel früher — das Leben auf dieser Erde aufgehört haben wird zu existieren; nicht nur infolge atomarer, chemischer und biologischer Kriegsführung (und Jahr für Jahr bringt der technologische Fortschritt immer vernichtendere Waffen hervor), sondern auch, weil durch den technologischen ,Fortschritt' Erde, Wasser und Luft für die Erhaltung des Lebens unbrauchbar gemacht werden. [...] Vielleicht sind die Würfel bereits gefallen, weil sowohl Führer als auch Geführte, angetrieben von ihrem Ehrgeiz, ihrer Gier, Blindheit und geistigen Unbeweglichkeit, entschlossen sind, auf dem Wege zur Katastrophe weiterzugehen, so dass die Minderheit, die sieht, was kommt, dem Chor in der griechischen Tragödie gleicht: sie kann den unheilvollen Verlauf kommentieren, besitzt aber nicht die Macht, ihn aufzuhalten." (Fromm 1970: 229)

Angesichts des Rüstungswahnsinns und der Kriegstreiberei, der sozialen und ökologischen Verantwortungslosigkeit, der autoritären Haltungen und totalitären Tendenzen, des überwiegenden Konformismus und der Kritikunfähigkeit, die ich wahrnahm, rechnete ich eigentlich nicht mehr damit, dass es im Jahr 2000 noch im herkömmlichen Sinne „normale" oder erträgliche Lebensbedingungen geben könnte — falls unsere Zivilisation bis dahin nicht überhaupt schon vernichtet sein würde. Dass meine extremeren Befürchtungen bis heute nicht eingetroffen sind, hat viel mit eher unwahrscheinlichen Zufällen zu tun. Zum Beispiel damit, dass bisher keine der zahlreichen Situationen, in denen die Welt sich knapp am Rande eines Atomkriegs vorbeibewegte, bis zu jenem Punkt entgleiste, ab dem der Zusammenbruch unserer Biosphäre sehr plötzlich seinen fatalen Lauf genommen hätte. Kein anderer als der ehemalige Oberkommandierende der US-Nuklearstreitkräfte General Lee Butler gestand einmal ein, dass „die Menschheit im Kalten Krieg wohl weniger durch eigene Vorsicht als durch himmlische Gnade einem atomaren Holocaust gerade noch entgangen sei." (Richter 2005: 20)

So sehr ich dieses bisherige Nicht-Eintreffen natürlich als erfreuliche Überraschung erlebe, so offensichtlich ist es auch, dass sich meine zutiefst besorgte Sichtweise seit damals nicht grundsätzlich ändern konnte. Die zigfache Zerstörbarkeit des gesamten Lebensraums der Erde durch Atomwaffen ist auch nach dem Ende des Kalten Krieges geblieben. Die konkrete Gefahr, dass sie im Rahmen eskalierender Feindseligkeiten oder auch aufgrund von technischen Pannen zum Einsatz kommen könnten, ist seither sogar noch gestiegen. Dass die apokalyptischen Gefahren, die von den heutigen biologischen Waffentechnologien ausgehen, angesichts deren relativ leichten Zugänglichkeit nicht bereits vor längerer Zeit zur unkontrollierbaren Ausbreitung schwerer Seuchen geführt haben, muss fast wie ein Wunder anmuten (Preston 1998). Die rasante Zerstörung unserer ökologischen Lebensgrundlagen — „die wahnhafte Begeisterung, mit der der Mensch den Ast absägt, auf dem er sitzt" (Galeano 1991) — hat in den vergangenen drei Jahrzehnten unter anderem zur Vernichtung fast eines Drittels des Artenreichtums der Erde geführt, das heißt zu einem Verlust, der von der Natur erst im Laufe von mindestens fünf Millionen Jahren wieder ausgeglichen werden könnte (Galeano 2000).

Diese und andere existenzbedrohende Entwicklungen werden mit dem aktuellen Vormarsch des marktwirtschaftlichen Ultraliberalismus noch dramatisch auf die Spitze getrieben. Je mehr das ihm zu Grunde liegende sozialdarwinistische Faustrecht das Gefüge des sozialen Zusammenhalts, der geteilten Verantwortung, des Mindestvertrauens im Zusammenleben aushöhlt und zersetzt —

desto ungebremster müssen die Risiken der Konkurrenz- und Machtkämpfe durchschlagen, desto weniger kann sich unsere Gesellschaft als ganze gegen die uns zunehmend bedrohenden Gefahren wehren, desto existenzieller wird also die Hilflosigkeit aller (letztlich also auch der vorübergehenden Gewinner im Kampf ums „Überleben der Tüchtigsten"). In diesem Sinne scheint mir die heute vorherrschende „neoliberale" Ideologie — derzufolge die von sozialen, demokratischen oder ökologischen Verpflichtungen möglichst ungehemmte Ellenbogenlogik des Marktes automatisch dem besten Allgemeininteresse diene — geradezu schon Züge eines psychotischen Bruchs mit der Realität anzunehmen.

Angesichts der radikal unsicheren Zukunftsaussichten ist eine beharrliche Beschäftigung mit grundlegenden gesellschaftlichen und psychologischen Fragestellungen für mich unverzichtbar geworden, um den Funken des Prinzips Hoffnung trotz aller entmutigenden Wahrnehmungen am Leben zu erhalten. Ich habe im Grunde gar keine andere Wahl als mein Denken immer wieder aufs Neue um Fragen kreisen zu lassen wie: Welche Erklärungen kommen schon ganz grundsätzlich dafür in Betracht, dass unsere Gesellschaft ihre konstruktiven und kreativen Chancen so wenig erkennen und verwirklichen kann — und sie stattdessen in blindwütigen Macht- und Konkurrenzkämpfen weitgehend vereitelt oder zerstört? Weshalb kommt es nicht wenigstens in unserer Zeit — im Angesicht des uns alle bedrohenden Untergangs — zu einer entschiedenen Kehrtwende in Richtung auf eine gemeinsame Basis globaler Interessenssolidarität? Wie könnte man ein solches Anliegen der Solidarität möglichst verständlich und überzeugend auf den Punkt bringen? Gibt es auf den destruktiven Sog der vorherrschenden gesellschaftlichen Trends vielleicht doch noch Antworten, wie man entscheidend gegensteuern könnte, die aber bisher übersehen oder nicht genügend verfolgt wurden?

Bei einer konventionellen Abschätzung von Wahrscheinlichkeiten wäre die letztere Frage gewiss glatt zu verneinen. „Und doch", konnte Fromm solchen Überlegungen zu Recht entgegenhalten: „Wer kann die Hoffnung aufgeben, solange es Leben gibt? Wer kann schweigen, solange Milliarden Menschen leben, atmen, lachen, weinen und hoffen?" (Fromm 1970: ebenda) Wenn es aber doch noch hoffnungsträchtige Wege geben sollte, dann können sie wohl nur gefunden werden, wenn bisher Selbstverständliches immer wieder radikal (den Dingen an die Wurzeln gehend) in Frage gestellt wird — wenn ein möglichst sorgfältiger, dann aber auch immer wieder möglichst spontaner Blick auf die Tiefenschichten der Seele und der Gesellschaft imstande ist, bislang unverfänglich erscheinende Oberflächen der Erscheinungen zu durchdringen und ihre verschobenen und verschlüsselten Bedeutungen aufzuspüren.

2.3 Solidarität und Dialog in einer zusammenwachsenden Welt

Ein wesentlicher Teil der kritischen Fragen und Wahrnehmungen, die seit den Erschütterungen meiner späteren Adoleszenz mein Denken über gesellschaftliche Zusammenhänge bestimmen — und daher auch das Grundgerüst für meine forschungsleitenden Fragestellungen bilden —, kann durch eine Reihe von miteinander vernetzten Kristallisationspunkten umrissen werden, die in verschiedenen Andeutungen natürlich auch schon im Abschnitt 2.2 zur Sprache gekommen sind.

Da ist zunächst einmal, als einer der zentralsten Kristallisationspunkte, der zutiefst tragische Gegensatz zwischen dem Umstand, dass unsere Welt einerseits über bei weitem ausreichende Mittel verfügt, um allen Menschen einen passablen Wohlstand und wirtschaftliche Angstfreiheit zu sichern, andererseits aber eine überwiegende Mehrheit (ungefähr fünfeinhalb der über sechs Milliarden heute lebenden Menschen) ihr Leben unter Bedingungen eines zermürbenden Elends fristet. „Zum ersten Mal in ihrer Geschichte", schreibt der Soziologe Jean Ziegler über unsere Epoche, „genießt die Menschheit einen Überfluss an Gütern. [...] Die verfügbaren Güter übertreffen um ein Vieltausendfaches die nicht einschränkbaren Bedürfnisse der Menschen." (Ziegler 2002: 12)

Wie etwa auch einer aus einer Reihe ähnlicher Schätzungen des des UNO-Entwicklungsprogramms (UNDP) zu entnehmen ist (vgl. u.a. Ramonet 1998; Rivas 2000), könnte ein gezielter Einsatz von weniger als zwei Tausendstel des Welt-Bruttosozialprodukts ausreichen, um allen Menschen die Erfüllung ihrer Grundbedürfnisse zu sichern: „[...] eine jährliche Aufwendung von 80 Milliarden Dollar während einer Spanne von zehn Jahren [würde genügen], um jedem Menschen den Zugang zu einer elementaren Schulbildung, medizinischer Versorgung, ausreichender Nahrung, Trinkwasser und sanitären Infrastrukturen sowie für die Frauen Zugang zu gynäkologischer Betreuung und Geburtshilfe zu gewährleisten." (Ziegler 2007: 44f) Ein solches Budget wäre nicht aufwändiger als die Größenordnung, um welche derzeit die weltweiten militärischen Rüstungsausgaben von Jahr zu Jahr *ansteigen* (das heißt es wäre zum Beispiel allein schon mit den Mitteln finanzierbar, die bei einer einmaligen Unterbrechung der jährlichen Erhöhung der Rüstungsausgaben eingespart würden). Im Gegensatz dazu zerstören die „vier apokalyptischen Reiter der Unterentwicklung" — Hunger, Durst, Seuche und Krieg — „jedes Jahr mehr Männer, Frauen und Kinder, als es das Gemetzel des Zweiten Weltkrieges in sechs Jahren getan hat." (Ziegler 2002: 13)

Wie die einschlägigen Berichte der Ernährungs- und Landwirtschaftsorganisation der Vereinten Nationen (FAO) regelmäßig belegen (Ziegler 2007: 239f), könnte allein schon die Weltlandwirtschaft auf dem gegenwärtigen (sehr ineffizienten) Entwicklungsstand fast die doppelte Zahl der heute lebenden Menschen leicht und gut ernähren. Eine gesamtwirtschaftlich vernünftigere, sozial und ökologisch verantwortungsvollere Produktion — die zum Beispiel nicht Milliarden von Rindern, Schweinen und Geflügel mit Sojabohnen mästen würde, die ein Siebenfaches des Nährwerts der geschlachteten Tiere enthalten — könnte die Ernährung der Menschheit zweifellos mit einem noch weitaus geringeren und mit größerer Zielsicherheit organisierten Einsatz von Mitteln garantieren. Demgegenüber sterben Tag für Tag 100.000 Menschen an Hunger oder an mit Unterernährung verknüpften Krankheiten (mehr als an allen übrigen Todesursachen zusammengenommen) — und zwar überwiegend „nur" aufgrund von extremer Armut und nur zu einem kleinen Teil in von großen Hungersnöten heimgesuchten Regionen. Daneben vegetiert eine ständig steigende Zahl von Menschen — laut einer aktuellen FAO-Statistik 854 Millionen (ebenda: 102) — unter chronischer Unterernährung dahin, die vor allem für Kinder irreparable Schäden (u.a. der Gehirnzellen) mit sich bringt. Jahr für Jahr bringen so „Hunderte von Millionen schwer unterernährter Mütter Hunderte von Millionen unheilbar geschädigter Säuglinge zur Welt." (Ziegler 2002: 13f)

Darüber hinaus leiden weitere zwei Milliarden Menschen an dem, was nach der Sprachregelung der Vereinten Nationen als „unsichtbarer Hunger" gilt, das heißt an chronischem Mangel an Mikronutrimenten (Mineralstoffen und Vitaminen), dessen typische Auswirkungen von Anämie über Blindheit, Rachitis oder Skorbut bis zu Infektionen lebenswichtiger Organe reichen (Ziegler 2007: 112ff) — eine Geisel, die „ohne großen technischen Aufwand und ohne horrende finanzielle Mittel rasch von der Erdoberfläche vertrieben werden [könnte]. Man bräuchte bloß auf die in der Dritten Welt konsumierte Nahrung die gleichen Vorschriften anwenden wie auf die in der westlichen Welt." Da die Kaufkraft der meisten Betroffenen freilich gleich null ist und ihre Regierungen „meistens nicht die Mittel — und gewöhnlich auch nicht den Willen — [haben], die in ihrem Land erzeugte oder aus dem Ausland importierte Nahrung mit Mikronutrimenten auszureichern", kann nicht einmal diese minimalste Maßnahme durchgesetzt werden (ebenda: 116).

Die Zerstörung von Millionen von Menschen durch Hunger, betont Ziegler — der derzeit auch Sonderbotschafter der UNO-Menschenrechtskommission für das Recht auf Nahrung ist — „vollzieht sich täglich in einer Art von eisiger Normalität — und auf einem Planeten, der von Reichtümern überquillt." (Ziegler 2002: 14) Dass es unter der Voraussetzung eines solchen Überflusses wirtschaftliches Elend auch nur geben kann — und allgemeiner ein angstgetriebenes Sich-Abstrampeln fast aller Menschen für ihre jeweilige wirtschaftlich-soziale Position — empfinde ich als tägliche Verletzung der grundlegendsten Menschenrechte, deren unerträglicher Charakter mit Worten gar nicht angemessen beschrieben werden kann und die auf jeden Fall die allermeisten Skandale, über die sich öffentliche Meinungen üblicherweise erregen, bei weitem in den Schatten stellt.

Der Umstand, dass es angesichts dieser Realität — die auch dann unverkennbar ist, wenn man keine der unzähligen Statistiken wie die eben erwähnten kennt — nicht bereits seit langem zu einer breiten und zielstrebigen politischen Willensbildung gekommen ist, um mit wirtschaftlichen Notlagen und Existenzängsten weltweit radikal Schluss zu machen: Das allein schon bedeutet ein tragisches Scheitern unserer Gesellschaften, sich der entscheidenden Notwendigkeiten und Prioritäten des persönlichen wie gesellschaftlichen Lebens bewusst zu werden — und dementsprechend zu handeln.

Dieses Scheitern verweist auch unmittelbar auf einen weiteren, grundsätzlicheren Kristallisationspunkt, um den ein großer Teil meines Denkens kreist: Der extreme Gegensatz zwischen unserer — schon evolutionsbiologisch bedingten — elementaren Angewiesenheit auf gegenseitige Unterstützung, Verständnis, Vertrauen und Zusammenhalt und einer Realität des gesellschaftlichen Zusammenlebens, die überwiegend durch sozialdarwinistische Grundsätze bestimmt wird. Dieses ausgeprägte Übergewicht des Faustrechts des Stärkeren spiegelt sich auch im von einer großen Mehrheit geteilten Glauben, dass es ganz eindeutig der menschlichen „Natur" entspreche, dass Schwächere durch Stärkere unterdrückt, verachtet, ausgebeutet, verfolgt, gequält, vergewaltigt usw. würden: Das soziale Leben müsse nun einmal grundsätzlich ein erbarmungsloser Kampf zwischen den verschiedenen feindlichen Egoismen sein, weshalb es etwa auch immer Kriege, Gewalt und Unterdrückung geben müsse.

Dies sei, so heißt es dazu meist auch, überhaupt die einzig mögliche Art und Weise, die Welt und die Menschen „realistisch" zu sehen (wobei Andersdenkenden typischerweise mit herablassender Geste zu verstehen gegeben wird, dass man das Monopol auf Realismus selbstverständlich nur für sich gepachtet habe). Anliegen der sozialen Gleichheit, Gerechtigkeit und Solidarität könnten demgegenüber nur blauäugig-weltfremde Utopien sein — oder aber eine hinterhältige Taktik im Kampf zwischen feindlichen Interessen, mit der Schlauere den Naiveren Sand in die Augen streuen.

Insbesondere aufgrund meines entschiedenen Widerspruchs gegen diese weithin für selbstverständlich gehaltenen Glaubenshaltungen gelange ich zu einem weiteren Kristallisationspunkt meines Denkens: Sobald man sich auch nur flüchtig mit den Auswirkungen der sozialdarwinistischen Austragung von Interessenskonflikten auf die Gesellschaft als ganze auseinandersetzt, müssen etwa die — letzten Endes auf alle zurückfallenden — enormen, ausufernden Schäden, Verschwendungen und Zerstörungen von Ressourcen (Gütern, Arbeitskräften, Werkzeugen, Energien, Materialien, Fähigkeiten, Intelligenzen, kreativen Potenzialen usw.) geradezu ins Auge springen, die sich daraus unweigerlich ergeben (wie ich im Abschnitt 2.3.1 noch detaillierter erörtern werde).

Die populäre Überzeugung, Sozialdarwinismus sei die zwangsläufige Folge eines naturwüchsigen Egoismus, müsste allein schon anhand dieser einfachen Überlegungen äußerst zweifelhaft werden: Jeder auch nur halbwegs intelligente Egoismus — der auch nur ein wenig über den eigenen Tellerrand hinausblickt und sich auch nur in Ansätzen auf die Frage nach den wirklichen eigenen Lebensinteressen einlässt — könnte gar nicht umhin, sowohl die enormen Chancen der gegenseitigen Unterstützung als auch die katastrophalen Schäden nachdrücklich zu bedenken, die sich aus dem sozialdarwinistischen Prinzip des Kampfes zwischen grundsätzlich feindlichen Interessen ergeben müssen. Andere in der Konkurrenz um Macht, Güter oder Prestige übertrumpfen, ausnutzen, besiegen oder gar beseitigen zu wollen, hat also weitaus weniger mit irgendeinem berechnenden Egoismus (im Sinne der Verfolgung wohlverstandener eigener Interessen) zu tun als man überwiegend glaubt — hingegen sehr viel mit einem blinden Getrieben-Sein von Obsessionen und Ängsten.

Aus der konkreteren Umsetzung dieses sehr allgemeinen Zusammenhangs auf unser heutiges Zeitalter, das durch eine immer dichtere Vernetzung der Welt und eine in atemberaubender Geschwindigkeit zunehmende Produktivität der menschlichen Arbeit gekennzeichnet ist, ergibt sich nun ein weiterer „Gravitationskern" meines Nachdenkens: Die immer dramatischer werdende Notwendigkeit — allein schon im Interesse des Überlebens unserer Zivilisation —, auf globaler Ebene die sozialdarwinistische Logik des Zusammenlebens so weit wie möglich zu überwinden und zu einer tragfähigen Grundlage der Solidarität und der gemeinsam getragenen Verantwortung für unser gemeinsames Schicksal auf unserem kleinen Planeten zu gelangen.

Der für unser Zeitalter entscheidende Umstand, dass unser gesellschaftliches Handeln — insbesondere aufgrund rasanter technologischer Entwicklungen — immer weitläufigere und verzweigtere Auswirkungen hat und damit auch automatisch die wechselseitige Abhängigkeit (Interdependenz) aller Teile der Weltgesellschaft immer stärker wird, bringt es unausweichlich mit sich, dass sowohl die Möglichkeiten, sich gegenseitig zu schaden und zu zerstören (d.h. die grundsätzliche Verletzbarkeit aller), als auch die Möglichkeiten, sich gegenseitig zu nutzen und zu fördern (d.h. die grundsätzlichen Entwicklungschancen aller), immer rascher zunehmen und immer extremere bzw. weiter reichende Formen annehmen. Es wird also immer überlebensnotwendiger — und zugleich immer vielversprechender —, sich gegenseitig eben nicht schaden, sondern fördern zu wollen: Sowohl im allgemeinen „Regelwerk" des gesellschaftlichen Zusammenlebens als auch in der subjektiven Motivation der Einzelnen müsste das Prinzip, den eigenen Vorteil zum Schaden oder unter Missachtung anderer anzustreben, nachhaltig vom Prinzip des gemeinsamen Vorteils abgelöst werden — wenn nicht unbedingt aus Zuneigung füreinander, dann allein schon aus kühler Berechnung im wohlverstandenen Eigeninteresse.

Ein indirekter gemeinsamer Nenner, der die bisher dargestellten Kristallisationspunkte miteinander verbindet (und dabei auch einen weiteren Kristallisationspunkt bildet), liegt im sich mir aufdrängenden Gesichtspunkt mächtiger psychologischer Widerstandshaltungen: Zumindest in ihren ungefähren Grundzügen erscheinen mir die eben umrissenen Sichtweisen und Anliegen allzu offenkundig (und von allzu großer praktischer Bedeutung), als dass sie nicht beinahe von selbst Allgemeingut werden müssten — wenn es nicht Motive eines tief verwurzelten, äußerst hartnäckigen Widerwillens dagegen gäbe.

Diese Überlegung bekräftigt besonders auch den entscheidenden Stellenwert, der der (bereits im Abschnitt 2.1.1 erörterten) psychoanalytischen Erkenntnis vom Widerstand zukommt, um zentrale Fragen des gesellschaftlichen Zusammenlebens auszuloten — insbesondere solche, die sich um die Notwendigkeit sinnvoller Auseinandersetzung und Kommunikation bzw. um die dagegen wirksamen Barrieren drehen. Ein möglichst schlüssiges Erfassen und Durchleuchten — und ein dadurch eventuell möglich werdender Abbau — der intensiven Widerstandshaltungen dagegen, sich den gerade angesprochenen großen Herausforderungen offen zu stellen, muss also auch selbst einen zentralen Bestandteil eben dieser Herausforderungen ausmachen.

Sehr grundsätzlich formuliert können diese Herausforderungen mit dem Anliegen beschrieben werden, dass unsere Gesellschaft „wirklich Gesellschaft werden möge" — nicht zuletzt im Sinne des „normativen Vorgriffs" (Habermas) bzw. der wesentlichen Aufforderungshaltung, die der Entstehung der modernen Soziologie zugrunde liegt. Es entspricht im Grunde einem gleichartigen — wenn auch ablehnenden — Verständnis des Begriffs von „Gesellschaft", wenn eine Politikerin wie Margaret Thatcher demgegenüber „den Slogan erfand, dass es so etwas wie Gesellschaft ‚gar nicht gibt'" (Habermas 1998: 92), oder wenn zum Beispiel Nationalisten und Nationalsozialisten den Begriff der Gesellschaft besonders heftig bekämpften und ihm die Ideologie der „Gemeinschaft" entgegensetzten (Erdheim 1990: 109ff; Baur/von Guggenberg/Larcher 1998: 232ff).

„Wirklich Gesellschaft zu werden" — darunter wäre zu verstehen: genügend Zusammenhalt, Solidarität, gemeinsam getragene Verantwortung, sinnvolle Kooperation und Koordination zu entwickeln; zugleich aber auch genügend Fähigkeit zur aufmerksamen Diskussion und kontroversen Auseinandersetzung, zur wechselseitigen Respektierung, zum tragfähigen Ausbalancieren unterschiedlicher Interessen, zur konsequenten Wahrung der Persönlichkeitsrechte aller. Genügend also von all dem, um die enormen Ressourcen und Potentiale, über die wir eigentlich verfügen könnten, so zu entwickeln und einzusetzen, dass die Selbstverwirklichung aller Einzelnen so gut wie möglich gefördert und ihre Würde so weit wie möglich respektiert würde.

Insgesamt kann dieses Anliegen einigermaßen schlüssig mit den Werten der Solidarität (der Gesamtverantwortlichkeit, des Aufeinanderangewiesen-Seins des Wohls aller Einzelnen vom Wohl aller) und des Dialogs (der offenen und demokratischen Auseinandersetzung zwischen unterschiedlichen Standpunkten) umrissen werden. So sehr diese beiden Worte von verschiedenster Seite bemüht werden und dabei oft überstrapaziert, missbraucht oder abgegriffen wirken können, so kenne ich zumindest bis jetzt keine besseren, um das, was ich hier zu beschreiben versuche, begrifflich auf den Punkt zu bringen.

Der psychologische Kern des Prinzips des Dialogs wurde etwa von René Spitz, einem der Pioniere der Erforschung seiner frühkindlichen Wurzeln, als „kontinuierlicher, sich wechselseitig stimulierender Rückkoppelungsstromkreis" (Spitz 1965: 70) beschrieben. Dieses grundlegende zwischenmenschliche Austauschverhältnis erzeugt kommunikative „Kreisprozesse" von immer höherer Feinabstimmung und Komplexität und bildet damit auch die Grundlagen, auf denen reife Objektliebe,[1] tragfähige zwischenmenschliche bzw. soziale Beziehungen, ein konstruktiver (sublimierender) Umgang mit triebhaften und aggressiven Regungen, innere Autonomie wie auch erfinderische Anpassungsleistungen an die äußere Realität möglich sind.

Obwohl ich Spitz entschieden zustimme, wenn er das Prinzip des Dialogs dem eigentlichen „Wesen der Liebe" zugrunde legt, beweist es sich freilich auch — und, wie ich meine, sogar ganz besonders — dort, wo von Liebe im engeren Sinn schwerlich die Rede sein kann: in den Ansätzen zu einem fairen Aushandeln von Gegensätzen, in einem Mindestmaß von gegenseitiger Respektierung gerade zwischen Personen und Gruppen, die sich nicht sympathisch sind oder zwischen denen selbst ausgeprägte Spannungen herrschen (wenngleich man andererseits wiederum sagen könnte, dass in solchen Minimalansätzen doch auch Spurenelemente von Liebe enthalten sein müssen).

Während Dialog die offene Anerkennung von unterschiedlichen oder gegensätzlichen Interessen, der Grenzen zwischen sich und den anderen (bzw. zwischen jeweiligen Eigen- und Fremdgruppen) voraussetzt, bildet gerade das dadurch geschaffene realistische Verhältnis zueinander die Voraussetzung dafür, daneben die wirklichen Gemeinsamkeiten mit den anderen wahrzunehmen und zu entwickeln (im Gegensatz zu einer illusorisch harmonischen „Gemeinschaft",

---

[1] Ich stimme mit Devereux' Einwand überein, „dass der psychoanalytische Terminus ‚Objektliebe' (Objektkathexis) ein begrifflicher Widerspruch [ist], da man einen Menschen, der nicht als ‚Objekt', sondern als ‚Subjekt' begriffen wird, auf reife Weise lieben kann" (Devereux 1967: 184). Da ich aber bisher keinen mich überzeugenden Ersatz dafür gefunden habe (so wäre etwa „Subjektliebe" ein allzu missverständlicher Begriff), verwende ich ihn vorläufig weiterhin.

die auf der Verleugnung von Interessenskonflikten aufbaut). In diesem Sinne kann gerade das Prinzip des Dialogs auch als psychologische Grundbedingung jeder tragfähigen und dauerhaften Form von gesellschaftlicher Solidarität verstanden werden. Die Offenheit für konstruktiven Streit ist ein notwendiger Bestandteil solidarischer Beziehungen — eine Behauptung bedingungslos wohlwollender Gleichgesinntheit hingegen ein sicheres Anzeichen dafür, dass sich unter einer kitschigen Fassade von Solidarität viel von ihrem Gegenteil verbirgt.

Das Wesen von Solidarität baut grundsätzlich auf dem Empfinden und der Erkenntnis gemeinsamer, sich gegenseitig fördernder Interessen der Individuen (und sozialen Gruppen) auf und entspricht vor allem in zweifacher Hinsicht dem Anliegen, die einer Gesellschaft zur Verfügung stehenden Mittel möglichst konstruktiv einzusetzen: Einerseits im Sinne einer leistungssteigernden Zusammenfassung individueller Kräfte und Kompetenzen; andererseits im bereits angedeuteten Sinne der Vermeidung enormer Verschwendungen und Zerstörungen von Leben, Gesundheit, Ressourcen und Energien, die sich zwangsläufig in vielfältigster Weise aus Verhältnissen von ausgeprägter Interessensfeindschaft ergeben.

Unsere radikale Angewiesenheit (als Individuen der menschlichen Spezies) auf Solidarität und Dialog geht grundsätzlich schon aus entscheidenden Umständen der evolutionsbiologischen „Menschwerdung" hervor. Es ist unsere (im Vergleich zu den anderen Arten) besonders ausgeprägte Überlebens-Untüchtigkeit als vereinzelte Individuen — unsere große körperliche Verletzbarkeit, unsere geringe Spezialisierung auf körperliche Eigenschaften wie Muskelkraft, Beweglichkeit, Schutzschichten oder Panzerungen gegen äußere Gefahren, hoch spezialisierte Sinnesorgane usw., die anderen Arten das Überleben ermöglichen —, die in der Evolution unserer Spezies zur notwendigen Kompensation geführt hat, die zweckmäßige Koordinierung unserer verschiedenen (an sich wenig ausgebildeten) Überlebenseigenschaften zunehmend zu verbessern und zu verfeinern. Diese zunehmende Koordinierung ist gleichbedeutend mit der Entwicklung sowohl von Intelligenz als auch von sozialer Kooperation; das heißt, im selben Zuge entspricht ihr sowohl „innerhalb" der Individuen als auch zwischen ihnen ein effizienzsteigerndes Aufeinander-Abstimmen von unterschiedlichen Fähigkeiten, Wahrnehmungen, Notwendigkeiten, Bedürfnissen, Neigungen, Absichten, Handlungen usw.

Diese aus der biologischen Evolution unserer Art hervorgegangenen Notwendigkeiten und Fähigkeiten haben somit zu einer dramatischen Ausweitung der sozialen und kooperativen Dimensionen unserer Existenz geführt: im Sinne einer enormen Steigerung des Ausmaßes und der Verfeinerung von Kommunikation (in der nicht-verbalen Sprache ebenso wie auch durch die Entwicklung der verbalen Sprache) — also der Notwendigkeiten und Fähigkeiten zu Dialog; und zugleich im Sinne einer enormen Steigerung der Notwendigkeiten und Fähigkeiten zur gegenseitigen Förderung und Unterstützung, zur kooperativen Verfolgung der Lebensinteressen der Individuen — also von Solidarität. Aufgrund dieser Entwicklungslogik müsste sich unsere Spezies also durch ein besonders hohes Maß an innerem Zusammenhalt auszeichnen — und gerade nicht dadurch, dass im Gegenteil weitreichende gegenseitige Schädigung, Gewalt und sogar das relativ häufige, manchmal auch ausufernde Töten zu den auffälligsten Merkmalen des Verhaltens innerhalb unserer Art gehören.

2.3.1 Sieben Dimensionen von Verschwendung und Vernichtung

In Gegenüberstellung zu unserer radikalen Angewiesenheit auf Solidarität und Dialog muss nun die Feststellung, dass — im großen historischen Überblick — deren Verwirklichung nur zu einem sehr ungenügenden Grad gelungen ist und gelingt, zur Schlussfolgerung einer tiefen Tragik führen, von der unsere Existenz beherrscht wird. Dieses Scheitern muss zwangsläufig mit massiven sozialen Ängsten, Verletzungen und Zerstörungen einhergehen, die sich auf das Lebensgefühl und die Entfaltungsmöglichkeiten aller überaus lähmend auswirken müssen. Darüber hinaus aber verursacht es auch eine extreme Verschwendung und Vernichtung von Ressourcen, die der Erfüllung menschlicher Bedürfnisse und Notwendigkeiten dienen sollten.

Die enormen Ausmaße dieses Verlusts werden allein schon deutlich, wenn man sich bloß unter einem sehr allgemeinen Blickwinkel vor Augen hält, in wie vieler Hinsicht sozialdarwinistische Interessensfeindschaft die produktiven Chancen einer Gesellschaft vereitelt und zerstört. Dabei drängt sich in umgekehrter Blickrichtung auch auf, wie reichliche Mittel im Rahmen solidarischer Beziehungen zum Wohl aller genützt werden könnten — und wie sehr somit „unterm Strich" (in der Gesamtsumme) auch den Einzelegoismen durch solidarische Kooperation mehr gedient wäre als durch gesellschaftliche Beziehungen, die vom Kampf um das „Überleben der Tüchtigsten" bestimmt werden.

Die Verschwendungs- und Vernichtungseffekte, die sich zwangsläufig aus der sozialdarwinistischen Logik des Vorrechts des Stärkeren ergeben, können — ohne damit den Anspruch auf eine erschöpfende Behandlung dieser Zusammenhänge zu erheben — in sieben Dimensionen aufgegliedert werden:

1. Der Gebrauch von Ressourcen für die Erzeugung von „Waffen" im weitesten Sinn des Wortes — d.h. für alle Mittel, die feindlichen Absichten bzw. der Schädigung der Interessen anderer dienen — insgesamt für die verschiedensten Mittel und Vorkehrungen, die dazu dienen, sich gegenseitig zu bedrohen, zu übervorteilen, auszubeuten, zu unterwerfen, zu verletzen, zu

töten usw. Der Erkenntnis, wie viele Ressourcen allein schon durch die Produktion von Waffen im engeren (militärischen) Sinn des Wortes verloren gehen, konnte sich nicht einmal der US-Präsident und vormalige Weltkriegsgeneral Dwight D. Eisenhower verschließen, als er etwa 1953 erklärte: „Every gun that is made, every warship launched, every rocket fired, signifies in a final sense a theft from those who hunger and are not fed— those who are cold and not clothed. This world in arms is not spending money alone—it is spending the sweat of its laborers, the genius of its scientists, the hopes of its children." (Ferencz/Keyes 1988: 2) Grundsätzlich gilt dieser Zusammenhang aber darüber hinaus ebenso für alle „Waffen" in Gesellschaft, Politik, Wirtschaft, Verwaltung, Privatleben usw., durch die auf offene wie versteckte Weise Interessensfeindschaften ausgetragen werden: zu den Zwecken von Raub, Diebstahl, Ausbeutung, Übervorteilung, Täuschung, Verheimlichung relevanter Information, Übertrumpfung in Prestigewettkämpfen, Entmutigung, Schwächung, Ängstigung, Hinhaltetaktiken, künstlichen (etwa bürokratischen) Verkomplizierungsprozeduren und vielem ähnlichen mehr.

2. Der Gebrauch von Ressourcen für Mittel und Vorkehrungen der Verteidigung, Kontrolle oder Absicherung gegen die eben genannten Waffen (im weitesten Sinn des Wortes) anderer — gewissermaßen eine seitenverkehrte Verdoppelung der ersten Dimension von Verschwendung: d.h. für die schier unübersehbare Palette von Produkten und Leistungen etwa der „Sicherheitsindustrie", aber auch in jedem anderen Zusammenhang der Gegenwehr gegen befürchtete oder tatsächliche Schädigungen seitens anderer (von Türschlössern über Schutzmauern oder Bunkern bis zu Alarmanlagen, von Wachdiensten über Selbstverteidigungstechniken bis hin zu Kontrollmechanismen bzw. Gegenmaßnahmen gegen mögliche Schädigungen oder Gefährdungen in den verschiedensten gesellschaftlichen Zusammenhängen, etwa im Sinne wesentlicher Funktionen von diversen Interessensvertretungen, Konsumentenschutz, Justiz, Polizei usw.).

3. Der Verlust an Ressourcen durch die Zerstörungen, die dann erst durch den Einsatz der Waffen (im weitesten Sinn des Wortes) entstehen. Am dramatischsten wird dies natürlich durch die Zerstörungen verdeutlicht, die durch militärische Kampfhandlungen verursacht werden. Aber auch bei allen anderen Formen der Austragung gesellschaftlicher Interessensfeindschaften sind weitläufige (direkt beabsichtigte oder als Nebenwirkung zustande kommende) zerstörerische Wirkungen verschiedenster Art offensichtlich. (So entspricht etwa auch jedes wirtschaftliche Handeln, das — um nur ein fast beliebiges Beispiel herauszugreifen — darauf zielt, sich durch künstlich herbeigeführten vorzeitigen Verschleiß von Produkten einen größeren

Markt zu sichern, dem Einsatz einer Art von „Waffe" in schädigender Absicht gegen die Konsumenten bzw. auch einer — teilweisen — Zerstörung von Ressourcen.)

4. Der weitere Verlust an Ressourcen durch die negativen Folgewirkungen, die die Zerstörung von Ressourcen durch den Einsatz von Waffen (im weitesten Sinn des Wortes) mit sich bringt — die dadurch verursachten Lahmlegungen oder Verschwendungen produktiver Kapazitäten, der Verlust von nicht erneuerbaren Rohstoffen und Energiequellen, die Beeinträchtigung unserer ökologischen Lebensgrundlagen u.ä.m.

5. Die verhinderte Eröffnung neuer bzw. verbesserter Ressourcen aufgrund der Vereitelung der enormen produktiven Potentiale, die durch solidarische Kooperation freigelegt würden — d.h. durch ein aufeinander abgestimmtes, Effizienz steigerndes Zusammenwirken von Kenntnissen, Fähigkeiten, technischen Mitteln, Energien, Materialien usw. (im Gegensatz zu den vielfältigen Verlusten, die aus dem gegenseitigen Vorenthalten solcher Produktivitätspotentiale erwachsen, wie auch aus einem auf gegenseitige Übervorteilung zielenden Handeln oder aus den technisch unnötigen Vervielfachungen von Arbeitsaufwänden, die nicht-kooperatives, voneinander isoliertes Produzieren mit sich bringt).

6. Der indirekte Verlust an Ressourcen bzw. produktiven Möglichkeiten, der durch die Opferung von Leben, Lebensqualität, körperlicher Gesundheit und Unversehrtheit vieler Menschen verursacht wird, die in verschiedenster Weise aus durch Interessensfeindschaft geprägten gesellschaftlichen Beziehungen erwächst — sei es durch direkte Verletzungen in Kampfhandlungen im militärischen Sinn, oder etwa durch besonders krank machende, körperlich zermürbende, persönliche Entwicklung beeinträchtigende Lebensbedingungen u.ä.m. Dies entspricht — neben den primär zerstörerischen Wirkungen für die betreffenden Menschen selbst — daneben (sekundär) auch einer enormen Verringerung des produktiven Beitrags, den diese für die Gesellschaft leisten können.

7. Der indirekte Verlust an Ressourcen bzw. produktiven Möglichkeiten, der aus den psychischen Verletzungen erwächst, die zwangsläufig in vielfältiger Weise durch von Interessensfeindschaft geprägte gesellschaftliche (zwischenmenschliche) Beziehungen verursacht werden. Auch ohne die konkrete Vielfalt der psychischen (bzw. psychopathologischen) Konsequenzen in Betracht zu ziehen, müssen diese Verletzungen jedenfalls schon ganz allgemein zweierlei zur Folge haben: Zum einen, dass ein großer Teil an menschlichen Energien und Mitteln von verschiedenen Arten des (oft unproduktiven) „inneren Abarbeitens an ihnen" aufgezehrt wird; zum anderen, dass die Fähigkeiten zwischenmenschlicher bzw. sozialer Kommunikation

und Kooperation stark beeinträchtigt sind — und somit auch in dieser Hinsicht beträchtliche produktive Möglichkeiten lahm gelegt sind.

In ihrer inneren Logik hängen diese sieben Dimensionen der Verschwendung nicht nur wesentlich zusammen. Sie haben auch sich wechselseitig verstärkende Verlustwirkungen. Sie sind also nicht bloß (negativ) „zusammenzuzählen", sondern zumindest zum Teil auch „miteinander zu multiplizieren" (vor allem auch vor dem Hintergrund vereitelter Chancen für die Gewinnung neuer und verbesserter wirtschaftlicher Ressourcen). Ganz besonders ergäbe sich dabei aber auch — unter der Voraussetzung einer konstruktiven Umwidmung der verschwendeten Ressourcen — ein Gesamtbild reichlicher Mittel, über die unsere Gesellschaft im Prinzip verfügen könnte, um allen Individuen wirtschaftliche Existenzsicherheit und großzügige Chancen für ihre schöpferische Entwicklung und für befriedigende persönliche und soziale Beziehungen zu bieten.

Angesichts des Umstands, dass die grundlegenden Tatsachen und Zusammenhänge, aus denen sich dieses Gesamtbild ergibt, leicht erkennbar sind, wird unsere bisherige Unfähigkeit als Gesellschaft, es in die Wirklichkeit umzusetzen, nur um so mehr zum tragischen Rätsel. Müssten wir denn — jede und jeder — mit unserem einzigen, unbezahlbaren, aber viel zu kurzen und zerbrechlichen Leben nicht unvergleichlich Besseres anzufangen wissen, als es größtenteils in gier- und angstgetriebenen sozialdarwinistischen Kämpfen zu verschleudern? Müsste denn nicht schon ein kurzes Innehalten — wenn uns eben nicht tiefe Ängste und Obsessionen davon abhielten — uns alle dazu bringen, uns diese Absurdität radikal klarzumachen und uns entschieden auf persönliche und gesellschaftliche Prioritäten umzuorientieren, die dem wirklichen Wert unseres Lebens gerecht werden?

2.3.2 „Neoliberale" Globalisierung gegen globale Bewusstwerdung

Die entscheidende Bedeutung umfassender Solidarität und konsequenter Dialogkultur, wie sie sich schon aus den eben umrissenen Grundsatzüberlegungen ergibt, spitzt sich nun in unserem Zeitalter rasch zunehmender weltweiter Vernetzung und wechselseitiger Abhängigkeit — wie ich dies bereits weiter oben als einen der Kristallisationspunkte für meine forschungsleitenden Fragestellungen zur Sprache gebracht habe — noch zusätzlich zu einer dramatischen Überlebensfrage zu. Nicht „bloß" zur Verwirklichung einigermaßen befriedigender und menschenwürdiger Lebensbedingungen für alle, sondern auch zur Vermeidung einer in relativ absehbarer Zukunft drohenden globalen Vernichtung stehen wir als Gesellschaft vor der dringenden Herausforderung zur Bewusstwerdung —

und zur praktischen Umsetzung dieser Bewusstwerdung —, dass wir als ganze Menschheit „alle in einem Boot sitzen" (und nicht etwa nur als einzelne Nationen, soziale Gruppen, Wirtschaftsallianzen, Kulturen usw.) und daher in lebensentscheidender Hinsicht übereinstimmende Interessen haben. Ein tief greifender Wandel — sowohl in den gesellschaftlichen Strukturen und Beziehungen als auch in den grundlegenden Werthaltungen und Lebenseinstellungen — müsste zu einer weitgehenden Überwindung von Verhältnissen führen, die durch eine sozialdarwinistische Logik und damit durch (direkte wie indirekte) Gewalt geprägt sind.

Wie schon gegen Ende des Abschnitts 2.2.4 angedeutet, stehen nun die großen gesellschaftlichen Trends, die sich in neuerer Zeit unter der Flagge der „Globalisierung" weltweit durchsetzen, in einem geradezu abgrundtiefen Gegensatz zu dieser Herausforderung. Diese radikale Unvereinbarkeit trägt sicher auch entscheidend zu einer ähnlich abgrundtiefen Verwirrung bei, die über dieses unsere Zeit so prägende Signalwort herrscht. „Globalisierung", bemerkte dazu etwa der Soziologe Ulrich Beck, „ist sicher das am meisten gebrauchte — missbrauchte — und am seltensten definierte, wahrscheinlich missverständlichste, nebulöseste und politisch wirkungsvollste (Schlag- und Streit-) Wort der letzten, aber auch der kommenden Jahre." (Beck 1997: 42) Den Begriff und den um ihn kreisenden Diskurs zu bestimmen, gleiche „dem Versuch, einen Pudding an die Wand zu nageln." (ebenda: 44) Ähnlich spricht etwa auch Claus Leggewie mit deutlicher Irritation vom „Plastikwort Globalisierung", welches wir freilich — so sehr es „zu einem unbrauchbaren Schlagwort verkommen" sein mag — auch mit der Einführung präziserer Begriffe „sicher nicht loswerden" (Leggewie 2003: 16 f). In den fernen 1960er Jahren von Marshall McLuhan und Zbigniew Brzezinski als trendiger medien- und politikwissenschaftlicher Anglizismus in die Welt gesetzt, erlebt der Begriff der „Globalisierung" besonders seit 1994 (vgl. Evers 2000), dem Jahr der Gründung der *World Trade Organization* (WTO), eine anhaltende Hochkonjunktur.

Einer der auf der Hand liegenden Gründe für diesen durchschlagenden Publikumserfolg liegt darin, dass er als zentrales Kampfvokabel in einer breiten Indoktrinierungskampagne eingesetzt wird, in der die Öffentlichkeit seit langem mit einem ununterbrochenen Strom von gefällig präparierten Schlagworten überschwemmt wird: „Flexibilität", „Modernisierung", „Verschlankung", „Standortsicherung", „Reformen", „Abbau des Reformstaus", „Effizienzsteigerung", „Strukturanpassung", „Deregulierung", „Eigenverantwortung", „Freiheit von bürokratischer Bevormundung" und viele ähnliche mehr. Die trotz aller sprachlichen Taschenspielertricks sehr durchsichtige Absicht, die mit diesen — Lebendigkeit, Leichtigkeit, Befreiung und Fortschritt suggerierenden — Euphemismen vorangetrieben wird, zielt dahin, in möglichst radikaler Manier möglichst viele der Hindernisse zu beseitigen, die den globalen Konzernen in ihrem Drang zum schnellst- und größtmöglichen Profit im Wege stehen (namentlich die sozialen Garantien und öffentlichen Verantwortlichkeiten, auf die Staat und Unternehmertum in früheren Jahrzehnten noch verpflichtet werden konnten) (Bourdieu 1996: 39).

Percy Barnevik, Präsident des Elektroindustrie-Konzerns ABB/Asea Brown Boveri (einer der größten transnationalen Konzerne der Welt), der sich zeitweilig gar als besonders ethisch engagierter Wirtschaftsführer zu vermarkten verstand, brachte diesen tieferen Sinn einmal mit eher überraschender Offenheit zum Ausdruck: „Unter Globalisierung würde ich verstehen, dass meine Gruppe die Freiheit hat zu investieren, wo und wann sie will, zu produzieren, was sie will, zu kaufen und zu verkaufen, wo sie will, und dabei möglichst wenigen arbeits- und sozialrechtlichen Beschränkungen zu unterliegen." (Ziegler 2002: 142)

Im Sinne dieser auf die Spitze getriebenen Marktorientierung — deren gewohnheitsmäßige Bezeichnung mit dem freundlich klingenden Vokabel „neoliberal" offensichtlich der Maskierung seines Extremismus dient — bezieht sich die Rede von der Globalisierung also vor allem auf eine Entwicklung, in der weltweit die Regeln und Institutionen immer mehr ausgehöhlt werden, die das wirtschaftliche Handeln zuvor noch auf ein Mindestmaß an sozialer, demokratischer, ökologischer und kultureller Verantwortung verpflichten konnten. Im hochgradig wahnhaften Weltbild, das dabei zum Tragen kommt, wird das möglichst ungehinderte Faustrecht der Starken zur freien Entfaltung der Marktkräfte verklärt, gesetzliche oder kollektivvertragliche Garantien für Schwache hingegen als unerträgliche Beschränkungen verteufelt, durch welche dem vorgeblich „freien" Wechselspiel von Kauf und Verkauf widernatürlicher Frevel angetan würde.

Der allseitige Verdrängungswettbewerb, der sich unter diesen Vorzeichen zunehmend durchsetzen und verschärfen muss, hat — wie Christian de Brie vom *Observatoire de la mondialisation* ausführt — „wenig gemein mit dem fairen Wettstreit von tapferen Recken, wie er uns in den liberalen Heldensagen geschildert wird und wo immer der Beste von Marktes Gnaden gewinnt: der beste Preis, das beste Produkt, die beste Dienstleistung. Aber im ökonomischen Krieg ist — wie in den mittelalterlichen Turnieren — jeder Streich erlaubt, der den Sieg sichert, je fintenreicher, desto besser." Und der in Frage kommenden Mittel, um den eigenen Erfolg zum Schaden der anderen zu erzwingen, gibt es da beinahe unübersehbar viele: „Marktabsprachen und Kartelle, Missbrauch marktbeherrschender Positionen, Dumpingpreise und Produktkoppelung, Missbrauch von Insiderwissen und Spekulation, feindliche Übernahme und Zerschlagung von Mitbewerbern, gefälschte Bilanzen und manipulierte Transferpreise, Steuerhinterziehung und Steuerflucht mittels Offshore-Filialen und Briefkastenfirmen,

Zweckentfremdung öffentlicher Investitionsbeihilfen und manipulierte Aus-
schreibungsverfahren, Korruption und versteckte Provisionen, ungerechtfertigte
Bereicherung und Missbrauch öffentlichen Eigentums, Abhörpraktiken und
Spionage, Erpressung und Denunziation, Verstoß gegen arbeitsrechtliche und
gesundheitspolizeiliche Vorschriften, Verletzung der gewerkschaftlichen Organi-
sationsfreiheit, Hinterziehung von Sozialbeiträgen, Umweltverschmutzung usw."
(de Brie 2000: 15)

Die vorherrschende Mentalität, die solchen Wettbewerbsmethoden entspricht, kommt etwa sehr anschaulich in einem 2000 im US-amerikanischen
Wochenmagazin ‚The New Republic' erschienenen Porträt zum Vorschein, das
der Wirtschaftspublizist Gary Rivlin über zwei der wichtigsten Akteure des zeitgenössischen Finanzkapitalismus — Bill Gates (Microsoft) und Larry Ellison
(Orcale), zu diesem Zeitpunkt die Männer mit den beiden größten persönlichen
Vermögen der Welt — verfasst hat. Deren Grundhaltung wird in diesem Bericht
vor allem mit Kriegs- und Zerstörungsbildern wiedergegeben, oder auch mit
Maximen wie „Friss oder stirb, töte oder werde getötet" und „Die Märkte besitzen, die Konkurrenten vernichten". Aus dem Innenleben der Firma Oracle erfährt
man da unter anderem von „Motivations"-Sitzungen, in denen Ellison seinen
Untergebenen einhämmert: „Wir sind hier Raubtiere!", oder sie mit dem
Schlachtruf anfeuert: „Wir killen sie, wir killen sie!" Ein hoher Konzernverant-
wortlicher wird mit der Erinnerung zitiert: „Bei Oracle haben wir nicht einfach
versucht, den Konkurrenten zu schlagen, wir wollten ihn vernichten... Man
musste weiter auf ihn eindreschen, auch wenn er schon am Boden lag. Und wenn
er noch den kleinen Finger rührte, musste man ihm die Hand abhacken." (Ziegler
2002: 77f) Im Laufe eines eineinhalbjährigen (am Ende erfolgreichen) Kampfes
um die feindliche Übernahme seines Software-Konkurrenten Peoplesoft erklärte
Ellison unter anderem einmal öffentlich: Falls er Peoplesofts damaligen Vor-
standchef Craig Conway und dessen Hund träfe und er eine Waffe dabei hätte,
schösse er „bestimmt nicht auf den Hund".[1]

In vergleichbarer Weise wie bei solchen großen „Global Players" breitet
sich dieser — von den Hemmnissen sozialer Verantwortung und menschlichen
Mitgefühls radikal „befreite" — Wettbewerbsgeist durchaus auch in kleinräumi-
gen Milieus wie etwa dem einer führenden österreichischen Bank aus. Ein be-
rufstätiger Student der Psychologie berichtet in seiner Doktorarbeit von einem
Vortrag, den er als Teilnehmer am internen Seminarprogramm dieser Bank zu
hören bekam:

> „Nach Meinung des Referenten kann man angesichts von immer härteren Bedingun-
> gen in der Arbeitswelt zukünftig nur dann bestehen und Erfolge verzeichnen, wenn

---

[1] Der Spiegel (Online-Ausgabe), 13.12.2004

man sich auch die Moral seiner folgenden Kurzgeschichte zu Herzen nimmt. Hierbei befinden sich zwei befreundete Topmanager in einsamer Wildnis auf einer Trekking-Tour. Als sich ihnen noch in größerer Entfernung ein riesiger und vermeintlich hungriger Bär zu nähern beginnt und die Lebensgefahr der beiden immer deutlicher wird, öffnet einer seinen Rucksack, packt ein Paar Laufschuhe aus und beginnt sie sich in aller Ruhe anzuziehen. Daraufhin versucht der andere seinem Freund zu erklären, dass ihm seine Schuhe nichts nützen werden, weil doch der Bär zum einen schneller laufen kann als ein Mensch und zum anderen auch noch über eine weit höhere Ausdauer verfügt. Nachdem er sich die Schuhe fertig angezogen hatte, meinte er zu den Ratschlägen seines Partners, dass es ihm schon klar sei, dass er niemals schneller als ein Bär laufen könne, doch in diesem Fall ist es entscheidend, schneller als der Freund laufen zu können." (Wurzer 2003: 158)

Ein markanter Unterschied zwischen dieser in einem österreichischen Bankenseminar so anschaulich gelehrten „Moral" und den Anfeuerungen der Oracle-Mitarbeiter zur Killermentalität besteht offensichtlich darin, dass es in letzteren vor allem darum geht, andere zu vernichten, hier hingegen die Sorge im Vordergrund steht, von anderen wenn möglich *nicht* vernichtet zu werden (und dafür freilich bereit zu sein, selbst „Freunde" einer drohenden Vernichtung bedenkenlos zu überlassen). In diesen divergierenden Blickwinkeln spiegeln sich gewiss auch die sehr unterschiedlichen Chancen, mit denen sich einer der größten transnationalen Konzerne und ein im Vergleich dazu zwergenhaftes Unternehmen auf der entgrenzten globalen Arena bewegen können.

Die Vernichtungs-, Kriegs- und Gewaltsprache, der sich die Betreiber und Propagandisten der marktwirtschaftsradikalen („neoliberalen") Globalisierung so ausgiebig bedienen, beschränkt sich keineswegs auf die symbolische Ebene, sondern spiegelt auch eine sehr konkrete Dynamik physischer Gewalt und der Unterminierung von Rechtsstaatlichkeit. „Im Zweifelsfall scheuen sie sich nicht", erläutert dazu etwa de Brie, „die Dienste organisierter Berufsverbrecher in Anspruch zu nehmen. Vom Arbeitgeber angeheuerte Schläger, ‚gelbe' Gewerkschaften, Streikbrecher, Privatmilizen und Todesschwadronen finden in vielen Unternehmensfilialen und Zulieferfirmen der Dritten Welt ein reiches Betätigungsfeld." Aber etwa auch in Japan „wacht auf den Generalversammlungen die *Yakusa* darüber, dass widerspenstige Aktionäre richtig abstimmen. Unbequem gewordene Mittelsmänner und allzu neugierige Untersuchungsrichter werden aus dem Weg geräumt. Endlos ist die Liste der Geschäftsleute, Banker, Politiker, Richter, Rechtsanwälte und Journalisten, die einem ‚Selbstmord' zum Opfer fielen, indem sie einen Capuccino mit Zyankali tranken, den Strick nahmen, mit auf den Rücken gefesselten Händen aus dem zehnten Stock sprangen, sich zwei Kugeln durch den Kopf schossen, in einer Pfütze oder voll bekleidet in ihrer Badewanne ertranken, von einem Bus überrollt oder in Beton gegossen oder in einem Säurebad aufgelöst wurden, inmitten ihrer Leibwächter auf offenem Meer von ihrer Jacht fielen, mit ihrem Flugzeug oder in ihrem Auto in die Luft gesprengt wurden. Für einen Wirtschaftsführer ist es bekanntlich das höchste Lob, wenn man ihn einen ‚Killer' nennt." (de Brie 2000: 16)

Eine zunehmende Durchsetzung des Prinzips „Friss oder stirb, töte oder werde getötet" kann man sicher auch daran ermessen, wie stark entsprechende Fantasiebilder im öffentlichen Raum präsent sind (etwa in Filmen, Werbespots, Titelbildern, Plakaten, Karikaturen usw.). Da mir nun eine Bildersprache dieses Inhalts seit den frühen 1990er Jahren immer stärker aufgefallen ist, habe ich bald darauf begonnen, einige besonders eindrucksvolle Beispiele dafür zu sammeln. Die folgenden beiden Bilder[1] geben einige typische Motive wieder:

2.3.3 Globalisierungsängste und solidarische Alternativen

Zur enormen Wirksamkeit, die die extremen Marktwirtschafts-Propagandisten mit Hilfe ihrer millionenschweren „think tanks" („Denkfabriken") und ihren weiträumig konzertierten Medienstrategien entfalten konnten (Dixon 1998) — um dem geläufigen Begriff und den vorherrschenden Vorstellungen über Globalisierung ihren Stempel so nachhaltig aufzudrücken —, trägt aber auch ein sehr zentraler und gewichtiger historischer Hintergrund bei: der Umstand, dass die großen demokratischen und sozialen Errungenschaften der letzten Jahrhunderte — durch die dem Faustrecht der Starken immerhin einige wesentliche Grenzen gesetzt werden konnten —, hauptsächlich innerhalb der Nationalstaaten durchgesetzt wurden und bis heute noch wenig praktische Erfahrung mit ihrer Umset-

---

[1] Financial Times, 11./12.7.1998 (Abb. zu Titel: "Tyrannosaurus Lex?"); The New Yorker, 30.3.1998 (Bildunterschrift: „As I understand it, this is part of the transistion to a free-market economy.")

zung auf übernationaler Ebene gemacht werden konnte (Habermas 1998: 150ff). Je mehr sich die Vorstellungskraft vom gesellschaftlich Möglichen auf die Horizonte des bisher Gewohnten beschränkt, desto mehr kann es daher als etwas schicksalhaft Unausweichliches erscheinen, dass das sich immer deutlicher abzeichnende Brüchig-Werden des nationalstaatlichen Rahmens mit einem automatischen Kahlschlag bei den sozialen Sicherungsnetzen einher gehen müsse — und allgemeiner mit einer unaufhaltsamen Aushebelung der politischen (öffentlichen, demokratischen) Einflussmöglichkeiten auf unser kollektives Schicksal.

Die unablässig eingehämmerte Behauptung einer quasi naturgesetzlichen Zwangsläufigkeit, mit der sich ihre Forderungen auf jeden Fall durchsetzen müssten, bildet denn auch ein Kernstück der marktwirtschaftsradikalen Propaganda-Dampfwalze. Ihre fatale Wirkung wird unter anderem recht sinnfällig als „TINA-Syndrom" charakterisiert (nach den Anfangsbuchstaben des Margaret Thatcher zugeschriebenen Ausspruchs „There Is No Alternative"). Unter diesem gefährlichen Syndrom der Resignation leiden heute, wie die Soziologin Maria Mies anmerkt, „die meisten Menschen in den reichen Ländern [...] Sie sehen keine Alternative und passen sich — hilflos — den neuen Verhältnissen an, selbst wenn das an Selbstaufgabe grenzt." (Mies 2001: 17) Ähnlich beschreibt auch Pierre Bourdieu den Neoliberalismus als „Eroberungswaffe. Er predigt einen wirtschaftlichen Fatalismus, gegen den jeder Widerstand zwecklos erscheint. Der Neoliberalismus ist wie Aids: Er zerstört das Immunsystem seiner Opfer." (Ziegler 2002: 53)

Ein Zerfall des Immunsystems von sozialem Sicherheitsgefühl, Zukunftsperspektive und solidarischem Engagement — von Anliegen also, die im Orwell' schen *Neusprech* des Neoliberalismus gerne als „überholtes Privilegien- und Besitzstandsdenken" denunziert werden (hinter dem z.B. verschiedene „Uralt-Ideologen" oder „gewerkschaftliche Betonköpfe" stünden, die sich den „notwendigen Reformen" verweigern würden) — macht vor allem auch blind für die durchaus sinnvollen und realistischen Alternativen, die bereits von einer breiten Palette von Kritikern des TINA-Syndroms angedacht und eingefordert werden. Diese gehen insbesondere in die nahe liegende Richtung, dass dem globalen Freibeuterkapitalismus, der sich den nationalstaatlichen Verbindlichkeiten entzogen hat, die Strukturen einer Art „Weltinnenpolitik" (Menzel 1998: 259-262), „globaler Sozialverträge" (Group of Lisbon 1995), einer engagierten Zivilgesellschaft (Felber 2006; Brunner 2006; Attac 2006) oder einer nachhaltigen „Erd-Demokratie" (Shiva 2005) nachwachsen müssen, auf deren Grundlage die wirtschaftlichen Akteure auch auf weltweiter Ebene in die soziale, demokratische und ökologische Pflicht genommen werden können.

Solange freilich derartige Alternativen nicht realpolitisch zu greifen beginnen — bzw. die Immunschwäche des TINA-Syndroms nicht nachhaltig zum

Abklingen gebracht werden kann —, müssen sich die Zukunftshorizonte unweigerlich mit immer massiveren Ängsten verdüstern. Die Schere zwischen dem ärmsten und dem reichsten Fünftel der Welt klafft gegenwärtig jedes Jahr um über drei Prozent weiter auseinander (Galtung 2000: 19) und „the division of wealth is becoming dramatically less equal", wie Eric Hobsbawm anmerkt. „A very small number of persons, often single individuals, are becoming rich in a manner without precedent at least since the times of feudal society [...] Even billionaires like Carnegie and Rockefeller, who were enormously rich, would not be so by today's standards." (Hobsbawm 1999: 88f) Nach einer von den Sozialökonomen Chuck Collins und Felice Yeskel veröffentlichten Statistisk besaßen etwa im Jahr 2000 „die drei größten Aktionäre von *Microsoft* mehr Reichtum als alle 600 Millionen Menschen Afrikas zusammen. Die drei reichsten Menschen der Welt haben mehr Geld akkumuliert, als das addierte Bruttosozialprodukt der 48 ärmsten Nationen beträgt." (Derber 2002: 54f). Die 225 größten Privatvermögen der Welt haben eine derart astronomische Größenordnung erreicht (ca. 1000 Milliarden US-Dollar), dass sie den gesamten Jahreseinkünften der 2,5 Milliarden ärmsten Menschen (ca. 40 Prozent der Weltbevölkerung) gleichkommt (Ziegler 2002: 59).

Während das Pro-Kopf-Einkommen der Bevölkerung in 81 der ärmeren Ländern zwischen 1992 und 2002 zurückgegangen ist und die Zahl der „extrem Armen" selbst nach den Kriterien der Weltbank in nur einem Jahrzehnt um 100 Millionen angestiegen ist (Ziegler 2007: 97), zeichnet sich im Zusammenhang rasanter technologischer Innovationsschübe auch in den wirtschaftlich hoch entwickelten Ländern (die über 80 Prozent der Reichtümer der Erde vereinnahmen) ein Szenario ab, in dem der Mehrheit der Menschen der Absturz ins wirtschaftliche Elend und ins soziale Abseits droht. „Nur wenige unter uns können wirklich sicher sein", schreibt dazu der Soziologe Zygmunt Bauman, „dass ihr Zuhause, wie solide und blühend es heute auch erscheinen mag, nicht vom Gespenst künftigen Niedergangs heimgesucht wird [...] Einkommen, soziale Position, Anerkennung der Nützlichkeit und der Anspruch auf Selbstachtung können alle miteinander — über Nacht und ohne Aufhebens — verschwinden." (Bauman 2000: 37). Bereits 1995 ging man bei einem in San Francisco veranstalteten Symposion globaler wirtschaftlicher und politischer Machteliten wie selbstverständlich davon aus, dass in einer nicht mehr so fernen Zukunft bloße 20 Prozent der arbeitsfähigen Bevölkerung ausreichen würden, um alles zu erzeugen, was man für notwendig bzw. vermarktbar hält (Martin/Schumann 1996: 12).

Die massiven Überzähligkeitsängste, die durch solche Perspektiven ausgelöst werden müssen, betreffen außer der Sorge um die wirtschaftliche Existenz auch den drohenden Verlust jener Grundlagen der persönlichen und sozialen Identität, die durch Berufstätigkeit oder damit vergleichbare soziale Funktionen gebildet werden (umso mehr, als die eigene Arbeit Selbstbejahung, Anerkennung und verstehende Spiegelung durch andere ermöglicht). Wer gesellschaftlich „nicht gebraucht" wird, keine als sinnvoll empfundene Rolle mehr einnehmen kann und keine entsprechende Anerkennung finden kann, dem bzw. der droht ein fataler Absturz des Selbstgefühls, wenn nicht gar der soziale Tod.

In zahlreichen öffentlichen Fantasiebildern ist mir etwa das Motiv eines rettungslosen, meist offensichtlich tödlichen Absturzes in eine bodenlose Tiefe — oder das akute Risiko, ein solches Schicksal zu erleiden — ungewöhnlich stark aufgefallen. Häufig kommt der Zusammenhang mit den marktwirtschafts-radikalen Entwicklungen nur verschlüsselt zum Ausdruck (etwa im Sinne einer allgemeinen Angststimmung), oft genug verweisen entsprechende Bilder aber auch ausdrücklich darauf, wie etwa die folgenden zwei Beispiele[1] zeigen:

Eine stark ausgeprägte, an zahlreichen Phänomenen unserer Zeit erkennbare Tendenz zur Verschiebung, Verleugnung und Verdrängung von Bedrohungs-wahrnehmungen weist denn auch ganz besonders darauf hin, wie sehr die aktu-elle gesellschaftliche Atmosphäre von eskalierenden Ängsten beherrscht wird. Wo Angst vor allem in maskierter und verfremdeter Weise zum Ausdruck kommt, muss sie weitaus intensiver sein als dort, wo man sie sich bewusst einge-stehen kann. Als typische Symptome solcher Angstabwehr erscheinen etwa — wie auch schon im Abschnitt 2.2.2 angedeutet — eine verbreitete konsumistische Passivität und entsprechende Hingabe an eine betäubende Unterhaltungskultur der „Spaßgesellschaft", eine ähnlich häufige Weigerung, sich für politische Aus-

---

[1] The New Yorker, 28.4.1997 (Bildunterschrift: „Now, that's the kind of innovative thinking I'd like to see around *our* shop."); International Herald Tribune, 9.3.1996 (Börsenteil, Abb. zu Titel: „What Contrarian Investors Would Really Rather You Didn't Know").

einandersetzungen zu interessieren und mitverantwortlich zu fühlen (als ob man sich dadurch ihren Auswirkungen entziehen könnte), oder aber auch ein viele (regionale, nationale, kontinentale) Formen annehmendes Festungsdenken, das wesentlich von der Illusion genährt wird, man könne sich durch entsolidarisierende Einigelung von den beängstigenden globalen Entwicklungen irgendwie abschotten.

Anhand dieses Zusammenhangs einer sich durch ihre Verdrängung selbst verstärkenden Angstspirale schält sich immerhin auch der Ansatz einer Antwort auf die Frage heraus, wie das Bewusstsein und die Bereitschaft gefördert werden könnte, sich den gesellschaftlichen und psychologischen Herausforderungen der Globalisierung in angemessener Weise zu stellen. Er müsste zu einem wesentlichen Teil in der Richtung verfolgt werden, kreative Möglichkeiten zu entdecken und auszuloten, wie wir bei der Aufrechterhaltung unseres psychischen Gleichgewichts mit weniger Angstabwehr auskommen können — uns mit unseren Ängsten also offener auseinandersetzen können, anstatt von ihnen blind getrieben zu werden. Je mehr man — schon ganz allgemein betrachtet — den Ursachen eigener Ängste in die Augen blicken kann, desto weniger lähmend und Kräfte zehrend sind sie, und desto eher erlauben sie die Mobilisierung und den gezielten Einsatz von Ressourcen, Verstand und Energie, um den entsprechenden Bedrohungen entgegenzutreten. Wozu im Zusammenhang der Ängste, die durch die aktuellen Globalisierungstrends hervorgerufen werden, ganz besonders auch die Bemühung zählen muss, an glaubwürdigen solidarischen Gegenmodellen zur marktwirtschaftsradikalen Globalisierung zu arbeiten und sich für deren Verwirklichung zu engagieren.

Wie erfolgreich freilich im Gegensatz dazu die neoliberale Indoktrinierung in ihrem Bestreben war, ihre Dogmen der Öffentlichkeit als einzig denkmögliche Prämissen für die Globalisierung anzudrehen, kann man etwa auch an einem kuriosen Umstand ablesen, dessen eklatante Widersinnigkeit einer breiten (bewussten) Wahrnehmung gänzlich zu entgehen schien (und zum Teil immer noch scheint): an der Tatsache, dass die Oppositionsbewegung gegen den Neoliberalismus — wie sie vor allem seit dem spektakulären Protest gegen den WTO-Gipfel in Seattle 1999 an Breite gewonnen und im (seit 2001 überwiegend im südbrasilianischen Porto Alegre veranstalteten) Weltsozialforum ihren bisherigen Höhepunkt gefunden hat (vgl. Brunner 2006: 78ff) — lange Zeit nahezu von allen Seiten und wie selbstverständlich als „Anti-Globalisierungs-Bewegung" bezeichnet wurde.

Mit erstaunlicher Blindheit wurde dabei die mit Händen zu greifende Realität ausgeblendet, dass die an dieser Bewegung Teilnehmenden in der überwiegenden Mehrheit „nicht gegen eine Öffnung der Grenzen waren, sondern sich gegen eine exklusive, eine auf die globale Finanzwirtschaft beschränkte Entgrenzung der Welt wandten. In der Berichterstattung über das Weltsozialforum in Porto Alegre 2002 setzte sich dann schon die Formulierung ‚Globalisierungskritiker' durch. Die semantische Umstellung brachte zum Ausdruck, dass keine bisherige soziale Bewegung kosmopolitischer war als diese und man im Übrigen schwerlich gegen etwas sein kann, dem man selbst angehört oder wozu man so intensiv beiträgt." (Leggewie 2003: 11)

Wie sehr die angeblichen „Globalisierungsgegner" in Wirklichkeit meist Protagonisten einer anderen (sozial verantwortlicheren und ökologisch nachhaltigeren) Globalisierung sind, kann man zum Beispiel auch an Hand einer eindrucksvollen Statistik ermessen: Parallel zur rasanten Vermehrung der transnationalen Konzerne, deren Anzahl in der jüngeren Vergangenheit weltweit von ca. 7.000 (1970) auf 53.600 (1998) hochgeschnellt ist, können auch die international aktiven 'Nichtregierungsorganisationen' (NGOs), die mehrheitlich als Wegbereiter einer planetaren Zivilgesellschaft wirken, auf eine zweiundzwanzigfache Vergrößerung ihrer Zahl in nur vier Jahrzehnten — von 985 (1956) auf ca. 23.000 (1998) — zurückblicken (French 2000: 164).

Besonders kennzeichnend dafür ist etwa das 1998 in Frankreich ins Leben gerufene Netzwerk ‚Attac', das seinen Aktionsradius innerhalb weniger Jahre auf alle Kontinente ausweiten konnte und dessen zentrale Orientierung von Horst-Eberhard Richter mit der Formulierung charakterisiert wird: „die Globalisierung erfordert, dass die Hauptthemen der Friedens-, Sozial- und Ökologiepolitik zusammen gesehen und in einer großen internationalen Allianz von unten voran gebracht werden müssen." (Richter 2005: 38)

In jüngster Zeit hat sich nun zur Bezeichnung dieser Bewegung im Französischen — und analog auch in anderen romanischen Sprachen — der weitaus besser angemessene Begriff „*altermondialistes*" (auf deutsch in etwa: „alternative Globalisierer") durchgesetzt. Was als deutlicher Hinweis darauf gewertet werden kann, dass die ideologische Vorherrschaft des Neoliberalismus in den vergangenen Jahren doch beträchtliche Rückschläge erleiden musste. Diese Rückschläge gehen zwar sicher nicht so weit, dass er den schwergewichtigen Lauf der Realpolitik nicht weiterhin bestimmen könnte, aber auf jeden Fall seinen propagandistischen Monopolanspruch auf die grundlegenden Globalisierungstrends unseres Zeitalters verloren hat.

Das starke Interesse des Neoliberalismus am öffentlichen (auch über vorherrschende Sprachregelungen gestützten) Monopol auf diese Trends hat dessen prominente Kritikerin Viviane Forrester scharfsinnig auf den Punkt gebracht: Indem er sich mit den großen historischen Tendenzen zum Zusammenwachsen unserer Weltgesellschaft — die in ihrer grundsätzlichen Logik zweifellos unaufhaltsam sind — gleichzusetzen versucht, will er „passer lui-même pour irréversible et incontournable, en sorte de figer l'histoire (ou de la faire croire figée) dans l'époque actuelle — celle de sa prédominance, de son omnipotence"[1] (Forrester 2000: 16).

Der in Porto Alegre besonders entschieden zum Ausdruck gekommene Bewusstseinswandel in weiten Teilen der Weltgesellschaft brachte, wie es Leggewie formuliert, eine eindringliche Hiobsbotschaft für die neoliberalen Macheliten, die ihre lang gepflegte Selbstgerechtigkeit an recht deutliche Grenzen stoßen lässt: „Nichts ist in Ordnung an einer Globalisierung, die so viele ausschließt und zurücklässt, die es erheblich fehlen lässt an Verantwortung für die Umwelt und künftige Generationen, die Verschiedenheit weder biologisch noch kulturell fördert und die nicht zuletzt einen eklatanten Mangel an Demokratie und Beteiligung aufweist und damit die Idee des Politischen selbst im Keim zu ersticken droht." (Leggewie 2003: 13)

Je mehr somit die marktwirtschaftsradikale Anmaßung, die Globalisierungsdynamik zur alleinigen Bestätigung der eigenen Interessen und Weltsicht in Beschlag zu nehmen, auf Widerspruch stößt und ihre öffentliche Glaubwürdigkeit verliert, desto deutlicher erschließt es sich auch einem wenig sensibilisierten Blick: Die grundlegenden und langfristigen Globalisierungstrends betreffen weitaus umfassendere Realitäten als die aktuelle Entgrenzung der Weltwirtschaft unter dem Diktat der Finanzmärkte (oder auch den Siegeszug weltumspannender elektronischer Kommunikationsnetze, welche den Finanzmärkten eine wesentliche logistische Grundlage bieten). „Globalization is undoubtedly irreversible", merkt etwa auch Hobsbawm in diesem Sinne an. „Not so the ideology based on globalization, the neoliberal, free-market ideology, or what has been called 'free-market fundamentalism'." (Hobsbawm 1999: 69) Auch wenn es sich um einen historischen Prozess handelt, „that has undoubtedly speeded up enormously in the last ten years, [...] it is a permanent, constant transformation." (ebenda: 61)

Die beschleunigten Entwicklungen um unsere Jahrtausendwende markieren also den bisherigen Höhepunkt von Entwicklungen, deren Ursprünge bereits weit zurückreichen. Über die konkrete Epoche, der man die Anfänge der Globalisierung zusprechen mag, kann man sicherlich recht unterschiedlicher Meinung sein; je nach wissenschaftlichen Vorlieben wird sie leicht um etliche Jahrhunderte früher oder später angesetzt. Mit einiger Berechtigung kann man einen ersten großen Impuls jedenfalls — in Anlehnung an Karl Marx oder Immanuel Wallerstein (vgl. Beck 1997: 44) — mit dem Beginn der europäischen Neuzeit in Verbindung bringen. Die Soziologen Edgar Morin und Anne Kern plädieren noch konkreter für das Jahr 1492 (Kolumbus' Entdeckung Amerikas) als epochalen Wendepunkt, ab dem die grundlegende Tendenz zu weltumspannenden

---

[1] „auch selber als unumkehrbar und unausweichlich gelten und die Geschichte damit auf die momentane Etappe seiner Vorherrschaft und Übermacht einfrieren (oder vielmehr glauben machen, dass sie in ihr festgefroren sei)".

Sozial- und Wirtschaftsstrukturen und eines „planetaren Bewusstseins" entscheidend Form angenommen und sich nach und nach verstärkt hat (was nicht zuletzt vor dem Hintergrund einer ab dieser Epoche zu greifen beginnenden „Expansionszwangslogik" des modernen Kapitalismus schlüssig erscheint). Im Gegensatz dazu waren die Verbindungen etwa zwischen den Hochkulturen der Erde (und ihr Wissen übereinander) bis dahin — sofern es sie überhaupt gegeben hat — überwiegend noch sehr fragmentarisch und von äußerst langsamen Rhythmen gekennzeichnet gewesen (vgl. Morin/Kern 1993: 15-43).

Norbert Elias erklärt die unser Zeitalter prägende Paradoxie, die aus dieser historischen Konstellation hervorgegangen ist, mit dem überaus folgenschweren Umstand, „dass die Menschheit aufgrund der Entfernungen früherer Tage außerordentlich vielgestaltig geworden ist und dass sie zugleich aufgrund des gegenwärtigen Schrumpfens der Entfernungen, und der immer länger werdenden, immer dichter und fester gespannten Interdependenzketten, in allen ihren Teilen bis in die entferntesten Winkel der Erde ganz eng geworden, ganz nahe aneinandergerückt ist." (Elias 1985: 109)

Vor allem seit dem späteren 19. Jahrhundert haben die großen Globalisierungstrends über sich wechselseitig verstärkende Entwicklungen des Welthandels, der interkontinentalen Transport- und Kommunikationsmittel, über internationalistische Ideen und Bewegungen, aber auch über die beiden Weltkriege und die existentielle Bedrohung durch Atomwaffen und Umweltzerstörung schließlich zu einer Situation geführt, in der wir unwiderruflich — im Guten wie im Schlechten — zu einer globalen Schicksalsgemeinschaft geworden sind. Gerade auch unter dem Vorzeichen des Damoklesschwerts, das die Situation der menschlichen Gesellschaft nunmehr wesentlich mitbestimmt, kann man mit Beck feststellen: „Es ist das *Ende der ‚anderen'*, das Ende all unserer hochgezüchteten Distanzierungsmöglichkeiten [...] *Not lässt sich ausgrenzen, die Gefahren des Atomzeitalters nicht mehr.*" (Beck 1986: 7)

2.3.4   Unsere ‚Eine Welt' als existenzielle Herausforderung

Es sind also insbesondere drei — sich wechselseitig bedingende und verstärkende — Faktoren, die das immer dramatischere globale Szenario bestimmen und der Herausforderung unserer zusammenwachsenden Welt ihre zunehmende Dringlichkeit verleihen:

▪ die unaufhaltsame Entwicklung der Waffentechnologien;
▪ die eskalierende Bedrohung unserer ökologischen Lebensgrundlagen;

- das Zerreißen des gesellschaftlichen Zusammenhalts (eines notwendigen Mindestvertrauens im Zusammenleben) in immer größeren Bereichen, das die marktwirtschaftsradikale Globalisierung über die eskalierende Verelendung eines Großteils der Weltbevölkerung mit sich bringt.

Die umfassende Bedrohung unseres Überlebens durch die moderne Entwicklung militärischer Massenvernichtungstechniken wird durch die Existenz der Atombombe lediglich besonders eindringlich zum Ausdruck gebracht, beschränkt sich freilich weitaus nicht auf sie und wurde auch schon längst vorher von sensiblen Beobachtern zum Ausdruck gebracht — wie etwa von Freud in den klassischen Schlusssätzen seiner Studie ,Das Unbehagen in der Kultur': „Die Menschen haben es jetzt in der Beherrschung der Naturkräfte so weit gebracht, dass sie es mit deren Hilfe leicht haben, einander bis auf den letzten Mann auszurotten. Sie wissen das, daher ein gut Stück ihrer gegenwärtigen Unruhe, ihres Unglücks, ihrer Angststimmung." (Freud 1930: 506)

Die gegen diese Gefahr fällige Überlebensreaktion — von Freud als Anstrengung des „ewigen Eros" umschrieben — müsste sich eben entscheidend in der Erkenntnis niederschlagen, dass unser Überleben nur durch die Schaffung einer tragfähigen, die ganze menschliche Gesellschaft umfassende Basis solidarischer Beziehungen eine ernsthafte Chance haben kann; das heißt, nur durch einen radikalen und breiten Abbau der Motivation zum Einsatz der schon vorhandenen Tötungstechnologien — und ganz unmöglich durch selbst noch so gut gemeinte Rüstungskontrollen oder Beschränkungen der Weitergabe von Waffensystemen. (Sofern man in solchen Zusammenhängen überhaupt an guten Willen glauben mag — wobei ich den kurz- oder mittelfristigen pragmatischen Nutzen, den entsprechende internationale Abkommen haben können, natürlich nicht in Abrede stelle.)

Als besonders eindringliche Illustration für diese Notwendigkeit nenne ich nur den vielfach belegten Umstand, dass das technische Wissen und die materiellen Voraussetzungen für den Bau relativ einfacher Atombomben bereits seit vielen Jahren allgemein zugänglich sind: „Much of the know-how to produce nuclear arms [...] has been disseminated to just about anyone who wants it, terrorist, maniacal crank, or pariah nation." (Toffler/Toffler 1993: 202) Daneben ist etwa auch seit 1994 öffentlich dokumentiert, was Zukunftsforscher wie Alvin und Heidi Toffler schon seit längerem vorhergesagt hatten: Es existieren bereits hoch entwickelte Atomraketen, die so klein sind, dass sie in einem Koffer transportiert werden können. Keine technisch-administrative Maßnahme der Welt wird verhindern können, dass diese apokalyptische Waffentechnologie in immer mehr Hände gelangt.

Ebenso wie die Zugänglichkeit ist unter der aktuellen Hegemonie des marktwirtschaftlichen Ultraliberalismus auch die Nachfrage nach Atomwaffen stellenweise beträchtlich gestiegen, wie etwa der Friedensforscher Mariano Aguirre ausführt: „Nell'epoca della dura concorrenza per i mercati, le risorse e gli investimenti, i dirigenti di certi paesi ritengono che una manciata di armi nucleari, o l'intenzione di possederle, servano a negoziare la propria posizione internazionale e inoltre a imporsi regionalmente."[1] (Aguirre 1996: 23)

In gleicher Weise wie hinsichtlich der waffentechnischen Bedrohungen kann es auch nur dann eine Chance auf die Rettung unserer ökologischen Lebensgrundlagen geben, wenn die heute vorherrschende Logik allgemeiner Konkurrenz (des vorrangigen Erzwingens eigener Vorteile zum Nachteil anderer) nachhaltig überwunden wird zugunsten einer von allen mitgetragenen Verantwortlichkeit für die Gleichgewichte der biologischen Systeme unserer Erde — um der Erkenntnis Rechnung zu tragen, wie sie etwa der Stifter und Vorstand des deutschen ‚Forums für Verantwortung' Klaus Wiegandt formuliert, „dass wir für Nord und Süd ein ressourcen-leichtes Wohlstandsmodell entwickeln müssen, um auch den Schwellen- und Entwicklungsländern Spielraum für einen angemessenen Wohlstand zu schaffen, ohne unsere Biosphäre zu verwüsten" (Wiegandt 2006: 426) Und ebenso könnte nur auf der Grundlage globaler solidarischer Beziehungen — und der damit ermöglichten konstruktiven Umwidmung sehr weitreichender Ressourcen — der eskalierenden wirtschaftlichen Verelendung gegengesteuert, Wohlstand und Entwicklung für alle Menschen gewährleistet und damit das für unsere Zivilisation überlebensnotwendige Maß an sozialem Zusammenhalt gesichert werden.

Wie sehr diese Herausforderung unseres Zeitalters bereits seit langem „in der Luft liegt" — d.h. das gesellschaftliche Denken mindestens in ihren ungefähren Zusammenhängen weitläufig (wenn auch keineswegs durchgängig) beeinflusst —, kann nicht zuletzt daran ermessen werden, dass sie von zahlreichen einflussreichen Personen unterschiedlichster Orientierung zur Sprache gebracht worden ist. So konnte zum Beispiel schon vor über einem Jahrhundert die Schriftstellerin Marie von Ebner-Eschenbach in ihrem viel beachteten Roman ‚Das Gemeindekind' die eindringliche Warnung formulieren: „Wir leben in einer vorzugsweise lehrreichen Zeit. Nie ist den Menschen deutlicher gepredigt worden: Seid selbstlos, wenn aus keinem edleren, so doch aus Selbsterhaltungstrieb" — eine Formulierung, aus der übrigens unmittelbar hervorgeht, dass es sich gerade nicht um „Selbstlosigkeit" handelt, sondern darum, dass solidarisches

---

[1] „In der Epoche der harten Konkurrenz um Märkte, Ressourcen und Investitionen meinen die Führer mancher Länder, dass eine Handvoll Atomwaffen — oder die Absicht, sie zu besitzen — dienlich sind, um die eigene internationale Position in Verhandlungen zu stärken und sich darüber hinaus auch auf regionaler Ebene durchzusetzen."

Empfinden und Handeln auch einem wohlverstandenen Egoismus der Selbsterhaltung entspringt... „In früheren Zeiten konnte einer ruhig vor seinem vollen Teller sitzen und sich's schmecken lassen, ohne sich darum zu kümmern, dass der Teller seines Nachbars leer war. Das geht jetzt nicht mehr, außer bei den geistig völlig Blinden. Allen übrigen wird der leere Teller des Nachbars den Appetit verderben — dem Braven aus Rechtsgefühl, dem Feigen aus Angst. [...] Darum sorge dafür, wenn du deinen Teller füllst, dass es in deiner Nachbarschaft so wenig leere als möglich gibt." (Ebner-Eschenbach 1887: 164f)

Einer der prominentesten Mahner des 20. Jahrhunderts war zweifellos Albert Einstein, der im Jahre 1946 in seinem historischen Aufruf im Namen des von ihm mitbegründeten Notkomitees von Atomwissenschaftlern auf die dramatische Notwendigkeit eines „neuen Denkens" hinwies, das militaristische (auf Zerstörung gegnerischer Interessen ausgerichtete) Einstellungen von den Wurzeln her überwinden muss: „Our world faces a crisis as yet unperceived by those possessing the power to make great decisions for good and evil. The unleashed power of the atom has changed everything save our modes of thinking, and thus we drift toward unparalleled catastrophe. We scientists who unleashed this immense power have an overwhelming responsibility in this world life-and-death struggle to harness the atom for the benefit of mankind and not for humanity's destruction. [...] a new type of thinking is essential if mankind is to survive and move toward higher levels." (Holt 1984: 199f)

Dass diese unverzichtbare „neue Art zu denken" auch auf nichts weniger als die Abschaffung des Krieges als Mittel zur Austragung von Konflikten hinauslaufen muss: Zu dieser Erkenntnis mussten sich — zumindest rhetorisch — in den folgenden Jahren sogar einige der mächtigsten Männer der Welt durchringen. „Mankind must put an end to war or war will put an end to mankind", konnte so etwa US-Präsident John F. Kennedy in einer viel beachteten Rede vor der UNO-Generalversammlung am 25. September 1961 verkünden.[1] Selbst einer der erfolgreichsten militärischen Führer des Zweiten Weltkriegs, der US-General Douglas MacArthur, war trotz seiner teilweise sehr scharfmacherischen Haltungen im Kalten Krieg im Stande, zumindest im Prinzip die Notwendigkeit radikal neuer Ideen und Orientierungen anzuerkennen, ja sogar nachdrücklich zu unterstreichen:

> „Abolition of war is no longer an ethical question to be pondered solely by learned philosophers and ecclesiastics, but a hard core one for the decision of the masses whose survival is the issue. Many will tell you with mockery and ridicule that the abolition of war can only be a dream... that it is the vague imagining of a visionary. But we must go on or we will go under! We must have new thoughts, new ideas,

---

[1] New York Times, 26.9.1961

new concepts. We must break out of the straitjacket of the past. We must have suffi-
cient imaginations and courage to translate the universal wish for peace — which is
rapidly becoming a universal necessity — into actuality." (Ferencz/Keyes 1988: 41)

Ausgehend von Einsteins Aufruf entwickelte der Friedensforscher Robert Holt
die gesellschaftlichen und psychologischen Konsequenzen der Herausforderung
des Atomzeitalters in methodischer Form zur Konzeption eines „systems thinking", das heißt, eines Verantwortungsbewusstseins und Denkens in umfassenden Zusammenhängen, in dem die Berücksichtigung weltweiter gegenseitiger
Abhängigkeiten wie auch der Vielfalt möglicher Standpunkte und Interessen eine
ebenso zentrale Rolle spielt wie etwa das Bedenken der weit verzweigten und
längerfristigen Auswirkungen unseres gesellschaftlichen Handelns (Holt 1984;
1987).

In sehr ähnlichem Sinne konnte etwa auch der Psychoanalytiker Erik Erikson angesichts des enormen, sich so hartnäckig behauptenden Einflusses von
„einander ausschließende[n] Gruppen-Identitäten in Gestalt von ‚Pseudo-Arten‘
wie Stamm, Nation, Kaste, Religion, Klasse usw." warnend formulieren: „Wird
die Menschheit erkennen, dass sie eine einzige Art ist — oder ist es ihr Schicksal, für immer in ‚Pseudo-Arten‘ getrennt zu bleiben und die eine (notwendig
unvollkommene) Version von Menschentum gegen alle anderen auszuspielen,
bis im dubiosen Glanz des Atomzeitalters einer dieser Arten die Macht und das
Glück zufallen werden, alle anderen auszulöschen — Sekunden vor ihrem eigenen Untergang?" (Erikson 1975: 48) „It seems today that the clash between the
idea of race and of One World [...] is shaping into an issue that may well be the
most decisive in human history", hatte es analog auch schon Gordon Allport in
seiner klassischen Studie zur Sozialpsychologie des Vorurteils zum Ausdruck
gebracht (Allport 1954: 44). „In today's world, which is a rather interdependent
one", äußerte in ähnlichem Sinn etwa auch UNO-Generalsekretär Kofi Annan in
einer grundsätzlichen Stellungnahme, „we need to be sensitive to the concerns of
others. We need to understand other cultures. We need to think in much broader
terms than our own narrow confines, and realize that in this interdependent
world, no one can afford to think in purely local terms." (Crossette 1998)

Gleichermaßen wird die in Eriksons zutiefst besorgter Frage enthaltene
Herausforderung vom Psychohistoriker Robert Jay Lifton und vom Friedensforscher Eric Markusen in einer Untersuchung über die Völkermordmentalität hervorgehoben: „Only by accepting the difficult truth that, in a nuclear attack, there
would be complete merging of perpetrator and victim [...] can we create the
responsibility and cooperation necessary to preserve the world." Um den tödlichen Einfluss der „genocidal mentality" zu überwinden, betonen Lifton und
Markusen, bedarf es heute der nachhaltigen Entwicklung in die Richtung einer
(auf einer Identifizierung mit unserer ganzen menschlichen Art beruhenden)

„species mentality: that is, full consciousness of ourselves as members of the human species, a species now under threat of extinction. Indeed, that very threat may evoke the larger possibilities of the species self." (Lifton/Markusen 1990: 258)

Vorsichtige Anzeichen in diese Richtung ortet auch der Psychoanalytiker David Lotto: „There are some signs at this time of an emerging identity we all share as members of the human species cohabitating on the same planet. The notions of spaceship earth, the global village, and the planetary eco-system, as well as the concept of a nuclear winter, in which any but the most limited of nuclear wars may well bring about the extinction of the entire species, all point in this direction." (Lotto 1989: 172f)

Wie sehr ein Wissen zum (teils bewussten, teils unbewussten) Allgemeingut geworden ist, dass beim heutigen Stand technologischer Möglichkeiten jeder größere Krieg die Existenz unserer Welt bedroht, kann man etwa auch an unzähligen Karikaturen erkennen, die bei jedem bedeutenden Krieg in neuerer Zeit eine von Vernichtung bedrohte Erdkugel darstellen[1]:

Die Schaffung einer tragfähigen Grundlage globaler Solidarität, des Dialogs über alle kulturellen und sozialen Grenzen hinweg, der gemeinsam getragenen Verantwortung für unser gemeinsames Schicksal auf einem klein gewordenen Planeten ist also schon lange nicht mehr „bloß" eine Frage ökonomischer und ökologischer Zweckmäßigkeit oder sozialer Gerechtigkeit, sondern wird immer mehr auch zu einer nackten Existenzfrage. Falls es nicht innerhalb einer historisch kurzen Frist zu einem breiten Willensbildungsprozess und zu entschiedenen politischen Weichenstellungen in diesem Sinne kommen sollte, so würde dies mit hoher Wahrscheinlichkeit auf das baldige Ende unserer menschlichen Zivilisation hinaus laufen.

So liefert etwa auch Martin Rees, einer der führenden Astronomen unserer Zeit, in seinem 2003 erschienenen Buch ‚Unsere letzte Stunde' eine Fülle von

---

[1] Beispiele aus Die Zeit, 22.4.1999; Norra Vasterbotten, 13.4.2003; Le Monde, 18.2.2003

alarmierenden Belegen für seine These, dass es die kommenden Jahrzehnte sein werden, in denen sich Überleben oder Untergang unserer Biosphäre entscheiden muss (Rees 2003).

In den Schlusspassagen des bereits im Abschnitt 2.2.3 mit einer längeren Gesprächssequenz zitierten Films spricht Noam Chomsky über die Überlebensnotwendigkeit globaler Solidarität, die an die Stelle des individuellen Profitprinzips — und dessen ideologischer Rechtfertigung, „dass das Laster des Einzelnen dem Nutzen der Allgemeinheit dient" — treten muss: Seit langem schon musste es nur allzu deutlich werden, „dass jede Gesellschaft, die auf diesem Prinzip aufgebaut ist, sich im Lauf der Zeit selbst zerstören muss. Sie kann sich — mit allen Leiden und Ungerechtigkeiten, die sie mit sich bringt — nur so lange halten, als man glauben machen kann, dass den menschlichen Zerstörungskräften Grenzen gesetzt seien und dass die Erde eine unerschöpfliche Rohstoffquelle und eine Mülltonne von unbegrenztem Fassungsvermögen sei. In unserer Epoche kann nur mehr eine von zwei Alternativen eintreffen: Entweder nimmt die Bevölkerung ihre Geschicke selbst in die Hand, macht die Interessen der Gemeinschaft zu ihrem Anliegen und läßt sich durch Werte der Solidarität, des Mitgefühls und der Sorge für andere leiten — oder bald wird niemand mehr ein Geschick in die Hand nehmen können [...]. Die Voraussetzungen für unser Überleben, und erst recht für soziale Gerechtigkeit, erfordern vernünftige Planung im Interesse der gesamten Gesellschaft, und das bedeutet heute: im Interesse der Menschheit als ganzer" (Achbar 1994: 221).

Angesichts dieses dramatischen Scheidewegs unserer Geschichte wird auch eine wesentliche Ursache für den bereits erwähnten Umstand erkennbar, dass der Begriff der Globalisierung trotz seiner breiten Verwendung so auffällig nebulos und schwierig bestimmbar scheint: Eine sehr einseitig und eingeschränkt verstandene „Globalisierung" — die zur Rechtfertigung der marktwirtschaftsradikalen Forderungen herhalten muss — fährt einen frontalen Kollisionskurs gegen eine weitaus grundlegendere Globalisierung, die eine immer umfassendere globale Interdependenz impliziert und aus der sich die existenzielle Notwendigkeit ergibt, dass das Faustrecht der Starken durch solidarische Kooperation ersetzt werden muss. Die behauptete Unausweichlichkeit der Unterwerfung unter die Zwänge eines entgrenzten „freien" Marktes steht der tatsächlichen Unausweichlichkeit globaler Solidarität ähnlich unversöhnlich gegenüber wie Feuer und Wasser.

Der Begriff ist also mit extrem widersprüchlichen Bedeutungen besetzt, deren wechselseitige Unvereinbarkeiten nicht zuletzt im Zusammenhang seines propagandistischen Einsatzes hinter dichten Nebelschleiern verborgen gehalten werden. Wesentliche politische Weichenstellungen, schwergewichtige wirtschaftliche Entwicklungen, weithin vorherrschende Lebensstile oder Werthaltungen, die sich nach wie vor unter der (wenn auch seit dem gescheiterten WTO-Gipfel in Seattle 1999 ein wenig zerzausten) „neoliberalen" Flagge der Globalisierung durchsetzen, gehen also in die beinahe exakte Gegenrichtung dessen, was im Sinne des Überlebens unserer Zivilisation und der Sicherung einer menschenwürdigen Existenz für alle notwendig wäre.

„Die Entwicklung der Menschheit ist an einem Punkte, oder besser ausgedrückt: in einer Periode angelangt," — verlieh Norbert Elias zum 40. Jahrestag des Endes des Zweiten Weltkriegs dieser zivilisatorischen Notwendigkeit beredten Ausdruck — „in der die Menschen zum ersten Mal vor die Aufgabe gestellt sind, sich global, das heißt als Menschheit zu organisieren. [...] Die Aufgabe, eine die ganze Menschheit umfassende Ordnung des Zusammenlebens zu entwickeln, stellt sich den Menschen heute tatsächlich, ob man sich ihrer als solcher bewusst ist oder nicht. Niemand kann voraussehen, wie lange die Menschheit dazu brauchen wird, diese Aufgabe zu lösen. Niemand kann voraussehen, ob die Menschheit sich nicht in den vorbereitenden Kämpfen in dieser Richtung selbst zerstören und die Erde unbewohnbar machen wird." (Elias 1985: 71f)

2.3.5 Psychologische Barrieren gegen globale Solidarität

Wie sehr das breite Spektrum der im obigen Abschnitt angeführten Stellungnahmen auch darauf hinweisen mag, dass ein globales Denken als Basis für solidarische Gesamtverantwortlichkeit eine unübersehbare geistige Strömung unseres Zeitalters bildet, so scheint diese also doch sehr weit davon entfernt, sich entscheidend durchsetzen zu können. Zumindest als einer Art „leisen Stimme des Intellekts"[1] kann ihr wohl ein relativ breiter Einfluss zugesprochen werden — aber freilich nur mit einer sehr unsicheren Wirksamkeit gegenüber psychologischen Haltungen und gesellschaftlichen Mächten, die ihm überaus mächtige (vielleicht auch unüberwindliche) Widerstände entgegensetzen. Der Großteil der geschichtlichen Erfahrung — und vor allem die schwergewichtige realpolitische Tendenz in der heutigen Weltlage — geht in eine Richtung, die der Mahnung dieser leisen Stimme entgegengesetzt ist.

Was die mögliche Anerkennung und die Verwirklichungschancen des Anliegens globaler Solidarität betrifft, ist die allgemeine Bewusstseinslage also zumindest sehr zwiespältig, wenn nicht schwergewichtig von Abwehrhaltungen beherrscht. Trotz aller partikularistischen, lokalen und ethnozentrischen Fesseln

---

[1] „[...] die Stimme des Intellekts ist leise, aber sie ruht nicht, ehe sie sich Gehör geschafft hat. Am Ende, nach unzählig oft wiederholten Abweisungen, findet sie es doch. Dies ist einer der wenigen Punkte, in denen man für die Zukunft der Menschheit optimistisch sein darf, aber er bedeutet an sich nicht wenig." (Freud 1927: 377)

— so befinden Morin und Kern zwar immerhin — „en dépit de l'incapacité à contextualiser les problèmes [...], en dépit des perceptions parcellaires, des visions unilatérales et des focalisations arbitraires, le sentiment qu'il y a une entité planétaire à laquelle nous appartenons, et qu'il y a des problèmes proprement mondiaux, se concrétise, portant en lui une évolution vers la conscience planétaire."[1] (Morin/Kern 1993: 41f)

Freilich wird diese Evolution durch überaus hartnäckige Gegenkräfte torpediert: „[...] dans les formidables brassages de populations, il y a davantage juxtaposition et hiérarchisation qu'intégration véritable; dans la rencontre des cultures, l'incompréhension prévaut encore sur la compréhension; à travers les osmoses, les forces de rejet demeurent très fortes. La mondialité s'accroît, mais le mondialisme s'éveille à peine. [...] Il y a des embryons d'action et de pensée planétaires, mais avec d'énormes retards et paralysies sous l'effet des localismes et provincialismes. [...] bien qu'il y ait désormais une communauté de destin, il n'y a pas encore conscience commune de cette *Schicksalsgemeinschaft*."[2] (ebenda: 42)

Dieses ebenso dringend wie ungemein schwierig anzugehende „problème des problèmes — l'impuissance du monde à devenir monde, l'impuissance de l'humanité à devenir humanité"[3] (ebenda: 114) — verweist also auf zwei entgegengesetzte Hauptgesichtspunkte, die sich herausschälen, wenn man das Anliegen globaler Solidarität auf seine eventuelle Durchsetzbarkeit hin überdenkt:

- Auf der einen Seite ist das Wesentliche daran so einfach, so offensichtlich und zugleich von so lebenswichtiger Bedeutung, dass davon auszugehen ist, dass es ohnehin von den meisten Menschen gedacht werden muss — mindestens „irgendwo in einem heimlichen Winkel ihrer Seele". Schon sehr wenig Sachkenntnis und Nachdenken sind dafür weitaus ausreichend. Es er-

---

[1] „trotz der Unfähigkeit, die Probleme in ihren größeren Zusammenhängen zu sehen [...], trotz der parzellisierenden Wahrnehmungen, einseitigen Sichtweisen und willkürlich beschränkten Blickwinkel, nimmt das Empfinden konkretere Gestalt an, dass es eine planetare Wesenheit gibt, der wir alle angehören, dass es im eigentlichen Sinn weltumfassende Probleme gibt, und bringt so eine Evolution in die Richtung eines planetaren Bewusstseins mit sich."

[2] „[...] in der gigantischen Vermischung der Bevölkerungen kommt es mehr zu Nebeneinander und Hierarchisierung als zu echter Integration; in der Begegnung der Kulturen setzt sich noch Verständnislosigkeit gegen Verständigung durch; in der gegenseitigen Durchdringung bleiben die Kräfte der Ablehnung sehr stark. Die weltweiten Zusammenhänge wachsen, aber ein entsprechendes Denken erwacht noch kaum. [...] Es gibt Ansätze eines planetaren Handelns und Denkens, die jedoch unter dem Einfluss der Lokalismen und Provinzialismen ungeheuer verzögert und gelähmt werden. [...] obwohl es nunmehr ein gemeinsames Schicksal gibt, ist daraus noch nicht das gemeinsame Bewusstsein einer Schicksalsgemeinschaft erwachsen."

[3] „[...] Problem der Probleme — das Unvermögen der Welt, Welt zu werden, das Unvermögen der Menschheit, Menschheit zu werden"

fordert keinerlei Expertenwissen und übersteigt auch wahrlich nicht den geistigen Aufwand, den eine mäßige Geläufigkeit in den Grundrechnungsarten erfordert. Auch schon bei einem minimalen Bildungs- und Medienkonsum wird man mit bei Weitem ausreichenden Kenntnissen versorgt, dass sich die entsprechenden Schlussfolgerungen ohne weiteres aufdrängen (wie sehr diese auch der politischen Linie bestimmter Medien zuwiderlaufen mögen).

- Auf der anderen Seite stellt sich diesem Anliegen gegenüber — im Gegensatz zu seiner deutlichen Sinnhaftigkeit und Wichtigkeit — sogleich auch der mächtige Eindruck ein, es könne sich dabei realistisch betrachtet um nichts anderes handeln als um ein utopisches Luftschloss, um eine idealistische Konstruktion, die so ganz und gar außerhalb der wirklichen Welt anzusiedeln sei. Charakteristischerweise werden die meisten Menschen, wenn sie mit diesbezüglichen Überlegungen konfrontiert werden, diese quasi schon „von weitem" und pauschal von sich weisen — so als ob es sich auf keinen Fall dafür stünde, dabei auch nur ein wenig zu verweilen, um darüber nachzudenken, ob da nicht vielleicht doch irgendwas dran sein könnte.

Nun ist aber gerade eine derartige Pauschalabweisung von Überlegungen — die man oft mit dem Gedankenstopp-Adjektiv „utopisch" zu unwiderruflicher Unglaubwürdigkeit zu verdammen meint — ein deutlicher Hinweis auf mächtige innere Widerstände dagegen. Da es ja offensichtlich nicht darum geht, dass dieses Anliegen nach sorgfältiger Abwägung verworfen würde, sondern es schon von vornherein als gänzlich unsinnig abgewehrt wird, muss es sich in erster Linie um emotional heftig überschießende Motive der Abwehr — um einen überaus mächtigen inneren Widerwillen dagegen — handeln. Mit anderen Worten: Insgeheim muss man schon ein starkes Gespür dafür haben, was das denn ist, was man so gar nicht wissen möchte — dass da eben doch ein sehr wichtiger Sinn dahinter stecken muss. In diesem Sinne kann die charakteristische Pauschalabweisung sogar als eine indirekte Bestärkung der ersten — auf der Oberfläche entgegengesetzten — Überlegung aufgefasst werden: dass die meisten Menschen derartig „Utopisches" ohnehin bereits denken müssen — sei es auch oft unter strikter Geheimhaltung vor sich selbst.

Einen solchen Zusammenhang brachte übrigens auch Theodor Adorno einmal mit der feinfühligen Betrachtung zum Ausdruck, „dass im Innersten alle Menschen, ob sie es sich zugestehen oder nicht, wissen: Es wäre möglich, es könnte anders sein. Sie könnten nicht nur ohne Hunger und wahrscheinlich ohne Angst leben, sondern auch als Freie leben." Gleichzeitig ließen aber die realpolitischen Machtverhältnisse und eine diese untermauernde resignative Gefügigkeit auch die gänzliche Unmöglichkeit utopischer Erfüllung als offensichtlich erscheinen — sodass „die Menschen den Widerspruch zwischen der offenbaren Möglichkeit der Erfüllung und der ebenso offenbaren Unmöglichkeit der Erfüllung nur auf die Weise zu bemeistern vermögen, dass sie sich mit dieser Unmöglichkeit identifizieren" und „dass sie sagen, dass das nicht sein soll, von dem sie fühlen, dass es gerade ja sein sollte, aber dass es durch eine Verhexung der Welt ihnen vorenthalten wird." (Bloch 1964: 353)

Derart massive Widerstände gegen die Bewusstwerdung von eigentlich tief und stark Gespürtem könnte man nun auch hinter dem auffälligen Umstand vermuten, dass viele der aktuell vorherrschenden gesellschaftlichen Trends mit einer gespenstisch anmutenden Präzision gerade in die Gegenrichtung dessen gehen, was sich jedem innehaltenden Nachdenken als unausweichliche Notwendigkeit aufdrängen müsste — wie man beispielhaft an Hand der folgenden grundsätzlichen Beobachtungen ermessen kann (von denen einige bereits in verschiedenen Zusammenhängen zur Sprache gekommen sind):

- Statt solidarischer Kooperation setzt sich zunehmend das ungebremste Konkurrenzprinzip des „survival of the fittest" durch;
- statt Strukturen zivilgesellschaftlicher Konsensfindung und tragfähigen Interessensausgleichs — militärische Hochrüstung und der Wahn, die sich verschärfenden Konflikte mit überlegenen Gewaltmitteln und ausufernden Überwachungssystemen unter Kontrolle bringen zu können;
- statt gegenseitiger Respektierung und Offenheit zum Dialog — eine massive Zunahme rassistischer, nationalistischer und fremdenfeindlicher Bewegungen und Stimmungen;
- statt Rücksichtnahme auf nachhaltige Entwicklung und ökologische Gleichgewichte — ein fast demonstrativ bedenkenloser Wegwerf-Konsumismus der „Spaßgesellschaft" und ein gleichermaßen rücksichtsloses Vorgehen kapitalistischer Unternehmen unter dem Diktat der Aktienkurse;
- statt einer ernsten Auseinandersetzung mit unser aller existenziellen Gefährdung durch diese (und ähnliche) Entwicklungen — verbreitete Anfälligkeiten für hochgradig wahnhafte Inszenierungen von Allmacht, Überlegenheit und Unverletzbarkeit;
- statt einer breite Teile der Gesellschaft erfassenden Leidenschaft für eine kompetente öffentliche Meinungs- und Willensbildung (die sich angesichts dieser akuten Krisendynamik eigentlich von selbst entfachen müsste) — massive Tendenzen zur Entpolitisierung und öffentlichen Apathie, zum Rückzug der Interessen auf die kleine private Lebenssphäre.

Angesichts der Übereinstimmung, mit der sich dieses Auseinanderklaffen zwischen leicht erkennbarer Notwendigkeit und tatsächlichem Verhalten auf so vielen Ebenen bestätigt (und die Liste der Beispiele könnte leicht verlängert werden), bietet es sich nur umso eindringlicher an, darin das Wirken unbewusster Abwehrmechanismen zu erblicken. Ein spezifischer Abwehrmechanismus, der dabei wohl von zentraler Bedeutung sein dürfte, ist der der *Reaktionsbildung* (bzw. auch der Verkehrung der Wirklichkeit ins Gegenteil [Anna Freud 1936: 39f; 55ff]) — charakterisierbar als ein zwanghaftes Betonen (d.h. ein besonders „dickes Auftragen") des genauen Gegenteils dessen, was die betreffenden Menschen unterschwellig spüren und erkennen (sich aber soweit und solange nur möglich nicht bewusst eingestehen wollen). Es handelt sich also um sehr energieaufwändige „Gegenbesetzungen", gewissermaßen um ein angestrengtes und fortgesetztes Aufwerfen von Verteidigungswällen gegen die verdrängten bzw. zensurierten Inhalte — damit aber zugleich auch schon um eine recht deutliche indirekte Bestätigung des Zensurierten (das daher bei einem aufmerksameren Hinschauen auch relativ leicht erkennbar ist).

Ein massiertes Vorkommen von Anzeichen für diesen Abwehrmechanismus der Reaktionsbildung lässt demzufolge auch die Deutung zu, dass das Zensurierte (in diesem Fall die Wahrnehmung und Anerkennung der eben genannten Notwendigkeiten in der heutigen globalen Situation) stark zur Bewusstseinsschwelle drängt (im Denken bzw. Empfinden sehr breiter Teile der Gesellschaft) — dabei aber vorübergehend noch durch ein „springflutartiges" Anschwellen von sich dagegen aufbäumenden Widerständen zurückgehalten wird. Die eben umrissenen vorherrschenden Trends könnten unter diesem Blickwinkel also als paradoxes Vorspiel zu einer breiten Bewusstwerdung (im Sinne globaler solidarischer Verantwortlichkeit) verstanden werden, die ab einem bestimmten Punkt einen entscheidenden Durchbruch gegen diese Widerstände schaffen bzw. sich auf breiter Front durchsetzen würde. Zugunsten einer solchen — auf den ersten Blick vielleicht wenig glaubwürdig erscheinenden — Hypothese könnte immerhin auch der Umstand ins Treffen geführt werden, dass die Geschichte (zumindest) der letzten Jahrhunderte durch überaus häufige scharfe Wendungen gekennzeichnet ist, die oft selbst in ihrem unmittelbaren Vorfeld nicht einmal von sensiblen und intelligenten Beobachtern vorhergesehen worden waren.

Die Frage nach den entscheidenden Beweggründen für diese massiven Widerstände sollte also eine zentrale Rolle bei der Suche nach Anhaltspunkten spielen, wie einer breiteren Bewusstseinsbildung über die Herausforderungen unserer zusammenwachsenden Weltgesellschaft (und einem entsprechenden politischen Gestaltungswillen) auf die Sprünge geholfen werden könnte. Welche Motive kommen grundsätzlich dafür in Betracht, dass ein bereits vorhandenes Wissen über die Überlebensnotwendigkeit globaler Solidarität überwiegend verdrängt oder unterdrückt wird?

Aus meinen bisherigen Bemühungen, denkbare Antworten auf diese Frage möglichst grundsätzlich zu formulieren, miteinander zu vergleichen und gegeneinander abzuwägen, schälte sich eine Reihe von Erklärungsansätzen heraus, die gewiss keinen Anspruch auf Vollständigkeit erheben können und sich untereinander wohl oft mehr ergänzen als widersprechen dürften. Diese vorrangig in Erwägung zu ziehenden Motive des Widerstands können, wie ich meine, sinnvoll in fünf wesentliche Kategorien gegliedert werden:

2.3.5.1 Widerstände gegen den Verzicht auf wirtschaftliche Privilegien

Diese erste Kategorie liegt natürlich unmittelbar auf der Hand. Zumindest eine kleine Minderheit an der Spitze der Reichtumspyramide würde bei der Verwirklichung allgemeiner Interessenssolidarität zwangsläufig einen Großteil ihres wirtschaftlichen Besitzstandes aufgeben müssen. Eventuell müssten aber auch die wohlhabenderen Schichten in den Industrieländern vorübergehende kleinere Verzichtsleistungen zugunsten der verelendeten Menschen der Dritten Welt auf sich nehmen. Sicherlich muss eine solche Aussicht auf materielle Einbußen bei den meisten Betroffenen Abneigung hervorrufen — was unter einem (kurzsichtigen) zweckrational-egoistischen Blickwinkel auch recht gut nachvollziehbar erscheint.

Für sich genommen müssten solche Reaktionen der Abneigung aber allein schon durch das Bedenken wesentlich entkräftet werden, dass unsere Welt eben auf ein Szenario globaler Vernichtung hinsteuert, wenn die sozialdarwinistische Logik des Zusammenlebens — die bei jedem weiten Auseinanderklaffen zwischen reich und arm unausweichlich ist — nicht überwunden werden kann. Selbstredend führt sich jeder Erhalt von Privilegien radikal ad absurdum, wenn er auch auf den eigenen Untergang hinausläuft. Im heutigen Zeitalter existenzieller Krisen wird somit der selbstzerstörerische Charakter jedes Glaubens immer offensichtlicher, man könne eigene Vorzugs- und Machtpositionen weiterhin ohne Rücksicht auf die gemeinsamen Überlebensinteressen verteidigen, die man auch mit allen Schwächeren und Unterprivilegierten in unserer ‚Einen Welt' teilt: „It is as if a privileged group on the Titanic had claimed the lifeboats but then found themselves adrift in a completely poisoned, life-destroying sea." (Lifton/Markusen 1990: 244)

Ins Positive gewendet müsste jeder Widerwillen gegen Einbußen an Privilegien aber auch durch die bereits erörterten enormen neuen Entwicklungschancen aufgewogen werden, die eine Durchsetzung der Werte der Solidarität und des Dialogs allen Menschen — also auch den bisher Privilegierten — eröffnen würde. In Anbetracht dieser Zusammenhänge muss die Verteidigung sozialer

Ungleichheit somit immer stärker aus zwanghaft-unbewussten Motiven herrühren, die die zweckrationalen Anteile des Interesses an wirtschaftlicher Privilegierung — die im Gewinn materieller Lebensqualität bestehen — zunehmend aushöhlen.

2.3.5.2 Beschwichtigung narzisstischer Defizite

Diese hinter der rationalen Fassade des Interesses an wirtschaftlichen Annehmlichkeiten erkennbaren Motive, die sich dem Anliegen umfassender Solidarität widersetzen, scheinen in erster Linie auf schwere narzisstische Defizite und Unsicherheiten zurückzuführen sein, die ein suchtartiges Bedürfnis zur Folge haben, diese durch die soziale Abwertung anderer notdürftig zu kompensieren. Wirtschaftlich Schwächere, Ärmere, Außenseiter usw. werden in dieser Logik also für den eigenen emotionalen „Haushalt" als Objekte der Herabwürdigung und Verachtung sehr wesentlich benötigt.

Die große Bedeutung dieser Bedürfnisse kann insbesondere anhand der Beobachtung ermessen werden, wie wenig Gewinn an realer Lebensqualität sehr viele wirtschaftliche Güter bieten, wie offensichtlich deren Besitz (oder Zugänglichkeit) hingegen die Funktion erfüllt, die eigene Wichtigkeit zu Lasten der Nicht-Besitzenden zu erhöhen. Man stelle sich zum Beispiel nur vor, wie viele Güter für ihre privilegierten Besitzer kaum einen Sinn hätten, wenn jeder arme Teufel sie sich ebenfalls leisten könnte. Oder wie wenig Sinn das Erringen vorderer Plätze auf verschiedenen Erfolgs-Rangordnungen („Hitparaden" wirtschaftlicher oder auch sonstiger Art) hätte, wenn es nicht auch zahlreiche Verlierer und weniger Erfolgreiche gäbe, deren deprimierende bis verzweifelte Lage den düsteren Hintergrund abgibt, vor dem dann die eigene Vorzugsstellung erst mit einiger Helligkeit erstrahlen kann. Der Philosoph und Ökonom Thorstein Veblen beschrieb diese Zweckentfremdung von Mitteln der Bedürfnisbefriedigung zu einem allseitigen Kampf um sozialen Status in seiner klassischen Studie zur ‚Theorie der feinen Leute' (Veblen 1899; Gopnik 1999). Für zahlreiche gesellschaftliche Bereiche stellte er anschaulich dar, wie eine beinahe allgemeine Obsession des angeberischen und neidischen Sich-Vergleichens mit den anderen dazu tendiert, einen Großteil der Mittel, die über das Lebensnotwendige hinausgehen, zu verschlingen — ohne damit die narzisstische Bedürfnisspannung, aus der diese Obsession erwächst, freilich jemals mehr als nur notdürftig abbauen zu können.

Normalerweise kann ein Narzissmus, der systematisch durch die Entwertung anderer Menschen gestützt werden muss, nicht unverhohlen eingestanden werden — weder den anderen gegenüber (da dies die Regeln der Höflichkeit verletzt) noch im Blick auf sich selbst (weil dies schmerzliche Infragestellungen der eigenen Motive auslösen könnte). Er wird daher eher nur in Ausnahmesituationen und von selbstkritischeren, vorzugsweise aber wohl von ungewöhnlich unreflektierten Personen offen zum Ausdruck gebracht. Etwa von einem der deutschen Landesfürsten des 19. Jahrhunderts, die der sich ausbreitenden industriellen Revolution mit heftigem Widerwillen begegneten: „Ich will keine Eisenbahn in meinem Land", konnte zum Beispiel Ernst August von Hannover wütend ausrufen. „Ich will nicht, dass jeder Schuster und Schneider so rasch reisen kann wie ich!" (Engelmann 1974: 194)

Ähnlich erklärte 1921 der Sohn eines italienischen Großgrundbesitzers dem Antifaschisten Emilio Lussu, warum er sich den faschistischen Banden angeschlossen hatte, die Mord und Terror unter Bauern und Landarbeitern verbreiteten. Die Unerträglichkeit von deren vorherigen sozialen Erfolgen, so ereiferte er sich, die müsse man doch erst einmal mit eigenen Augen erlebt haben: „I contadini vestivano come me, e la figlia del bifolco era più elegante di mia sorella. [...] Ma il mondo andava storto e noi lo abbiamo raddrizzato."[1] (Lussu 1933: 24)

Auch weiter unten in der gesellschaftlichen Hierarchie kann ein ähnlich mächtiger Wunsch nach der Abwertung anderer nachdrücklich geäußert werden. So erklärt zum Beispiel eine junge japanische Verkäuferin ihre Vorliebe für extrem teure Modeschuhe der Marke ‚Nike': „It really makes me feel good when people stare at my Nikes; I know they want what I have, but they can't have it." (Sullivan 1996)

An der Spitze der Hierarchie der Superreichen gibt der Dollarmilliardär und CNN-Gründer Ted Turner wiederum freimütig zu, dass ihn die nagende Angst vor einer selbst nur geringfügigen sozialen Zurückstufung beinahe davon abgehalten hätte, sich zugunsten einiger Bildungs- und Umweltschutzprojekte von sehr großen Summen zu trennen: „Als ich die Papiere unterschrieb, zitterte meine Hand, weil ich wusste, dass ich mich damit aus dem Rennen um den reichsten Mann Amerikas genommen hatte." Die Besessenheit vom Wahn, auf den Ranglisten der Reichsten (vor allem der ‚Forbes-400' und der ‚Fortune-500') möglichst weit nach oben zu klettern und vor allem nur um ja keinen Millimeter zurückgereiht zu werden, beobachtet Turner denn auch bei so gut wie allen, die seiner Besitzklasse angehören: „Das ist ungeheuerlich. Die Bundesregierung ist pleite, die Regierungen der einzelnen Bundesstaaten sind pleite, ebenso die Stadtregierungen. Das ganze Geld befindet sich in den Händen dieser wenigen reichen Leute, und keiner von ihnen gibt etwas ab. Das ist gefährlich für sie und für das Land. Wir könnten eine neue Französische Revolution erleben, bei der

---

[1] „Die Bauern bekleideten sich wie ich, und die Tochter des Ochsenhüters war eleganter als meine Schwester. [...] Die Welt war ja schon ganz aus dem Lot — aber wir haben sie wieder in Ordnung gebracht."

eine andere Madame Defarge strickend zusieht, wie solche Leute auf kleinen Ochsenkarren auf den Stadtplatz gebracht werden, und ‚boom', weg sind ihre Köpfe." (Martin/Schumann 1996: 263f)

2.3.5.3 Widerstände gegen Gefühle der Hilf- und Hoffnungslosigkeit

Auch eine weitere Kategorie von Abwehrmotiven dagegen, sich der Überlebensnotwendigkeit globaler Solidarität zu stellen, hat wohl in erster Linie mit tiefer narzisstischer Unsicherheit zu tun, die uns nachdrücklich davon abhalten kann, unserer existenziellen Fragilität ins Auge zu blicken. Sie besteht aus Widerständen gegen Gefühle der Hilf- und Hoffnungslosigkeit angesichts überwältigend erscheinender Bedrohungen und angesichts unüberwindbar erscheinender Hindernisse gegen die Verwirklichung globaler Solidarität (also auch aus Widerständen gegen die Konfrontation mit der Mächtigkeit gerade der verschiedenen sonstigen dagegen wirksamen Widerstände).

Eine solche Konfrontationsvermeidung ist zwar — zumindest zum Teil und phasenweise — gewiss auch eine notwendige Reaktion zur Aufrechterhaltung des seelischen Gleichgewichts im persönlichen Alltag. Insgesamt — vor allem als pauschale und permanente Abwehrhaltung — kann sie freilich nur sehr ungenügend gegen Gefühle der Hoffnungslosigkeit wirksam sein. Eine grundsätzlich sinnvollere Reaktion gegen die Gefahr von Verzweiflung — die freilich nur um den Preis der Konfrontation mit Realitäten offen steht, die oft Gefühle von Verzweiflung hervorrufen müssen — besteht darin, sich trotz entmutigender Voraussetzungen einer konsequenten Suche nach hoffnungsträchtigen Ansätzen bzw. nach denkbaren Auswegen aus der Existenzkrise unserer Gesellschaft zu widmen.

Der Transaktionsanalytiker Harris Peck weist zum Beispiel in seiner Erläuterung einer Gruppenarbeitsmethode zur Überwindung lähmender Angstverleugnung gegenüber den Atomkriegsgefahren darauf hin, dass alle Teilnehmenden zunächst einmal die Möglichkeit bekommen müssen, „to fully experience their despair and hopelessness." (Peck 1984: 226) Lifton und Markusen sprechen in diesem Zusammenhang von der Notwendigkeit „of looking into the abyss in order to see beyond it." (Lifton/Markusen 1990: 262)

Als besonders anschauliches Beispiel für einen massiven narzisstischen Widerwillen, uns unsere tiefe Verletzbarkeit und vielfältige Hilflosigkeit bewusst zu machen, beschrieb der Auschwitz-Überlebende Primo Levi den Fall Chaim Rumkowskis, des in seine jämmerliche Befehlsgewalt vernarrten internen „Herrschers" des Gettos von Lódz. Mit all dem surreal anmutenden Aufwand, den Rumkowski betrieb, um sich seine Machtstellung und seine Wichtigkeit zu beweisen — ohne damit seinem Schicksal entgehen zu können, am Ende wie fast alle seiner Untergebenen in Auschwitz ermordet zu werden —, habe er in zugespitzter Form Haltungen und Reaktionsweisen zum Ausdruck gebracht, die letztlich in uns allen wirksam sind: „Come Rumkowski, anche noi siamo cosí abbagliati dal potere e dal prestigio da dimenticare la nostra fragilità essenziale: col potere veniamo a patti, volentieri o no, dimenticando che nel ghetto siamo tutti, che il ghetto è cintato, che fuori del recinto stanno i signori della morte, e che poco lontano aspetta il treno."[1] (Levi 1986: 52)

2.3.5.4 Widerstände selbstschädigender Art

In gewissem Sinne auf einem Gegenpol zu den Widerstandsmotiven, die sich gegen die Bewusstwerdung unserer vielfältigen Hilflosigkeit und Verletzbarkeit wehren, stehen Widerstände selbstschädigender (masochistischer) Art, die sich dagegen wenden, dass es uns angeblich „zu gut" gehen könnte — das heißt, die Mobilisierung von vor allem unbewussten Ängsten und Schuldgefühlen (eines feindseligen und strafwütigen Über-Ich) angesichts der Überwindung von Angst, Leiden und Entbehrung, oder angesichts von Aussichten auf Wohlergehen, Glück und Erfüllung (vgl. auch Berghold 2007a).

Derartige Widerstände bieten sich als besonders nahe liegender Erklärungsansatz dafür an, weshalb die eigentlich mit Händen zu greifenden großzügigen Möglichkeiten, die mit der Umsetzung der Prinzipien der Solidarität und des Dialogs eröffnet würden, sich dem Bewusstsein der überwiegenden Mehrheit nicht fast von selbst aufdrängen (und im Gegenteil meist zwanghaft als gänzlich realitätsfremd abgetan werden müssen). Trotz ihrer offensichtlich mächtigen Irrationalität und trotz der tiefen unbewussten Wurzeln, die bei ihnen angenommen werden können, ragen solche Widerstandsmotive zum Teil auch sehr deutlich und ausdrücklich ins bewusste Denken hinein — insofern sie sich jedenfalls in jenen geläufigen Einstellungen verschiedenster Art und Tragweite manifestieren, die man annähernd mit dem Begriff des „Opfersinns" umschreiben kann.

Einige ihrer traditionsreichsten Varianten könnte man zusammenfassend mit der Haltung einer „Ehrfurcht vor dem Aufopfern um seiner selbst willen" charakterisieren: Jedes Auf-sich-Nehmen von Entbehrung, Schmerz, Erniedrigung, Verletzung oder auch Tod (und zwar fast egal wofür) stelle an sich schon einen zutiefst positiven Wert dar und würde unweigerlich sowohl die betreffen-

---

[1] „Wie Rumkowski sind auch wir so von der Macht und vom Prestige geblendet, dass wir unsere grundlegende Zerbrechlichkeit vergessen: Mehr oder weniger bereitwillig ergeben wir uns der Macht und vergessen dabei, dass wir uns alle im Ghetto befinden, dass das Ghetto von Mauern umgeben ist, dass außerhalb der Mauern die Herren des Todes stehen und gleich in der Nähe der Zug wartet."

den Personen als auch die von ihnen verfolgten Anliegen moralisch adeln (und damit vor jeder kritischen Infragestellung abschirmen) — so als ob es zum Beispiel etwas unvergleichlich Großartigeres sein müsse, für eine „Sache" zu sterben als für sie (oder von ihr) zu leben (für eine einprägsame Veranschaulichung solcher Einstellungen ist es zum Beispiel schon recht lehrreich, auch nur einen Blick auf die Texte eines großen Teils der Nationalhymnen unserer Erde werfen). „Zu viel" Annehmlichkeit, Befriedigung, persönliche Entfaltung oder auch Freizügigkeit wären demgegenüber ein moralisches Übel und müsse die Menschen charakterlich verderben und gefährlich verweichlichen.

Lloyd deMause räumt diesen massiven Widerständen gegen Selbstverwirklichung, Befreiung und Fortschritt eine zentrale Rolle in seinem allgemeinen geschichtlichen Erklärungsmodell ein und deutet sie vor allem als Auswirkungen einer „Wachstumspanik", die aus frühen traumatischen Erfahrungen mütterlicher Ablehnung gegenüber kindlicher Selbständigkeit herrühre. „Ohne ein gut entwickeltes, beständiges privates Ich fühlen sich Menschen durch jeden Fortschritt, jede Freiheit, jede neue Herausforderung bedroht und durchleben Vernichtungsbefürchtungen, Ängste, das fragile Selbst würde sich desintegrieren." Wie deMause unter anderem aus klinischen Erfahrungen des Psychoanalytikers Charles Socarides ableitet, „bringen Angst vor Wachstum, Individuation und Selbstbehauptung bedrohende Gefühle von Desintegation mit sich und ziehen den Wunsch nach Verschmelzung mit der omnipotenten Mutter nach sich […]. Wünsche, die sich unmittelbar in Ängste, verschlungen zu werden, verwandeln, zumal die Vereinigung den totalen Verlust des Selbst zur Folge haben würde." (deMause 2002: 73)

2.3.5.5 Zwanghafte Bedürfnisse nach Feindbildern

Eine weitere, insgesamt wohl am weitesten vom Bewusstsein ferngehaltene Kategorie von Widerstandsmotiven besteht schließlich in zwanghaften Bedürfnissen nach Objekten der Dämonisierung und Verachtung — das heißt, nach der Existenz anderer Personen bzw. von Außengruppen, die als Sündenböcke bzw. phantasierte „Inkarnationen des Bösen und Verächtlichen" herhalten müssen und mit denen daher solidarische Beziehungen, ernsthafter Dialog oder gemeinsame Verantwortung als undenkbar empfunden werden.

Die aus solchen Bedürfnissen hervorgehenden Einstellungen und Haltungen werden üblicherweise mit den Begriffen des „Vorurteils" oder des „Feindbildes" umschrieben, welche allerdings ihre wesentlichen Beweggründe (wie ich in den Abschnitten 3.1.1.3 und 3.1.1.4 noch erörtern werde) mehr verschleiern als verdeutlichen — was angesichts deren besonders tief im Unbewussten liegenden

Wurzeln freilich auch seine innere Folgerichtigkeit hat. Die starke Zwanghaftigkeit ihres emotionalen Untergrunds wird etwa durch Freuds treffende Beobachtung illustriert, dass es „immer möglich [ist], eine größere Menge von Menschen in Liebe aneinander zu binden, wenn nur andere für die Äußerung der Aggression übrig bleiben." (Freud 1930: 473) Ähnlich beschreibt Klaus Ottomeyer, wie verabscheute Außengruppen häufig „zum Dauerbrenner des Denkens und kreislaufförmiger Gespräche" werden. „Wird das Thema der feindlichen Anderen erst einmal angesprochen, kommt man kaum noch davon los. Es ist fast wie bei einer Sucht." (Ottomeyer 1992: 130) „The more we want to be completely different from the enemy", erläutert in diesem Zusammenhang auch der Psychoanalytiker Vamik Volkan, „the greater the resemblance, however unconscious. And the more we long to distance ourselves from the enemy, the more our excessive preoccupation with him, the more tightly are we tied to him, consciously and unconsciously." (Volkan 1988: 5)

In der Logik dieser suchtartigen Bedürfnisse haben Objekte der Dämonisierung und Verachtung eine wesentlich stabilisierende Funktion, da verdrängte Teile des eigenen Innenlebens — die unterschwellig als unerträglich schlecht und verächtlich empfunden werden — somit auf Sündenböcke in der Außenwelt projiziert werden können und „dort draußen" sozusagen als „Nicht-Ich" („Nicht-Wir") fixiert — „von sich selbst wegphantasiert" — werden können. Die massive Unbewusstheit dieser Bedürfnisse ergibt sich schon zwangsläufig aus dem Umstand, dass ihr bewusstes Zugeben zur glatten Vereitelung ihrer Erfüllung führen müsste: Falls jemand sich offen eingestehen kann, dass er bestimmte Menschen deswegen als extrem gefährlich oder verachtenswert wahrnimmt, weil ihm selbst überaus stark daran liegt, andere in solche Rollen zu drängen — so könnte er diese ja keinesfalls mehr als gar so feindlich oder minderwertig phantasieren. (Je vorurteilshafter jemand also tatsächlich ist, für desto vorurteilsloser muss er sich in seiner bewussten Selbstwahrnehmung halten.)

Auch das typische Zusammenfallen von Dämonisierung und Verachtung verweist auf tief im Unbewussten liegende Wurzeln: „Der Fremdgruppe [...] wird Gefährlichkeit und Machtgier unterstellt. Gleichzeitig werden sie als schwach wahrgenommen. Der Widerspruch muss dann mit einer mehr oder weniger wahnhaften Einfluss- und Zusammenrottungstheorie überbrückt werden." (Ottomeyer 1992: ebenda) Logisch ist es ja kaum auf einen Nenner zu bekommen, dass eine Gruppe von Menschen sowohl dämonisch-gefährlich als auch verächtlich-schwächlich sein sollte — was freilich zum Beispiel Antisemiten noch nie davon abgehalten hat, den Juden beides zugleich zuzuschreiben (Adorno 1950: 118; 154f). Ein tieferer Sinn in dieser äußerlichen Widersinnigkeit ergibt sich freilich aus der Deutung, dass auf diese anderen Menschen eben verdrängte Teile des eigenen Innenlebens projiziert werden, welche nun tatsächlich sowohl als sehr bedrohlich als auch als sehr verächtlich empfunden werden.

2.3.6 Feindbilder als negatives Gravitationszentrum

Diesen umrisshaften Überlegungen zu fünf Kategorien von Abwehrmotiven, die sich dem Anliegen globaler Solidarität entgegenstellen, kann wohl mit einiger Plausibilität entnommen werden, dass sie über vielfältige logische Fäden miteinander verwoben sind bzw. nicht durchwegs voneinander getrennt gesehen werden können. Zumindest in mancher Hinsicht sind diese Erklärungsansätze also eher nur als unterschiedliche Akzentsetzungen im Rahmen eines weitläufigeren Geflechts von teils loseren, teils dichteren Zusammenhängen zu verstehen.

Innerhalb dieses Geflechts spricht nun eine Reihe von deutlichen Anhaltspunkten dafür, dem zuletzt behandelten Erklärungsansatz (der Kategorie tief verwurzelter Bedürfnisse nach der Existenz vorurteils- bzw. feindbildhaft wahrzunehmender Menschen) das relativ größte Gewicht zuzusprechen — oder ihn auf jeden Fall als einen der zentralen Angelpunkte der Auseinandersetzung im Auge zu behalten, um den wesentlichen Fragestellungen, die ich in diesem Abschnitt (2.3) angesprochen habe, konsequenter auf den Grund zu gehen.

Zunächst einmal scheint diese fünfte Kategorie, wie eben schon ausgeführt, besonders tief im Unbewussten verwurzelt zu sein: Wenn man davon ausgeht, dass das grundsätzliche Motiv für Unbewusstheit (im Sinne von „Verdrängtheit") übergroße innere Angst ist, so spricht dies also für eine ganz besonders hartnäckige (weil eben von besonders tiefer Panik getriebene) Wirksamkeit der Bedürfnisse nach Dämonisierungs- und Verachtungsobjekten. Darüber hinaus schält sich bei näherer Überlegung zum zweiten Erklärungsansatz auch heraus, dass die — ihrer inneren Logik nach ebenfalls überwiegend unbewussten — Bedürfnisse, Ärmere und Unterprivilegierte zur indirekten Selbstaufwertung zur Verfügung zu haben, sich mit dem fünften Erklärungsansatz beträchtlich überschneiden. Unter wesentlichen Gesichtspunkten wären sie also auch als Teilkategorie (oder als speziellere Version) der Bedürfnisse nach Dämonisierungs- und Verachtungsobjekten zu begreifen.

Auch die Widerstandsmotive der dritten und vierten Kategorie tragen in verschiedener Hinsicht zur zwanghaft-unbewussten Mächtigkeit dieser Bedürfnisse bei. So wird etwa die ihnen innewohnende Sündenbock-Logik gewiss auch durch die narzisstischen Widerstände dagegen, sich die Fragilität der eigenen Existenz ins Bewusstsein zu rufen, unterstützt: Die Konzentration des Denkens und Fühlens auf Verschwörungstheorien bzw. Schwarz-Weiß-Frontstellungen zwischen „Gut" und „Böse" — wie auch die damit einhergehende Idealisierung und Überschätzung der Eigengruppe und seiner Führer — und das „Vergessen unserer grundlegenden Zerbrechlichkeit" (Primo Levi) begünstigen sich wechselseitig gewiss sehr nachhaltig.

Auch die Widerstände gegen „zu viel" Wohlergehen, Freizügigkeit und Selbstverwirklichung haben viel mit einem angstgetriebenen Beharren auf Dämonisierungs- und Verachtungsobjekten (Sündenböcken) zu tun: Wie zum Beispiel deMause's Ausführungen eindrucksvoll nahe legen, wird die „Wachstumspanik", die soziale Fortschritte und neue Freiheiten bei einer konservativen Mehrheit auslösen, wesentlich auch durch Ängste genährt, herkömmliche Feindbilder nun nicht mehr im gewohnten Ausmaß als Projektionsflächen für bei sich abgewehrte Gefühle oder Triebregungen zur Verfügung zu haben. „Alte Formen der Abwehr stehen nicht mehr zur Verfügung, und die Menschen können diverse Sündenböcke nicht mehr in der gleichen Art wie zuvor dominieren und bestrafen — Ehefrauen, Sklaven, Dienstboten, Minderheiten. [...] die Dinge scheinen außer Kontrolle zu geraten. Deshalb werden Wachstum und Selbstbehauptung, wie immer man diese nennt — *Hybris*, *Chuzpe*, Erbsünde, menschliches Verlangen an und für sich —, von den religiösen und politischen Systemen der meisten Gesellschaften verboten." (deMause 2002: 96f)

Abgesehen von diesen indirekten Überlegungen — die die Gewichtigkeit des fünften Erklärungsansatzes also auch aus Blickrichtungen heraus bestätigen, die von anderen Erklärungsansätzen ausgehen — scheinen zwanghafte vorurteils- bzw. feindbildhafte Einstellungen auch diejenige Kategorie von Widerstandsmotiven darzustellen, die sich der Herausforderung globaler Solidarität am direktesten entgegenstellt. Mehr und deutlicher als die anderen Kategorien wird sie vom Beweggrund des heftigen sozialen Ausstoßens charakterisiert, zielt sie auf ein direktes Abschneiden solidarischer und dialogischer Verbindungsmöglichkeiten und bildet daher wohl so etwas wie die Achillesferse des gesellschaftlichen Zusammenhalts. „Von allen menschlichen Schwächen", schreiben in diesem Sinne etwa auch die Psychologen Philip Zimbardo und Richard Gerrig, „ist keine für die Würde des Individuums und die sozialen Bindungen der Menschen zerstörerischer als Vorurteile. Vorurteile sind das beste Beispiel für eine soziale Realität, die schief gelaufen ist — im Denken der Menschen wurde eine Situation hergestellt, die andere demütigen und ihr Leben zerstören kann." (Zimbardo/Gerrig 2002: 815) Keine der anderen Kategorien steht somit mit derselben Schärfe und Ausdrücklichkeit im Gegensatz zur dringend fälligen Bewusstwerdung einer Welt, in der wir heute unwiderruflich alle in einem Boot sitzen — und in der es also in realistischer Perspektive auch keine „vollen Boote" mehr geben kann, die man gegen außerhalb befindliche Menschen abschließen könnte.

Die zentrale Achse, um die sich die restlichen Teile dieser Arbeit gruppieren, wird dementsprechend also vom Anliegen bestimmt, den Wurzeln der unbewussten Bedürfnisse nach Objekten der Dämonisierung und Verachtung auf die Spur zu kommen, einige ihrer typischen Ausdrucksformen zu beleuchten und in diesem Zuge auch Anhaltspunkte zu entwickeln, die in die Richtung ihrer Überwindung weisen.

Zunächst wird dieses Anliegen in den nun folgenden Abschnitten 2.4 und 2.5 aber noch von einem ziemlich breiten Blickwinkel aus in Angriff genommen, unter dem es nur an relativ wenigen Stellen deutlich in den Vordergrund tritt. Im nachfolgenden Versuch, das widersprüchliche Phänomen „Macht" in einigen seiner Grundzüge zu erfassen, sollte erkennbar werden, wie von dieser Fragestellung her alle fünf Erklärungsansätze sehr sinnvoll beleuchtet und abgewogen werden können — wobei besonders auch die unbewussten Beweggründe für jede als Selbstzweck angestrebten Macht die tiefe Zwanghaftigkeit von Feindbildbedürfnissen einsichtiger machen. Daran anschließend geht es mir vor allem um die Entwicklung eines einigermaßen kohärenten Grundgerüsts aus psychoanalytischen Vorannahmen, die das allgemeine Verständnis gesellschaftlicher Entwicklungen wesentlich ist und in dessen Rahmen das Problem der Feindbildoder Vorurteilsanfälligkeit auch in seinen vielen Zusammenhängen oder Querverbindungen mit verwandten, ergänzenden und grundlegenderen Problemen betrachtet werden kann. Eine Einbeziehung dieses dichten Umfeldes an wechselseitigen Bedingtheiten ist sicher auch wesentlich, um vielleicht doch noch zielführende Mittel und Wege zu finden, dieses oft so unverrückbar erscheinende Hindernis gegen Solidarität und Dialog abzubauen.

2.4 Erkundungsversuche ins psychologische Labyrinth der Macht

Wer sich dem Thema der Macht anzunähern versucht, kann leicht einen Eindruck bekommen, der dem eines Hologramms vergleichbar ist. Von manchen Beobachtungspunkten aus meint man zunächst, es mit einem festen Gegenstand mit klaren Konturen zu tun zu haben. Aber bereits eine kleine Verschiebung des Blickwinkels kann diese Wahrnehmung in ihr Gegenteil verkehren: Das gerade noch solid erschienene Objekt wirkt mit einem Mal durchsichtiger oder verzerrter, nimmt vielleicht eine abgewandelte Form an oder wird auch plötzlich von einem anderen Bild abgelöst.

Ähnlich der trügerischen Handgreiflichkeit von Hologrammen liefert auch das Motiv der Macht oft eine trügerische Eindeutigkeit, wenn es darum geht, Entwicklungen und Zusammenhänge in Politik, Geschichte, Gesellschaft oder internationalen Beziehungen zu beleuchten und zu erklären. Dass es den verschiedensten politischen Akteuren (Parteien, Interessengruppen, Staaten, Allianzen usw.) seit jeher vor allem um den Erhalt und den Gewinn von Macht zu tun war: Das erscheint so offenkundig, dass viele es sogar überflüssig finden können, es noch eigens zu erwähnen (oder gar besonders zu hinterfragen). Macht scheint ja eines der eindeutigsten Beweggründe des politischen Handelns überhaupt zu sein. Die ganze geschriebene Geschichte der politischen Auseinandersetzungen, Kämpfe, Kriege — der Kompromisse, Verträge, Gesetzeswerke, Verfassungen, Institutionen: Wie wäre sie denn ohne den Hintergrund auch nur vorstellbar, dass sich dabei verschiedene Seiten um eine Vergrößerung ihrer Macht (und im selben Zuge um eine Begrenzung oder Ausschaltung der Macht anderer) bemühen?

Ebenso selbstverständlich erscheint dabei oft auch die Auffassung, dass jeder Streit um Macht auf dem Prinzip des Nullsummenspiels aufbauen müsse (bei dem jeder Vorteil, den eine Seite für sich erringen kann, zwangsläufig mit einem gleich großen Nachteil für die andere Seite eines sozialen Verhältnisses einhergeht). Jede (relative) Macht auf einer Seite müsse somit automatisch auf die (relative) Ohnmacht auf der anderen Seite hinauslaufen — wie es ja auch in den großen klassischen Formulierungen zum Ausdruck kommt: „Weil die Macht eines Menschen die eines anderen Menschen behindert oder ihr entgegensteht", erklärte etwa Thomas Hobbes, „ist Macht ganz einfach nichts anderes als das Mehr der Macht des einen gegenüber der eines anderen." (Lukes 1982: 137) Ähnlich definierte Max Weber Macht als „jede Chance, innerhalb einer sozialen Beziehung den eigenen Willen auch gegen Widerstreben durchzusetzen, gleichviel worauf diese Chance beruht." (Weber 1922: 28)

„[…] one state's gain in power is by necessity onother's loss", wird der selbe Grundsatz vom Politologen Robert Gilpin auf der Ebene der internationalen Beziehungen formuliert (Baldwin 1979: 187) — woraus folgt, dass „in the final analysis, force is the ultimate form of power" und es im Wesentlichen vom Ausgang der Kriege abhänge, wie die Macht unter Staaten bzw. Interessen aufgeteilt würde. Gleichermaßen spricht Ray Cline — der als vormaliger CIA-Vizedirektor außer auf theoretischen auch auf praktischen Umgang mit politischer Macht verweisen kann — davon, dass die Untersuchung der Macht im Grunde auf eine Untersuchung der Fähigkeit hinauslaufe, Krieg zu führen, und der Krieg daher auch „the true end game" auf dem internationalen Schachbrett darstelle (ebenda: 180).

Formulierungen wie diese verweisen unübersehbar auf Carl von Clausewitz' meistzitierte Beobachtung — dass der Krieg nichts anderes sei als eine Fortsetzung der Politik mit anderen Mitteln — und unterstreichen die sozialdarwinistische Logik, die diesem Nullsummen-Denken zu Grunde liegt. Schlüssig zu Ende gedacht muss es in dieser Sichtweise darum gehen, in der Verfolgung der eigenen Interessen bzw. zur Vermeidung des eigenen Schadens (oder Untergangs) die Schwächen der anderen mit aller — auch noch so erbarmungsloser, gewaltsamer oder hinterhältiger — Konsequenz auszunutzen und diese somit den eigenen Interessen gegenüber so wehrlos wie nur möglich zu machen. Damit wären wir also beim altbekannten Fazit: Politisch Lied, ein garstig Lied. Darauf ist es doch in Wirklichkeit schon immer hinausgelaufen, nicht wahr?

Die von Cline gewählte Schachbrett-Metapher, die auch sonst — ähnlich wie etwa auch der Vergleich mit dem Pokerspiel — häufig zur Beschreibung politischer oder militärstrategischer Konstellationen verwendet wird, veranschaulicht diesen Grundsatz des „survival of the fittest" in sehr einleuchtender Weise. Im Schachspiel geht jeder Vorteil für einen Spieler spiegelgleich zu Lasten seines Gegenübers. Die Grundregeln schließen von vornherein jede andere Denkmöglichkeit aus und zielen in ihrer ganzen Logik — insofern jedenfalls ein Patt vermieden werden kann — auf ein Endresultat, bei dem eine Seite auf der ganzen Linie triumphiert und die andere Seite bedingungslos kapituliert. Derart mag das spielerische Geschehen auf dem Schachbrett also wie eine symbolische, auf das Wesentliche zugespitzte Wiedergabe des realpolitischen Laufs der Welt angesehen werden.

So weit, so ungut, und so klar... oder so mag es jedenfalls erscheinen, solange man das Problem der Macht in dieser pauschalen (und traditionsreichen) Perspektive betrachtet. Das klar erscheinende Bild wird indessen — ähnlich wie bei manchen Verschiebungen der Blickrichtung auf ein Hologramm — schnell verschwommen und verwirrend, sobald man einige ins lebenspraktischere Detail zielende Fragen stellt: Woran erkennt man Macht im konkreten Leben? Mit welchen Mitteln kann sie effektiv ausgeübt werden? Wie kann man ihr Ausmaß innerhalb einer sozialen Beziehung abschätzen? Ist sie immer eine Art Einbahnstraße, d.h. kann die Macht der einen Seite wirklich quasi „eins zu eins" mit der Ohnmacht der anderen Seite gleichgesetzt werden — oder gibt es da nicht ein weit komplizierteres Ineinandergreifen zwischen Elementen der Ohnmacht in der Ausübung von Macht und Elementen der Macht in der Rolle von Ohnmächtigen? (Man denke nur etwa an die Waffe demonstrativer Hilflosigkeit, die oft überaus wirkungsvoll eingesetzt werden kann.)

Besonders unter psychologischen Gesichtspunkten wird der Eindruck einer unmittelbar greifbaren, sich wie von selbst verstehenden Sache namens „Macht" fragwürdig: wenn man etwa die Frage nach den subjektiven Motiven ins Auge fasst, die Personen aus Fleisch und Blut dazu bewegen können, bestimmte Machtpositionen anzustreben bzw. zu vergrößern. Was haben verschiedene Menschen im Grunde davon, welche Bedürfnisse, Wünsche, Neigungen oder auch Obsessionen werden dadurch konkret bedient? Ganz offensichtlich muss dabei eine ganze Reihe unterschiedlicher Aspekte und Motive eine Rolle spielen, die bei verschiedenen Individuen und gesellschaftlichen Gruppen sehr verschieden gewichtet sein können.

„Wenigstens in einem Punkt herrscht über die Macht Klarheit", merkt der Soziologe Steven Lukes angesichts dieser verwirrenden Problemlage ironisch an: „Man kann grundverschiedener Ansicht sein, worum es sich bei ihr überhaupt handelt und wie sie festzustellen ist. Das Spektrum der Definitionen reicht von trügerischer Klarheit (Russells 'Erzielen angestrebter Erfolge') bis zum untrügerischen Nebel (Luhmanns Darstellung der Macht als 'Medium symbolisch generalisierter Kommunikation'). Für den einen geht es um eine Fähigkeit, für den anderen um deren Nutzung, für den dritten um ein Beziehungsgefüge [...] Für die einen ist Macht etwas Negatives und hat mit Zwang zu tun, die anderen sehen sie positiv und produktiv, wieder andere nehmen Dämonisches wahr und nicht — wie ihre Kontrahenten — Gütiges. In der Erörterung der Macht, so hat es den Anschein, anything goes." (Lukes 1982: 135)

Ähnlich beschreibt etwa der Psychoanalytiker Michael Moeller, wie es ihn in seinem Ansinnen, der Macht wissenschaftlich zu Leibe zu rücken, sehr bald in ein kaum überschaubares „Labyrinth gängiger Machtvorstellungen" verschlug:

> „Die Macht der herrschenden Klassen, der Eliten, der Konzerne, des Kapitals, der Manager, der Arbeiter, der Politiker. — Die Macht der Könige, Hexen und Zauberer, die Macht des Rattenfängers von Hameln. — Die Macht der Männer, der Frauen, der Mütter, der Erzieher, der 'Heiler', der Religionen, der 'Meisterdenker', der Experten, der Betroffenen. — Die Macht der Gesetze, des Gewissens, der Information, der Schönheit, der Gefühle, der Liebe, des Glaubens, der Rache, des Verzeihens. — Die Macht der Geschichte, die Macht über sich selbst, die Macht des Schicksals, der Verhältnisse, der Zeit, des Todes und des Lebens. — Die Macht des Wissens, der Künste, der Sprache. — Die Macht der Schwachen, der Gewaltlosen. [...] Die zunächst so unmittelbar einfache Erscheinung Macht verwirrte mich mehr und mehr." (Moeller 1982: 71)

2.4.1 „Macht zu" oder „über" — als Mittel oder Selbstzweck?

Eine Unterscheidung, die einen Ansatz von Klarheit in diese Nebel der Vieldeutigkeit bringen kann, wurde etwa von Fromm in seiner Studie ‚Anatomie der menschlichen Destruktivität' ins Treffen geführt: „Ich habe die Worte ‚Kontrolle' und ‚Macht' im Zusammenhang mit Sadismus gebraucht, doch sollte man sich über ihre Mehrdeutigkeit klar sein. Macht kann Macht *über* Menschen bedeuten, oder man kann darunter die Macht verstehen, gewisse Dinge zu tun. Der Sadist strebt nach Macht *über* Menschen, eben weil er nicht die Macht besitzt, *zu sein*. Viele Autoren machen leider Gebrauch von den Worten Macht und Kontrolle in diesem zweideutigen Sinn. Sie versuchen das Lob der ‚Macht über' einzuschmuggeln, indem sie diese mit der ‚Macht zu' gleichsetzen." (Fromm

1973: 268f) Man kann also eine wesentliche Trennlinie zwischen zwei divergierenden Bedeutungen ziehen — einerseits von Unterdrückung (oder auch Grausamkeit), andererseits von Fähigkeit (oder Kompetenz) —, die in der üblichen Begriffsverwendung oft allzu umstandslos zusammenfließen.

Die Bedeutung von Macht als Fähigkeit lässt sich auch auf die etymologischen Wurzeln des Wortes zurückführen. So bezeichnet etwa das germanische Ursprungswort „maghti" schlicht „das Vermögen, das Können". Noch in den heutigen romanischen Sprachen ist das Hauptwort „Macht" gleich dem Infinitiv „können" („pouvoir", „potere", „poder") und könnte also auch als „das Können" übersetzt werden, wie ja auch der aus dem Lateinischen hergeleitete Begriff der „Potenz" in erster Linie eine Fähigkeit bezeichnet. Die Bedeutung der Unterdrückung, wie sie zum Beispiel in Ausdrücken wie „Machtpolitik", „Machtapparat", „Machtwillen" oder „Machtdemonstration" deutlicher hervortritt, ergibt sich natürlich bereits aus der eingangs erörterten Nullsummen-Logik und der ihr innewohnenden Interessensfeindschaft.

Eine solche Unterscheidung zwischen „Können" und „Unterdrücken" ist freilich in typischen — und weithin konsensfähigen — Definitionen alles andere als deutlich, wie sie zum Beispiel der Politikwissenschaftler David Baldwin vorschlägt: In seiner allgemeinen Bedeutung wäre der Begriff der Macht ohne weiteres mit Begriffen wie „Einfluss" oder „Kontrolle" austauschbar und treffe grundsätzlich auf alle Situationen zu, „in which A gets B to do something he would not otherwise do, regardless of how such situations are labeled." (Baldwin 1979: 162f) Eine derart breit gefasste Definition schließt Drohung und offene Gewalt logisch ebenso ein wie etwa soziale Kompetenz, deren Einfluss über fruchtbare Diskussionen oder Aufmunterungen zu mehr Selbstbewusstsein zum Tragen käme — und während die Mehrzahl der von Baldwin erörterten Beispiele freilich repressiver Art sind, so kann bei ihm (am Rande) etwa auch ein „angenehmes Lächeln" als eine Möglichkeit in Betracht kommen, Einfluss bzw. „Macht" auszuüben (ebenda: 165). Ähnlich lässt es auch eine allgemein gehaltene Definition, die der Sozialpsychologie Hans-Jürgen Wirth formuliert, im Prinzip offen, ob oder inwieweit es sich dabei um „Macht zu" oder „Macht über" handelt: „Macht soll hier als die gestaltende Fähigkeit des menschlichen Handelns verstanden werden, durch Verfügung über bestimmte Ressourcen (Geld, Einfluss, Wissen, Informationen, Beziehungen, Schönheit, Infrastruktur etc.) in den Ablauf von Ereignissen mit dem Ziel einzugreifen, bestimmte Ergebnisse zu erzielen, die dem eigenen Interesse entsprechen" (Wirth 2002: 26).

So sinnvoll das von Fromm geforderte Auseinanderhalten der Bedeutungen von Fähigkeit und Unterdrückung zweifellos ist, so kann es doch nur beschränkt dazu beitragen, den verwirrenden Nebelschleier über dem Panorama der Macht zu lichten, der etwa an Hand von Moellers Aufzählung erkennbar wird. So können zum Beispiel auch Menschen, die sich gegen verschiedene Formen von Unterdrückung (bzw. gegen eine Nullsummen-Logik im gesellschaftlichen Zusammenleben) engagieren, zur Durchsetzung ihrer Anliegen nicht ohne ein gewisses Maß an Macht (im Sinne von Unterdrückung) auskommen — nicht zuletzt, um sich wirksam gegen Interessen zur Wehr zu setzen, die im Gegensatz dazu die Nullsummen-Logik vorwärtstreiben wollen. So müssen etwa Gesetze, die die Mitglieder einer Gesellschaft auf Grundsätze des solidarischen Gemeinwohls verpflichten (soziale Absicherung, Schutz der Schwachen, Rechtssicherheit für alle, Erhaltung der ökologischen Lebensgrundlagen u.ä.m.), mit der Möglichkeit von Sanktionen gegen diejenigen ausgestattet sein, die versucht sein könnten, ihre dagegen verstoßenden Sonderinteressen mit dem Faustrecht der Stärkeren durchzudrücken. Und derartige Androhungen bzw. Anwendungen von Strafmaßnahmen entsprechen ja unzweifelhaft auch *einer* Art der Ausübung von „Macht über" (im Sinne von Fromms obiger Formulierung).

Es dürfte wohl auch vor einem derartigen Hintergrund zu verstehen sein, dass etwa Wirth zur Auffassung gelangt, dass „Macht an sich [...] weder gut noch böse, sondern unvermeidbar [ist]. Auch in einer demokratischen Gesellschaft, in der auf Gewalt bei der Austragung politischer Meinungs-, Werte- und Interessensunterschiede verzichtet wird, ist Konkurrenz als ‚eine sanftere, weil rechtlich gebundene Form von Machtkampf' [Vittorio Hösle] unumgänglich." (Wirth 2002: ebenda) Selbst eine Gesellschaft, der es gelänge, das Faustrecht der Stärkeren so nachhaltig wie nur möglich zu überwinden (d.h. die Prinzipien der Solidarität und der dialogischen Auseinandersetzung um unterschiedliche Interessen optimal zu verwirklichen), müsste wohl immer noch über ein (beschränktes) repressives Instrumentarium verfügen — von dem sie nur möglichst zurückhaltend und unter öffentlicher Kontrolle Gebrauch machen würde —, um einschreiten zu können, falls ihre vitalen Grundregeln von manchen Mitgliedern ernsthaft verletzt würden. Umgekehrt kann in einer Gesellschaft, die überwiegend vom sozialdarwinistischen Faustrecht bestimmt ist, auch Macht in der Bedeutung von konstruktiver Fähigkeit zu einem Machtfaktor im Zusammenhang eines Nullsummen-Gegensatzes zwischen verschiedenen Interessen werden: Der Erwerb von Wissen und Bildung, die Entwicklung kritischen Denkens, sozialer und solidarischer Kompetenzen, das Wachsen selbstbewusster Artikulationsfähigkeit und demokratischer Diskussionskultur, die Entwicklung schöpferischer Potentiale u.ä.m. können dabei bestimmte Interessen — deren Durchsetzung von einem verbreiteten Mangel an solchen Fähigkeiten abhängt — durchaus (in von diesen selbst als repressiv erlebter Weise) in Bedrängnis bringen.

Solche Überlegungen können dazu veranlassen, neben der Differenzierung zwischen Fähigkeit und Unterdrückung noch einen weiteren Unterschied ins Auge zu fassen, wie er von den Sozialpsychologen Lorenz Fischer und Günter

Wiswede formuliert wurde: „Macht kann *extrinsisch* ausgeübt werden; sie dient dann in instrumenteller Weise dem Erreichen bestimmter Ziele. Die Ausübung der Macht kann jedoch selbst belohnend sein (Machtmotiv im engeren Sinne, *intrinsische* Macht)." (Fischer/Wiswede 1997: 479) Was für ein spezifisches Interesse an Macht man also jeweils hat, muss somit entscheidende Auswirkungen auf die Beschaffenheit eines bestimmten Machtverhältnisses haben — ebenso wie es natürlich auch die Art der gesellschaftlichen Interessen, die mit einer Macht bedient werden, zu einem wesentlichen Teil mitbestimmen wird.

Ob man Macht bloß insofern — unter Umständen auch nur widerwillig — anstrebt und ausübt, als man damit andere Anliegen verwirklichen will, die ohne Machtmittel nicht durchsetzbar wären; oder ob es jemandem um eine wie immer geartete Befriedigung geht, die an sich schon aus dem Gewinn und der Ausübung von Machtbefugnissen gezogen wird: An dieser offensichtlich zentralen Frage kann man deutlich ermessen, wie unterschiedliche, ja gegensätzliche Beweggründe sich hinter einem pauschal benannten Machtmotiv verbergen können (selbst wenn man dieses nur — oder schwergewichtig — in seiner repressiven Bedeutung verstehen will). Im wirklichen Leben dürfte es sich zwar oft genug, womöglich sogar in aller Regel um Vermengungen aus beiden Arten von Beweggründen handeln (mit gewiss sehr unterschiedlichen relativen Mischverhältnissen, die im Einzelfall oft auch nicht leicht „auseinanderzuklauben" sein mögen). Ein Nebeneinander oder auch Zusammenwirken widersprüchlicher Motive berechtigt aber nicht, sie gleich in einen Topf zu werfen.

2.4.2 Sadismus, Allmachtswahn und die Verdrängung von Verletzbarkeit

Offensichtlich ist es in erster Linie das intrinsische Machtmotiv — das Streben nach Macht um ihrer selbst willen —, das von Alters her unzähligen Beobachtern des gesellschaftlichen Lebens schwer ergründbare Rätsel aufgegeben, sie in seinen Bann gezogen, sowohl fasziniert als auch entsetzt hat. Einer der einfühlsamsten und eindrucksvollsten Versuche, seine psychischen und gesellschaftlichen Wurzeln zu ergründen und seine innere Logik mit schonungsloser Konsequenz auszuloten, wurde von Orwell in seinem „meistzitierten Zukunftsroman aller Zeiten" (Bracher 1984: 31) unternommen. Was von Orwell als eindringliche Warnung vor einer möglichen Entwicklung unserer Zivilisation gemeint war, hatte wenige Jahre zuvor schon der Philosoph James Burnham in seinem damals viel beachteten Buch ‚The Managerial Revolution' als unausweichliche Zukunftsperspektive dargestellt: Die Übernahme der politischen Herrschaft durch eine neue bürokratisch-technokratische Oberschicht, die weniger an wirtschaftlichen Privilegien als an der Macht als solcher interessiert sei, die sich dieses Interesses auch viel bewusster sei als es die herrschenden Eliten in der Vergangenheit je gewesen wären — und die daher auch weit gezielter und skrupelloser daran arbeite, ihre Methoden der Machtausübung zu perfektionieren.

Die kaum verhüllte Faszination, die Burnham für das von ihm als historische Zwangsläufigkeit hingestellte Szenario zum Ausdruck brachte (Orwell 1970), war für Orwell ein wesentlicher Anstoß, in seiner Negativ-Utopie die Frage nach den psychologischen Hintergründen dieser unheimlichen Anziehungskraft in den Mittelpunkt zu stellen: Welche tieferen Beweggründe kommen zum Tragen, wenn so viele Menschen — sogar vormals fortschrittliche Intellektuelle wie Burnham — Macht um ihrer selbst willen als so faszinierend erleben können? Die Antworten, zu denen Orwell gelangte, werden an einer überaus dramatischen Schlüsselstelle des Romans ‚1984' auf den Punkt gebracht. Der führende Parteifunktionär O'Brien erläutert dort dem gefolterten und ausgemergelten Gefangenen Winston Smith mit zynischer Unverhohlenheit, auf welchen tieferen Sinn und Zweck die von ihm mitgetragene Herrschaft hinauslaufe.

Es sind vor allem Einstellungen eines radikal enthemmten Sadismus und Allmachtswahns, die O'Brien dabei zum Ausdruck bringt, wobei als wesentlicher Hintergrund auch Motive der massiven Verleugnung eigener Hilflosigkeit, Gebrechlichkeit und Sterblichkeit erkennbar werden. „Uns ist nichts am Wohl anderer gelegen", stellt er zunächst in aller Entschiedenheit klar, „uns interessiert einzig und allein die Macht als solche." Sie sei nicht Hilfsmittel zur Erreichung irgendeines höheren Zieles, sondern ausschließlich ihr eigener Endzweck: „Der Zweck der Verfolgung ist die Verfolgung. Der Zweck der Folter ist die Folter. Der Zweck der Macht ist die Macht." (Orwell 1949: 241) Es sei vor allem nur über das Zufügen von Leid möglich, sich der Macht über einen anderen Menschen sicher zu sein: „Gehorsam ist nicht genug. Wie könnte man die Gewissheit haben, es sei denn er leidet, dass er Ihrem und nicht seinem eigenen Willen gehorcht? Die Macht besteht darin, Schmerz und Demütigungen zufügen zu können. Macht heißt, einen menschlichen Geist in Stücke zu reißen und ihn nach eigenem Gutdünken wieder in neuer Form zusammenzusetzen." (ebenda: 244)

Durch die zielstrebige Verfolgung ihres Machtinteresses sei die herrschende Partei nunmehr dabei, für immer eine „Welt der Angst, des Verrats und der Qualen" zu schaffen, „eine Welt des Tretens und Getretenwerdens, eine Welt, die nicht weniger unerbittlich, sondern immer unerbittlicher werden wird, je weiter sie sich entwickelt." Der Rausch der Macht werde allgegenwärtig sein, die Erregung des Machtnervs immer raffiniertere und grausamere Formen annehmen. „Dauernd, in jedem Augenblick, wird es den aufgeregten Kitzel des Sieges geben, das Gefühl, auf einem wehrlosen Feind herumzutrampeln. Wenn Sie sich ein Bild von der Zukunft ausmalen wollen, dann stellen Sie sich einen Stiefel vor, der in ein Menschenantlitz tritt — immer und immer wieder. [...] Das Gesicht zum Treten wird immer da sein. Den Ketzer, den Feind der Gesellschaft, wird es immer geben, so dass er immer wieder besiegt und gedemütigt werden kann." (ebenda: 244f)

Auf Grund ihrer lückenlos ausgeübten Macht über das Bewusstsein der ihr Unterworfenen, unterstreicht O'Brien mit großem Nachdruck, sei die Partei des „Großen Bruders" im eigentlichen, entscheidenden Sinne des Wortes allmächtig. „Macht ist gleichbedeutend mit Macht über Menschen. Über den Leib — aber vor allem über den Geist. Macht über die Materie — die äußerliche Wirklichkeit, wie Sie sagen würden — ist nicht wichtig. Unsere Kontrolle über die Materie ist bereits eine vollkommene [...] Wir kontrollieren die Materie, weil wir den Geist kontrollieren. Die Wirklichkeit spielt sich im Kopf ab [...] Es gibt nichts, was wir nicht machen können. [...] Die Naturgesetze machen wir." (ebenda: 242)

Eine derart ausdrückliche Abdankung des Realitätssinns zugunsten einer von Allmachtswahn dominierten Weltsicht kommt übrigens auch in erschütternd ähnlicher Weise in wesentlichen Orientierungen der US-Regierung unter George W. Bush zum Ausdruck. Der Journalist und Autor Ron Suskind berichtet von einem Schlüsselerlebnis, bei dem ihm diese Grundhaltung mit Worten verkündet wurde, die denen der Romanfigur O'Brien erstaunlich nahe kommen.

> „In the summer of 2002, after I had written an article [...] that the White House didn't like [...], I had a meeting with a senior adviser to Bush. He expressed the White House's displeasure, and then he told me something that at the time I didn't fully comprehend—but which I now believe gets to the very heart of the Bush presidency. The aide said that guys like me were 'in what we call the reality-based community,' which he defined as people who 'believe that solutions emerge from your judicious study of discernible reality.' I nodded and murmured something about enlightenment principles and empiricism. He cut me off. 'That's not the way the world really works anymore,' he continued. 'We're an empire now, and when we act, we create our own reality. And while you're studying that reality—judiciously, as you will—we'll act again, creating other new realities, which you can study too, and that's how things will sort out. We're history's actors... and you, all of you, will be left to just study what we do.'" (Suskind 2004)

Im Zusammenhang eines solcherart ausufernden Wahns, die Realität nach eigenem Gutdünken beseitigen oder umdrehen zu können, kristallisiert sich auch ein weiteres Motiv heraus, das zu einem tieferen Verständnis der Faszination der Macht beitragen kann: Je bedingungsloser man sich einem (auch aufgrund seiner Erbarmungslosigkeit) als allmächtig fantasierten Angreifer unterwirft, je mehr man sich dadurch mit ihm identifiziert (d.h. in der bewussten Selbstwahrnehmung „in ihm aufgeht", sich in ihm verliert), desto massiver kann man Gefühle der Angst, des Leidens und der Ohnmacht verdrängen — vor allem auch die Unvermeidlichkeit des individuellen körperlichen Verfalls und Todes.

„Können Sie denn nicht begreifen, Winston", erklärt O'Brien seinem Gefangenen, „dass der einzelne Mensch nur eine Zelle ist? Die Schwäche der Zelle ist die Stärke des Organismus. Sterben Sie etwa, wenn Sie Ihre Fingernägel abschneiden? [...] Jedem Menschen ist bestimmt, zu sterben, was der größte aller Mängel ist. Wenn ihm aber vollständige, letzte Unterwerfung gelingt, wenn er seinem Ich entrinnt, in der Partei aufgehen kann, so dass es die Partei *ist*, dann ist er allmächtig und unsterblich." (Orwell 1949: 241f)

Die Anfälligkeit, sich den Trugbildern der Macht hinzugeben, kann somit zu einem wesentlichen Teil auf ein Zurückscheuen davor zurückgeführt werden, der schwer erträglichen Realität unserer existenziellen Fragilität ins Auge zu blicken (wie dies ja auch schon im Abschnitt 2.3.5.3 anhand von Primo Levis Beschreibung des internen Oberhaupts des Gettos von Lódz veranschaulicht wurde).

Freilich können unsere wirklichen Wahrnehmungen und Gefühle selbst durch noch so nachhaltige Verdrängungsleistungen nicht zum Verschwinden gebracht werden. Wie Wirth in seiner Analyse von ‚1984' aufzeigt, bietet dieser Roman sehr präzise und einfühlsame Einblicke, wie die verdrängten Gefühle mit Hilfe massiver Abwehrmechanismen im Unbewussten gehalten werden — wie sie dort jedoch nur um so virulenter und wirksamer bleiben und in entstellter Form auch wieder an die Oberfläche des Bewusstseins zurückkehren müssen.

„Wer die eigenen Gefühle von Schwäche, Ohnmacht und Leiden nicht ertragen kann", führt Wirth aus, „muss anderen aktiv, oft sogar vorwegnehmend, jene Kränkungen, jene Ohnmacht und jene Angst zufügen, die zu erleiden er selbst panisch fürchtet. Eine Gesellschaft, wie die unsere, die einseitig auf die Ideale von Größe, Stärke, Erfolg, Furchtlosigkeit und Macht programmiert ist, muss sich des einfachen Mittels bedienen, die Gegenaspekte von Kleinheit, Schwäche, Misserfolg, Angst und Ohnmacht durch soziale Ausgrenzungsmanöver an soziale Außenseitergruppen zu delegieren, um sie dort zu bestrafen. Deshalb muss es auch ‚den Ketzer, den Feind der Gesellschaft' — wie Orwell schreibt — ‚immer geben, so dass er immer wieder besiegt und gedemütigt werden kann' als Beweis der eigenen Unversehrtheit und Macht." (Wirth 1984: 20) Umso mehr wird man sich in einer Situation des totalen Ausgeliefertseins an den „Großen Bruder" an den Abwehrmechanismus klammern, „sich mit dem Beobachter und Verfolger, dem Großen Bruder, als Aggressor zu identifizieren. Bei Orwell wird jedes einzelne Parteimitglied selbst zum Agenten des Großen Bruders und der Gedankenpolizei. Aus dem Beobachteten, Verfolgten, Denunzierten wird selbst ein Beobachter, Verfolger und Denunziant." (ebenda: 21)

2.4.3 Zur Friedlosigkeit der Macht

Diese Logik der Verdrängung tiefer Hilflosigkeitsgefühle durch deren Nach-außen-Wendung gegen andere (vor allem Schwächere) und durch besonders dick aufgetragene Allmachtsillusionen (d.h. durch Abwehrmechanismen der Reaktionsbildung) liefert auch einen schlüssigen Hintergrund dafür, dass eine Welt, in der das Motiv der Macht als Selbstzweck so radikal durchschlägt, zugleich eine Welt ist, die durch allgegenwärtige Feindbilder, permanenten Krieg und flächendeckende Militarisierung geprägt wird. Wirth beschreibt insbesondere die Verdrängung jener größten Ohnmacht, die in unserer Sterblichkeit liegt, als wesentliche Quelle von Kriegsbegeisterung und militärischem Allmachtswahn.

„Eben weil die Menschen sich weigern, dem Tod ins Auge zu blicken, ihn als Notwendigkeit und Bestandteil des Lebens anzuerkennen, wollen sie ihre Feinde in die Todesangst versetzen, die selbst zu fühlen sie nicht den Mut aufbringen." Um die unausweichlich über uns kommenden Schatten von Alter, Krankheit, Gebrechlichkeit, Schwäche, Ohnmacht und Tod aus dem Blickfeld zu verbannen, „betont der moderne Mensch, insbesondere die Männer, die entgegengesetzten Eigenschaften: Jugendlichkeit, Gesundheit, Fitness, Stärke, Macht und Todesverachtung. Er ist ständig bereit, seine eigene Schwäche und Brüchigkeit zu überspielen, andere Menschen, die Natur und auch sich selbst zu dominieren, zu manipulieren und zu beherrschen bis hin zur militärischen Aggression." (ebenda: 24) Das wesentlich auf dieser psychischen Abspaltung beruhende militär-technokratische Denken führe nicht nur zu einer inneren Verfassung, in der empfindsame Reaktionen weitestgehend abgeblockt werden, sondern es produziere damit zwangsläufig auch „äußere Feinde, auf die man als Sündenböcke die eigene verdrängte Gefühlswelt mit allen ihren Erscheinungsformen der Depression und der Verzweiflung, aber auch der Bösartigkeit und Aggressivität projizieren kann." (ebenda: 27)

In der Dynamik dieser von Verfolgungswahn getriebenen „Friedlosigkeit" (Carl Friedrich von Weizsäcker) müsse die eigene verdrängte Feindseligkeit und Todesangst immer wieder an die Oberfläche zurückkehren, wobei sie „im Extremfall die Gestalt der Kriegsbegeisterung, der Kriegslust und der Todessehnsucht annimmt. Indem man den Feind unterwirft und tötet, stellt man die eigene Unversehrtheit unter Beweis." Aus derart zwanghafter Abhängigkeit von wahnhaften Unverletzlichkeitsbeweisen könnte es äußerstenfalls so weit kommen, „dass die Menschen sich planvoll selbst in einem Atomkrieg auslöschen, um den unausweichlichen Tod nicht passiv erleben zu müssen, sondern ihn aktiv herbeizuführen, um ihre Allmachtsphantasien mit in den Tod retten zu können." (ebenda: 27f)

In einer ähnlichen Sichtweise beschreiben auch Lifton und Markusen „the identification—even merging—with what is perceived as an ultimate form of power", als den psychologischen Kern des Waffenfetischismus der Atomrüstung und seiner totalitären Logik. „While the weapons actually possess overwhelming death power, they can all too readily be psychologically perceived as possessing life power." Während die Bereitschaft zur Anbetung solcher als allmächtig wahrgenommener Objekte bzw. Figuren auch damit in Verbindung stehe, dass sie das starke Gefühl frühkindlicher Abhängigkeit auf sich ziehen, verknüpfe sich diese Anbetung auf einer tieferen Ebene aber auch „with our continuing struggle to master death and with our awe before those figures (or objects) possessing the power to inflict death on a massive scale—and who, by not exercising that power, seem to maintain life or, at least, permit it to continue." (Lifton/ Markusen 1990: 82)

Im Rahmen von Wirths Ausführungen deutet sich auch noch ein weiterer zentraler Aspekt des intrinsischen Machtmotivs an, der mit Allmachtswahn und Sadismus eng zusammenhängt: ein Bedürfnis nach Beweisen narzisstischer Perfektion (Erfolg, Jugendlichkeit, Gesundheit, Fitness, Stärke usw.), d.h. einer ungetrübten Großartigkeit und Wichtigkeit, eines uneingeschränkten Geschätzt-, Geliebt- und Bewundert-Werdens — woraus sich ja nicht zuletzt die allergische Abneigung gegen Kritik und Infragestellung ergibt, die der Ausübung von Macht als Selbstzweck typischerweise anhaftet. Da dieses Bedürfnis — ebenso wie das nach Beweisen der Allmacht — natürlich grundsätzlich unerfüllbar ist, ist in ihm auch zwangsläufig ein Zug zur Unersättlichkeit angelegt bzw. die jedem Suchtverhalten innewohnende Tendenz zu einer immer weiter gehenden Steigerung der Dosis enthalten: „Das Machtmotiv kennt im Allgemeinen keine Sättigungsgrenzen." (Fischer/Wiswede 1997: 480)

„Es gehört zum Charakteristikum von Liebe und Anerkennung", erläutert Wirth in diesem Zusammenhang, „dass diese geschenkt, also prinzipiell freiwillig und zweckfrei gegeben werden. Unter den Bedingungen von Macht und Gewalt erzwungen, werden sie automatisch mit dem Gift der Lüge kontaminiert und durch ihre Funktionalisierung profanisiert und entwertet." (Wirth 2002: 33) Indem entsprechende Zuneigungs- oder Anerkennungsbezeigungen also das tiefe Empfinden von hohlen und sinnentleerten „Erfolgen" hinterlassen müssen, steigern sie zwangsläufig noch das narzisstische Elend der von diesem Machtmotiv Besessenen — und im selben Zuge auch die Abhängigkeit von Abwehrmechanismen gegen die Bewusstwerdung der eigenen emotionalen Hilflosigkeit (wofür eben eine zunehmende Häufung solcher „Erfolge" wie auch die Unterdrückung kritischer Äußerungen durchaus dienlich sein kann).

Dieser Blickwinkel legt auch die Schlussfolgerung nahe, dass es sich bei Bestrebungen und Kämpfen um intrinsische Macht psychologisch betrachtet nicht „bloß" um ein Nullsummen-, sondern vielmehr um eine Art „Minus-Summenspiel" handelt. Da das absolutistische Ziel des Machtmotivs unweigerlich verfehlt wird, geht die „narzisstische Negativbilanz" derer, die Macht erleiden (bzw. in Machtkämpfen unterliegen), mit einer weitaus geringeren Positivbilanz der die Macht Ausübenden (bzw. der „Sieger" in Machtkämpfen) einher — woraus sich insgesamt ergibt, dass das intrinsische Machtmotiv für das Selbstwertgefühl aller Betroffenen eine nach unten hin weit offene Eskalationsspirale mit sich bringt. Es mag wohl eine Überlegung dieser Art gewesen sein, die den Historiker Jacob Burckhardt einst schreiben ließ: „Und nun ist die Macht an sich böse, gleichviel wer sie ausübe. Sie ist kein Beharren, sondern eine Gier und eo ipso unerfüllbar, daher in sich unglücklich und muss also andere unglücklich machen." (Erdheim 1984: 394)

Diese narzisstische Minussummen-Logik liefert nicht zuletzt einen wichtigen Anhaltspunkt, um eines der offenkundigsten extrinsischen Machtmotive besser zu verstehen — und dabei allerdings auch teilweise (als extrinsisches Motiv) in Frage zu stellen: das Interesse an wirtschaftlichen Vorteilen (d.h. am Gewinn materieller Güter und Annehmlichkeiten), die mit Hilfe von Machtpositionen gewonnen und abgesichert werden können. So sehr dieses Interesse gewiss eine wesentliche Rolle spielt und auch mit zahlreichen sozialökonomischen Tatsachen belegt werden kann, so bot bereits die Erörterung dieses Interesses im Abschnitt 2.3.5.2 deutliche Hinweise, dass es zu einem beträchtlichen Teil auch der Maskierung von Motiven dient, die gerade dem intrinsischen Machtstreben zu Grunde liegen: eigene narzisstische Defizite durch die soziale Abwertung anderer — bzw. durch den Angriff auf das Selbstwertgefühl der Schwächeren und weniger Privilegierten — zu kompensieren und zu beschwichtigen.

So schwierig es ist, das Thema der Macht mit seinen unterschiedlichen und vieldeutigen Aspekten mit befriedigender Bildschärfe ins Visier zu bekommen, so haben sich doch zwei psychologische Kernpunkte des Problems herauskristallisiert: tief verwurzelte, suchtartige Wünsche nach Illusionen von Allmacht und narzisstischer Vollkommenheit, die durch massive Abwehrhaltungen motiviert sind, der Realität ihres Gegenteils ins Auge zu blicken — unserer Sterblichkeit bzw. existenziellen Fragilität und unserer auch günstigenfalls nur sehr beschränkten Großartigkeit, Liebens- oder Bewunderungswürdigkeit. Diesen unseren Schwächen müsste eine Gesellschaft, die weniger auf Macht (als Selbstzweck) fixiert und somit friedensfähiger wäre, mit größerer Illusionslosigkeit, aber auch freundlicherem Verständnis zu begegnen wissen.

2.5 Neun Thesen über das Unbewusste in Medien und Öffentlichkeit[1]

Auf den ersten Blick muss es nicht unbedingt selbstverständlich erscheinen, in der von den Massenmedien vermittelten Phantasie- und Bilderwelt besonders viel tieferen Sinn und großartig verborgene Aussagen entdecken zu wollen. Könnte man nicht schlicht davon ausgehen, dass die Bilder bloß das aussagen, was sie halt gerade vordergründig darstellen? Und wenn sie denn schon indirekt auch noch etwas anderes darstellen oder symbolisieren mögen — dass dieses andere eigentlich relativ banal wäre, keine wirklich tiefere (oder gar schicksalsschwere) Wichtigkeit hätte? Was etwa unter der weitläufigen Rubrik „Unterhaltung" läuft, mag in seinen unterschiedlichen Inszenierungen, bildlichen oder körpersprachlichen Inhalten so willkürlich-vielgestaltig und bunt-zufällig erscheinen, dass vielen Menschen irgendwelche tieferen Bedeutungen und Zusammenhänge, die da dahinter liegen sollen, von vornherein kaum glaubwürdig erscheinen werden.

Und wenn man sich schon darauf verständigen will, dass die unterschwelligen Botschaften und Inszenierungen der medialen Bildersprache — etwa in Titelbildern, Karikaturen, Filmen, Shows oder Werbespots — immerhin ein legitimes Forschungsobjekt sind, so steht freilich bei Weitem noch nicht fest, dass sich dabei viel mehr herausfinden ließe als eine relativ chaotische, willkürliche Anhäufung von allen möglichen politischen oder wirtschaftlichen Werbe- oder Propagandabotschaften, die bei ihren Adressaten an verschiedenste (vorzugsweise latente) Wünsche, Ängste, Triebregungen, Gefühle oder Sensibilitäten appellieren.

Daraus ergäben sich im Prinzip noch keine übergreifenden psychologischen Entwicklungsmuster oder Erklärungen bezüglich des wechselnden Inhalts dieser unterschwelligen Botschaften, die da zum Beispiel mit dem Arsenal der medialen Bildersprache ausgesendet würden: So bedienen sich eben verschiedene (oft miteinander konkurrierende) gesellschaftliche Machtgruppen der Medienmaschinerie und lancieren — je nach konkreter politisch-wirtschaftlicher Interessenlage — mal diese, mal jene unterschwelligen Botschaften wie auch dement-

---

[1] Dieser Abschnitt ist das Ergebnis mehrfacher Überarbeitungen, die ich auch in Zukunft noch weiter ausbauen und überdenken möchte. Den Kerntext, auf den er ursprünglich zurückgeht, bildete ein Grundriss von Notizen und Argumentationslinien, den ich für eine ausführliche Diskussion an der Akademie der Künste in Berlin vorbereitet hatte. Im Rahmen der ‚5. Europäischen Sommerakademie — Film und Medien' hatte der Filmregisseur Peter Krieg dort am 30. Juni 1994 ein eintägiges Colloquium organisiert, das unter dem Titel „Zwischen den Zeilen — Mediale Körpersprache als Signale kollektiver Stimmungen" vor allem die psychohistorische Methode der ‚fantasy analysis' einem interessierten Publikum vorstellen sollte. Diese Veranstaltung, an der außer Krieg und mir auch die slowenische Psychohistorikerin Alenka Puhar teilnahm, führte übrigens im Feuilleton des Berliner Tagesspiegel zu einem intelligenten und nachdenklichen Kommentar (Mahrenholz 1994).

sprechende Phantasie- und Bildersprachensignale. Mit anderen Worten: Relativ gleich bleibende psychologische Prädispositionen in einer Gesellschaft würden aufgrund eher zufällig (oder gelegentlich auch gezielt) eingesetzter Bildsprache-Medientechniken mal in der einen, mal in der anderen Richtung ausgenutzt bzw. instrumentalisiert.

Auf gesamtgesellschaftlicher Ebene gäbe es dann jedenfalls — hinsichtlich der *wechselhaften* Entwicklung der Inhalte der medialen Bildersprache — nicht viel zu verstehen. Als Barometer für kollektive Tiefenstimmungen einer Gesellschaft — oder auch für deren hauptsächliche Entwicklungstendenzen — würde sich die Bilder- und Körpersprache der Medien dann jedenfalls kaum eignen. Das Verhältnis zwischen beiden wäre dafür zu lückenhaft und zu verzerrt.

Nun gibt es freilich — im Gegensatz zu dieser Sichtweise — eine relativ neue, von den USA ausgehende, psychoanalytisch orientierte Forschungsrichtung, die gerade das behauptet: Dass es doch möglich sei, die Phantasien, Bilder bzw. die körperlich-bildhafte Sprache der Medien als oft sehr aussagekräftige Signale für die emotionale Grundstimmung einer ganzen Gesellschaft zu erfassen und zu analysieren, und dass sich daraus auch einigermaßen kohärente Entwicklungstendenzen des gesellschaftlichen Geschehens erkennen ließen — die besonders auch sich wiederholenden, weitgehend kreislaufförmigen Mustern folgten.

Der New Yorker Psychohistoriker Lloyd deMause hat seit den 1970er Jahren eine überaus originelle Methodik entwickelt — die so genannte ‚fantasy analysis‘, die Analyse von „Gruppenphantasien" (d.h. gemeinsamer Phantasien großer Kollektive, insbesondere von Nationen), mit deren Hilfe er und andere Psychohistoriker versuchen, in kontinuierlicher Weise die wechselhaften Konjunkturen vorherrschender unbewusster Motive zu orten, wie sie in der massenmedial vermittelten Bildersprache in den USA zum Ausdruck kommen (deMause 1982: 163ff; 1984: 147ff.; 1985: 203ff; 2002: 90ff; Elovitz/Lawton/Luhrmann 1985; Lawton 1988: 177ff).

Während die mit dieser Methode gewonnenen Ergebnisse auf den ersten Blick oft reichlich exotisch (d.h. manchmal befremdlich oder schwer glaubhaft) anmuten mögen, so können sie immerhin eine Anzahl erstaunlich präziser Hinweise ins Treffen führen, die sich aus der Anwendung dieser Methode ergeben haben. Unter anderem konnten damit schon mehrere Wochen vor John Hinckleys Attentat auf Ronald Reagan im März 1981 starke Anzeichen für kollektive (unbewusste) Mordwünsche auf den US-Präsidenten geortet werden (deMause 1982: 325ff; 1984; 2002: 16ff); oder aber konnten schon im Laufe des Monats vor dem Ausbruch der Golfkrise im August 1990 — als zumindest in der breiteren Öffentlichkeit noch kein potentieller Kriegsgegner in Sicht war — Indikatoren in der Bildersprache der US-Medien ausfindig gemacht werden, die auf eine unterschwellige Kriegsbereitschaft hinwiesen (deMause 1990: 142ff; 2002: 28f). Um nun die bildhafte bzw. Phantasiesprache der Medien in dieser Art sehen und deuten zu können, wie es die von deMause begründete Forschungsrichtung vorschlägt — d.h. also aus dem Blickwinkel der Auffassung, dass in ihr auf weitgehend kohärente und kontinuierliche Weise zentrale Tiefenstimmungen einer ganzen Gesellschaft zum Ausdruck kommen —, ist es nach meinem Verständnis notwendig, eine Reihe von theoretischen Annahmen vorauszusetzen, die sich (direkt oder indirekt) aus einigen grundlegenden Konzeptionen der Psychoanalyse ergeben. Ich werde diese nun nachfolgend in der Form von neun Thesen formulieren und erläutern — wie ich hoffe, einigermaßen anschaulich und mit möglichst dichter innerer Schlüssigkeit. Aus meiner Sicht sollte sich eine Diskussion des grundsätzlichen Für und Wider der Methode der ‚fantasy analysis‘ zu einem wesentlichen Teil auf eine Reflexion über das Für und Wider solcher Grundannahmen stützen. Andernfalls meine ich, dass die Legitimität oder Brauchbarkeit dieser Methode schwerlich sinnvoll abzuschätzen wäre.

Zunächst möchte ich nun diese neun Thesen[1] in einem allgemeinen, knapp formulierten Überblick darstellen, bevor ich sie dann detaillierter erörtern werde.

1.   Ein entscheidender Anteil unserer Motivationen ist uns aufgrund übergroßer innerer Ängste unbewusst.

2.   Aus der Angst-Motiviertheit der Unbewusstheit ergibt sich, dass sich unsere unbewussten Motive vor allem in verschobener, verzerrter oder verfremdeter Weise äußern und dementsprechend auch nur lückenhaft aufgedeckt werden können.

3.   Die (grundlegendste) Ursache für diese Unbewusstheit liegt in traumatischem Erleben, das zur Abspaltung eines Teils des Seelenlebens führt.

4.   Dieses abgespaltene traumatische Erleben wird nur in einem bildhaftkörpersprachlichen Gedächtnis (unbewusst) gespeichert.

5.   Die traumatische Spaltung führt zu einer Kombination von drei permanenten Auswirkungen:
  ▪ einer teilweisen Regression und Blockierung psychischer Entwicklung;

---

[1] Vor allem die ersteren der folgenden Thesen bringen einige klassische psychoanalytische Erkenntnisse zum Ausdruck oder leiten sich in verschiedener Weise aus ihnen ab (wenngleich sich mein Verständnis und meine Schlussfolgerungen aus ihnen nicht immer mit Freuds klassischen Auffassungen decken bzw. teilweise in den Akzentsetzungen auch durchaus abweichen). Einige dieser Erkenntnisse dürften — wenigstens formal — fast allgemein bekannt und (im Prinzip) auch logisch recht einfach zu verstehen sein. Ich möchte sie trotzdem konkret benennen und ausformulieren, da es geradezu in ihrer Natur liegt, dass wir alle davor zurückscheuen, uns ihre Tragweite und Implikationen deutlich vor Augen zu halten.

- unbewussten Schuld- und Verächtlichkeitsgefühlen, die zwanghaft in Teilen der Außenwelt „abgeladen" werden müssen;
- Wiederholungszwängen, d.h. annähernden unbewussten Neuinszenierungen der traumatischen Situationen.

6. Diese Auswirkungen traumatischen Erlebens kommen in den Einstellungen der Individuen zu gesellschaftlichen Angelegenheiten wesentlich stärker zum Tragen als in zwischenpersönlich-privaten Belangen.
7. Insofern verschiedene Traumen den Mitgliedern einer Gesellschaft gemeinsam sind, wird also der irrationale (unbewusste) Anteil des öffentlichen Agierens die konzentrierteste Ausdrucksform der persönlichen Traumen darstellen.
8. Die gemeinsamen Traumen (und ihre Auswirkungen) werden sich dementsprechend in allen Medien des öffentlichen Ausdrucks besonders intensiv manifestieren, und dabei ganz besonders ausgeprägt in den äußerlich willkürlich erscheinenden und bildhaft-körpersprachlichen Äußerungen massenmedialer Produktivität.
9. Damit dieser besonders intensive Ausdruck gemeinsamer Traumen nicht zu schmerzlicher Bewusstwerdung führt, ist es besonders wesentlich, eine Oberfläche der Beliebigkeit (einen Eindruck tieferer Bedeutungslosigkeit) aufrecht zu halten, wie sie zum Beispiel im gängigen Begriff von „Unterhaltung" in den Medien illustriert wird.

Im Einzelnen möchte ich nun diese Thesen konkreter begründen, etwas eingehender erläutern und zur Diskussion stellen.

2.5.1 Die Konzeption des Widerstands

These 1: *Ein entscheidender Anteil unserer Motivationen* (unserer Beweggründe, Regungen, Gefühle, Gedanken, Vorstellungen, Erinnerungen usw.) *ist uns aufgrund übergroßer innerer Ängste unbewusst*, d.h. aus — im Grunde panischer — Vermeidung unerträglich schmerzhafter Empfindungen, falls wir sie vor uns selbst zugeben würden.

Mit anderen Worten: Ohne uns im allgemeinen darüber Rechenschaft abzulegen, sind wir permanent damit beschäftigt, unter beträchtlichem Energieaufwand das Bewusstwerden einer Vielfalt von Empfindungen zu vermeiden, die uns nur schwer oder auch gar nicht erträglich sind (Empfindungen von übergroßer Schlechtigkeit, Schuld, Beschämung, Verächtlichkeit, Versagen, Hilflosigkeit, Verletzlichkeit und Verletztheit, Hass u.ä.m.).

Dies ist die Kernaussage der klassischen psychoanalytischen Auffassung von Widerstand und Verdrängung (d.h. des intensiven Sträubens gegen das Bewusstwerden von Unbewusstem), die — wie auch schon im Abschnitt 2.1.1 erwähnt wurde — den eigentlichen historischen und theoretischen „Grundpfeiler, auf dem das Gebäude der Psychoanalyse ruht, so recht das wesentlichste Stück derselben" darstellt (Freud 1914: 54; vgl. u.a. auch 1916/17: 296ff).

Wie schrecklich diese Aussage im Grunde ist, lässt sich allein schon daran ermessen, dass demzufolge unsere vielfältigen peinlichen, unser Selbstgefühl verletzenden Regungen, Empfindungen, Vorstellungen, Erinnerungen usw., die unserem Bewusstsein ohne weiteres zugänglich sind — wenn wir uns etwa in einer ruhigen Stunde darauf besinnen —, nur die Spitze eines Eisberges sind, d.h. die relativ *am wenigsten* peinlichen bzw. unerträglichen Empfindungen; dass sich also darunter noch weitaus Schlimmeres, für unser Selbstgefühl weitaus Bedrohlicheres verbirgt. Etwas, das etwa Franco Fornari mit dem eindrücklichen Begriff „il Terrificante" („das Entsetzende") umschreibt, das in unserem unterschwelligen Erleben „quale nemico interno e assoluto come l'incubo"[1] wirkt (Fornari 1966: 12).

Wie man einigen ähnlich orientierten Überlegungen des kanadischen Psychoanalytikers Charles Levin entnehmen kann, kommt diese Schlussfolgerung in Freuds klassischer, heute freilich — nicht zufällig — nur noch wenig beachteten Studie über den Witz (Freud 1905) in der nachdrücklichsten Weise zum Tragen. „Woran wir nicht erinnert werden wollen, ist der Umstand, dass wir als Individuen zutiefst *gehemmte* und dementsprechend auch ziemlich jämmerliche, *lächerliche* Lebewesen sind. Das ist es nämlich, was uns Freuds Analyse des menschlichen Witzemachens mit unerbittlicher Konsequenz klar macht. Dass wir so abhängig und ängstlich, in so tiefer Verlegenheit über uns selbst sind, dass wir permanent einen hohen Anteil unserer Lust aus dem getarnten Ausdruck gemeiner, kleinlicher und zynischer Gefühle untereinander und der Welt gegenüber gewinnen, oder auch aus übertrieben deftigen Verweisen auf unsere angeblich wilde Natur. Mit einem Wort: Wir mögen [Freuds ‚Der Witz und seine Beziehung zum Unbewussten'] deshalb nicht, weil uns das Buch in höchst überzeugender Weise dazu bringt, unserem eigenen *Ressentiment* ins Auge zu blicken." (Levin 2006: 32)

Unmittelbar einsichtig wird also auch, dass Psychoanalyse wahrlich nichts für „positive Denker" ist, und besonders auch, warum sie so breiter und oft heftiger Ablehnung begegnen muss. Da die Botschaft so schwer erträglich ist, muss der Bote möglichst unglaubwürdig gemacht werden — sei es als „unwissenschaftlich", „längst überholt und widerlegt", als „Überbewertung seelischer

---

[1] „als innerer Feind, der so absolut wie der Alptraum ist"

Wehwehchen" (welche etwa auch — in ihren von Freud beschriebenen Symptomen — überhaupt nur bei einer privilegierten Gesellschaftsschicht im Wien der Wende zum 20. Jahrhundert Bedeutung gehabt habe) usw. Auch die enorme Fülle von biographischen Arbeiten zur Person Freuds, deren teilweiser Zweck offensichtlich im Herausfinden der (zum Teil sicherlich realen) zweifelhaften Seiten seiner Persönlichkeit liegt, ist nicht zuletzt auch aus dieser Motivation heraus begreiflich.

Eine weitere, gewissermaßen parallele Konsequenz aus der schweren Erträglichkeit der psychoanalytischen Botschaft mag auch in der Tendenz liegen, ihren tragischen Anteil zu entdramatisieren, ihn in ein etwas freundlicheres, beschönigenderes Licht zu tauchen: So etwa, wenn sogar Alexander Mitscherlich in einem Vorwort zu Freuds ‚Zur Psychopathologie des Alltagslebens‘ davon spricht, dass man aus diesem Buch Hinweise gewinnen solle, „wie man über sich selbst lachend, staunend Erkenntnis gewinnen kann — statt einen Fluch auszustoßen." (Mitscherlich 1954: 12)

Freilich erkennt die Psychoanalyse durchaus auch die teilweise Unverzichtbarkeit des Widerstands an — zum psychischen Existenzschutz gegenüber vielen allzu unerträglichen inneren (aber auch äußeren) Realitäten. Das heißt, sie empfiehlt nicht etwa dessen gänzliche, schonungslose Beseitigung (was freilich auch unmöglich wäre), sondern lediglich seinen relativen, schrittweisen (und nach Möglichkeit eher sanften) Abbau durch das, was man im konsequenteren Sinn des Wortes als Trauerarbeit charakterisieren kann (oder auch als ein „Bescheidener-Werden des Selbstbildes"): vor allem mit dem Anliegen, innere Bewegungsfreiheit und psychische Energien für konstruktive Realitätsbewältigung und realistische Glücksmöglichkeiten zu gewinnen — statt allzu viel Aufwand in das permanente Unbewusst-Halten schwer erträglicher Realitäten zu investieren, die einem illusorischen Bild widersprechen, welches man sich von sich selbst und anderen, von den eigenen Kapazitäten und der Macht der Umstände macht.

These 2: Aus der Motivierung der Unbewusstheit durch übergroße innere Ängste ergibt sich, *dass sich unsere unbewussten Motive* — im Sinne von komplizierten Kompromissbildungen zwischen Äußerungsbedürfnis und Angst davor — *vor allem in verschobener, verzerrter, verfremdeter* (verschlüsselter, „abwegiger", unlogisch oder weit hergeholt erscheinender...) *Weise manifestieren* und dementsprechend auch nur lückenhaft aufgedeckt werden können. Weder die Äußerungen noch die Zugänge zur Erkenntnis unbewusster Motive, Gefühle, Vorstellungen, Erinnerungen usw. können glatt, unkompliziert oder durchwegs „methodisch sauber" sein.

Daraus folgt insbesondere, dass man zum Erkennen und Verstehen unbewusster Motive nach indirekten, verschlüsselten, „verschrobenen", kurios-zweideutigen, willkürlich oder logisch verkehrt erscheinenden Formen des Ausdrucks Ausschau halten muss. Das, was etwa so nebenher, wie unbeabsichtigt, „unmotiviert" herausrutscht, wie zufällig oder überraschend zur Äußerung gelangt, ist für das Unbewusste (die geheimen Motive unserer Seele) meist aussagekräftiger als das, was uns einigermaßen klar und deutlich „auf den Tisch gelegt wird". Und nicht zuletzt sind es auch bildliche und körpersprachliche Aussagen — die aber ohne verbalsprachliche Übersetzung bleiben — die für die Aufdeckung unbewusster Motive besonders wichtig sein können.

Die Widerstände gegen ein solches Erkennen unserer geheimen Motive äußern sich häufig bzw. charakteristischerweise darin, dass sich dem abwehrenden Bewusstsein gerade das, was in die richtige Richtung geht, als ausgesprochen weit hergeholt (d.h. unglaubwürdig) darstellt — besonders auf den ersten Blick. Was natürlich nicht den Umkehrschluss erlaubt, dass überhaupt alles, was uns als besonders weit hergeholt erscheint, deswegen schon in die richtige Richtung geht.

Somit ergibt sich aus der Konzeption des Widerstandes nicht nur, dass die Äußerungen unbewusster Motive vielfach verzerrte Formen annehmen, sondern dass auch unsere eventuellen Bemühungen, sie zu entschlüsseln, auch im besten Fall nur lückenhaft sein können bzw. auch immer wieder durch systematische (emotional bedingte) intellektuelle Entgleisungen beeinträchtigt werden müssen. Am ehesten kann unsere tiefe Anfälligkeit für solche Entgleisungen noch durch ein einigermaßen konsequentes Bemühen abgemildert werden, „dass das Ich — das sich ja zum Teil aus Abwehrmechanismen *gegen* die Einsicht zusammensetzt — seine *eigene* Weigerung, der Realität ins Auge zu sehen, richtig einschätzt." (Devereux 1967: 179; vgl. auch Jervis 1989: 59f)

Niemand anderer als Freud selbst schrieb einmal (in einem Brief an Ludwig Binswanger am 28. Mai 1911), dass es „in Wahrheit [...] für den Menschen nichts [gibt], wozu ihn seine Organisation weniger befähigen würde als die Beschäftigung mit der Psychoanalyse." (Freud/Binswanger 1992: 80) Wenn die Psychoanalyse, wie Freud meinte, bei jedem, „der sie beurteilt, [...] denselben Widerstand hervorrufen [muss], den sie bei den Kranken weckt" — da eben jeder „selbst ein Mensch [ist], der solche Verdrängungen besitzt, vielleicht sie nur mühsam aufrechterhält" (Freud 1909: 39) —, so sind in dieser Logik der Angst vor dem Verdrängten selbstverständlich auch diejenigen inbegriffen, die sich um psychoanalytische Erkenntnisse bemühen. Während dies ein solches Bemühen gewiss zu entmutigen geeignet ist, nimmt es ihm natürlich nicht seine grundsätzliche Sinnhaftigkeit und Wichtigkeit.

Im diesem Zusammenhang dürfte auch eine häufige Kollusion (d.h. unbewusste Komplizenschaft) der inneren Widerstände zwischen relativ erfolgreichen Erforschern des Unbewussten und ihrem potentiell interessierten Publikum von

erheblicher Bedeutung sein. So kann etwa der ohnehin schon Widerstands-
bedingte Eindruck allzu weit hergeholter Behauptungen durch eine — ebenfalls
Widerstands-bedingt — ungenügend vermittelnde Darstellung eines Forschungs-
ergebnisses noch zusätzlich verstärkt werden. Ein Umstand, der nach meinem
Eindruck übrigens auch bei einem so fruchtbaren Forscher wie deMause ins
Gewicht fällt.

2.5.2 Traumatische Ursprünge

These 3: *Die (grundlegendste) Ursache für diese weitläufige Unbewusstheit* (aus
übergroßen inneren Ängsten) *liegt in traumatischem Erleben* — in erster Linie in
frühen lebensgeschichtlichen Zusammenhängen —, welches zur Abspaltung
eines Teils des Seelenlebens von seinem normalen Funktionieren führt.

Um diese These einigermaßen schlüssig zu erläutern, muss zunächst das,
was für traumatisches Erleben kennzeichnend ist, in mehrfacher Hinsicht präzi-
siert werden. In seiner ursprünglichen Bedeutung bezeichnet das altgriechische
Wort „Trauma" bloß jede beliebige Art von Wunde bzw. Verwundung. Der
spezifischere Begriff des *psychischen* Traumas, wie er sich immerhin (wenn
auch in eher nebuloser Form) in einem verbreiteten Alltagsverständnis eingebür-
gert hat, besagt: Eine starke seelische Erschütterung bzw. Störung, die im Unbewussten noch lange weiterwirkt; also eine Wunde, für die die Regel „die Zeit
heilt Wunden" nicht (oder nur sehr eingeschränkt) gilt. Die Aussage „die Zeit
heilt Wunden" verweist im Grunde auf die Prozesse des „Assimilierens" eines
kränkenden, ängstigenden, quälenden oder belastenden Erlebens durch den „psychischen Apparat" — das heißt, auf ein Abreagieren, Überdenken, Betrauern,
Einordnen, Relativieren, Durcharbeiten usw. des Erlittenen, wodurch dieses
seine Schmerzhaftigkeit nach und nach verliert und sich zunehmend zu einem
Erfahrungswert (im Sinne einer letzten Endes hilfreichen „Ent-Täuschung")
wandelt, der in eine realistischere und sinnvollere Lebensorientierung einfließen
kann.

Im Gegensatz dazu wird traumatisches Erleben durch Zustände verursacht,
„in denen der Organismus durch Erregungsbeträge überflutet wird, die jenseits
seiner Fähigkeit liegen, mit ihnen fertig zu werden" (Fenichel 1945: 66). Abgesehen von ihren jeweiligen konkreten Ursachen ist somit das Wesentliche an
solchen Situationen — oder Sequenzen von Situationen — das subjektive Erleben überwältigender Hilflosigkeit (einer inneren und/oder äußeren „Reizüber-
flutung"), d.h. einer Bedrohung in einem solchen Ausmaß, dass der psychische
Apparat keine Chance hat, angemessen darauf zu reagieren, und somit seinen
Zusammenbruch nicht anders abwenden kann als durch nachhaltiges Abspalten

(„Wegsperren") dieser Erfahrung und der mit ihr assoziierten Triebregungen, Wünsche, Erinnerungen, Vorstellungen usw.

Im Grunde ergibt sich die Verursachung von Unbewusstheit durch traumatisches Erleben bereits als unmittelbare logische Konsequenz aus der Konzeption des Widerstands: Ein Unbewusst-Halten, das durch übergroße innere Ängste motiviert ist, kann seinen Ursprung eigentlich nur in früheren Erlebnissen überwältigender Belastung und Bedrohung haben, die keine andere Wahl des Reagierens offen ließen als ihr panisch-nachhaltiges Wegschieben bzw. Verdrängen. Für den Umstand, dass wir uns zwanghaft und unter massivem Energieaufwand dagegen sträuben, Teilen unseres Innenlebens ins Auge zu blicken, scheint prinzipiell keine andere Motivation in Frage zu kommen als die, dass diese mit Erlebnissen assoziiert sind, die uns zu sehr überwältigt haben, als dass wir im Stande gewesen wären, mit ihnen irgendwie zu Rande zu kommen.

Das nachhaltige Abspalten (bzw. das radikale Abblocken psychischer Assimilierung) des traumatischen Erlebens wird wohl in jenen Fällen besonders anschaulich, in denen es als *äußerliches Geschehen* nicht der Verdrängung anheim fällt (da es zum Beispiel allzu handgreiflich ist oder auch zu häufig wiederholt wurde, um von der bewussten Erinnerung pauschal ausgesperrt werden zu können). Bezeichnend dafür sind Beschreibungen, aus denen das typische, ausgesprochen unheimlich anmutende Abgeschnitten-Sein von den Gefühlen hervortritt, das die Opfer in den von ihnen „sachlich" erinnerten Situationen gehabt haben mussten. Mit ungläubigem Staunen musste dies etwa einer der engagiertesten Berichterstatter von den Kriegsschauplätzen des zerfallenden Jugoslawien, der italienische Journalist Paolo Rumiz, zur Kenntnis nehmen. So berichtet er zum Beispiel von zahlreichen persönlichen Begegnungen mit Menschen, die im August 1995 gerade Hals über Kopf aus der (bis dahin) serbischen Krajina die Flucht ergriffen hatten: „Non riesco a capire come mai nessuno pianga, parlano delle loro disgrazie come se riguardassero altri."[1] (Rumiz 1996: 161)

Ähnlich perplex reagierte etwa auch die Schriftstellerin Doris Lessing auf die Erzählungen einer schwer traumatisierten jungen Frau, die sie in ihren Erinnerungen über ihr Leben im südlichen Afrika beschreibt. Besonders eindrucksvoll schildert Lessing die Art, wie ihr diese Frau, die aus einer armen burischen Familie stammte und seit ihrer Kindheit regelmäßig von ihrem Vater und ihren Brüdern vergewaltigt worden war, in zahlreichen, langen und gespenstisch „irreal" wirkenden Gesprächen über ihr Schicksal berichtete: „I had never met anyone like this, though it was generally known that in the rural districts of South Africa incest went on among the poor Afrikaner families. I listened to her

---

[1] „Ich kann nicht begreifen, wie es nur möglich ist, dass niemand weint. Sie sprechen über ihr Unglück, als ob es andere betreffen würde."

with that exhilaration that comes from improbability, the sharp clash of different substances—she talked about what surely most people would say were appalling experiences as if saying her father smacked her and her brothers stole her hairribbons. When she said that her mother did not stand up for her, but supported her husband and sons, she might have been saying it was a pity her mother was a bad housekeeper." (Lessing 1994: 369f)

Der allgemeine Sprachgebrauch kennt nun allerdings eine ziemlich inflationäre Verwendung des Trauma-Begriffs. Die verschiedensten schmerzhaften, erschütternden oder kränkenden Erlebnisse — die aber offensichtlich (auch mit ihrer emotionalen Bedeutung) im bewussten Seelenleben verarbeitet werden — werden häufig relativ unreflektiert als „traumatisch" bezeichnet. Wie verbreitet diese verschwommene Sichtweise ist, kann man nicht zuletzt daran ermessen, dass sie auch Eingang in maßgebliche psychologische Lehrbücher finden kann. So wird etwa in einem gängigen (und insgesamt durchaus gut aufbereiteten) US-amerikanischen Universitäts-Lehrbuch zur Einführung in die Psychopathologie (das ich in einer 1990 abgehaltenen Vorlesung an der New Yorker ,New School for Social Research' verwendete) der folgende Erlebnisbericht als typisches Beispiel eines frühen lebensgeschichtlichen Traumas zitiert:

> „I believe the most traumatic experience of my entire life happened one April evening when I was eleven. I was not too sure of how I had become a member of the family, although my parents had thought it wise to tell me that I was adopted. That much I knew, but what the term adopted meant was something else entirely. One evening after my stepbrother and I hat retired, he proceeded to explain it to me— with a vehemence I shall never forget. He made it clear that I wasn't a 'real' member of the family, that my parents didn't 'really' love me, and that I wasn't even wanted around the place. That was one night I vividly recall crying myself to sleep. That experience undoubtedly played a major role in making me feel insecure and inferior." (Carson/Butcher/Coleman 1988: 115)

In Wirklichkeit liefert dieser Bericht geradezu ein Lehrbeispiel eines zwar kränkenden, aber *nicht* traumatischen Erlebnisses. Wenn es so umstandslos möglich ist, sich and das Vorgefallene und vor allem auch an die eigenen Gefühle zu erinnern, die dadurch ausgelöst wurden; und wenn eine Person noch dazu unmittelbar mit einem so intensiven (und allem Anschein nach auch angemessen) Gefühlsausbruch reagieren konnte — so entspricht dies offensichtlich den bereits erörterten Prozessen der psychischen Assimilierung, die gerade verhindern, dass sich eine Verletzung als langfristig fortwirkende Wunde „ins Seelenleben eingräbt". Worüber man zum Beispiel so lange weinen kann, bis man schließlich erschöpft einschläft, oder worüber man sich offen in Wut, Schreien, Tränen,

Trauer usw. ergehen kann, das ist *gerade nicht* traumatisch — da es eben nach und nach in das normale Seelenleben integriert („eingearbeitet") werden kann. Demgegenüber betont Lenore Terr, eine Wegbereiterin der neueren Forschung über kindliche Traumen, das typische Fehlen von Gefühlsausbrüchen im Gefolge traumatischer Erlebnisse — was etwa auch schon im Titel ihres Standardwerks ‚Too Scared to Cry' zum Ausdruck kommt. „At the moment of terror [...] young children tend to go on behaving almost as usual, even as their psychological underpinnings are being torn asunder." (Terr 1990: 34)

Die sinnentstellende und verharmlosende Auffassung, die sich im inflationären Wortgebrauch spiegelt, entspricht freilich gerade einer tieferen Logik des Traumas selbst, d.h. der dadurch zustande kommenden Abspaltung des dafür wesentlichen Erlebens. Die überwältigende Bedrohlichkeit der wirklich traumatischen Situationen kann leichter weggeschoben bzw. verdrängt werden, wenn der Inhalt der gängigen Begriffsverwendung auf weniger Schreckliches verschoben wird.

Während ein sinnvoller Trauma-Begriff also einer beträchtlichen Einschränkung bzw. einer deutlichen Abgrenzung gegenüber jenen Wunden, die von der Zeit geheilt werden, bedarf — so sollte er andererseits aber auch auf sehr wesentliche Erlebnisse ausgeweitet werden, die nicht so „lärmend" oder „explosionsartig" ablaufen, wie es wenig reflektierte Vorstellungen vom psychischen Trauma nahe legen. Äußerlich betrachtet muss traumatisches Erleben in vielen Fällen keinem massiven Donnerschlag entsprechen. Es kann sich durchaus auch um (oberflächlich) sehr Unscheinbares handeln — wie etwa bei den besonders von John Bowlby untersuchten Deprivationstraumen, die bei Kindern durch zu unsichere Beziehungssituationen, überfordernde Trennungserfahrungen oder frühe Verluste (oder Liebesverluste) der Eltern bzw. ähnlicher lebenswichtiger Bezugspersonen verursacht werden (Bowlby 1979; Fischer/Riedesser 1999: 38); oder bei den von Freud beschriebenen Konsequenzen der traditionellen Entmutigung der Sexualneugier des Kindes durch Eltern und Erzieher — „bis es, meist in den Jahren der Vorpubertät, eine gewöhnlich herabsetzende und unvollständige Aufklärung erfährt, die nicht selten traumatische Wirkungen äußert." (Freud 1916/17: 330) Ebenso fallen auch als überwältigend erlebte innere Konflikte, die (zum Beispiel als Folge erzieherischer Sexualtabus) durch als unerträglich empfundene Triebregungen ausgelöst werden können — ohne dass es dabei eine momentane äußere Bedrohung oder Belastung geben muss —, durchaus in den Rahmen dieses Trauma-Begriffs.

In ähnlicher Weise kann sich zum Beispiel die von Donald Winnicott beschriebene „Minitraumatisierung",[1] die durch verfrühte Verluste von kindlichen Allmachtsillusionen ausgelöst wird, vielfach nur in stummen inneren Dramen niederschlagen. „Winnicott geht davon aus", erläutern die Psychotraumatologen Gottfried Fischer und Peter Riedesser, „dass die frühkindliche Entwicklung nur dann ungestört verläuft, wenn das Kind in der frühesten Lebensperiode auf eine Umwelt trifft, die seine noch unterentwickelten Möglichkeiten so optimal ergänzt, dass es sich der Illusion kindlicher Allmacht, einer völligen Verfügungsgewalt über die psychosoziale Umgebung überlassen kann. [...] Durch Versagen der Umwelt oder durch Übergriffe gegenüber dem Kind kommt es zu einer Minitraumatisierung, welche die kindliche Allmachtsphantasie zerstört und eine verfrühte Desillusionierung bewirkt." Da das Kind sich somit auch zu früh, d.h. in einer es überfordernden Weise an seine Umgebung anpassen muss, büßt es wesentliche aktiv-kreative Potentiale ein und wird so in die Richtung eines „falschen Selbstsystems" getrieben, „worin das Subjekt sich den Umweltanforderungen unterwirft und dabei oft lebenslang begleitet ist von einem Gefühl der Fremdheit und inneren Leere, der Empfindung, in seinen Handlungen selbst nicht wirklich präsent zu sein." (Fischer/Riedesser 1999: ebenda; Winnicott 1964: 69ff)

Unter der Voraussetzung, dass es auch in den besten aller realen Lebenswelten von Kleinkindern nicht immer möglich sein dürfte, vereinzelte verfrühte „Abstürze" von Allmachtsgefühlen zu vermeiden, wäre allein schon aus dieser Darstellung Winnicotts zu schließen, dass selbst die relativ glücklichsten Kindheitsschicksale nicht durchwegs frei von traumatischen Erfahrungen sein können. Unter einem allgemeineren Blickwinkel ergab sich diese Überlegung freilich auch bereits weiter oben als direkte logische Resultante aus der Konzeption des Widerstands.

Zur Vermeidung wesentlicher Missverständnisse muss dieser sehr grundsätzliche und weit gefasste (möglicherweise universelle menschliche Erfahrungen beschreibende) Trauma-Begriff aber auch deutlich von einer engeren klinischen Definition unterschieden werden, wie sie seit der neueren Herausbildung der Psychotraumatologie als spezielle Disziplin entwickelt wurde (Fischer/Riedesser 1999) und vor allem auch mit den Krankheitsbildern des ‚Posttraumatischen Belastungssyndroms' (PTBS) Eingang in das ‚Diagnostische und Statistische Manual' (DSM-IV) der Amerikanischen Psychiatrischen Gesellschaft gefunden hat. Diese Krankheitsbilder betreffen zweifellos nur eine Minderheit, auch wenn diese weitaus größer ist als vielfach angenommen wird.

---

[1] Winnicotts Begriffswahl läuft allerdings auf einen inneren Widerspruch hinaus: Seinem Wesen nach ist traumatisches Erleben grundsätzlich unvereinbar mit einer Qualifizierung als Geringfügigkeit (bzw. als „Mini"-Angelegenheit).

Die Pionierinnen und Pioniere dieses Forschungs- und Praxisfelds — Psychoanalytiker wie Chaim Shatan und Mardi Horowitz oder Kinderpsychiater wie Lenore Terr, Denis Donovan und Deborah McIntyre — mussten und müssen dabei gegen hartnäckig hinhaltende Widerstände der Mainstream-Psychiatrie ankämpfen, den konkreten Terror und das reale Vorkommen schwerer Traumatisierungen zur Kenntnis zu nehmen: „[...] in this era of enlightened awareness of abuse and trauma, rare is the individual or institution that really wants to know what happens to children." (Donovan 1991: 170) So führte etwa die Psychiaterin Judith Herman aus, wie stark die Anerkennung der Realitäten von extremer Gewalt von einem wechselvollen gesellschaftlichen Kräftemessen abhängt, in dem die Solidarität mit den Opfern einem massiven Sog zu Verharmlosung und Verdrängung gegenübersteht (Herman 1992: 7-32).

Ein entscheidendes Unterscheidungskriterium des PTBS (und verwandter Symptombilder) gegenüber dem allgemeineren Trauma-Begriff besteht klarerweise in einem qualitativen Sprung des Schweregrads (bei allen Grauzonen des Übergangs, die es in der Praxis geben mag) — namentlich im Sinne einer langen Dauer, einer häufigen Wiederholung, extremer Qualen, massiver Gewaltzufügung und überwältigender (Todesängste auslösender) Hilflosigkeit. Typische Ursachen sind etwa KZ- oder vergleichbare Gefangenschafts-Erfahrungen, Folter, Terror, Kriegssituationen (in Schützengraben oder unter Bombenangriffen), Vergewaltigungen, Geiselnahme, häusliche Gewalt im Zusammenhang quasitotalitärer Familienstrukturen, vergleichbare Situationen innerhalb von Sekten u.ä.m., daneben aber natürlich auch Naturkatastrophen. Wie etwa Herman (ebenda: 115-129) überzeugend nahe legt, dürften vor allem die herkömmlichen Diagnosen der Somatisierungsstörung, der Borderlinestörung und der Multiplen Persönlichkeit fast ausnahmslos auf schwere Kindheitstraumen zurückgehen und daher als spezielle Formen des PTBS zu begreifen sein.

Lediglich im Sinne des weiter gefassten Trauma-Begriffs — d.h. nicht auf das PTBS eingegrenzt — kann man aus der These von der traumatischen Verursachung von Unbewusstheit (aus übergroßen inneren Ängsten) zu zwei wesentlichen Schlussfolgerungen gelangen:

- dass jede psychische Pathologie letztlich traumatisch verursacht ist — wenn man Psychopathologie jedenfalls auf allgemeinster Ebene definiert als: von inneren Ängsten beeinflusst zu sein, deren eigentlichen Inhalten man nicht ins Auge blicken kann. Der Unterschied zwischen den in der Psychiatrie explizit als „traumatisch" diagnostizierten und den übrigen (nicht so bezeichneten) Formen von Psychopathologie wäre dabei u.a. so zu erklären, dass im ersteren Fall die pathologischen Symptome (zentral) aus *einem einzelnen* traumatischen Ursprung hergeleitet werden, während es sich in den übrigen Fällen um ein komplexes Zusammenwirken verschiedener traumatischer Ursprünge und derer Auswirkungen handelt. Im Sinne der grundsätzlichsten Auswirkung von Traumen — nämlich ihrer Abspaltung bzw. Verdrängung — könnte der Unterschied wohl auch so gefasst werden, dass in der Psychiatrie vorzugsweise solche Symptombilder als „traumatisch" diagnostiziert werden, bei denen ein traumatischer Ursprung (etwa ein schwerer Unfall) nicht verleugnet werden kann, bzw. auch einen so speziellen Charakter hat, dass er bei den diagnostizierenden Personen nicht an die verdrängte Erinnerung eigener früher Traumen rührt;

- dass wir alle unter Psychopathologien leiden (wenn auch mit erheblichen graduellen und inhaltlichen Unterschieden). Für die Erklärung der konventionellen Unterscheidung zwischen pathologischen und „normalen" Menschen kommen u.a. drei Kriterien besonders in Betracht: a) die gegenüber einem gesellschaftlichen Durchschnitt relativ stark abweichende Symptomatik verschiedener konkreter Formen von Psychopathologie; b) die graduellen Unterschiede der Intensität (der traumatischen Situationen in den individuellen Lebensgeschichten); c) das relativ verfehlte (labile) oder das relativ stabile innere Gleichgewicht der Kräfte, mit dem sich Widerstand und „Terrificante" (Fornari) gegenüberstehen: Wenn die tiefen Ängste durch Abwehrmechanismen (Widerstandsformationen) einigermaßen stabil gebunden und „in Schach gehalten" werden können — d.h. relativ wenig Angst unkontrolliert „nach oben drängt" —, so ergibt sich daraus immerhin ein gewisses Maß an innerer Manövrierfähigkeit.

Es ist weitgehend schlüssig, dass traumatisch überwältigende Hilflosigkeitserlebnisse zwar nicht ausschließlich, aber doch in erster Linie in frühen lebensgeschichtlichen Phasen stattfinden müssen. Grundsätzlich treffen die Eindrücke der ersten Kinderjahre, wie Freud meint, „auf ein unfertiges und schwaches Ich [...], auf das sie wie Traumen wirken. Das Ich kann sich der Affektstürme, die sie hervorrufen, nicht anders als durch Verdrängung erwehren und erwirbt solcherart im Kindesalter alle Dispositionen zu späteren Erkrankungen und Funktionsstörungen." (Freud 1933: 158) Dies hängt besonders auch mit der evolutionsbiologischen Voraussetzung zusammen, dass wir, die menschliche Spezies, als Frühgeburten zur Welt kommen und demzufolge in den frühesten Phasen unseres Lebens unvergleichlich hilfloser, auf Schutz, Zuneigung und Pflege durch elterliche Bezugspersonen angewiesener — und daher vielfältigen inneren und äußeren Bedrohungen ausgelieferter — sind als wohl jede andere Spezies.

Was die konkreten Bedingungen früher lebensgeschichtlicher Traumen betrifft, sind zwei grundsätzliche Unterscheidungen von Bedeutung: Zum einen die Unterscheidung zwischen den für verschiedene Entwicklungsphasen wesentlichen Verletzbarkeiten und Konfliktlagen — in der ödipalen Phase: die sexuelle Konkurrenz mit dem gleichgeschlechtlichen Elternteil um den andersgeschlechtlichen Elternteil; in der früheren Mutter-Kind-Beziehung: die bedingungslose Angewiesenheit auf eine intensiv nährende, einfühlende, schützende Zuwendung, wie auch die Geschwisterkonkurrenz um deren meist zu geringe Verfügbarkeit; in der prä- und perinatalen Phase: die extremen biologischen Gefährdungen im Vorfeld und im Verlauf der Geburt (vgl. bes. Janus 1993; 2000; Blum 1993; deMause 1982: 240ff; 2002: 59ff).

Die zweite Unterscheidung besteht zwischen den einerseits schon grundsätzlich traumatischen (oder erheblich für Trauma anfälligen) Konfliktlagen dieser verschiedenen Entwicklungsphasen — welche also selbst im hypothetischen Optimalfall durchwegs einfühlsamer elterlicher Zuwendung gegeben wären —; und andererseits einem elterlichen bzw. erzieherischen Verhalten, dass durch verschiedene Formen von Misshandlung, Missbrauch oder Vernachlässigung unvermeidbares traumatisches Erleben verschärft, vermeidbares traumatisches Erleben erst verursacht, sowie Heilungschancen traumatischer Spaltung nicht wahrnimmt, die eine empathische Auseinandersetzung mit einem Kind schaffen würde.

These 4: Das abgespaltene traumatische Erleben wird nicht in einem verbalsprachlichen („narrativ-einordnenden") Gedächtnissystem erinnert, sondern nur *in einem (abgetrennten) bildhaft-körpersprachlichen Empfindungsgedächtnis* (unbewusst) *gespeichert.*

Aufgrund der Unzugänglichkeit des traumatischen Erlebens für die normalen Formen psychischer Verarbeitung wird dessen (unbewusste) Erinnerung nur in seiner körperlich-situativen, bildlich-empfindungsmäßigen Unmittelbarkeit gespeichert — das heißt, die Erfahrung dieses sprachlosen Terrors kann nicht in das verbalsprachliche, narrative („erzählend-einordnende"), verarbeitende Gedächtnis vermittelt bzw. integriert werden, dessen Funktion ja auch im Verlauf der hochgradig erregten Extremsituation eines Traumas zusammenbricht.

In diesem Zustand der Abkapselung scheint die traumatische Erinnerung freilich auch weniger den üblichen Erinnerungs-verzerrenden Einflüssen der Zeit zu unterliegen und kann unter Umständen — ausgelöst durch spezifische Situationen oder körperliche Erregungszustände, die damit assoziiert waren — als schreckhaftes ‚flashback', d.h. als weitgehend präzise sinnliche Erinnerung blitzartig ins Bewusstsein auftauchen.

Diese intensive, bildliche Erlebnis-Unmittelbarkeit und Körperzustands-Bezogenheit scheint übrigens auch — vor allem im Sinne der These 8 — von besonderer Bedeutung für die körpersprachliche Ebene in der massenmedialen Kommunikation zu sein.

Bahnbrechende hirnphysiologische Forschungsergebnisse des Neuropsy-
chologen Joseph LeDoux (2001) liefern übrigens auch einen Beleg für die Existenz zweier getrennter Zentren im Gehirn — in der Amygdala (im Stammhirn)
und im Hippocampus (im vorderen Stirnlappen des Großhirns) —, die das
Gedächtnis quasi „organisieren" bzw. „operativ machen" und die der eben ge-
machten Unterscheidung zwischen bildhaft-körperlichem Empfindungsgedächtnis einerseits — vor allem bei mit Angst verknüpftem Erleben — und narrativ-
einordnendem Gedächtnis andererseits zu entsprechen scheinen (unabhängig von
der Unterscheidung zwischen linker und rechter Hirnhälfte).

Eine mögliche Schlussfolgerung daraus wäre, dass der Schock traumatischen Erlebens eine Beschädigung oder Beeinträchtigung in den neuronalen
Verbindungen zwischen den beiden Gedächtniszentren bewirkt und somit auch
auf hirnphysiologischer Ebene die Kanäle wechselseitiger Integration zwischen
beiden Gedächtnissystemen behindert. Dafür sprechen übrigens auch neuere
neurologische Untersuchungen, in denen bei Überlebenden schwerer Kindheits-
misshandlungen und traumatisierten Kriegsveteranen ein deutlich unter dem
Durchschnitt liegendes Volumen des Hippocampus-Gedächtniszentrums gefunden wurde, was u.a. mit massiven Ausschüttungen von Stresshormonen zusammenhängen dürfte (deMause 1996: 127).

2.5.3 Traumatische Langzeitwirkungen

These 5: Die durch Traumen hervorgerufene Spaltung des Seelenlebens führt zu
einer *Kombination von drei permanenten Auswirkungen:*

- zu einer teilweisen Regression und Blockierung (Fixierung) der psychischen
  Entwicklung auf einer Stufe, die der traumatischen Situation vorhergeht;
- zu unbewussten Schuld- (Schlechtigkeits-) und Verächtlichkeits- (Beschä-
  mungs-, Hilflosigkeits-) Gefühlen und einem zwanghaften Bedürfnis, diese
  Gefühle in Teilen der Außenwelt „abzuladen";
- zur Dynamik von Wiederholungszwängen, d.h. des unbewussten Drangs zu
  annähernden Neuinszenierungen (zum „Ausagieren") der ursprünglichen
  traumatischen Situationen.

2.5.3.1 Entwicklungsblockierung

Der überwältigende Schock eines Traumas verursacht (in den davon berührten
Bereichen des subjektiven Erlebens) ein Zurückweichen der psychischen Rei-

fungstendenzen von der bis dorthin erreichten Entwicklungsstufe, ein „Zurück-gehen" (Regression) und ein „Sich-Festklammern" (Fixierung) an eine unmittel-bar vorhergehende Situation bzw. vorhergehende Entwicklungsstufe (die gewis-sermaßen Trost, illusionären Schutz durch Verleugnung des Geschehenen bzw. auch eine minimale Befriedigung bietet). Dies läuft insgesamt auf ein teilweises „Steckenbleiben", einen teilweisen Entwicklungsstillstand hinaus, sodass sowohl hinsichtlich der Realitätsauffassung, der „Objektbeziehungen", der Sexualität, als auch hinsichtlich der Integration der Gesamtpersönlichkeit und der Grenzen zwischen Ich und Außenwelt infantile Einstellungen zu wesentlichen Teilen nicht überwunden werden können.

Hinsichtlich der Realitätsauffassung bedeutet dies ein zwanghaftes Festhal-ten an magischem Denken (d.h. an Teilen der ursprünglichen infantilen All-machtsillusionen) und eine dementsprechende Unfähigkeit zur konsequenten Anerkennung der realen Macht der Umstände (vgl. dazu die klassische, sehr anschauliche Beschreibung der lebensgeschichtlichen Entwicklung der Realitäts-auffassung in Ferenczi 1913).

Hinsichtlich der Objektbeziehungen bedeutet es eine narzisstische Be-schränktheit, bei der andere Personen kaum in ihrer eigenständigen Existenz, sondern weitgehend nur als Verlängerung der eigenen Person wahrgenommen werden können (etwa im Falle von idealisierten Personen als Verlängerung un-kritisch-narzisstischer Innenwahrnehmungen, oder im Falle von dämonisierten Personen als Verlängerung der abgespaltenen, verleugneten Innenwahrnehmun-gen).

Hinsichtlich der psychosexuellen Entwicklung bedingt es insbesondere die Blockierung der sich herausbildenden Fähigkeit, den regressiven Druck der Triebansprüche in angemessener Weise durch deren vorübergehende Erfüllung immer wieder zu abzubauen (Döpp 1983: 144ff; Berghold 1991a: 232ff) — eine Möglichkeit, die besonders in der Ekstase reifer genitaler Befriedigung realisiert wird, und zu welcher bezeichnenderweise auch eine Entwicklung von Objektbe-ziehungen gehört, bei der „die Rücksichtnahme auf ein Objekt so weit geht, dass die eigene Befriedigung unmöglich ist, ohne die des Objekts" (Fenichel 1945: 125f).

Hinsichtlich der Integration der Gesamtpersönlichkeit bedingt traumatische Entwicklungsblockierung vor allem eine weitgehende Unfähigkeit, divergie-rende, widersprüchlichen Regungen und Gefühle zu einer kohärenten, ganzheit-lichen Selbstwahrnehmung zu vereinigen — was der Umstand einer Spaltung des Seelenlebens zwar an sich schon logisch impliziert, was aber auch durch die extremen, nicht verkraftbaren (und eben deshalb unbewusst gehaltenen) Ge-fühlsambivalenzen unterstrichen wird, die aus dem traumatischen Erleben er-wachsen.

Der Gesichtspunkt der blockierten Herausbildung klarer Ich-Außenwelt-Grenzen fasst schließlich die anderen genannten Gesichtspunkte psychischer Entwicklungshemmung einigermaßen schlüssig zusammen. Einer mangelhaften Grenzziehung zwischen Innen- und Außenwelt entspricht unter anderem — im Sinne magisch-infantiler Realitätsauffassungen: die Verwechslung von eigenen Wünschen mit der objektiven Realität; im Sinne narzisstisch beschränkter Objektbeziehungen: die Missachtung der autonomen Existenz und Bedürfnisse anderer Personen; im Sinne unreifer psychosexueller Fixierungen: zu große Ängste vor der vorübergehenden Ich-Grenzen-Auflösung im Laufe sexueller Ekstase (unter der Voraussetzung, dass ein vorübergehendes Aufgeben der Ich-Grenzen umso eher möglich ist, je sicherer deren Empfinden normalerweise ist); und im Sinne einer fehlenden Integration der Gesamtpersönlichkeit: die zwanghafte Projektion verleugneter innerer Motive und Konflikte (oder auch einer Seite der inneren Ambivalenz) in Teile der Außenwelt.

2.5.3.2 Zwanghaftes Entsorgen unerträglicher Gefühle in der Außenwelt

Im Zusammenhang mit der traumatischen Abspaltung setzt eine komplexe, sich aus mehreren Quellen herleitende Entwicklung tiefer (vor allem unbewusster) Schuld-, Beschämungs- und Verächtlichkeitsgefühle ein. Deren Unerträglichkeit wird zwanghaft dadurch beschwichtigt (aber natürlich nicht grundsätzlich beseitigt), dass diese Gefühle in Teile der Außenwelt (in andere Personen bzw. Fremdgruppen) projiziert werden — woraus sich auch die unwiderstehliche Attraktivität von Lebensanschauungen und Weltbildern ergibt, in denen dämonisch-böse wie auch verächtlich-hilflose Individuen und Gruppen eine wesentliche Rolle spielen.

Die frühkindlichen Wurzeln von Schuldgefühlen leiten sich selbstverständlich nicht aus einer Verletzung ethischer Prinzipien her, sondern im Wesentlichen aus dem Empfinden von Liebesverlust und Im-Stich-gelassen-Werden durch idealisierte elterliche Bezugspersonen, mit denen sich ein Kind identifiziert und von deren Wohlwollen, Pflege und Schutz es auf Gedeih und Verderb angewiesen ist.[1] Grundsätzlich ist es schon die die Abspaltung motivierende panische Verleugnung eines Teils der Innenwelt (eigener Empfindungen, Erfahrungen, Bedürfnisse), die permanente unterschwellige Gefühle von Schlechtigkeit, Verächtlichkeit und Hilflosigkeit zur Folge haben muss. Im Zusammenhang

---

[1] Während autoritäre Moralität mit Schuldgefühlen droht, die sich letztlich aus frühkindlichen Ängsten vor Liebesverlust herleiten, baut eine humanistische Moral grundsätzlich nicht auf Angst vor Schuld, sondern auf dem Bedürfnis nach Verantwortung auf (zur Unterscheidung von humanistischer und autoritärer Ethik vgl. Fromm 1947: 21ff).

mit der bedingungslosen kindlichen Angewiesenheit auf die elterlichen Bezugspersonen sind es aber besonders die unvereinbaren Gefühlsambivalenzen, die als einschneidendste Auswirkungen permanente, tief verwurzelte Schuldgefühle schaffen: Gegen dieselben Personen, die bedingungslos idealisiert und narzisstisch-identifizierend geliebt werden, müssen aufgrund der traumatischen Erfahrungen auch heftige Hassgefühle erwachsen (welche aber aufgrund ihrer akuten Bedrohlichkeit besonders stark verleugnet und abgespalten werden).

Diese Abwehr gegen bedrohliche Hassgefühle führt zwangsläufig zu einem „Sich-Festklammern" an der idealisierten Wahrnehmung der Eltern (die später im Leben auch auf andere elterliche Figuren übertragen wird) — wie auch ebenso zur unbewussten Projektion der abgespaltenen negativen Erfahrungen und feindseligen Gefühle auf eine getrennte Gruppe von elterlichen Figuren. Die dadurch bedingte, mehr oder weniger starre Aufspaltung der Wahrnehmungen anderer Menschen — in idealisierte („untadelhaft gute") und in dämonisierte, paranoid phantasierte („abgrundtief böse") Individuen und Kollektive — ist auch eine entscheidende Grundlage der Entwicklungsblockierung von narzisstischen zu reiferen Objektbeziehungen. Da die widersprüchlichen Erfahrungen und Gefühle nicht zu einem kohärenten und realistischen Bild anderer Menschen zusammenwachsen können (das sowohl deren positive als auch deren negative Seiten gelten lassen würde), können diese auch nicht empathisch (einfühlend, in ihrer eigengesetzlichen Wirklichkeit, mit ihren eigenen Bedürfnissen) wahrgenommen werden.

Besonders das Sich-Festklammern an der Idealisierung der elterlichen Figuren setzt aber noch eine kumulative Dynamik zusätzlicher Quellen von Schuldgefühlen in Gang. Wenn diese geliebten Bezugspersonen unbedingt und durchwegs als liebevoll, untadelhaft und unfehlbar gesehen werden müssen, so muss man sich zwangsläufig selbst als schuldig am Zustandekommen traumatischer (wie auch sonstiger konflikthafter) Situationen empfinden, bzw. die eigenen Wünsche und Handlungen, die dabei eine Rolle gespielt haben, als „sündhaft" erleben. Wenn deren moralische Ansprüche und Forderungen über aller Kritik erhaben sein müssen, so müssen die sich daraus unvermeidlich ergebenden Gegensätze zu Teilen des wirklichen eigenen Fühlens, Wünschens, Handelns usw. vielfältige konkrete Ausgestaltungen von Schuld- und Hilflosigkeitsgefühlen zur Folge haben.

2.5.3.3 Wiederholungszwang

Als spontane, blinde — aber wegen ihrer Unbewusstheit zum Scheitern verurteilte — Heilungstendenz der inneren Spaltung kann die mächtige Dynamik des

Wiederholungszwangs begriffen werden, insofern sie auf annähernde Neuinszenierungen der ursprünglichen traumatischen Situationen zielt, allerdings unter
der Bedingung überwundener (oder verringerter) Hilflosigkeit.

Dies kann einerseits dadurch angestrebt werden, dass das früher selbst Erlittene nunmehr in ähnlicher Form anderen zugefügt wird („each of us is apt to
do unto others as we *have been* done by. The bullying adult is the bullied child
grown bigger" [Bowlby 1979: 141]). Es kann aber auch in der Form zum Tragen
kommen, dass man das Erlittene selbst wieder aufs Neue erleidet — freilich
diesmal „unter eigener Regie" und daher eben nicht so hilflos (und unter Befriedigung der aus den tiefen Schuldgefühlen erwachsenden Selbstbestrafungsnei-
gungen). Diese beiden Versionen des Ausagierens des Wiederholungszwangs,
die nach meinem Verständnis die wesentlichste Grundlage sadistischer und masochistischer Motivation darstellen, schließen sich nicht nur nicht gegenseitig
aus, sondern ergänzen sich immer — in ihren unterschiedlichsten individuellen
Manifestationen — in vielschichtig-komplexer Weise.

Während dieses Ausagieren vorübergehend zweifellos erhebliche psychische Erleichterung und Stabilisierung bringt (trotz — insbesondere aber *wegen*
— des eigenen und fremden Leidens, dass damit verbunden ist), versagt es in
seinem eigentlichen Ziel der Überbrückung der inneren Spaltung — ein Ziel, das
nur über den oft Angst machenden Blick nach innen erreichbar wäre, das heißt
über die zähe und kräftezehrende Wiederaneignung des Abgespaltenen mittels
bewusst machender Trauerarbeit.[1]

Die Nichterfüllung des tieferen Motivs der Wiederholungs-Inszenierung erklärt denn auch den Charakter einer Art zyklisch wiederkehrenden „Besessenheit" des Ausagierens, die ja schon im Begriff „Wiederholungszwang" selbst
deutlich zum Ausdruck kommt. Nach dem Muster von Suchtverhalten muss das

---

[1] Zu dem hier dargestellten Verständnis der Konzeption des Wiederholungszwangs gelangte ich
zwar, indem ich Freuds klassische Argumentation in seiner Studie ‚Jenseits des Lustprinzips' (Freud
1920) zum Ausgangspunkt nahm. Allerdings entspricht es nicht der von Freud dort entwickelten
Gesamtformulierung der Logik des Wiederholungszwangs, sondern eher einer konsequenteren
Elaborierung der mich darin überzeugenden Erklärungsansätze. Nach meiner Vermutung könnte
Freud eine in die hier skizzierte Richtung gehende Weiterverfolgung seiner eigenen Erklärungsansätze vermieden haben, weil sich daraus ergeben hätte, dass eigentlich kein zwingender Grund besteht, die Motivationen des Wiederholungszwangs zum Teil „jenseits des Lustprinzips" anzusiedeln
(was die Argumentation zugunsten seiner in dieser Arbeit erstmals aufgestellten Todestriebhypothese
erheblich geschwächt hätte). Weder die Tendenz zur Überwindung der inneren Spaltung noch ihr
Scheitern scheinen mir irgendeinen Widerspruch zum Lustprinzip nahe zu legen: Zweifellos brächte
die Überbrückung des Abgrunds innerer Angst, der durch früheres traumatisches Erleben zustande
gekommen ist, einen überaus starken Lustgewinn; während andererseits auch das Verfehlen dieses
Ziels durch das (ebenso dem Lustprinzip entsprechenden) Motiv der Vermeidung zu direkter (zu
bewusster) — und damit zu große Angst auslösender — Konfrontation mit diesem inneren Abgrund
sehr verständlich erscheint.

Unerreichbare in weitgehend gleichförmigen Inszenierungen immer wieder von neuem angepeilt werden. Das heißt, ohne (bewusst) zu wissen wie, geraten wir immer wieder in ähnlich geartete schmerzliche Situationen — ein Verhaltensmuster, das sich in manchen Lebensgeschichten zu einer besonders augenfälligen Tragik auswachsen kann: „Es gibt Menschen, die in ihrem Leben ohne Korrektur immer die nämlichen Reaktionen zu ihrem Schaden wiederholen, oder die selbst von einem unerbittlichen Schicksal verfolgt scheinen, während doch eine genauere Untersuchung lehrt, dass sie sich dieses Schicksal unwissentlich selbst bereiten. Wir schreiben dann dem Wiederholungszwang den *dämonischen* Charakter zu." (Freud 1933: 114) Es ist wohl nur in dieser Logik zwanghaft wiederholter Neuinszenierung traumatischen Erlebens, dass der viel zitierte und eindrucksvolle Ausspruch des Philosophen George Santayana sinnvoll zu begründen ist: „Those who cannot remember the past are condemned to repeat it." (Santayana 1905: 82).

Die in dieser Formulierung eher gedämpft anklingende Tragik, die den bisherigen Verlauf der menschlichen Geschichte gezeichnet hat, kommt in einer grundsätzlichen Erörterung zur Logik des Wiederholungszwangs, wie sie deMause liefert, in weitaus schärferen Konturen zum Tragen:

„ *Die Wiederaufführung als Abwehr von dissoziiertem Trauma ist die entscheidende Schwachstelle in der Entwicklung des menschlichen Geistes* — verständlich aus der Sicht des Individuums, als Weg zur Aufrechterhaltung der Zurechnungsfähigkeit, aber tragisch in seinen Auswirkungen auf die Gesellschaft, da es bedeutet, dass frühe Traumata auf der historischen Bühne zu Krieg, Herrschaft und selbstdestruktivem Sozialverhalten vergrößert werden. Geschichte ist deshalb ein sozialer Mechanismus, von dem erwartet wird, uns persönlich geistig gesund zu halten — um schlecht adaptierte Zustände des Gehirns durch das Wiederaufführen früher Traumata auf Kosten anderer zu kontrollieren. Und weil wir unseren Kindheitsterror auch an den eigenen Kindern wiederaufführen, hält unsere Sucht nach der Schlachtbank der Geschichte Generation für Generation an." (deMause 2002: 72)

Die Logik des Wiederholungszwangs schlägt sich also in einem mächtigen Sog zu (offener wie uneingestandener) Gewaltfaszination nieder. In Kombination mit den beiden zuerst genannten Auswirkungen traumatischer Spaltung des Seelenlebens — psychischer Entwicklungsblockierung bzw. unbewussten Schuld- und Hilflosigkeitsgefühlen — begründet der Wiederholungszwang eine tief verwurzelte Attraktivität von (privaten wie öffentlichen) *Opferungsritualen*, in denen unter den vielfältigsten äußeren Formen und Vorwänden menschliches Leben, Gesundheit, Ressourcen, Entwicklungschancen und Glücksmöglichkeiten vernichtet werden — und deren massivste und konsequenteste Variante in den sich in der Menschheitsgeschichte regelhaft wiederholenden Kriegen bestehen dürfte (vgl. u.a. Janus 2006).

Diese Attraktivität ist besonders in dem Maße gegeben, als die Opfer des gewaltsamen Ausagierens geeignete Dämonisierungsobjekte darstellen (d.h. geeignete Projektionsobjekte der eigenen unbewussten Schuld- und Verächtlichkeitsgefühle), sodass deren Bestrafung (Verletzung, Vernichtung) euphorisch als „Reinigung vom Bösen" (von Sündhaftigkeit, Degeneriertheit u.ä.) erlebt werden kann. Besonders deutlich wird dies zum Beispiel in einem Strategiepapier der US-Waffenlobby: „Producing political pain by bleeding our targets is what gives us great pleasure and satisfaction." (Godwin 1994: 79)

Aber auch die auf infantilen Entwicklungsstufen blockierten Einstellungen sind für die Attraktivität der Opferungsrituale von entscheidender Bedeutung: Sei es im Sinne eines — infantilem Allmachtsdenken entsprechenden — Glaubens an magische Problemlösungskapazitäten des Opferrituals; sei es im Sinne einer — narzisstisch beschränkten Objektbeziehungen entsprechenden — mangelhaften Einfühlung in das wirkliche Leiden der Opfer; sei es im Sinne eines — blockierter genitaler Erfüllung entsprechender — fasziniert-erotisierten Erlebens des gewalttätigen Ausagierens (welches für sich genommen wohl kaum mit Erotik zu tun hat); oder sei es im Sinne einer — mangelnder Integration der Gesamtpersönlichkeit entsprechenden — Verdrängung und Verleugnung eigener Beteiligung und (Mit-)Verantwortung an der Gewalttätigkeit der Opferungsrituale (da die eigene Motivation dazu irgendeinem äußeren „höheren Willen" bzw. dessen Befehlen in die Schuhe geschoben werden kann).

Wie entscheidend die zuletzt genannte Bedingung ist, kann besonders zugespitzt am Beispiel Adolf Eichmanns, eines der zentralen Organisatoren des Holocaust, ermessen werden. Eine für seine psychische Befindlichkeit ungeheuer wichtige Erkenntnis, die ihm die im Jänner 1942 stattgefundene Wannsee-Konferenz (auf der das detaillierte Programm zur Vernichtung der Juden in Europa festgelegt wurde) vermitteln konnte, bestand darin, dass dort nicht nur die nationalsozialistische Partei- und SS-Führung, sondern überraschenderweise auch die Elite der deutschen Ministerialbürokratie durchwegs mit Begeisterung bei der Sache war. Dies bedeutete für Eichmann — an dem, wie Hannah Arendt ausführt, bis dahin trotz allem immer noch leise Zweifel „an so einer Gewaltlösung" genagt hatten — eine wundersame Erleichterung: „‚In dem Augenblick hatte ich eine Art Pilatusscher Zufriedenheit in mir verspürt, denn ich fühlte mir bar jeder Schuld.' *Wer war er, um sich ein Urteil anzumaßen?* Von solcher ‚Arroganz' war er ganz frei. ‚Was soll ich als kleiner Mann mir Gedanken darüber machen?'" (Arendt 1964: 150) Die Verleugnung seines eigenen gedanklichen Mitdabei-Seins erlaubte es ihm umso mehr, an der auf der Konferenz herrschenden allgemeinen guten Laune, an der „freudigen Zustimmung allseits", dem „gemütlichen Zusammensein" (ebenda: 148f) in vollen Zügen teilzuhaben.

2.5.4 Psychopathologie in der gesellschaftlichen Arena

These 6: Die permanenten Auswirkungen traumatischen Erlebens kommen *in den Einstellungen der Individuen zu gesellschaftlichen* (öffentlichen, kollektiven) *Angelegenheiten wesentlich stärker zum Tragen* als in zwischenpersönlich-privaten Belangen.

Friedrich Nietzsches markante Formulierung, dass Wahnsinn bei Individuen selten, in Gruppen, Parteien, Völkern oder Zeitaltern hingegen die Regel sei (Keen 1986: 91), hat zwar gewiss einen logischen Haken: Die „in der Regel wahnsinnigen" Großgruppen müssen insgesamt ja aus denselben Individuen bestehen, die (Nietzsche zufolge) in der Regel „nicht wahnsinnig" seien. Da noch nie jemand ein Kollektiv gesehen hat, dass sich nicht aus Individuen zusammensetzen würde, können Kollektive ganz offenkundig nicht in einem höheren oder geringeren Ausmaß wahnsinnig sein als die Gesamtheit der Individuen, die es bilden.

Nietzsches Beobachtung kann sich aber auf den — bereits in deMauses eben zitierter Ausführung zur Logik des Wiederholungszwangs erörterten — Umstand stützen, dass sich die psychischen Folgewirkungen traumatischen Erlebens in öffentlichen Angelegenheiten verschärfter und durchschlagender äußern als in den persönlichen Lebensbereichen, welche durch konkrete zwischenmenschliche Beziehungen bestimmt sind. Irrationale, extrem reduktionistische, magisch-idealisierende und paranoid-dämonisierende Sichtweisen (etwa von Führern, Gruppen, Parteien oder Ideologien), mangelnde Empathie, moralische Verantwortungslosigkeit, Gewaltbereitschaft oder Gewaltfaszination gewinnen im gesellschaftlichen Zusammenleben allem Anschein nach ein weitaus größeres Gewicht als in den zwischenpersönlich-privaten Lebensbereichen (in welchen sie deshalb natürlich durchaus nicht bedeutungslos sind). Der volkstümliche Ausspruch „Politisch Lied, ein garstig Lied" dürfte wohl in stärkerem Ausmaß auf diese Wahrnehmung zurückzuführen sein als etwa auf häufige Beobachtungen zynischer oder gewalttätiger Praktiken seitens politischer Entscheidungsträger.

Diese stärkere Zuspitzung pathologischer Einstellungen in gesellschaftlichen Angelegenheiten kommt insbesondere darin zum Ausdruck, dass in großen politischen Zusammenhängen (zum Beispiel im Verhalten von Regierungen oder Staaten) häufig Praktiken als legitim anerkannt werden, die im Falle des Verhaltens einer Einzelperson (zu Recht) allgemein als verwerflich, pathologisch oder auch verbrecherisch angesehen würden — wofür etwa Kriege oder militärische

Hochrüstung besonders schlagende Beispiele liefern. In diesem Sinne argumentiert zum Beispiel der Völkerrechtsexperte Olivier Russbach, dass die Anwendung der für einfache Staatsbürger gültigen Gesetze und Rechtsnormen auf Regierungen oder Staaten, die etwa atomare Aufrüstung betreiben, umstandslos zu einer Anklageerhebung wegen einer ganzen Reihe schwer verbrecherischer Handlungen führten müsste — wozu es freilich üblicherweise nicht kommt (Russbach 1985).

Umgekehrt äußert sich eine relative Abmilderung pathologischer Dispositionen in zwischenpersönlich-privaten Belangen etwa darin, dass dämonisierende, verächtliche und auf Gewalt orientierte Einstellungen gegenüber verschiedensten Außengruppen in persönlichen Beziehungen mit Individuen, die diesen Außengruppen angehören, typischerweise eine eher geringere Durchschlagskraft haben. Selbst fanatische Ausländerfeinde können unter Umständen zu einzelnen Ausländern, mit denen sie zu tun haben, ein relativ freundliches Verhältnis unterhalten. Die Behauptung, dass „einige meiner besten Freunde Juden" seien, war bekanntlich unter Nazis ein sehr verbreitetes Klischee. Gewiss kann man die Tiefe oder Aufrichtigkeit derartiger „Freundschaften" stark in Zweifel ziehen; sicher ist jedoch auch, dass die paranoiden Wahrnehmungen gegenüber solchen persönlich bekannten Ausländern oder Juden weniger stark ausgeprägt sind als gegenüber der jeweiligen Außengruppe als Gesamtkollektiv bzw. „große Masse".

Für die größere Durchschlagskraft der psychischen Folgewirkungen traumatischen Erlebens in öffentlich-gesellschaftlichen Angelegenheiten kommen drei wesentliche Gründe in Betracht:

1. Gefühlsbindungen der Individuen zu Großgruppen bauen hauptsächlich auf Identifizierungen auf (im Gegensatz zur stärkeren „Objektbeziehungskomponente" — der Auseinandersetzung mit einem konkreten Gegenüber — in zwischenpersönlichen Gefühlsbindungen). Identifizierungen sind nun der Psychoanalyse auch als lebensgeschichtlich „früheste Äußerung einer Gefühlsbindung an eine andere Person bekannt" (Freud 1921: 115) und sind in ihren narzisstischen Ursprüngen durch schwach ausgeprägte Grenzwahrnehmungen zwischen Ich und Außenwelt gekennzeichnet (wobei, wie schon erwähnt, andere Personen mehr als Verlängerung des eigenen Ich denn als eigenständige Wesen wahrgenommen werden). Erst unter der Voraussetzung und in dem Maße, als ein Individuum die Fähigkeit zu reiferen Objektbeziehungen entwickelt (in welchen also andere Personen in ihrer getrennten, eigengesetzlichen Existenz wahrgenommen werden), kann Identifizierung den Charakter von Empathie entwickeln, d.h. ein „Sich-gleich-Setzen" bzw. Hineinfühlen in das Erleben anderer Personen unter der Aner-

kennung ihres Andersseins. In dem Maße, als eine solche Reifung in den Gefühlsbindungen *nicht* erreicht wird, werden diese allgemein durch narzisstische (Ich-Grenzen-schwache) Identifizierungen determiniert sein — und demzufolge werden Gefühlsbindungen dann auch umso unreifer bzw. irrationaler sein, je größer in ihnen jeweils das Gewicht von Identifizierungen ist (bzw. je weniger diese durch jene „Objektbeziehungskomponente" ausgeglichen werden, die vor allem in konkreten zwischenpersönlichen Beziehungen entsteht). Dementsprechend trifft es also besonders auf Gefühlsbindungen zu großen Kollektiven zu, dass sich pathologische bzw. irrationale Potentiale in ihnen in stärkerem Ausmaß realisieren müssen als in anderen Gefühlsbindungen.

2. Der Bezug zu gesellschaftlicher Realität ist in weiten Bereichen relativ abstrakter (weniger handgreiflich, weniger „alltagswirklich") als der Bezug zu zwischenmenschlich-privater Realität — wenn auch weitaus nicht so abstrakt wie er sich dem abwehrenden Bewusstsein meist darstellt. Dieser geringere Realitätsbezug — und die damit verbundene geringere Überprüfung eigener Sichtweisen durch reale Erfahrung — begünstigt infantile Einstellungen, die Projektion abgespaltener Gefühle auf äußere Objekte wie auch das gewaltsame Ausagieren der Wiederholungszwänge (das dementsprechend weniger durch Realitätskontrolle, Einfühlung in das reale Leiden der Opfer oder das Gefühl persönlicher Verantwortlichkeit beeinträchtigt wird).

3. Der Bezug zu gesellschaftlicher Realität ist meist auch durch ein ausgeprägtes Gefühl persönlicher Machtlosigkeit gekennzeichnet, das teilweise gewiss einer realistischen Wahrnehmung entspricht, teilweise aber auch durch die Projektion innerer Hilflosigkeit in die Außenwelt — wie auch durch die Verleugnung eigener gesellschaftlicher Verantwortlichkeit — motiviert ist. Ähnlich wie die größere Abstraktheit begünstigt auch dieses Machtlosigkeitsgefühl (im Sinne einer Angstabwehr) eine Verringerung des Realitätsbezugs mit den eben genannten psychischen Implikationen.

These 7: Insofern verschiedene lebensgeschichtliche Traumen den Mitgliedern einer Gesellschaft (oder eines Teils einer Gesellschaft) gemeinsam sind — d.h. einander ähnlich genug, typisch genug sind —, wird also *der irrationale (unbewusste) Anteil des öffentlichen Agierens* (der gesellschaftlichen Auseinandersetzungen, Ereignisse, Entwicklungen usw.) *die konzentrierteste Ausdrucksform der persönlichen Traumen* darstellen und insgesamt auch die extremsten Auswirkungen haben.

Bei aller Einzigartigkeit und Besonderheit jeder individuellen Lebensgeschichte — und daher auch der traumatischen Anteile jeder individuellen Lebensgeschichte — ist es doch offensichtlich, dass es zwischen den Individuen auch sehr weitläufige Gemeinsamkeiten und Ähnlichkeiten im traumatischen Erleben geben muss: Sowohl aufgrund der schon biologisch vorgegebenen (und somit allgemein-menschlichen) frühen Verletzbarkeiten und deren je nach Entwicklungsphase spezifischen Bedingtheiten, als auch aufgrund typischer Lebensumstände, Erziehungs- und Beziehungsformen, mit denen Kinder in einer bestimmten Kultur, Epoche, Gesellschaft oder auch in einem bestimmten Teil einer Gesellschaft aufwachsen.[1]

Unter der Voraussetzung der stärkeren Durchschlagskraft der Auswirkungen traumatischen Erlebens in öffentlich-gesellschaftlichen Angelegenheiten ist also zu folgern, dass der den Mitgliedern einer Gesellschaft (eines Teils einer Gesellschaft) gemeinsame Anteil früher traumatischer Erfahrungen im öffentlichen Agieren die am stärksten ausgeprägten, konzentriertesten psychopathologischen Auswirkungen haben muss; genauer gesagt: in jenem (enormen) Anteil öffentlichen Handelns (öffentlicher Auseinandersetzungen, Anliegen, Konflikte, Regelungen, Aktionen, Projekte, Riten, Phantasien usw.), der nicht durch praktische, rationale Zweckmäßigkeit oder Notwendigkeit (hergeleitet aus klar definierten menschlichen Bedürfnissen) bestimmt ist.

Aus dem Öffentlichkeitscharakter dieses Ausdrucks und Ausagierens der gemeinsamen bzw. typischen frühen Traumatisierungen kann auch geschlossen werden, dass sich eine Art inhaltlicher und zeitlicher Abstimmung der Mitglieder einer Gesellschaft aufeinander ergibt; das heißt, dass sich unbewusste gemeinsame Nenner von Phantasiethemen und Aktionsmustern herausbilden, auf deren Grundlage sich möglichst viele individuelle Folgewirkungen traumatischen Erlebens ähnlich und im Zusammenspiel miteinander manifestieren und ausagieren können, sowie auch, dass dabei eine Art kollektive Synchronisierung der zyklischen Abläufe von Wiederholungszwängen angenommen werden kann, namentlich im Sinne wiederkehrender konjunktureller Auf- und Abschwünge der öffentlichen Attraktivität von Opferungsritualen.

Eine allgemeine Schlussfolgerung, die sich aus dieser These ergibt, ist besonders auch die, dass eine Psychologie der Irrationalität (der pathologischen Einstellungen) für die Erklärung gesellschaftlicher Verhältnisse oder Entwicklungen eigentlich in noch höherem Maße benötigt wird als für die Erklärung individueller bzw. privater Verhältnisse. Dies war im Grunde auch die Orientierung Freuds, dem die Entwicklung der Psychoanalyse besonders in jenen Wissenschaftsgebieten am Herzen lag, „die sich mit der Entstehungsgeschichte der menschlichen Kultur und ihren großen Institutionen wie Kunst, Religion und

---

[1] Die bisher wohl am breitesten angelegte und konsequenteste Untersuchung historischer Evolutionslinien von typischen kindlichen Lebensbedingungen wurde von deMause initiiert (deMause 1974; 1988; 1991b; 2002: 285ff; Nyssen/Janus 1997).

Gesellschaft beschäftigen", und der sich daher überaus vehement — aber insgesamt mit nur geringem Erfolg (Parin 1978a) — dagegen zur Wehr setzte, „dass die Psychoanalyse von der Medizin verschluckt werde und dann ihre endgiltige Ablagerung im Lehrbuch der Psychiatrie finde, im Kapitel Therapie" (Freud 1926: 283). Abgesehen davon, dass das von Freud befürwortete „Wagnis einer [...] Pathologie der kulturellen Gemeinschaften" wohl kaum förderliche Auswirkungen auf das Sozialprestige (und damit auch auf das Einkommen) des psychoanalytischen Berufsstandes gehabt hätte, sind für die bis heute nur ansatzweise Verwirklichung dieses Wagnisses wohl auch noch schwerwiegendere Hindernisse als das von Freud genannte von Bedeutung: „Bei der Einzelneurose dient uns als nächster Anhalt der Kontrast, in dem sich der Kranke von seiner als ‚normal' angenommenen Umgebung abhebt. Ein solcher Hintergrund entfällt bei einer gleichartig affizierten Masse" (Freud 1930: 505).

Mehr als dieser fehlende äußere Kontrast dürften es wesentlich verstärkte innere Widerstände sein, die sich einer analytischen Erforschung von Psychopathologie auf gesellschaftlich-öffentlicher Ebene entgegenstellen: *Gerade weil* diese — im Sinne der These 6 — wesentlich stärker ausgeprägt ist als auf individuell-privater Ebene, müssen logischerweise auch die Widerstände — die inneren Ängste — gegenüber ihrer möglichen Bewusstmachung weitaus mächtiger sein. Und diese inneren Ängsten werden noch durch nahe liegende äußere Ängste verstärkt, die sich im Zusammenhang damit ergeben: Dass „der Wahnsinn" in Großgruppen, Parteien, Nationen oder Zeitaltern allgemeine Regel sei, ist zweifellos eine weitaus stärker beängstigende Annahme als etwa die Vorstellung, er käme nur bei einer (selbst zahlreichen) Minderheit vereinzelter neurotischer bis psychotischer Individuen vor. Nur zu verständlich, wenn man Derartiges lieber „übersehen" möchte.

2.5.5 Das Brisanteste liegt meist unbeachtet zutage

These 8: Die gemeinsamen Traumen (und ihre Auswirkungen) werden sich dementsprechend *in allen Medien des öffentlichen Ausdrucks besonders intensiv —* wenn auch natürlich verschlüsselt und unbewusst — *manifestieren,* und dabei ganz besonders ausgeprägt in den äußerlich willkürlich erscheinenden und bildhaft-körpersprachlichen Äußerungen massenmedialer Produktivität.

Somit kann man von den vorhergehenden zwei Thesen ausgehend zur überaus paradoxen Auffassung gelangen, dass gerade in aller Öffentlichkeit, nämlich in den Medien der Massenkommunikation, einige unserer tiefsten — uns selbst nur unbewusst bekannten — traumatischen Geheimnisse am eindrücklichsten dargestellt und ausagiert werden (natürlich unter der Voraussetzung ihrer Verfremdung bzw. relativen oberflächlichen Unkenntlichkeit); und das noch dazu auf regelmäßiger Basis: „[...] das Versteckteste, Brisanteste liegt meist offen und unbeachtet zutage, alte Kriminologen- und Psychoanalytikerweisheit." (Mahrenholz 1994) Ganz allgemein gesprochen liefert dies nicht zuletzt eine wesentliche Erklärung für die starke Attraktivität von massenmedialen Darstellungen von Horror und Gewalt (als Neuinszenierungen früheren traumatischen Erlebens), wie etwa auch von verschiedenartigsten Darstellungen „szenischer Muster" — zum Beispiel in Kriminalgeschichten aller Art —, in denen schwere Schuld, deren Verheimlichung, Aufdeckung, Bestrafung u.ä.m. zentrale Bedeutung haben (als projektive Bearbeitung eigener unbewusster Schuld- und Verächtlichkeitsgefühle).

Im Sinne der Thesen 2 und 7 werden diese öffentlichen Darstellungen umso aussagekräftiger sein, je weniger rationale Zweckmäßigkeiten darin von Bedeutung sind (je mehr Raum für äußerliche Willkürlichkeit gegeben ist, bzw. je weniger die Ausgestaltungen der Phantasie durch realistische oder logische Rücksichten beeinträchtigt werden). Im Sinne der These 4 wird dies auch umso mehr der Fall sein, je stärker bildhafte und situativ-körpersprachliche Aspekte in der Darstellung zur Geltung kommen. Beides trifft natürlich besonders auf die breite Palette massenmedialer Produktivität zu, die unter der Bezeichnung „Unterhaltung" läuft.

Ein weiteres, zentrales Kriterium für die Aussagekraft massenmedialer Darstellungen stellt natürlich auch die Breite des öffentlichen Echos auf ein mediales (bzw. auch überhaupt kulturelles) Produkt dar: Als je populärer es sich herausstellt, desto höher kann in einer Gesellschaft (oder gesellschaftlichen Gruppe) der Grad der unbewussten Gemeinsamkeit frühen traumatischen Erlebens bzw. dessen Ausagierens angenommen werden, den die Produzenten zum Ausdruck bringen können. Bezeichnend ist in diesem Zusammenhang auch, dass das Verhältnis zwischen finanziellem Werbeaufwand für ein Medienprodukt und dessen Popularitätserfolg häufig alles andere als proportional ist — was besonders auch auf viele Produkte zutrifft, die außergewöhnlich „groß einschlagen". Aber auch die Fälle, in denen eine ungefähre Proportionalität zwischen großem Werbeaufwand und Popularitätserfolg gegeben ist, widersprechen an sich nicht der Auffassung, dass der Erfolg eines solchen Medienprodukts entscheidender damit zusammenhängt, dass es kollektive unbewusste Motive ausagiert bzw. dramatisch bearbeitet; wie dies etwa Siegfried Kracauer anhand des Beispiels Film umreißt:

> „Man hat gelegentlich bemerkt, dass Hollywood es schafft, Filme zu verkaufen, die den Massen nicht geben, was sie wirklich wollen. Nach dieser Meinung tragen Hollywood-Filme zur Verdummung und Irreführung eines Publikums bei, das sie sich durch seine eigene Passivität und überwältigende Reklame andrehen lässt. Der ver-

zerrende Einfluss der Hollywood-Massenunterhaltung sollte jedoch nicht überschätzt werden. Wer immer manipuliert, bleibt anhängig von den Eigenschaften, die seinem Material innewohnen; [...] Hollywood kann es sich nicht leisten, Spontaneität auf Seiten des Publikums zu ignorieren. Allgemeine Unzufriedenheit zeigt sich in rückläufigen Kasseneinnahmen, und die Filmindustrie, für die Profitinteresse eine Existenzfrage ist, muss sich so weit wie möglich den Veränderungen des geistigen Klimas anpassen. Gewiss, amerikanische Kinobesucher kriegen vorgesetzt, was Hollywood will, dass sie wollen; auf lange Sicht aber bestimmen die Bedürfnisse des Publikums die Natur der Hollywood-Filme." (Kracauer 1947: 11f)

Die Annahme, dass in den öffentlichen Medien das gemeinsame Unbewusste (die gemeinsamen frühen Traumen und deren Folgewirkungen) einer Gesellschaft besonders konzentriert zum Ausdruck kommt — und das heißt speziell auch: das den Konsumenten *und* Produzenten gleichermaßen Unbewusste —, widerspricht im Prinzip nicht der recht geläufigen Darstellung, dass mächtige Medienbetreiber Darstellungsformen und Mittel bewusst (in manipulierender Absicht) einsetzen, die darauf zielen, tiefenpsychologisches Wissen über unbewusste Ängste, Zwänge, Konflikte usw. bei ihren Konsumenten systematisch auszunutzen, um verschiedenen — mehr oder weniger verheimlichten — wirtschaftlichen oder politischen Interessen zur Durchsetzung zu verhelfen. (Vor allem seit Vance Packards Klassiker ‚Die geheimen Verführer' sind Sichtweisen dieser Art beinahe schon zu einem Gemeinplatz geworden.)

Diese Ebene der bewusst manipulierten, aber unbewusst wirksamen Massenkommunikation (bzw. -beeinflussung) dürfte allerdings einen vergleichsweise oberflächlichen und marginalen Stellenwert haben, im Verhältnis zur Ebene gemeinsamer Unbewusstheit von Manipulierern wie Manipulierten, welche von tiefer liegenden und daher auch mächtigeren irrationalen Ängsten herrührt. Gerade auch die verbreiteten, weitgehend realitätsfernen Phantasien von tiefenpsychologisch perfekten, „unfehlbaren" Manipulationstechniken in den Händen verschiedener Machteliten wären in ihren verschiedenen Aspekten als Auswirkung dieser tieferen Ebene gemeinsamen traumatischen Erlebens zu deuten — nicht zuletzt auch als Ausdruck der dadurch nicht überwundenen infantilen Allmachtsphantasien, die zum Beispiel auf politische Führer oder Apparate projiziert werden.

These 9: Damit dieser besonders intensive Ausdruck gemeinsamer Traumen nicht zu schmerzlicher Bewusstwerdung führt — d.h. nicht von blindem Ausagieren zur konkreten Herausforderung zu Trauerarbeit überleitet —, ist es besonders wesentlich, *eine Oberfläche der Beliebigkeit* (einen Eindruck tieferer Bedeutungslosigkeit) aufrecht zu halten, wie sie zum Beispiel im gängigen Begriff von „Unterhaltung" in den Medien illustriert wird.

Im Sinne der Konzeption des Widerstands hat also *gerade dieser* Umstand — dass die Darstellung bzw. das Ausagieren gemeinsamer früher Traumen in den Medien des öffentlichen Ausdrucks so besonders stark ausgeprägt ist — die logische Konsequenz, dass er besonders stark verleugnet (vom Bewusstsein ferngehalten) werden muss. Und so liegt es denn in der Logik des zentralen Abwehrmechanismus der Reaktionsbildung, dass das Verdrängte durch sein Gegenteil verdrängt gehalten wird, d.h. durch den gegenteiligen Eindruck von bloßer Vordergründigkeit und tieferer Bedeutungslosigkeit — wie auch durch die gefühlsmäßige Tendenz, es befremdlich zu finden, wenn jemand meint, etwa in alltäglichen massenmedialen Unterhaltungsprodukten einen geheimen Sinn oder unbewusste Botschaften entdecken zu können (den Eindruck zu haben, dergleichen sei doch bloß ein künstliches Hineininterpretieren). Die konkreten Ausgestaltungen öffentlicher Phantasien, insbesondere ihre emotionalen, bilder- und körpersprachlichen Ausdrucksformen — sei es in Filmen, Zeitungen und Illustrierten, in TV-Shows und -Sendungen, in den Bildern der Werbung und Propaganda, in Comic Strips oder Karikaturen — werden also vom abwehrenden Bewusstsein so wahrgenommen, als ob sie mehr oder weniger bloß zufällig „einfach nur so" seien, wie sie halt gerade sind.

Dass etwa bestimmte massenmediale Darstellungen als unterhaltsam, anregend, spannend, Neugierde erweckend usw. empfunden werden, habe dementsprechend nur mit deren vordergründigen Inhalten oder auch mit der sensationsträchtigen (irgendwie „die Nerven kitzelnden") Geschicklichkeit ihrer Präsentation zu tun. Insbesondere aber habe es nichts — oder kaum etwas — mit der eigenen Person (oder schon gar mit eigenen tieferen Konflikten) zu tun, wenn man gerade diese oder jene Medienprodukte konsumiere. Man tue das eben einfach nur so zur Unterhaltung, zur Zerstreuung, zum Zeitvertreib, das habe doch im Grunde gar nichts zu bedeuten.

In der Logik der hier erörterten Thesen ist stellt sich also dieser bereits eingangs beschriebene Anschein einer bedeutungslosen Vordergründigkeit der medialen Bilder- und Körpersprache geradezu als notwendige Voraussetzung dafür heraus, dass darin unbewusste gesellschaftliche Tiefenstimmungen und Entwicklungstendenzen in konzentrierter und kontinuierlicher Weise zum Ausdruck kommen können.

Demgegenüber ist die psychohistorische Methode der ,fantasy analysis' freilich — ähnlich wie auch andere psychoanalytisch orientierte Interpretationsansätze — ein Versuch in der Richtung eines nachhaltigen Abbaus dieser Widerstands-bedingten Mattscheibe, mit deren Hilfe wir die Trauerarbeit vermeiden, welche uns erlauben würde, uns die abgründigen Seiten unserer Lebensgeschichten anzueignen (statt von ihnen blind beherrscht zu werden).

Angesichts der existentiellen Herausforderungen, vor denen unsere heutige Gesellschaft steht, kommt dieser Trauerarbeit — auf individueller wie auf breiter kollektiver Ebene — zunehmend überlebenswichtige Bedeutung zu: unser aller tiefen, pathologischen Ängsten, Schuld- und Beschämungsgefühlen, Wahnvorstellungen und Zwängen auf den Grund zu gehen, die uns daran hindern, eine tragfähige Kultur globaler Zusammengehörigkeit, Verantwortlichkeit und Solidarität zu verwirklichen.

Wie schon aus den bisherigen Auseinandersetzungen (u.a. in den Abschnitten 2.3.5 und 2.4.2) hervorgeht, stehen diesem Anliegen zwar allzu mächtige Hindernisse gegenüber, als dass es in landläufig-konventioneller Sichtweise als realistisch gelten könnte. Angesichts seiner dramatisch zunehmenden Unverzichtbarkeit für das Überleben unserer Spezies — und unter ebenfalls bereits begründeten Annahme, dass dies den meisten Menschen mindestens „in einem heimlichen Winkel ihrer Seele" auch bekannt sein muss — sollte man freilich auch nicht grundsätzlich ausschließen, dass wir doch noch Mittel und Wege finden, die das ganz unmöglich Erscheinende möglich machen.

3 Feindbilder als zentrales Problemfeld

3.1 Fremdenfeindlichkeit: Hintergründe und Präzisierungen

Im Rahmen verschiedener Lehrveranstaltungen zur Psychologie des Feindbildes, die ich seit 1995 an der Universität Klagenfurt (und später auch an anderen Universitäten) abgehalten habe, regte ich die Teilnehmenden wiederholt dazu an, die ihnen in den Sinn kommenden und bedeutsam erscheinenden Feindbilder bzw. Vorurteile (natürlich unabhängig davon, ob sie diese selbst teilten oder nicht) aufzulisten und eventuell auch inhaltlich zu beschreiben. Aus den schriftlichen Rückmeldungen der Studierenden ergab sich ein insgesamt recht dichtes und detailreiches Panorama von ablehnenden, diskriminierenden oder dämonisierenden Wahrnehmungen und Einstellungen, das die Auseinandersetzung mit dem Thema wesentlich stimulierte und bereicherte.

Sicherlich können solche informellen Erhebungen keinen Ansprüchen auf statistische Präzision oder demographische Repräsentativität genügen. Einige der Hauptgesichtspunkte, die sich dabei mit großer Deutlichkeit herausschälten, bieten aber, wie ich meine, doch ziemlich brauchbare Ansätze, um sich auf diesem überaus schwierigen und hindernisreichen Problemfeld zu orientieren:

1. Das Spektrum von Merkmalen, die grundsätzlich den Inhalt (oder Vorwand) für Feindbilder abgeben können, scheint beinahe unbegrenzt zu sein. Die entsprechenden Kategorien reichen von einem allgemeinen, nicht näher festlegbaren „Anderssein" über die vielfältigst definierten Zugehörigkeiten zu besonderen Außengruppen — sei es aufgrund von Nationalität, Sprache, Kultur, Hautfarbe, Religion, Ideologie, Lebensalter, Geschlecht, sexueller Neigung, Lebensstil, Behinderung, sozialem Status, Einkommen, Bildungsniveau, Beruf oder Arbeitslosigkeit — bis hin zu persönlichen Haltungen und Eigenheiten aller Art. Letztlich, so wurde etwa in einigen schriftlichen Rückmeldungen eher erstaunt angemerkt, dürfte es wohl kaum eine menschliche Eigenschaft oder Gruppenzugehörigkeit geben, die nicht bei Bedarf den Stoff für ein Feindbild abgeben könnte. Ein Paar, das eine der Lehrveranstaltungen gemeinsam besuchte, berichtete, wie es einen langen Abend hindurch miteinander diskutierte: „Anfangs hatten wir Schwierigkeiten, uns dem Thema zu nähern, aber bei eingehenderer Betrachtung

konnten wir kein Ende finden. Die Liste der uns bekannten Vorurteile schien schier endlos zu werden." Dieses Ergebnis wird etwa auch durch Gordon Allports Beobachtung über prinzipiell in Frage kommende Objekte von Vorurteilen bestätigt: „The possibilities seem endless. Looking at the types of groups against which prejudice is known to exist we find that they break down into at least a dozen classes: race; sex; age levels; ethnic groups; linguistic groups; region; religions; nations; ideologies; castes; social classes; occupations; educational levels; innumerable forms of interest groups" (Allport 1954: 89).

2. Innerhalb dieser beinahe endlos erscheinenden Palette von Vorurteilen und Feindbildern überragen nun im großen Überblick diejenigen, die sich gegen national, ethnisch, „rassisch" oder kulturell definierte Fremdgruppen richten, alle übrigen Kategorien bei weitem — sowohl hinsichtlich der Anzahl der Nennungen, der dazu angegebenen Intensität von Abneigung oder Verachtung, als auch im Hinblick auf die Ausführlichkeit, mit der die konkreten Inhalte der Feindbilder benannt wurden. Selbst jene sonstigen Feindbildkategorien, die ebenfalls mit auffälliger Häufigkeit angegeben wurden (unter anderem Arbeitslose, Obdachlose, Kriminelle, Sekten, Homosexuelle, Behinderte, Politiker), bleiben insgesamt gegenüber den ethnisch-nationalen Kategorien um ein Mehrfaches zurück. Eine tendenzielle Bestätigung für diese negative Vorrangstellung kann man auch Allports eben zitierter Aufzählung entnehmen: Unter den ersten acht Beispielen kann mindestens die Hälfte einer ethnisch-nationalen Rubrik zugeordnet werden. Noch bezeichnender ist der Umstand, dass die verschiedenen Beispiele von Vorurteilen, die Allport in der Einleitung zu seiner klassischen Studie anführt, beinahe ausnahmslos ethnisch-national zu definierende Kollektive betreffen (ebenda: 3ff). „Ethnizität ist jedenfalls eine Form von Identität", bemerkt etwa auch der Politikwissenschaftler Anton Pelinka, „die zu besonders intensiven Formen der politischen Ein- und Ausschließung führen kann." (Pelinka 1998: 26)

3. Innerhalb der ethnisch-nationalen Kategorie von Feindbildern ist es wiederum die formal sehr unscharfe, tatsächlich aber ziemlich eindeutige Unterkategorie der „Ausländer" — nämlich der verarmten und verfolgten Zuwanderer (bzw. Zuwanderungswilligen) aus östlichen und südlichen Ländern und Weltregionen —, die mit großem Abstand die wichtigste Rolle einnimmt. Kein anderes Feindbild wurde auch nur annähernd so häufig angeführt; bei keinem anderen wurde die Heftigkeit der entsprechenden Ressentiments und Bedrohungsmotive so nachdrücklich hervorgehoben — und kein anderes wurde auch im Hinblick auf seine Inhalte so detailreich beschrieben: Insbesondere nähmen die Zuwanderer den Einheimischen die zu

knappen Arbeitsplätze weg, verursachten sie aufgrund ihrer enormen Zahl, ihres Kinderreichtums und ihrer Unwilligkeit zur Anpassung eine gefährliche Überfremdung der Heimat, seien sie zu großen Teilen kriminell veranlagt, meist auch zu faul, und könnten zudem — da sie vom Vater Staat krass bevorzugt würden — auf Kosten der Einheimischen ein unverdient gutes Leben führen, wodurch auch die Tragfähigkeit der sozialen Sicherungssysteme gefährlich überstrapaziert würde (vgl. z.b. Bari/Bucek/Mayer 1991; Balbo/Manconi 1993; Matouschek/Wodak/Januschek 1995). Eindrucksvoll unterstrichen wird die erstrangige Bedeutung dieses Zuwanderer-Feindbildes nicht zuletzt auch durch den Umstand, dass verglichen mit ihm sogar andere, traditionell stärker verwurzelte ethnisch-nationale Feindbilder (relativ) zu verblassen scheinen — wie etwa gegen Juden gerichtete Vorurteile oder auch die sich auf den Kärntner Volksgruppenkonflikt beziehenden Ressentiments und Hassgefühle (die natürlich gerade in Klagenfurt Studierenden besonders geläufig und bekannt sein müssen). Insgesamt besetzt also das dramatische Leitmotiv der aktuellen fremdenfeindlichen Konjunktur — das seit den 1980er Jahren zunehmend die Gemüter ergreifende Bild einer bedrohlich anschwellenden Zuwanderungsflut — die unangefochten wichtigste Position im weitläufigen Spektrum der Feindbilder, die den Teilnehmerinnen und Teilnehmern der beiden Lehrveranstaltungen eingefallen sind.

Diese ethnisch-nationale Hybrid- oder Sammelkategorie, die in neuerer Zeit so massiv in den Vordergrund tritt, spiegelt sich zum Beispiel auch in einer allmählichen Bedeutungsausdehnung des in der österreichischen Umgangssprache verbreiteten, heftig abwertenden Ausdrucks „Tschusch": Während er ursprünglich spezifisch auf Menschen südslawischer Herkunft gemünzt war, wird er mittlerweile auch für die pauschale Bezeichnung des überwiegenden Teils der Zuwanderungsbevölkerung aus südlicher und östlicher Richtung (insbesondere auch türkischer oder kurdischer Herkunft) verwendet.

Auch eine spontane kindliche Wahrnehmung, die mir ein Interviewpartner in einem Forschungsprojekt (im Rahmen des Schwerpunkts „Fremdenfeindlichkeit" des österreichischen Wissenschaftsministeriums) mitteilte, dürfte im Wesentlichen auf dieselbe Tendenz zurückzuführen sein. Als er im Alter von elf Jahren in eine Hauptschulklasse eintrat, die in ihrer großen Mehrheit aus Zuwandererkindern bestand, habe ihn sein Großvater gefragt: „‚Na was sind da am meisten — Türken, Jugoslawen, Kroaten?' Da habe ich gesagt, ‚Ausländer' — ich habe da keinen Unterschied gekannt oder gemerkt. Das waren einfach Ausländer. Wenn wer gesagt hat, ‚Gut, das ist ein Jugoslawe, das ist ein Türke', da habe ich keinen Unterschied gemerkt." (Berghold 2000a: 147f)

Einen besonders augenfälligen Ausdruck findet diese ethnische Sammelkategorie der Zuwanderer-Feindbildes in einer besonders erfolgreichen Neuschöpfung der italienischen Sprache, die sich seit den 1980er Jahren (parallel zum breiten Auschwung fremdenfeindlicher Stimmungen) beinahe allgemein durchgesetzt hat: nämlich im Begriff „extracomunitari". Dieser Ausdruck — den man wörtlich als „außerhalb der Gemeinschaft Befindliche" übersetzen könnte — bezeichnet in seiner ursprünglichen juristischen Bedeutung lediglich Nicht-Staatsbürger der Europäischen Gemeinschaft (Große/Trautmann 1997: 111f). Im populären Verständnis entwickelte er sich jedoch zunehmend zu einem Sammelbegriff für alle diejenigen Ausländer, deren Zuwanderung in der italienischen (und westeuropäischen) Gemeinschaft unerwünscht sei. Wie die Soziologen Laura Balbo und Luigi Manconi erläutern, stellt er über einen doppelten Mechanismus Gemeinsamkeit her:

> „[...] ci fa sentire, ‚noi', parte della Comunità Europea (fino a poco tempo fa, questa ipotesi di appartenenza ci era del tutto estranea: comunque è l'appartenenza più ambita); e segnala che gli altri sono, a loro volta, accomunati dall'extra: esterni. Però, anche accomunati: africani e sudamericani e asiatici (ma gli svizzeri, gli scandinavi, i canadesi, gli statunitensi?). Dunque, un mondo che è fuori; però un mondo che appare omogeneo e, quindi, di dimensioni molto vaste. Nessun riferimento ai paesi di residenza: sono definiti solo rispetto all'Europa, alla quale non appartengono; ma sono tutti quelli che stanno intorno all'Europa. Qui è implicita la connotazione della minaccia incombente e dell'invasione possibile: è nei termini della fortezza-Europa che pensiamo."[1] (Balbo/Manconi 1992: 60)

Da die „außergemeinschaftlichen" Zuwanderer also in neuerer Zeit von einer „innergemeinschaftlichen" Mehrheit immer mehr ins Zentrum ihrer Feindbildvisiere gedrängt werden, so stellt dieses Feindbild zweifellos ein besonders beispielhaftes Untersuchungsobjekt dar. An ihm können in überdurchschnittlich markanten Ausprägungen die Beweggründe, Phantasien und Charakteristika unter die Lupe genommen werden, die auch allgemeiner für das Verständnis der

---

[1] „[...] er bringt uns dazu, ‚uns' als Teil der Europäischen Gemeinschaft zu empfinden (bis vor kurzem war uns die Annahme dieser Zugehörigkeit noch gänzlich fern stehend gewesen — auf jeden Fall aber handelt es sich dabei um die am meisten ersehnte Zugehörigkeit); und er signalisiert, dass die anderen ihrerseits durch das ‚Extra-', das Außerhalb-Sein miteinander verbunden sind. Aber eben auch zu einer Art Gemeinschaft zusammengefasst: Afrikaner, Südamerikaner und Asiaten (aber wo bleiben dabei eigentlich die Schweizer, die Skandinavier, die Kanadier oder die US-Amerikaner?). Es geht also um eine Welt, die draußen ist; um eine Welt, die aber auch homogen und daher von riesiger Ausdehnung zu sein scheint. Da gibt es keinen Bezug zu konkreten Herkunftsländern — sie werden nur im Hinblick auf jenes Europa definiert, dem sie nicht angehören; sie sind eben all jene, die um Europa herum existieren. Darin ist implizit auch die Begleitvorstellung der herannahenden Bedrohung und der möglichen Invasion enthalten: Der Bezugspunkt unseres Denkens ist also die Festung Europa."

sozialpsychologischen Wurzeln von Feindbildern wesentlich sind. Zugleich spiegelt es gewiss auch spezifischer und deutlicher als die meisten anderen Feindbilder die Konflikte und Ängste, die für die heutige gesellschaftspolitische Großwetterlage bestimmend sind. Umgekehrt betrachtet ist es für ein umfassenderes Verständnis dieses Zuwanderer-Feindbildes aber auch wichtig, es ebenfalls vor dem Hintergrund grundlegender sozialer Machtverhältnisse und entsprechender subjektiver Haltungen zu sehen, die zumindest im Prinzip nichts mit national-ethnischer Fremdheit zu tun haben müssen.

Der Rechtssoziologe Heinz Steinert konnte diesen Hintergrund in seinem Hauptvortrag auf einem internationalen Symposium, das 1994 den Auftakt zum eben erwähnten Forschungsschwerpunkt „Fremdenfeindlichkeit" bildete, schlaglichtartig umreißen. Das Phänomen der Fremdenfeindlichkeit, so führte er aus, müsse grundsätzlich „in die Reihe der gesellschaftlichen Manöver zur Grenzziehung und Ausstoßung" eingeordnet werden, die „nicht nur gegenüber Fremden als Ausländern und Neuankömmlingen" wirksam sind, „sondern auch gegenüber anderen ,Fremd-Gemachten' wie Armen und Erfolglosen, politisch Extremen, Leuten mit abweichenden Gewohnheiten und Lebensstilen, neuerdings auch wieder ethnisch Markierten." (Steinert 1995: 21)

Ein entscheidender Zusammenhang, der immer im Auge zu behalten ist, wird somit durch die tief verwurzelte Realität von abgestuften Benachteiligungen und Ausschließungen gekennzeichnet, die schon ganz allgemein unser Gesellschaftsleben durchzieht und in den unterschiedlichsten Formen prägt: „Menschliche Gemeinheiten und strukturierte Diskriminierungen" beschränken sich denn auch bei weitem nicht auf das Verhältnis „zwischen Leuten, die sich als ,einheimisch' behaupten, und denen, die sich als ,fremd' definieren oder so definiert werden [...]. Was Adorno als den Grundsachverhalt der ,bürgerlichen Kälte' benannt hat, lebt sich auch und besonders zwischen ,Einheimischen' und sogar gut Bekannten aus. Auch jemand, der ,stolz darauf ist, Österreicher zu sein', kann die meisten Österreicher nicht leiden und behandelt sie entsprechend." Letzten Endes sei Ausländerfeindlichkeit womöglich „nur ein besonders verbalisierter und besonders anstößiger Spezialfall einer allgemeineren Grantigkeit, Rohheit und Rücksichtslosigkeit"[1] (ebenda: 30).

---

[1] Dass dieser Spezialfall unter Umständen sogar ganz wegfallen kann, wurde von Norbert Elias und John Scotson in einer klassischen Untersuchung über eine englische Vorortgemeinde um 1960 eindrucksvoll belegt. Die dort lebende große Randgruppe, die von der etablierten Bevölkerung mit lückenloser Konsequenz ausgeschlossen und zurückgesetzt wurde, unterschied sich von dieser weder durch Nationalität, Sprache oder Religionszugehörigkeit, noch durch soziale Klassenlage oder Berufstätigkeit, noch auch durch Lebensstil oder Moralvorstellungen in irgendwie signifikanter Weise. Der bloße Umstand, dass sie erst im Laufe der vorhergegangenen zwei Jahrzehnte zugezogen war, schien als Anlass bzw. Vorwand zur Diskriminierung vollkommen zu genügen (Elias/Scotson 1965).

Wenn das Zuwanderer-Feindbild somit „bloß" ein — freilich besonders auf-fälliges und zentrales — Oberflächensymptom einer weitaus umfassenderen Feindbild-Anfälligkeit (bzw. auch sozialdarwinistischen Ellenbogenlogik) dar-stellen dürfte, so sollte mit den Fragen nach dem konkreten Wie und Warum fremdenfeindlicher Einstellungen also zugleich auch schon der Frage nachge-gangen werden, was uns denn schon überhaupt dazu bringt (oder bringen kann), andere Menschen — anhand der verschiedenartigsten, oft auch sehr willkürlich wahrgenommene Merkmale ihres Andersseins — zu dämonisieren, zu verachten oder zu diskriminieren. Gerade in diesem Zusammenhang können dann auch die nahe liegenden Fragestellungen mit größerer Schärfe ins Auge gefasst werden, warum gerade solche Mitmenschen mit überdurchschnittlicher Häufigkeit in Feindbildrollen gedrängt werden, deren Anderssein mit national, ethnisch, ras-sisch oder kulturell definierten Zugehörigkeiten in Verbindung gebracht wird — und warum sich diese ethnisch-nationale Schlagseite seit etwa zwei Jahrzehnten immer stärker auf das phantasierte Bedrohungsszenario einer Überflutung durch Zuwandererströme konzentriert.

3.1.1 Worum es eigentlich nicht geht: Fünf Ausgrenzungen

Ein wesentlicher Ansatz, der sich für die gemeinsame Verfolgung dieser unter-schiedlichen Ebenen von Fragestellungen anbietet, liegt darin, das Phänomen der aktuellen Fremdenfeindlichkeit möglichst klar von anderen Motiven zu unter-scheiden, die sich quasi in ihrer Nachbarschaft befinden und somit leicht mit ihr verwechselt werden. Wenn solche typischen Motive, die sich mit fremdenfeind-lichen Stimmungen mehr oder weniger oberflächlich verknüpfen (und daher auch häufig als deren Verursachung ausgegeben werden können), einigermaßen schlüssig aus der Definition ausgegrenzt werden können, so sollte sich schließ-lich „des Pudels Kern" — ihre überwiegend verborgenen, aber tatsächlich ent-scheidenden Beweggründe — relativ deutlicher herauskristallisieren.

Als in diesem Sinne aus der Definition von Fremdenfeindlichkeit auszu-schließende Motive erweisen sich insbesondere:

- Fremdenscheu;
- geistige Trägheit gegenüber Neuem und Fremdem;
- durch Unwissenheit und Irreführung verursachte negative Vorstellungen über Fremde;
- irritierende Erfahrungen und Wahrnehmungen; und schließlich
- wirtschaftliche Konkurrenzverhältnisse.

Die Wichtigkeit möglichst präziser inhaltlicher Festlegungen und Ausgrenzungen ergibt sich bereits aus dem im Abschnitt 2.3.5.5 erörterten Zusammenhang, dass die hinter Feindbildern stehenden Bedürfnisse massiver Verdrängung unterliegen müssen (da ihre Erfüllung ansonsten vereitelt würde). Dementsprechend muss natürlich auch der Inhalt der Ängste, die in Feindbildern zum Ausdruck kommen, zu wesentlichen Teilen irrationalen Charakters sein — was freilich selbst schon bei oberflächlicher Beobachtung unübersehbar ist. Obwohl fremdenfeindliche Stimmungen normalerweise gewiss auch von mehr oder weniger realistischen Beweggründen beeinflusst werden, so sind doch ihre meist enormen Wahrnehmungsverzerrungen, überschießende Emotionalität, Zwanghaftigkeit und zuweilen epidemische Ausbreitung allzu augenfällig, als dass ihnen nicht ganz allgemein ein zumindest beträchtlicher irrationaler Anteil zugesprochen würde.

Jede Charakterisierung von Ängsten als irrational — d.h. als durch die objektiven Umstände nicht (hinreichend) ausgewiesen — bedeutet nun, dass die bewussten Inhalte des bedrohlich Wahrgenommenen zum Teil als „Pseudo-Objektivierungen" (Krauß 1992: 74) von inneren Ängsten zu verstehen sind. Was wie eine Gefahr von außen aussieht, kommt in Wirklichkeit (teilweise) von innen — äußere Objekte der Angst halten als Projektionsflächen her, um nicht eingestandene Ängste vor dem eigenen Unbewussten (vor verleugneten bzw. abgespaltenen Teilen des Innenlebens) auf sie verschieben zu können.

In dieser Logik von Projektion und Verschiebung ist es also nur folgerichtig, wenn sich die ausschlaggebenden Motive auf der Oberfläche des Bewusstseins kaum unterscheidbar mit anderen Motiven vermischen, die für sich genommen nicht als fremdenfeindlich charakterisiert werden können — sehr wohl aber wesentliche Auslöser und Vorwände für entsprechende Reaktionen liefern (und eben dadurch deren wirkliche Gründe verschleiern oder unbewusst halten). Wenn etwa die fatale Geschicklichkeit fremdenfeindlicher Demagogen besonders darin besteht, realistische Ängste „unentwirrbar mit neurotischen Ängsten, die auf innere, auf Trieb- und Gewissensspannungen verweisen, zu vermengen" (Ottomeyer 1998a: 31), so muss sich die Wirksamkeit derartiger Verwirr-Propaganda auf jeden Fall auch auf bereits vorgegebene Widerstände bei ihrem Publikum stützen können, oberflächliche Auslöser und tiefere Beweggründe auseinanderzuhalten.

Solche Widerstände müssen naheliegenderweise auch auf der sprachlichen Ebene ihren Niederschlag finden, indem etwa manche eingebürgerten Begriffe — unter anderem der (im Abschnitt 3.1.1.3 noch zu diskutierende) Begriff „Vorurteil" — der Verwischung entscheidender Unterschiede Vorschub leisten und damit den Blick von den tiefer wurzelnden Motiven auf oberflächliche Faktoren oder äußerliche Anlässe ablenken.

Im Interesse, möglichst klare begriffliche Trennlinien zwischen Fremdenfeindlichkeit und diese nur scheinbar verursachende Realitäten zu ziehen, werde
ich nun die fünf oben aufgezählten Motive bzw. Phänomene im Detail diskutieren, die ihrem Wesen nach nicht als fremdenfeindlich zu qualifizieren sind (aber
freilich durchaus Zutaten oder zusätzlichen Brennstoff für Fremdenfeindlichkeit
oder hitzige Verfolgungsstimmungen abgeben können):

3.1.1.1 Fremdenscheu

Fremdenscheu — das bedeutet im Wesentlichen: Reaktionen einer aus Besorgtheit und Neugierde gemischten Zurückhaltung gegenüber unvertrauten Personen
oder Umständen. „Lo sconosciuto è ansiogeno", meint Annalisa Pinter, „può
provocare paura; paura di reazioni imprevedibili, di un potere ignoto, di perdere
opportunità e privilegi."[1] (Pinter 2003: 81) „Fremde bedeuten das Fehlen von
Klarheit", erklärt in ähnlicher Weise auch der Soziologe Zygmunt Bauman,
„man kann nicht sicher sein, was sie tun werden, wie sie auf die eigenen Handlungen reagieren würden; man kann nicht sagen, ob sie Freunde oder Feinde sind
— und daher kann man nicht umhin, sie mit Argwohn zu betrachten." (Bauman
2000: 39) Durchaus nicht Argwohn, sehr wohl aber eine Art besorgter Umsicht
ist zunächst eine ausgesprochen logische und angemessene Reaktion auf eine
Situation oder auf ein Gegenüber, das (noch) unvertraut und weitgehend unver-
standen ist. Das Gegenteil liefe ja, vor allem als durchgängiges Verhaltensmuster, auf eine akute Selbstgefährdung hinaus.
    Fremdenscheu ist also aus evolutionsbiologischer Sicht als ein dem Überle-
ben förderliches Verhalten zu begreifen, und in diesem Sinne ist auch die speziell in der Verhaltensforschung vertretene Auffassung, „dass sie ein Bestandteil
unseres stammesgeschichtlichen Erbes ist" (Schäfer/Atzwanger 1999: 34), ohne
weiteres einsichtig. Auch die dafür konkreter angeführten Erklärungsansätze
einer evolutionären „Anpassung an die besondere Hilflosigkeit des menschlichen
Säuglings und an das Leben in Kleingruppen" (Atzwanger/Schäfer/Schmitt
1997: 4) erscheinen einigermaßen sinnvoll: dass etwa, wie die Humanbiologen
Klaus Atzwanger, Katrin Schäfer und Alain Schmitt erläutern, das „Fremdeln",
jene „Angst vor unbekannten erwachsenen Personen, die bei Säuglingen zwischen fünf und zehn Monaten unabhängig davon auftritt, ob das Kind mit Fremden schlechte Erfahrungen hatte oder nicht", unter anderem auch „eine Art
Schutz vor dem Aufkeimen übermäßiger Neugierde und hemmungslosem Erkunden der belebten und unbelebten Umgebung sei, dem das Kind in diesem

---

[1] „Das Unbekannte ist beunruhigend, es kann Angst hervorrufen; Angst vor unvorhersehbaren
Reaktionen, vor einer unbekannten Macht, Angst davor, Vorteile und Vorrechte zu verlieren."

Alter noch nicht gewachsen wäre" (ebenda: 4f); oder dass „[der Mensch] über die längste Zeit seiner Geschichte [...] in relativ geschlossenen Kleinverbänden ihm vertrauter Personen lebte" und es somit auch vor diesem Hintergrund nachvollziehbar sei, „dass wir dazu neigen, uns vor Fremden abzuschließen" und „Bekannte und Verwandte zu bevorzugen." (Schäfer/Atzwanger 1999: 37f)

Eine derartige Reserviertheit ist aber für sich genommen noch keineswegs mit Feindseligkeit gleichzusetzen und geht dementsprechend auch mit der Tendenz einher, über ein zunehmendes Sich-vertraut-Machen abzuklingen und zu verschwinden. Der Reflex, sich gegen Fremdes abzuschirmen, „verspricht zumindest so lange Sicherheit, bis das Individuum sich an das Unbekannte gewöhnt, d.h. es als bekannt umdefiniert hat oder bis es in der Lage ist, seine eigenen Möglichkeiten ihm gegenüber realistisch einzuschätzen." (Hierdeis 2005: 90) Nicht zuletzt hat sogar der führende Verhaltensforscher Irenäus Eibl-Eibesfeldt — der sich ausführlich mit dem Phänomen der Fremdenscheu befasst hat, seinen Ruf aber auch vielfach zur Unterstützung fremdenfeindlicher Ideologien eingesetzt hat (Gombos 1992: 164; Bailer-Galanda/Neugebauer 1997: 91; Scharsach/Kuch 2000: 86f) — besonders darauf hingewiesen, dass „in allen Kulturen, sowohl bei Kindern als auch bei Erwachsenen, [...] der Fremde neben Angst auch Neugierde und ein Bedürfnis aus[löst], sich anzunähern und Bande zu knüpfen." (Atzwanger/Schäfer/Schmitt 1997: 5)

3.1.1.2   Geistige Trägheit gegenüber Fremdem und Neuem

Insofern sie uns eine gesteigerte Anstrengung abfordern, bringen Begegnungen mit zunächst fremden Personen und Situationen — neben ihren stimulierenden Seiten — zwangsläufig auch emotionale und geistige Belastungen mit sich. Scheinbare Selbstverständlichkeiten in unserer bisherigen Deutung der Welt werden in Frage gestellt, Gewohnheiten unseres Denkens, Wahrnehmens, Einordnens, Reagierens usw. werden außer Kraft gesetzt, Unzulänglichkeiten unseres Wissens kommen in oft peinlicher Weise ans Licht — und so sind wir herausgefordert (und unter Umständen auch gezwungen), uns jenes Fremde und Neue, das unsere eingeschliffenen Gewohnheiten und bisherigen Sicherheiten erschüttert, nach und nach über die anstrengende Leistung einer geistigen Assimilation bekannter und vertrauter zu machen.

Unvermeidlich muss eine unserer Reaktionen auf diese Herausforderung in einer Neigung bestehen, uns diesen Aufwand lieber zu ersparen oder ihn zumindest niedrig halten zu wollen — und uns daher von Fremden eher fernzuhalten, wie dies etwa von Pinter erklärt wird: „Lo spirito gregario tipico del genere umano è legato al senso di sicurezza dato dal proprio gruppo. Dentro al gruppo si trova il conosciuto, il prevedibile, il comprensibile; fuori dal gruppo può trovarsi il contrario di tutto ciò."[1] (Pinter 2003: 81) In diesem Sinne beschreibt auch Allport eine automatische, in wohl allen kulturellen, sozialen oder nationalen Gruppen wirksame Tendenz, sich aus Bequemlichkeit voneinander abzusondern bzw. vorzugsweise unter sich zu bleiben: „There is no need to turn to outgroups for companionship. With plenty of people at hand to choose from, why create for ourselves the trouble of adjusting to new languages, new foods, new cultures, or to people of a different educational level? It requires less effort to deal with people who have similar presuppositions. [...] Thus most of the business of life can go on with less effort if we stick together with our own kind. Foreigners are a strain." (Allport 1954: 17f) Angesichts der allgemeinen Mühsamkeit des Lebens muss dieser Neigung zum Ausweichen vor vermeidbaren Mühen gewiss ihr Teil an Berechtigung zugestanden werden. Sie liefert somit zum Beispiel auch ein legitimes Element für die vielfach geäußerte Meinung, dass der einheimischen Bevölkerung mancher Wohngebiete die Zuwanderung von Ausländern über eine bestimmte Obergrenze hinaus nicht zugemutet werden sollte — neben dem Motiv, die damit einhergehende Belastung als äußerlichen „Aufhänger" zu nehmen, an dem dann tatsächlich fremdenfeindliche Voreingenommenheiten sehr leicht „einhaken" können.

Jedenfalls kann aber das Moment geistiger Trägheit gegenüber Neuem und Fremden in seiner Eigenlogik noch keineswegs als fremdenfeindlich charakterisiert werden. Ähnlich wie Fremdenscheu ist es auch mit Wünschen nach Öffnung gepaart — im selben Zuge, in dem man die mühsamen Seiten des Kennenlernens erlebt, wird man unweigerlich auch die Chancen der Horizonterweiterung und das Versprechen der Bereicherung wahrnehmen; und ähnlich wie Fremdenscheu muss auch ein aus Trägheit erwachsender Widerwillen dazu neigen, mit zunehmender Gewöhnung an zunächst Fremdes immer mehr nachzulassen.

3.1.1.3   Unwissenheit und Irreführung

Eine der geläufigsten Erklärungen für Fremdenfeindlichkeit liegt in der Wirkung negativer Vorstellungen über Fremde (bzw. über bestimmte Fremdgruppen), die aufgrund von Unwissenheit, Irrtümern, Missverständnissen, aber auch über irreführende bzw. manipulierende Einflüsse auf die Meinungsbildung (durch Massenmedien, Propaganda, Erziehung usw.) zustande kommen. Diese Realität ent-

---

[1] „Der die menschliche Art kennzeichnende Herdengeist ist mit dem Gefühl der Sicherheit verbunden, das die eigene Gruppe vermittelt. Innerhalb der Gruppe gibt es das Bekannte, das Vorhersehbare, das Verständliche; außerhalb der Gruppe kann es das Gegenteil davon geben."

spricht im Wesentlichen dem, was nach einem landläufigen Verständnis mit dem Wort „Vorurteil" gemeint wird und auch tatsächlich durch dessen äußerlichen Wortsinn suggeriert wird: eine durch fehlende, unangemessene oder falsche Information bedingte „vorschnelle" (etwa auch ungerechtfertigt verallgemeinernde) Urteilsbildung. Ein elegant formuliertes Beispiel für dieses Verständnis lieferte etwa Peter Ustinov in seinem anekdotisch angelegten Buch ‚Achtung! Vorurteile', in dem er das Phänomen des Vorurteils als „einen der großen Schurken in der Besetzungsliste der Geschichte" ins Visier nimmt, das „verantwortlich für die Missverständnisse zwischen Nationen und Religionen [ist]. Als Waffe benutzt es die blanke Unkenntnis." (Ustinov 2003)

Bezeichnend für dieses Verständnis ist das typische Ansinnen, Vorurteilen vor allem mit sachlicher Information und Aufklärung begegnen zu wollen. Während derartige Bestrebungen natürlich verdienstvoll sind und — insofern es tatsächlich darum geht, Wissensdefiziten, Irreführungen oder Missverständnissen abzuhelfen — die erhoffte Wirkung auch erzielen mögen, so muss die gute Absicht (bzw. die ihr zugrunde liegende Sichtweise) das wirkliche Problem des Vorurteils freilich glatt verfehlen. „It is one of the most foolish clichés of our time", befindet etwa der Journalist Andrew Sullivan, „that prejudice is always rooted in ignorance and can usually be overcome by familiarity with the objects of our loathing." (Sullivan 1999) Im Gegensatz zu durch Unwissenheit und Täuschungen verursachten negativen Vorstellungen, die mit besserer Information richtig gestellt werden können, kann so gut wie jeder seriösen Definition und Diskussion des Begriffs „Vorurteil" leicht entnommen werden, dass es sich *gerade nicht* um mangelnde Kenntnisse handelt, sondern um einen hartnäckigen und emotionsgeladenen Widerwillen dagegen, widersprechende oder relativierende Information gelten zu lassen (vgl. z.B. Auernheimer 2003: 84ff; Genovese 2003: 13ff) — und wogegen man sich mit heftigem Aufwand sträubt, das muss einem ja zumindest insgeheim nur allzu gut bekannt sein.

Allport spricht davon, dass „a prejudice, unlike a simple misconception, is actively resistant to all evidence that would unseat it. We tend to grow emotional when a prejudice is threatened with contradiction." (Allport 1954: 9) „Eine falsche Überzeugung wird zum Vorurteil", schreiben auch Philip Zimbardo und Richard Gerrig, „wenn sie Veränderungen sogar bei angemessenen Belegen ihrer Falschheit widersteht." (Zimbardo/Gerrig 2002: 815) Ähnlich erblickt der politische Philosoph Norberto Bobbio das Entscheidende am Vorurteil im Umstand, „[che] l'accettiamo con tanta forza che resiste ad ogni confutazione razionale"[1] (Bobbio 1979: 123) und es sich eben dadurch von allen sonstigen Arten irriger Meinungen — „che possono essere corrette attraverso le risorse della ragione e

---

[1] „wir ihm mit derartigem Nachdruck zustimmen, dass es jeglicher rationalen Widerlegung trotzt"

dell'esperienza"[1] (ebenda: 124) — scharf unterscheidet. Gleichermaßen schlägt sich diese Erkenntnis in manchen Aphorismen nieder — etwa im von Marie von Ebner-Eschenbach geprägten Ausspruch: „Ein Urteil lässt sich widerlegen, aber niemals ein Vorurteil" (Ebner-Eschenbach 1880: 865), oder in Albert Einsteins bekannter Klage: „It is harder to crack a prejudice than an atom."

So ergibt sich denn das extreme Paradox, dass solche präzisen Charakterisierungen unmittelbar mit einem davon geradezu plump ablenkenden Begriff verknüpft sind, der noch dazu fest im gängigen Sprachgebrauch verankert ist.[2] Selbst vereinzelte Versuche, begriffliche Klarstellungen zwischen beiden Bedeutungen vorzunehmen — etwa Martin Wanghs Vorschlag, das durch Erfahrung oder Information korrigierbare „flexible Vorurteil" besser als „vorläufiges Urteil" zu bezeichnen und so vom eigentlichen („starren") Vorurteil abzugrenzen (Wangh 1962: 68) — gehen am eigentlichen Problem vorbei: dass eben die äußerlich-formale Bedeutung dieses Wortes an sich schon die Sicht auf das Wesentliche behindert.

Ein entscheidendes Motiv für die Blickverengung auf den oberflächlichen Wortsinn, das sich zur Erklärung des vordergründig so verwirrenden Paradoxes anbietet, liegt offensichtlich in einer Tendenz, von der viel schwerer wiegenden Realität abzulenken, auf die ernstzunehmende Definitionen unweigerlich hinweisen müssen: von der eines zwanghaft-hartnäckigen Festhaltens an den feindseligen Einstellungen, mit denen die von Vorurteilen betroffenen Außengruppen wahrgenommen werden. Im Gegensatz dazu können negative Meinungen und Vorstellungen (etwa über bestimmte Fremde), die aufgrund mangelhaften Wissens oder irreführender Information zustande kommen, für sich allein betrachtet wohl Ärger, Zorn, Abneigung oder Reserviertheit hervorrufen — keineswegs aber Einstellungen, die im eigentlichen Sinn als feindselig zu definieren wären: von Verachtung, Dämonisierung, Entmenschlichung oder Gewaltbereitschaft, und die somit in eine angemessene Definition von Fremdenfeindlichkeit fallen würden.

---

[1] „die mit den Mitteln der Vernunft und der Erfahrung korrigiert werden können"

[2] Als anschauliche Illustration für die starke Ablenkungswirkung des Wortes „Vorurteil" kann ich das persönliche Beispiel anführen, dass ich sogar in einem Brief, den ich von einem scharfsinnigen Bekannten (einem erfahrenen Psychoanalytiker) erhalten hatte, einmal die Behauptung lesen konnte, dass „unsere Vor-Urteile auf Nicht-Wissen [beruhen]"... Trotz seiner irreführenden Tendenz scheint der Begriff „Vorurteil" allerdings nicht leicht ersetzbar zu sein: Er ist im herkömmlichen Sprachgebrauch sehr stark verwurzelt und ruft trotz seines logisch falschen Wortsinns immerhin auch richtige Assoziationen und Vorstellungen hervor. Ein inhaltlich zutreffenderer Ersatz wäre nur sinnvoll, wenn er ähnlich gemeinverständlich wäre wie das Wort „Vorurteil", d.h. das Verstehen nicht noch zusätzlich durch eine „fachchinesische" Wortwahl behindern würde.

3.1.1.4 Irritierende Erfahrungen und Wahrnehmungen

Die vom äußeren Anschein her wohl am Nächsten liegende Motivierung für fremdenfeindliche Einstellungen bieten irritierte, antipathische oder auch zornige Gefühle gegenüber bestimmten Fremden oder fremden Kulturen, wie sie sich bei konkreten Spannungen, Konflikten und Kommunikationsstörungen ergeben können — und wie sie beim Aufeinandertreffen von kontrastierenden Lebensstilen, Moralbegriffen oder Umgangsformen auch mit hoher Wahrscheinlichkeit auftreten müssen. Zumindest vorübergehend sind derartige Reaktionen, wie etwa der interkulturelle Bildungsforscher Dietmar Larcher in seinen Studien zum „Kulturschock" zeigen konnte, eine fast unvermeidliche Begleiterscheinung von ersten Begegnungen mit unvertrauten kulturellen Verhaltensmustern (insbesondere, wenn diese unbewusst, unausgesprochen oder auch unbesprechbar sind): „Als Kulturschock bezeichne ich mein unvermitteltes Bekanntwerden mit jedem sozialen Phänomen in einer mir wenig vertrauten Gesellschaft oder Teilgesellschaft, das in mir spontan alle möglichen Arten von Irritation, Erschrecken und Abwehr hervorruft, weil es meinen tiefsitzenden Vorstellungen über die angemessene Deutung der Welt, die Normen des vernünftigen Zusammenlebens und des richtigen Handelns ziemlich genau entgegengesetzt ist." (Larcher 1992: 24)

Verstörende Erlebnisse dieser Art können wohl, müssen aber durchaus nicht automatisch feindselige Einstellungen auslösen. Sie können ebenso auch zum bloßen Einhalten einer relativen Distanz oder aber zu einem besonderen Interesse führen, dem Kulturschock eine kreative Wendung zu geben, d.h. die anderen und das Irritierende am Verhältnis zu ihnen — und dadurch auch sich selbst — besser zu verstehen. Aber auch, wenn nach einer Überwindung der anfänglichen Verstörung verschiedene Motive des Ärgers und der Abneigung erhalten bleiben, kann dies nicht grundsätzlich bereits mit Feindseligkeit gleichgesetzt werden. Das Gegenteil von Fremdenfeindlichkeit kann ja nicht in allseitiger Harmonie und Freundschaft bestehen, sondern muss sich vor allem am (bereits im Abschnitt 2.3 erläuterten) entscheidenden Merkmal der Dialogfähigkeit erweisen, dass gerade auch unter Personen und Gruppen, zwischen denen starke Abneigungen und Konflikte herrschen, dennoch ein Mindestmaß an Respektierung, offener Auseinandersetzung und Ausverhandeln von Gegensätzen möglich ist.

Zu einem kitschig-harmonischen Missverständnis des Gegenteils von Fremdenfeindlichkeit kann allerdings auch der formale Wortsinn des Begriffs „Feindbild" verleiten. Da dieser lediglich die grundsätzliche Wahrnehmung von feindlich gesinnten Individuen bzw. Gruppen (welcher Art auch immer) anzeigt, dürften Personen, die *keine* Feindbilder hätten, demzufolge keinerlei Wahrnehmung feindlicher Absichten oder Interessen bei wem auch immer haben — das heißt, sie müssten von einer geradezu penetranten Gutgläubigkeit erfüllt sein.

Der Begriff trägt somit zur Vorstellung bei, als ob jedes Anliegen der Überwindung von Feindbildern auf weltfremde Luftschlösser hinauslaufe, in denen sich aller Streit und Hader in sanftem Wohlgefallen auflösen müsse.[1]

Worauf es im Gegensatz dazu entscheidend ankommt, bringt etwa der Schriftsteller Hans Magnus Enzensberger mit der ihm eigenen Prägnanz auf den Punkt: „Wie schon der flüchtigste Blick auf Hinz und Kunz lehrt, sind Nervensägen und Schwindler, Rüpel und Idioten unter der einheimischen Bevölkerung mit derselben statistischen Frequenz anzutreffen wie unter Türken, Tamilen und Polen. Das gewaltlose Zusammenleben mit ihnen ist eine Zumutung, die sich in der Zivilisation ausnahmslos jedermann gefallen lassen muss." (Enzensberger 1992: 70)

Das Akzeptieren dieser Zumutung markiert somit eine klare Grenzlinie, innerhalb welcher Antipathien, ärgerliche, aggressive oder verletzte Gefühle bestimmten Fremden gegenüber *nicht* als fremdenfeindlich zu charakterisieren sind. Allgemeiner betrachtet stellt es auch — Fremden ebenso wie Einheimischen gegenüber — eine Grundbedingung für das dar, was nach Erdheim (1990: 101) als „die Gesellschaftlichkeit des Individuums" bezeichnet werden kann: Sein Heraustreten aus Herkunftsfamilie und familienartigen (unmündige „Geborgenheit" bietenden) Institutionen in den weiteren Raum von Kultur und Gesellschaft. In diesem ist „etwa die distanzierende Fähigkeit zur Arbeit — und zwar gleichgültig, ob man jemanden mag oder nicht — wesentlich" (Erdheim 1988: 210), ebenso wie auch — wie ebenfalls schon im Abschnitt 2.3 im Sinne des Prinzips des Dialogs erörtert wurde — das offene Aushalten von Konflikten und Spannungen die Voraussetzung schafft, *daneben* auch die Brückenköpfe zu realistischen Gemeinsamkeiten mit den anderen zu erkennen und auszubauen (im radikalen Gegensatz zu „Gemeinschafts"-Ideologien nationaler und sonstiger Art, für die „nach innen die Liebe, nach außen der Krieg gilt" [Baur/von Guggenberg/Larcher 1998: 231] — die also bedingungslose innere Gleichgesinntheit beschwören und die sich dabei heimlich aufstauenden Aggressionen in nach außen abgeleiteter Feindseligkeit entladen müssen).

Diese „Gesellschaftlichkeit schaffende" Offenheit, Gegensätze und Reibeflächen nüchtern und illusionslos anzuerkennen und mit den damit verbundenen Zumutungen des Zusammenlebens konstruktiv umzugehen, muss nun ihre Nagelprobe nicht nur am Verhältnis zu individuellen „Nervensägen, Schwindlern, Rüpeln oder Idioten" finden, sondern natürlich auch im Hinblick auf ähnlich

---

[1] In vergleichbarer Weise wie für den Begriff des „Vorurteils" dürfte aber auch für den Begriff des „Feindbilds" nicht ohne weiteres eine sinnvollere Alternative zu finden sein, da er ähnlich stark im allgemeinen Sprachgebrauch verankert ist und bei ihm auch in ähnlicher Weise — neben der formal in ihm angelegten Irreführung — auch zutreffende Bedeutungen (von paranoiden, entmenschlichenden und gewaltorientierten Einstellungen) anklingen.

irritierend wahrgenommene Kollektive — insofern entsprechende Verhaltens-
weisen in diesen mehr oder weniger typisch verbreitet sind (ohne deswegen
natürlich als unveränderlich festgeschrieben werden zu können). In diesem Sinne
ist also auch zu betonen, dass zum Beispiel Ärger oder Abneigung gegenüber
manchen Umgangsformen, Wertmaßstäben, Traditionen usw., die in bestimmten
fremden Kulturen oder Bevölkerungen verankert sind, nicht an sich schon als
Anzeichen für fremdenfeindliche Einstellungen gewertet werden kann.

Eine wertvolle Verdeutlichung dieser Unterscheidung, die nicht zuletzt für
die aktuellen Auseinandersetzungen um das Zusammenleben zwischen den Kulturen große Bedeutung hat, liefert Giovanni Jervis in einer gegen relativistische
Grundhaltungen in Politik, Moral und Kultur gerichteten Streitschrift:

> „[...] gli europei di orientamento relativistico [...] esortano a considerare con indul-
> genza i progetti di vita provenienti dai paesi extraeuropei (per esempio quelli isla-
> mici) anche nei casi in cui questi ultimi appaiono scarsamente tolleranti e discrimi-
> nano in maniera pesante sia le donne, sia gli omosessuali, sia i non credenti. Ma è
> una indulgenza che maschera una complicità. Analoghe chiusure mentali ci proven-
> gono dalle nostre tradizioni [...]. Anche da noi, infatti, vi sono chiese che condan-
> nano le minoranze sessuali e impongono arcaiche definizioni della vita morale. [...]
> è legittimo sospettare che attraverso l'accettazione aprioristica di tutte le credenze
> *altrui* passi il progetto di rendere inattaccabili le *proprie*."[1] (Jervis 2005: 113f)

3.1.1.5 Wirtschaftliche Konkurrenz

Das gegenüber Zuwanderern in Betracht kommende wirtschaftliche Konkur-
renzmotiv verdient allein schon deshalb sorgfältige Beachtung, weil sich ein
wirtschaftlicher Hintergrund zur neueren Konjunktur fremdenfeindlicher Stimmungen unabweisbar aufdrängt. Die krisenhaften Marktentwicklungen, sozialdarwinistischen Globalisierungstrends und technologischen Modernisierungs-
schübe der letzten Jahrzehnte, die mit steigender Arbeitsplatzunsicherheit und
einem Abbau sozialer Sicherungsnetze einhergehen, bringen unweigerlich eine

---

[1] „[...] die Europäer mit relativistischer Orientierung [...] ermahnen uns, die aus den außereuropäi-
schen Ländern kommenden Lebensmodelle (wie zum Beispiel die islamischen) auch dann mit Nachsicht zu betrachten, wenn diese selbst sehr wenig tolerant erscheinen und sowohl die Frauen als auch
die Homosexuellen und die Ungläubigen schwer diskriminieren. Dabei handelt es sich freilich um
eine Nachsicht, hinter der sich Komplizenschaft verbirgt. Ähnlich verschlossene Geisteshaltungen
wurzeln ja auch in unseren Traditionen [...]. Tatsächlich gibt es auch bei uns Kirchen, die die sexuellen Minderheiten verdammen und die Einhaltung sehr rückwärtsgewandter Moralmaßstäbe erzwingen. [...] der Verdacht ist berechtigt, dass über eine von vornherein außer Frage zu stellende Akzep-
tanz aller Glaubensinhalte *der anderen* das Vorhaben verfolgt wird, die *eigenen* unangreifbar zu
machen."

Verschärfung der Interessensgegensätze mit sich. Es wächst „die Angst, übrig zu bleiben in einer Welt, in der Rationalisierung und Computerisierung zur ‚Freisetzung' von Arbeitskräften führt." (Gombos 1992: 169) Aus der Sicht einheimischer Arbeitnehmer eines Landes können diese bedrohlichen Entwicklungen leicht die Form einer Billiglohn-Konkurrenz durch einkommensschwächere ausländische Arbeitskräfte annehmen. „In ihrer globalen Standortpolitik spielen die großen Unternehmen mehr denn je Bevölkerungen gegeneinander aus", umreißt Klaus Ottomeyer diese unfreundliche soziale Großwetterlage. „Staatliche ‚Sparpakete' und Abbau von Sozialleistungen schüren Absturz- und Verarmungsängste. [...] Und das Argument, dass die Inländer an den unattraktiven Arbeitsplätzen, auf denen Migranten arbeiten, sowieso nicht interessiert seien, stimmt in Zeiten der Arbeitslosigkeit und verschärfter ‚Zumutbarkeitsregelungen immer weniger."

Man kann der Gesamtproblematik also nicht gerecht werden, wenn man diese spürbaren Einschränkungen und Gefährdungen einfach beiseite schiebt: „Die gelassene Toleranz derjenigen, die hier reflexartig von ‚Milchmädchenrechnungen' reden, dürfte selbst eine gelungene Abwehrleistung darstellen, die es ihnen erspart, über ihren privilegierten Status in den Konkurrenzverhältnissen nachzudenken. Damit ist auch noch der narzisstische Gewinn verbunden, sich in Abgrenzung zu den Ausländerfeinden als eindeutig guter Mensch fühlen zu dürfen." (Ottomeyer 1997a: 112f)

Während dem verschärften Konkurrenzdruck somit ohne Zweifel eine wesentliche — *auslösende* und *verstärkende* — Rolle im neueren Aufschwung fremdenfeindlicher Stimmungen zugesprochen werden muss, so kann daraus aber nicht geschlossen werden, dass er schon *ursächlich* Fremdenfeindlichkeit motivieren könnte. Für sich betrachtet müssten wirtschaftliche Ängste, die durch eine wachsende Konkurrenz ausgelöst werden, zunächst einmal zu einem wachsenden Interesse an genauer Information über Art und Ausmaß dieser Konkurrenz führen (um ihre Auswirkungen auf die eigene Lage möglichst gut abschätzen zu können). Ausländerfeindliche Demagogen oder Medien, die naturgemäß jede diesbezügliche Sorgfalt vermissen lassen, dürften dann mit den von ihnen heraufbeschworenen Bedrohungsszenarien nicht auf bereitwillige Gläubigkeit stoßen, sondern müssten im Gegenteil Ärger und Misstrauen hervorrufen.

In dieser Logik müsste auch jede Feststellung von objektiv verschärften Interessensgegensätzen nicht an sich schon Feindseligkeit, sondern schlicht Angst oder Sorge hervorrufen — natürlich über die Gefährdung der eigenen Position, aber auch allgemeiner über die mit dem Konkurrenzdruck einhergehenden sozialen Reibungsverluste, Verunsicherungs- und Entfremdungseffekte. Und dementsprechend müssten auch die eigenen Anstrengungen, im Konkurrenzkampf gegen andere zu bestehen, nicht von wachsender Feindschaft, sondern von einem wachsenden Unbehagen darüber gekennzeichnet sein, dass der eigene Erfolg in zunehmendem Maße zum Schaden anderer erzielt werden muss — womit auch das Verlangen zunehmen müsste, nach Mitteln und Wegen zur Überwindung oder Mäßigung einer Wettkampflogik Ausschau zu halten, die unter krisenhaften Bedingungen immer erbarmungsloser zu werden droht.

Dabei müsste auch die mit Händen zu greifende Tatsache im Zentrum des Interesses stehen, dass die krisenhaften Marktentwicklungen nichts mit einem Mangel an produzierten Gütern, dafür aber viel mit einer mit atemberaubendem Tempo zunehmenden Produktivität der menschlichen Arbeit zu tun haben — und dass daher nicht vermeintlich bevorzugte Zuwendungen an Immigranten Grund für Empörung sein dürften, sondern vielmehr der Umstand, den ich bereits zu Beginn des Abschnitts 2.3 als einen der erstrangigen und wirklich unerträglichen Skandale der heutigen Welt angesprochen habe: dass es überhaupt noch wirtschaftliche Existenzangst und Elend geben kann — angesichts von materiellen und technologischen Voraussetzungen, die mit mäßiger Anstrengung und auch nur halbwegs fairer Verteilung erlauben würden, allen In- und Ausländern auf unserem Planeten einen passablen Wohlstand zu sichern.

Diesen Skandal nicht sehen zu wollen — oder sich von ihm nicht brennend betroffen zu fühlen — stattdessen aber zuwandernde Ausländer zu Sündenböcken für wirtschaftlich bedrohliche Entwicklungen zu stempeln, ja sich gar von ihrer rücksichtslosen Ausgrenzung und Verfolgung ein magisches Verschwinden eigener Absturz- und Verarmungsgefahren zu versprechen: Derartiges kann nicht aus dem eigentlichen Boden realistischer Ängste über ausländische Konkurrenz emporwachsen. Es muss grundsätzlich von anderen, tief im Unbewussten liegenden Wurzeln herrühren.

3.1.2 Worauf es im Grunde hinausläuft: Sechs Kernpunkte

Diese Wurzeln treten nun, wie ich meine, durch die Ausgrenzung der fünf eben diskutierten Motivkomplexe aus der Definition von Fremdenfeindlichkeit mit etwas größerer Deutlichkeit hervor. Wenn Fremde (oder bestimmte Fremdgruppen) mit einer gewissen Scheu und geistigen Trägheit gegenüber Unvertrautem, mit mangelhafter Kenntnis, mit Verärgerung über konflikthafte Begegnungen oder mit Sorge über durch sie erwachsende wirtschaftliche Konkurrenz wahrgenommen werden — dann handelt es sich also um Umstände, die das ungleich schwerer wiegende Problem feindbildhafter Einstellungen weder verursachen noch mehr als am Rande beeinflussen können.

Ein entscheidender Gesichtspunkt, der von diesen Definitions-Ausgrenzungen zu einer präziser eingrenzenden inhaltlichen Bestimmung überleitet, ergibt sich aus der Erkenntnis, dass Erklärungen von Fremdenfeindlichkeit durch Unwissenheit und Irreführung offensichtlich eine Art „spanischer Wand" darstellen, hinter der — auch mithilfe des grob missverständlichen Wortsinns des Begriffs „Vorurteil" — die Realität eines durch Information und Erfahrung nicht beeinflussbaren Beharrens auf feindseligen Wahrnehmungsweisen verborgen gehalten werden kann (wobei diesem Beharren gerade auch durch dessen Verschleiern Vorschub geleistet wird).

Der Wesenszug eines zwanghaften Festhaltens verbindet sich auch unmittelbar mit dem weiteren Hauptgesichtspunkt, dass Fremdenfeindlichkeit prinzipiell von verärgerten Reaktionen unterschieden werden muss, die durch konkrete Wahrnehmungen oder Erfahrungen mit Fremden hervorgerufen, durch konstruktive Streitgespräche eventuell aber auch bereinigt werden können.

So wenig Fremdenfeindlichkeit in Wirklichkeit durch irritierende Erlebnisse mit Fremden verursacht wird, so wenig kann sie dementsprechend auch durch erfreuliche Erlebnisse beseitigt werden. Dies wird nicht zuletzt am charakteristischen Umstand erkennbar, dass negative Erfahrungen oder Berichte (auch wenn sie kein verallgemeinerndes Urteil rechtfertigen) umstandslos vom eingeschränkten Fall auf eine Fremdgruppe in ihrer Gesamtheit ausgedehnt werden, während positive Erfahrungen oder Berichte (auch wenn sie auf eine Widerlegung negativer Pauschalurteile hinauslaufen) strikt nur auf den jeweiligen Einzelfall bezogen werden. Letzteres kann besonders am (bereits im Abschnitt 2.5.4 erörterten) sprichwörtlichen Fall überzeugend nachvollzogen werden, dass viele rassistisch eingestellte Personen zu einzelnen Angehörigen eines feindselig wahrgenommenen Kollektivs, mit denen sie erfreuliche Erfahrungen machen, unter Umständen freundliche Beziehungen unterhalten können — ohne dass dies auch nur das Geringste am kollektiven Feindbild zu ändern braucht.

Aufbauend auf den sich somit herauskristallisierenden Kernaspekten des zwanghaften Beharrens und der prinzipiellen Unabhängigkeit von konkreter Erfahrung kann nun das Phänomen der Fremdenfeindlichkeit mit einiger Schlüssigkeit auf die folgenden sechs Punkte zugespitzt werden:

1. Fremde bzw. bestimmte Fremdgruppen werden (von eventuellen individuellen Ausnahmen abgesehen) als Menschen wahrgenommen, mit denen ein Dialog, ein konstruktiver Streit über Konflikte oder eine wie immer geartete gemeinsame Basis von Anliegen und Interessen nicht nur nicht gesucht, sondern prinzipiell abgewehrt und als unmöglich empfunden wird;
2. sie werden demnach auch als Menschen wahrgenommen, denen gefühlsmäßig nicht zugestanden werden kann, ihre eigenen, menschlich nachvollziehbaren Beweggründe für ihr Handeln oder ihre Einstellungen zu haben;

3. sie werden als Menschen wahrgenommen, die auf das Negativbild, das man sich von ihnen macht, bedingungslos festgenagelt werden (da ja jede anderslautende Information an einem hartnäckigen und emotionsgeladenen Widerstand abprallt); aus diesen drei Punkten ergibt sich darüber hinaus als logische Konsequenz, dass Fremde (bestimmte Fremdgruppen) also

4. einerseits als Menschen wahrgenommen werden, denen man im Prinzip ihre Menschlichkeit abspricht und die daher im Grunde aus der menschlichen Gesellschaft auszuschließen wären —

5. die aber andererseits auch — als solche aus der menschlichen Gesellschaft auszuschließende Menschen — für den eigenen Gefühlshaushalt unbedingt benötigt werden (sonst könnte man sich ja auch nicht so hartnäckig gegen jede dem Vorurteil widersprechende Information sträuben);

6. wobei aber — wie schon im Abschnitt 2.3.5.5 ausgeführt — gerade dieser Umstand nicht bewusst eingestanden werden kann.

Diese Hauptmerkmale treffen nun offensichtlich nicht nur auf das aktuelle Zuwanderer-Feindbild, sondern im Grunde auf alle Feindbilder zu. Dies bekräftigt wiederum die bereits weiter oben entwickelten Überlegungen, wonach Fremdenfeindlichkeit in ihrem sozialpsychologischen Kern (oder „Untergrund") auf Motiven und Verhältnissen aufbaut, für die ethnisch-nationale Verschiedenheit durchaus keine unverzichtbare Bedingung ist — obwohl es andererseits natürlich auch spezifische Ursachen dafür geben muss, dass gerade Personen bzw. Gruppen anderer (fremder) kultureller, nationaler oder ethnischer Zugehörigkeit unter einem deutlich zugespitzten Risiko stehen, in Feindbildrollen gedrängt zu werden.

Ob nun unter fremdenfeindlichen oder sonstigen Vorzeichen, bieten Feindbilder jedenfalls — so viel kann aus den eben beschriebenen sechs Merkmalen grundsätzlich geschlossen werden — dem psychischen Gleichgewicht der betreffenden Personen (in unterschiedlichen Ausprägungen uns allen) eine zwanghaft benötigte, als anders nicht erreichbar empfundene Erleichterung und Absicherung — und zwar logischerweise gegenüber anderen Bedrohungen und Konflikten, die als noch beängstigender erlebt werden müssen als die, die vermeintlich von den feindbildhaft gesehenen Mitmenschen ausgehen. Diese größere Bedrohlichkeit muss ja deren Unbewusstheit mit sich bringen, bzw. auch die Maskierung und Verschiebung ihrer Inhalte auf andere Objekte im bewussten Denken und Wahrnehmen, die in Wirklichkeit als weit weniger bedrohlich empfunden werden.

Der massive innere Zwang, einem Eingeständnis der Existenz dieser tieferen Ängste auszuweichen, weist letztlich auf traumatische Ursprünge hin, das heißt, auf Situationen überwältigender Hilflosigkeit und Kränkung, die — wie bereits im Abschnitt 2.5.3.2 erörtert wurde — tiefsitzende Gefühle von Hilflosigkeit, Schuld, Beschämung und Verächtlichkeit hinterlassen, welche abgespalten und auf andere abgewälzt werden müssen, um ihre Unerträglichkeit zwar nicht beseitigen, aber doch beschwichtigen zu können; woraus sich eben die mächtige Sogwirkung ergibt, die von Feindbildern ausgeht.

Lenore Terr konnte im Rahmen einer kalifornischen Feldstudie über einen (sechsundzwanzig gekidnappte Kinder betreffenden) Fall schwerer Traumatisierung in sehr naher Beobachtung nachvollziehen, wie bei einem betroffenen Mädchen die Abspaltung der traumatisch bedingten Gefühle zu hasserfüllten und verächtlichen Einstellungen speziell gegenüber anderen Kindern führte, die ethnischen Minderheiten angehörten. Da ihr ihre Wut auf die Täter oder auf ihre Familie (von der sie sich im Stich gelassen fühlen musste) allzu unerträglich war — d.h. sie zu sehr an ihre abgespaltene Erfahrung von Terror und beschämender Ausgeliefertheit herangeführt hätte —, musste sie diese auf verschobene Objekte ableiten, die sie bis dahin offenbar nie verabscheut oder abgelehnt hatte.

Auf Terrs Bemerkung an das Mädchen Tania, dass sie doch viel Zorn auf ihre Eltern empfinden müsse, reagierte es mit heftiger Verneinung: „,I don't hate them.' Then, turning her exquisite face toward mine, she delivered a steaming list of ‚displacements,' people who by virtue of transference of her feelings had become the substitute butts for her real rage at the kidnappers and her family. ‚I hate Carlotta,' Tania narrowed her eyes. ‚She's Spanish. Armando, too. It's hard to understand the Spanish kids... I hate my Brownie troop.' Her jaw jutted out at me. ‚Then there's Shana. She's black. She stinks... And Susy. Susy Smithson. I kicked her, who I don't like, and the teacher got mad.' [...] The child peered through me with cold, bright green eyes. She stared, fullfaced, the way a man stares down his enemy before entering into mortal combat. ‚I haven't made up my mind yet,' she said, ‚about hating you.'" (Terr 1990: 55f)

3.1.3 Die Sogwirkung ethnisch-nationaler Feindbilder

Für eine Beantwortung der — sich auch anhand dieses Beispiels erneut stellenden — Frage, warum gerade ethnisch-nationale Außengruppen viel leichter und häufiger als andere zu Feindbildern werden, bieten sich nun einerseits typische Reibeflächen im Kontakt zwischen Menschen verschiedener nationaler oder kultureller Herkunft an, andererseits aber auch prinzipiellere Erwägungen, die schon auf der Grundlage der bisherigen Beobachtungen und Reflexionen gemacht werden können.

Nahe liegende Belastungsmomente des interkulturellen Kontakts liefert etwa der mit Sprachbarrieren einhergehende erhöhte Kommunikations-Stress (der größere Energieaufwand, das erhöhte Risiko peinlicher zwischenmenschlicher Situationen usw.), der in vielen Menschen das innere Kräfteverhältnis zwischen dialogbereiten und paranoiden (auf Feindbilder fixierten) Neigungen zugunsten letzterer beeinflussen dürfte (Berghold 1997: 49ff; 2000a: 188ff).

Wesentlich weitreichendere Gesichtspunkte zum Verständnis interkultureller Reibeflächen konnte Dietmar Larcher im Rahmen seiner bereits erwähnten Untersuchungen und Analysen zum Kulturschock entwickeln (Larcher 1991: 43ff; 73ff; 1992). „Das Zusammentreffen von Menschen verschiedener Kulturen", erläutert er dazu, „produziert notwendig Missverständnisse, weil jeder sein kulturelles Verhalten für natürlich, das der Fremden jedoch für unnatürlich hält." (Larcher 1991: 44f) Die unterschiedlichen Alltagsregeln des zwischenmenschlichen Umgangs können so leicht zur Quelle gegenseitiger Irritationen und Kränkungen werden — vor allem, wenn es sich um das Aufeinanderprallen von Verhaltensregeln handelt, die in unbewussten Gewohnheiten oder unhinterfragten Traditionen wurzeln und daher für eine Auseinandersetzung im offenen Gespräch unzugänglich sind.

Demzufolge können es auch oft scheinbare Kleinigkeiten sein, die zu Kulturschock-Erlebnissen führen — da „meine neuen Gegenüber [...] zum Beispiel den Kopf schütteln, wenn sie Zustimmung äußern, oder [...] trotz meiner Anwesenheit laut rülpsen, nachdem sie gegessen haben — ohne sich zu entschuldigen, selbstverständlich!" (1992: 182) „Zum Beispiel ist in Kulturen unterschiedlich geregelt, wie lange sich Mann und Frau in die Augen sehen dürfen, ob sie es überhaupt dürfen, ohne damit sexuelle Einladungen auszudrücken. In England ist diese Zeit sehr kurz bemessen, in Nicaragua ist sie sehr lange, in Arabien ist es überhaupt verboten." (1991: 45)

Dementsprechend gilt „in der einen Kultur [...] bereits als obszön, was in der anderen noch kaum registriert wird. Welche Distanz ich zu einer Person in einem informellen Gespräch halten muss, um ihre Intimsphäre nicht zu verletzen, ist höchst unterschiedlich geregelt. Ein Abstand von anderthalb Metern ist bei uns durchaus akzeptabel, gilt in südlicheren Ländern jedoch als sehr seltsam, fast beleidigend kühl..." (Larcher 1992: 181; weitere Beispiele ebenda: 125ff; Larcher 2000: 52ff; Schäfer/Atzwanger 1999a: 25ff; Larcher/Schautzer/Thuswald/Twrdy 2005; Larcher/Larcher 2006)

Eine über das Aufeinanderprallen unterschiedlicher Regeln hinausgehende (wenn auch mit ihm vielfach „verzahnte") Dimension interkultureller Konfliktträchtigkeit besteht auch im unterschwelligen „Appellieren" fremder Kulturen an verdrängte eigene Wünsche und Neigungen. Georges Devereux erläutert diese Dimension im Zusammenhang innerer Konflikte, die bei der Erforschung fremder Kulturen mobilisiert werden, anhand eines anschaulichen Extrembeispiels: „Die Untersuchung fremder Kulturen zwingt [...] den Anthropologen oft, bei der

Feldforschung Material zu beobachten, das er selbst verdrängt. Diese Erfahrung löst nicht nur Angst aus, sondern wird zugleich auch als ‚Verführung' erlebt. Es genügt, in diesem Zusammenhang an die Probleme zu denken, mit denen beispielsweise ein Anthropologe konfrontiert sein mag, der verpflichtet ist, von seinem schmalen Einkommen seine alten Eltern zu unterstützen, und zufällig einen Stamm untersucht, wo die Sohnespietät es verlangt, dass man die alten Eltern tötet." (Devereux 1967: 67)

Auf einer grundsätzlicheren Ebene bietet sich zur Erklärung der starken ethnisch-nationalen Schlagseite von Feindbild-Anfälligkeiten unter anderem das ausgeprägte Element von Willkürlichkeit an, das sowohl am nahezu unbegrenzten Spektrum möglicher Feindbild-Objekte erkennbar wird als auch aus dem Kernaspekt eines unbewusst-suchtartigen Bedürfnisses nach ihnen hervorgeht. Eine zwanghafte Neigung, in der Außenwelt auf jeden Fall Objekte der Dämonisierung und Verachtung ausfindig zu machen, impliziert ja auch einen beträchtlichen Grad von Beliebigkeit, mit dem Individuen und Kollektive als Feindbilder ausgewählt werden können — was etwa auch an einem von Adorno angestellten Vergleich mit dem charakteristischen Verhalten des Paranoikers nachvollziehbar wird, der, wenn er auch „von einem allgemeinen Hass besessen ist, [...] doch dazu [neigt], seinen Feind willkürlich ‚herauszupicken', bestimmte Individuen zu belästigen, die seine Aufmerksamkeit erregen." (Adorno 1950: 113)

In ihrer klassischen Studie zu den Manipulationsmethoden rechtsextremer Agitatoren fassen Leo Lowenthal und Norbert Guterman deren verschlüsselte Botschaften an ihr Publikum unter anderem mit der folgenden, dieses Element der Willkürlichkeit hervorkehrenden Aussage zusammen: „We will offer you scapegoats—Jews, radicals, plutocrats, and other creatures conjured up by our imagination. These you will be able to berate and eventually persecute. What difference will it make whether they are your real enemies so long as you can plunder them and vent your spleen on them?" (Lowenthal/Guterman 1949: 142) Auch einer der meistzitierten Aussprüche des zu seiner Zeit führenden antisemitischen Demagogen Karl Lueger — „Wer a Jud ist, bestimm i!" (Hamann 1996: 417) — weist auf die Tendenz hin, dass feindbildhafte Einstellungen die unterschiedlichsten Kategorien von Menschen mit einem gewissen Grad von Zufälligkeit treffen können (vor allem natürlich, wenn sie das Pech haben, sich in schwachen, verletzbaren bzw. Außenseitenpositionen zu befinden).

Dieser (teilweisen) Beliebigkeit kommen nun gerade die ethnisch-nationalen Versionen von Feindbildern in hohem Maße entgegen. Im Unterschied zu diesen weisen die meisten sonstigen Feindbild-Kategorien ja immerhin Merkmale auf, die zwar nicht Dämonisierung und Verachtung rechtfertigen, aber doch (je nach eigenem Standpunkt) konkrete Kritik, Ablehnung oder Widerwillen begründen können. Die Anhänger bestimmter Religionen, Sekten, Philosophien oder politischer Richtungen können über klar beschreibbare Werthaltungen oder Praktiken definiert (und dementsprechend kritisiert) werden. Ähnliches gilt zum Beispiel für Personen, die verschiedenen Subkulturen angehören oder bestimmte Lebensstile pflegen. Über diverse Berufsgruppen, Vertreter wirtschaftlicher Interessen und durch einen bestimmten wirtschaftlichen, sozialen oder bildungs-mäßigen Status definierbare Gesellschaftsschichten kann man — aufgrund dessen, was sie definiert — ein konkretes negatives Urteil argumentieren (was zumindest ihren Durchschnitt betrifft).

Demgegenüber hat die Zugehörigkeit zu einer Nation oder Volksgruppe für sich genommen nichts mit irgendeiner Stellungnahme, Werthaltung, Lebensgewohnheit oder Interessenslage zu tun. Wenn also Willkür ein Hauptmotiv für die (unbewusste) Auswahl von Feindbild-Objekten ist, so dürfte sich kaum viel Willkürlicheres anbieten können als das Merkmal ethnisch-nationaler Zugehörigkeit.

Dies leitet auch zu einem zweiten Gesichtspunkt über: Wenn nationale Zugehörigkeit der Angriffsflächen für realistisch argumentierbare Vorwürfe prinzipiell entbehrt, so bedeutet dies auch, dass die gegen ein ethnisch-nationales Kollektiv gerichteten Ressentiments weit mehr als bei anderen Feindbildern auf den „Vorwurf" hinauslaufen, schlicht nicht zu den „Unsrigen" zu gehören — ein Vorwurf, der natürlich nicht gut in ausdrücklicher Form erhoben werden kann, aber zum Beispiel leicht in der typischen Neigung zum Ausdruck kommen kann, „den Außenseitern, als Vorwurf, Einstellungen nachzusagen, die zum eigenen Einstellungsrepertoire der Etablierten zählen und hier oft genug Lob einbringen." (Elias/Scotson 1965: 49) „Was bei der Eigengruppe ‚gesunde Lebenskraft', ‚Abwehrwille' o.ä. heißt, heißt bei den anderen ‚Machtgier'. Was bei einem selbst ‚Treue' ist, ist bei den anderen ein widerwärtiges Zusammenhalten, Zusammenrotten, Unter-einer-Decke-Stecken." (Ottomeyer 1984: 20)

Je mehr nun feindselige Wahrnehmungen auf diesen Punkt zugespitzt sind — dass die betreffenden Anderen eben keine „Unsrigen" sind —, desto mehr impliziert dies auch eine allgemeinere Festungsmentalität, die sich gegen die äußere Welt überhaupt richtet (die ja überwiegend aus „Nicht-Unsrigen" besteht). Insofern diese inzestuöse Mentalität in nationalen Feindbildern also konzentriert zum Ausdruck kommt, entsprechen diese auch mehr als andere Feindbilder einem Verfehlen der von Erdheim als „Gesellschaftlichkeit des Individuums" umschriebenen Reifungsziele.

Die diesem Scheitern zugrunde liegende Unfähigkeit, sich von der Herkunftsfamilie psychisch abzunabeln, spiegelt sich auch in den für ethnisch-nationale Feindbilder wesentlichen Vorstellungen von Völkern und Nationen als Quasi-Familien. Der Psychoanalytiker Werner Bohleber etwa erläutert dies anhand der infantilen Vater- und Mutterbindungen, die nationalistischen Phantasien von idealisierten Führern oder „organischer" Volksgemeinschaft zu Grunde liegen. Mithilfe der Illusion naturgegebener Bande „verknüpft sich die Vorstellungswelt der Nation elementar mit der Beziehungswelt der Primärfamilie" (Bohleber 1992: 161); was sich insbesondere auch im hochgradig wahnhaften — vor allem in deutschsprachigen Landen stark verwurzelten — Glauben äußert, dass nationale Gemeinschaften etwas mit gemeinsamer Abstammung zu tun hätten (Baur/von Guggenberg/Larcher 1998: 322-326; 330f).

> „Seit den ältesten Zeiten ist es hier aus den verschiedensten Gründen zu einem fortwährenden Austausch von Bevölkerungsgruppen gekommen. Schon auf Grund ihrer geographischen Lage sind die Deutschen, ebenso wie die Österreicher, ein besonders bunt gemischtes Volk. [...] Ein flüchtiger Blick in den Geschichtsatlas, und man begreift, dass die Vorstellung, es gebe ein kompaktes deutsches Volk, höchst abwegig ist. Ihre Funktion kann nur darin bestehen, eine besonders fragile nationale Identität durch Fiktionen zu stützen." (Enzensberger 1992: 48)

Die grundlegende Brüchigkeit einer Identität, die sich auf eine quasi-familiäre nationale Zusammengehörigkeits-Fiktion stützt, wird besonders auch vor dem Hintergrund einer traditionellen Erziehungspraxis verständlicher, die vielfältige innere Abspaltungen verursacht und damit die Entwicklung eines einigermaßen sicheren Selbstgefühls (das für die psychische Abnabelung von der Herkunftsfamilie entscheidend ist) blockiert: „Gespiegelt von den Eltern macht das Kind die Erfahrung, dass sein Eigenes Anteile hat, die nicht erwünscht und daher von ihm selbst zu unterdrücken sind oder von außen unterdrückt werden (Angst, Hass, Aggressionen, aber auch Neugier, Experimentierfreude und Liebe zu ‚falschen', das heißt von den Eltern abgelehnten Objekten) und dass auch die Eltern Anteile haben, die dem Kind Schmerz zufügen (emotionale Kälte, rigide Kontrolle, Aggressivität, Zwang, Ungerechtigkeit), gegen die es aber machtlos ist." (Hierdeis 2005: 95) Der Psychoanalytiker und Pädagoge Helmwart Hierdeis beschreibt die Zusammenhänge einer mächtigen Dynamik zu ethnisch-nationaler Ausgrenzung, die sich aus solchen Erfahrungen ergibt:

> „Gehört es zur Erziehungstradition einer Gesellschaft und zu ihrer anhaltenden pädagogischen Praxis, in der Sozialisation das Eigene des Kindes zu unterdrücken und auf dessen Identifikation mit seinen Eltern/Erziehern zu setzen, dann entstehen nicht nur zahllose individuelle Abspaltungsprozesse, die eine problematische Fremdenrepräsentanz nach sich ziehen können, sondern es bildet sich darüber hinaus durch gesellschaftliche Kommunikation und auf der Basis einer meist unreflektierten Geschichte eine kollektive Identität und ein kollektives Fremdenbild mit je nachdem ‚völkischen', nationalen, ethnischen, rassistischen Zügen. Es legt fest, wer dazugehört und wer nicht, wer drinnen ist und wer draußen zu sein hat, wer als gut und böse, friedlich und gefährlich, normal und unnormal anzusehen ist. [...] Der Um-

gang mit den Vertretern anderer Kulturen zeigt die Neigung der einheimischen Kultur, deren ,Anderssein' in ethnozentristischer Weise als ,fremd' zu definieren und es für die Konstruktion einer sozialen Asymmetrie zu benutzen. Sie wird durch subtile wie durch laut propagierte Abwertungen ebenso gestützt wie durch ständige Verweise auf den Minoritätenstatus der Fremden, durch rigide Assimilationsforderungen, durch die Andeutung der Gefahren, die von ihnen ausgehen und letzten Endes durch die Aufrechterhaltung rechtlicher Ungleichheit." (ebenda: 96)

Solche typischen Merkmale des ethnozentrischen Ausgrenzungs- und Festungsdenkens verweisen schließlich auch noch auf einen weiteren Gesichtspunkt, der das vorrangige Gewicht der ethnisch-nationalen Varianten von Feindbildern begreiflicher machen kann. Die im Abschnitt 2.3.6 entwickelte Argumentation, wonach Feindbild-Bedürfnisse sich der Herausforderung globaler Solidarität massiver und direkter widersetzen als die anderen dort diskutierten Kategorien von Widerstandsmotiven, trifft auf ethnisch-nationale Feindbilder noch deutlich stärker als auf alle anderen zu: Weitaus mehr als alle anderen Feindbilder spalten sie die menschliche Gesellschaft in räumlich abzutrennende — sich eben in geographischen Festungen einbunkernde — „Pseudo-Arten" (Erikson) und eignen sie sich daher in besonders nachdrücklicher Weise gegen die Bewusstwerdung unseres Planeten als eines „gemeinsamen Bootes". Aus diesem Blickwinkel scheint also die neuere fremdenfeindliche Konjunktur auch die Dimension eines heftigen psychischen Abwehrkampfes aufzuweisen, der sich gegen die Anerkennung einer globalen Herausforderung richtet, die im Grunde bereits nicht mehr übersehen werden kann.

3.1.4 Zuwanderer als Boten der Globalisierung

In diesem Zusammenhang kann nicht zuletzt auch verständlicher werden, warum sich Feindbilder aktuell so stark auf Zuwanderer aus östlicher und südlicher Richtung konzentrieren. Diesen fällt die unfreiwillige Rolle zu, als besonders auffällige Boten des globalen Zusammenwachsens auf den Plan zu treten und dabei besonders dessen bedrohlichere Seiten zum Vorschein zu bringen — da ihre Wanderungsbewegungen vor allem eine Folge der wirtschaftlichen Verelendung und politischen Erschütterungen sind, die durch die aktuelle Globalisierungskonjunktur weltweit ausgelöst werden. „Die Situation der Migranten als heimatlose Wanderer zwischen den Welten wird in der heutigen Welt zunehmend zum Normalfall. Denn unsere gewohnte nationalstaatlich geschützte Lebensordnung neigt sich unter dem Deregulierungsdruck der Globalisierung dem Ende zu." (Larcher 2000: 34)

Auch aufgrund der rasanten Entwicklungen der Kommunikations- und Transportnetze nehmen die Migrationsbewegungen immer globalere Dimensionen an. „Das Elend von Repression, Bürgerkrieg und Armut bleibt schon deshalb nicht mehr nur eine lokale Angelegenheit, weil die Medien dafür sorgen, dass das Wohlstandsgefälle zwischen Nord und Süd, West und Ost weltweit perzipiert wird. Dadurch werden breite Migrationsströme, wenn nicht ausgelöst, so doch beschleunigt." (Habermas 1998: 111f)

Mit ihrer sozialen Entwurzelung und Verletzbarkeit gemahnen die Zuwanderer die Ortsansässigen unterschwellig, aber eindringlich an die Verunsicherung ihrer eigenen Lage im Rahmen einer stürmischen Globalisierung unter sozialdarwinistischem Vorzeichen — und damit auch an die Dringlichkeit der grundlegenderen Herausforderung unseres zusammenwachsenden Planeten, gegen die sie sich aber vielfach mit Hilfe eines fremdenfeindlichen Festungsdenkens blind stellen wollen. „Indem man sich an den Schwächeren austobt, lenkt man sich selbst davon ab, dass man Opfer gewesen ist oder jederzeit Opfer werden kann: Opfer der Risikogesellschaft, die keine Fangnetze ausbreitet, um das Individuum bei seinem Hochseilakt durchs Leben vor dem Absturz zu bewahren." (Baur/von Guggenberg/Larcher 1998: 264)

Nach einem von alters her eingeschliffenen Muster der Wahrnehmungsverschiebung werden die Boten wieder einmal für den unwillkommenen Inhalt ihrer Botschaft verantwortlich gemacht. Da sie diesen freilich nicht verursacht haben, kann er auch nicht durch ihr noch so rigoroses Abschieben oder durch noch so lückenloses Dichtmachen von Grenzen zum Verschwinden gebracht werden.

Die massive Wirksamkeit dieses unbewussten Ablenkungsmanövers kann im Zusammenhang der neueren fremdenfeindlichen Stimmungen auch an zahlreichen, nachgerade eklatanten Widersinnigkeiten „abgelesen" werden, die selbst bei ihren geläufigsten Vorstellungen zutage treten. Einige davon — die sich dem auch nur halbwegs aufmerksamen Blick geradezu aufdrängen müssen — hat Enzensberger in seinem viel beachteten Essay ‚Die große Wanderung' mit spitzer Feder beschrieben. Da kann etwa die im kollektiven Fundus bereit liegende Metapher des Rettungsbootes in Form der stehenden Rede „Das Boot ist voll!" schnell mehrheitsfähige Popularität gewinnen.

„Dass dieser Satz faktisch nicht zutrifft, ist noch das Wenigste, was an ihm auszusetzen wäre. Ein Blick auf die Umgebung genügt, um ihn zu widerlegen. Das wissen auch alle, die ihn im Munde führen. Es kommt ihnen nicht auf seinen Wahrheitsgehalt an, sondern auf das Phantasma, das er ausdrückt, und das ist allerdings erstaunlich. Offenbar wähnen viele Westeuropäer, dass sie sich in Lebensgefahr befinden. Sie vergleichen ihre Lage mit der von Schiffbrüchigen. Die Metapher wird sozusagen auf den Kopf gestellt. Es sind die Eingesessenen, die sich einbilden, sie wären *boat people* auf der Flucht, Auswanderer vom Zwischendeck oder ausgehungerte

Albaner auf einem überfüllten Geisterschiff. Die Seenot, die auf diese Weise halluziniert wird, soll vermutlich ein Verhalten rechtfertigen, das nur in extremen Situationen vorstellbar ist." (Enzensberger 1992: 26f)

Das somit zugleich geglaubte und eigentlich doch wieder nicht geglaubte — auf jeden Fall aber mit starken Angstgefühlen verknüpfte — Bild des vom Untergang bedrohten Bootes kann darüber hinaus noch sehr häufig mit einem weiteren phobischen Motiv verbinden, das das erstere unmittelbar widerlegt. „Mit dem logischen Status von Wahnvorstellungen ist es so bestellt, dass zwei Phobien, die einander ausschließen, ohne weiteres in ein und demselben Gehirn Platz finden. So erklärt es sich, dass viele Anhänger des Rettungsboot-Modells zugleich von einem anderen Phantasma heimgesucht werden, das genau die umgekehrte Angst ausdrückt. Auch hier wird die Form einer Tatsachenbehauptung bevorzugt: ‚Die Deutschen (Franzosen, Schweden, Italiener usw.) sterben aus'." Zur mehr als dürftigen Begründung für diese Angst müssen langfristige — und für sich genommen nicht einmal besonders besorgniserregende — Bevölkerungsprognosen bemüht werden, „obwohl sich solche Vorhersagen in der Vergangenheit immer wieder als falsch erwiesen haben. Das entsprechende Szenario malt die schrecklichen Folgen aus: Vergreisung, Dekadenz, Entvölkerung, nicht ohne besorgte Seitenblicke auf das Wirtschaftswachstum, das Steueraufkommen und das Rentensystem. Panik verursacht somit die Vorstellung, es könnten auf ein und demselben Territorium gleichzeitig zu wenige und zu viele Menschen existieren — ein Leiden, für das ich die Bezeichnung *demographische Bulimie* vorschlagen möchte." (ebenda: 30f)

Auch der Philosoph Roberto Escobar sieht diesen Widerspruch in einem sehr ähnlichen Licht:

„Non conta che l'allarme sia confermato o invece ridimensionato dalla realtà. Conta invece la nostra percezione dell'assedio. La barca è piena: il nostro spazio domestico — l'immagine che abbiamo dell'Europa, del nostro borgo, del nostro quartiere — ci appare come una scialuppa fragile e stracolma, che fatica a contenere gli europei e che per di più è presa d'assalto da milioni di naufraghi che vorrebbero salirvi condannandola ad affondare. Insieme, però, ci tormenta lo spettro del calo demografico. La contraddizione non ci crea problemi. Anzi, con la sua ambiguità rafforza il panico: loro crescono senza freni; noi — italiani, tedeschi, francesi... — invecchiamo, ci estinguiamo."[1] (Escobar 1997: 28)

---

[1] "Es spielt keine Rolle, ob sich die alarmierten Befürchtungen bestätigen oder aber auf ein realistischeres Maß zurückgeführt werden können. Was wirklich zählt, ist vielmehr unsere Wahrnehmung, dass wir belagert würden. Das Boot ist voll: das Bild, das wir uns von Europa, von unserer Ortschaft, von unserem Stadtviertel machen — erscheint uns wie ein schwach gebautes und überfülltes Rettungsboot, das die Europäer nur mit Mühe über Wasser halten kann und das noch dazu von Millionen von Schiffbrüchigen überfallen wird, die an Bord kommen

In diesem Zusammenhang kann auch die in neuerer Zeit um sich greifende Identitätspanik — die auf bewusster Ebene um das Phantasma kreist, durch die aktuellen Immigrationsbewegungen könnte eine lebenswichtige ethnisch-nationale „Essenz" bzw. Eigenart des eigenen Landes verloren gehen — zu einem wesentlichen Teil als Ergebnis unbewusster Wahrnehmungsverschiebungen verstanden werden: Die sehr realen Gefährdungen der psychosozialen Identität — die aus dem akuten Risiko erwachsen, in die zunehmenden Reihen der Überzähligen abgedrängt zu werden — können eher aus der bewussten Wahrnehmung ausgeblendet werden, wenn das Bedrohungsgefühl auf bewusster Ebene an einer im Verhältnis dazu geradezu harmlosen Frage „festgemacht" wird. Die kurzfristige Erleichterung, die dieser Verschiebungsmechanismus bietet, wird freilich alsbald dadurch unterlaufen, dass die verdrängten Ängste nun ihr Ersatzobjekt mit geradezu ausufernden Bedrohungsphantasien aufladen und es derart ins Maßlose aufblähen.

Die unbewusste Mächtigkeit und Zwanghaftigkeit dieser Phantasien kann man etwa an Hand einiger von Enzensberger aufgezeigten Relationen abschätzen, aus denen hervorgeht, wie beschränkt sich die aktuellen Migrationsbewegungen in Wirklichkeit ausnehmen, wenn man sie auch nur mit jener Vergangenheit Deutschlands und Europas vergleicht, die von heute noch lebenden Generationen mitgemacht wurde: So schwärmte im Zweiten Weltkrieg nicht nur „der größte Teil der männlichen Bevölkerung bis zum Nordkap und bis in den Kaukasus aus (und in der Gefangenschaft bis nach Sibirien und Neu-England); nicht nur trieb der Faschismus wesentliche Teile der deutschen Eliten und die gesamte jüdische Bevölkerung in die Emigration und in den Tod; es wurden während des Krieges fast zehn Millionen Zwangsarbeiter aus ganz Europa nach Deutschland verschleppt, ein Drittel davon Frauen, so dass 30 Prozent aller Arbeitsplätze, in der Rüstung sogar über die Hälfte, von Ausländern besetzt waren." (Enzensberger 1992: 49) Nach dem Zweiten Weltkrieg folgten ihnen zunächst mehrere Millionen *displaced persons*, zwölf Millionen Flüchtlinge aus den vormaligen deutschen Ostgebieten, danach fast drei Millionen Um- und Aussiedler aus Osteuropa und der Sowjetunion, über vier Millionen Flüchtlinge aus der DDR, sowie über fünf Millionen Arbeitsmigranten aus Italien, Jugoslawien, Griechenland, der Türkei, Spanien, Portugal und anderen Ländern — während umgekehrt zwischen 1955 und 1986 ungefähr fünfzehn Millionen Deutsche aus Deutschland auswanderten.

---

und das Boot damit zum Versinken verurteilen wollen. Zur gleichen Zeit quält uns jedoch auch das Schreckgespenst des Bevölkerungsrückgangs. Der Widerspruch macht uns keine Probleme; im Gegenteil verstärkt er mit seiner Zweideutigkeit sogar noch die Panik: sie vermehren sich hemmungslos; wir — Italiener, Deutsche, Franzosen... — altern und sterben aus."

„Es ist rätselhaft," resümiert Enzensberger angesichts dieser Faktenlage beinahe fassungslos, „dass eine Bevölkerung, die innerhalb ihrer eigenen Lebenszeit solche Erfahrungen gemacht hat, unter dem Wahn leiden kann, sie hätte es, angesichts heutiger Wanderungen, mit etwas noch nie Dagewesenem zu tun." (ebenda: 50f) Tatsächlich dürfte dieses Rätsel auch kaum ohne den Hintergrund zu verstehen sein, dass die heutigen Zuwanderungsbewegungen vor allem unbewusste Projektionsflächen darstellen, auf die verdrängte bzw. verleugnete Bedrohungswahrnehmungen verschoben werden, die den ihren angemessenen sozialen Ort ganz woanders hätten — zu wesentlichen Teilen eben im Vormarsch einer sozialdarwinistischen Wirtschaftspolitik auf globaler Ebene.

3.2 Am Beispiel des Rechtspopulismus

Unverkennbar ist die politische Großwetterlage schon seit Längerem dadurch gekennzeichnet, dass zumindest in der Haupttendenz „der Wind zunehmend von rechts weht". Seit ungefähr einem Vierteljahrhundert erleben wir weltweit einen längerfristigen — wenn auch oft widersprüchlichen und uneinheitlichen — Aufschwung von gesellschaftlichen Tendenzen, Stimmungen, Bewegungen und Parteien autoritärer, xenophober, sozialdarwinistischer bis hin zu rechtsextremistischer Ausrichtung. Parallel dazu verlieren die meisten traditionellen Linksparteien viel von ihren politischen Konturen — besonders, wenn sie Regierungsverantwortung tragen —, sodass ihre Positionen oft kaum noch von denen gemäßigt rechter und (in einzelnen Fällen) sogar weit rechts stehender Parteien unterscheidbar sind.

Im groben Überblick sind es vier wesentliche Trends oder Komponenten, die diesen längerfristigen Aufschwung der Rechten bestimmen, manchmal voneinander getrennt und in teilweisem Widerspruch zueinander zum Ausdruck kommen, manchmal aber auch in Kombination miteinander auftreten können:

1. Die Komponente der — bereits in den Abschnitten 2.3.2 und 2.3.3 ausführlich erörterten — *extremistischen Marktwirtschaftsideologie* („Neoliberalismus") und eines damit einhergehenden, scharf ausgeprägten Sozialabbaus, wie er vor allem seit den Regierungen von Margaret Thatcher und Ronald Reagan nachdrücklich zum Tragen kommt und die aktuellen sozialdarwinistischen Globalisierungstrends (unter dem Diktat der Finanzmärkte und den Vorgaben von WTO, IMF, Weltbank u.a.) beherrscht, die unter den Schlagworten der „Flexibilisierung", „Deregulierung", „Privatisierung" oder „Strukturbereinigung" demokratie-, sozial- und umweltpolitische Errungenschaften zunehmend aushöhlen. Seine wirtschaftspolitischen Dog-

men haben mittlerweile den kaum noch öffentlichen Raum für Widerspruch zulassenden Einfluss einer hegemonialen pensée unique (eines „Einheitsdenkens" [Ramonet 1995]) erlangt. Wie Viviane Forrester eindrucksvoll beschreibt, bildet die monomanische Zwangsvorstellung, „d'ouvrir la voie au jeu sans obstacle du profit, et d'un profit toujours plus abstrait, plus virtuel",[1] den meist unausgesprochenen, aber zugleich mit dem strikten Verbot jedweder Kritik belegten Kern der marktwirtschaftsradikalen Ideologie. „Il ne s'agit plus que de s'accommoder du régime planétaire en permanence agencé autour de ce profit officiesement reconnu comme licite, prioritaire, détenteur de tous les droits et régisseur en amont de toute la scène mondiale."[2] (Forrester 2000: 9, 32) „Diese heute anscheinend übermächtige Ideologie", schrieb ähnlich auch Jean Ziegler, „diffamiert täglich die moralische Norm und das staatliche Gesetz. Sie lähmt den kollektiven Willen der Völker und beraubt den Menschen seines höchsten Gutes: der freien Verfügung über sein eigenes Schicksal." (Ziegler 1998: 11)

2. Die Komponente der verschiedenen *religiösen Fundamentalismen* (christlicher, islamischer, jüdischer, hinduistischer und anderer Provenienz), die einen autoritär-puristischen Moralismus auf ihre Fahnen geschrieben haben und mit mehr oder weniger unnachgiebiger Härte auf ihren jeweiligen ewiggültigen und einzig-wahren Glaubensgewissheiten bestehen, für die daraus abgeleiteten Moral- und Verhaltensregeln bedingungslosen Gehorsam fordern und je nach Umständen auch oft mit heftiger Verfolgung, Repressionsmaßnahmen oder selbst extremster Grausamkeit erzwingen. Die fundamentalistische Konjunktur wurde durch die Einsetzung des Papstes Johannes Paul II. oder den Machtantritt der iranischen Mullahs unter dem Ayatollah Ruhollah Khomeini gewiss wesentlich begünstigt und spielt in verschiedensten Formen und Ausprägungen in vielen Regionen der Welt eine zentrale Rolle in den rechten Aufschwungstendenzen (von den christlichen Fundamentalisten des US-amerikanischen „Bible Belt" bis zu den israelischen Ultraorthodoxen, von den ägyptischen Moslemischen Brüdern bis zu den afghanischen Taliban). Im europäischen Rahmen ist ihre Breitenwirkung wesentlich eingeschränkter, aber freilich auch etwa am Einfluss katholisch-integristischer Organisationen wie Ecône, Opus Dei oder Comunione e Liberazione (deren Vertreter teilweise gar so weit gehen, der Inquisition eine positive historische Rolle zuzuerkennen) wahrnehmbar, ebenso

---

[1] „die Bahn für das unbehinderte Spiel des Profits — und noch dazu eines immer abstrakteren und virtuelleren Profits — freizumachen"

[2] „Es geht nur noch darum, sich dieser weltweiten Herrschaft anzupassen, die dauerhaft um diesen Profit herum eingerichtet ist, der quasioffiziell als legitim, vorrangig, als Inhaber sämtlicher Rechte und grundlegend über das gesamte globale Szenario bestimmendes Prinzip anerkannt wird."

wie an der öffentlichen Rolle diverser Bischöfe am rechten Rand, die immer wieder Stellungnahmen abgeben, die durch ihre provokante Intoleranz Aufsehen erregen.

3. Die Komponente des *Rechtspopulismus*, d.h. von Bewegungen oder Parteien unter der autoritären Führung von sich meist hart und potenz-prahlerisch darstellenden Personen — wie etwa Umberto Bossi, Jörg Haider, Ross Perot, Jesse Ventura, Christoph Blocher, Mogens Glistrup, Carl Hagen u.a.m. —, welche die Ressentiments, die Gewaltfaszination und die Wut des so genannten „kleinen Mannes" gegen „die da oben" effektvoll auf der politischen Bühne inszenieren. Das ist eine Wut über soziale Benachteiligungen, Verunsicherungen und Verletzungen lediglich der eigenen Person bzw. der jeweiligen sozialen, nationalen, regionalen usw. Gruppe, mit der man sich selber identifiziert — vor allem aber auch nicht eine Wut über den Umstand von Benachteiligungen überhaupt, über eine Gesellschaftsordnung, die an sich schon extreme Ungleichheiten von Lebenschancen impliziert. Es handelt sich also um eine Wut, die sich scharf abgrenzt von einer Solidarität mit allen Benachteiligten der Gesellschaft (sei es im eigenen Land oder auf der ganzen Welt) und die dementsprechend meist nahtlos vereinbar ist mit ausgeprägter Feindseligkeit gegenüber sozial Marginalisierten und besonders auch (armen) Fremden.

4. Die Komponente des *Rechtsextremismus*, der die antidemokratischen und antisolidarischen Tendenzen dieser allgemeinen Rechtsentwicklung mehr oder weniger konsequent auf die Spitze treibt und sowohl in offenem, teilweise auch mörderischem Terror gegen seine Gegner bzw. Opfer zum Ausdruck kommt, als auch in politischen Zielsetzungen der radikalen Unterdrückung demokratischer und sozialer Errungenschaften und Grundrechte. Der Aufschwung des Rechtsextremismus in Europa hat zunächst durch die Wahlerfolge des französischen Front National (FN) ab 1984 eingesetzt und seit ungefähr 1990 durch die Welle von Gewaltausbrüchen gegen Zuwanderer wesentlich an Breite gewonnen. Beunruhigende Höhepunkte erreichte er in Italien 1994 — und erneut von 2001 bis 2006 — durch die seit 1945 in Europa beispiellose Regierungsbildung unter Einschluss einer Partei (Alleanza Nazionale/AN), die sich zunächst noch ausdrücklich zum historischen Erbe des Faschismus bekannte, sowie etwa im politischen Erdbeben des französischen Präsidentschaftswahlkampfs 2002, in dem der rechtsextreme Kandidat Jean-Marie Le Pen in die Endrunde gelangen konnte.

Während man diese vier Hauptkomponenten der neueren Rechtstrends zwar in beträchtlichem Ausmaß aus gemeinsamen Quellen oder deutlich miteinander zusammenhängenden Entwicklungen herleiten kann, so liegt es andererseits aber auch auf der Hand, dass sie nur schwer in einem reibungslosen Verhältnis zueinander stehen können.

So zählen zum Beispiel wesentliche Teile der Anhängerschaft rechtspopulistischer, rechtsextremistischer und religiös-fundamentalistischer Richtungen gerade zu den vielzitierten „Modernisierungsverlierern", d.h. zu den Opfern der erbarmungslosen „Flexibilisierungen" und „Strukturbereinigungen", die der marktwirtschaftliche Ultraliberalismus vorantreibt. Ein beträchtliches Segment der rechtspopulistischen (und teilweise auch rechtsextremistischen) Wählerschaft kommt zudem aus Milieus, die traditionellerweise Arbeiterparteien unterstützt haben und daher immer noch in einem gewissen Widerspruch zu Ideologien stehen müssen, die die unbehinderte Durchsetzung der kapitalistischen Marktkräfte predigen.

Auch die religiös-fundamentalistischen Richtungen stehen mit ihrem starren Beharren auf ihren jeweiligen einzig-wahren Glaubenssätzen und Geboten sehr häufig im Widerspruch zum Dogma des Ultraliberalismus, dass sich das gesamte gesellschaftliche Leben stromlinienförmig an das Prinzip der bloßen Profitmaximierung anzupassen habe. In mehr oder weniger ausgeprägtem Widerspruch zum religiösen Fundamentalismus stehen wiederum wesentliche Strömungen des Rechtspopulismus und Rechtsextremismus, insofern die Wut gegen verschiedene Machteliten, die sie kennzeichnen, oft auch mit heftigen antiklerikalen und antireligiösen Einstellungen einhergehen können (was besonders in vielen Teilen Europas auf lange politische Traditionen zurückgeht).

Auch zwischen Rechtspopulismus und Rechtsextremismus können die Gegensätze oft sehr ausgeprägt sein, da etwa die populistischen Ressentiments wegen verschiedener Benachteiligungen, Einschränkungen oder Demütigungen durch „die da oben" in vielen Fällen durchaus Raum für ein Bewusstsein offenlassen können, dass die faschistischen Angebote, diese Ressentiments zu „bedienen", sich auch sehr brutal gegen die eigenen Lebensinteressen richten würden. Dies trifft natürlich besonders auf Regionen oder Länder zu (zu denen Österreich leider nicht gehört), in denen — in den für Populismus anfälligen Milieus — eine Kultur der bewussten Erinnerung an die faschistische Zeit und eine dementsprechende Sensibilität einigermaßen verbreitet ist.

Ein sehr lehrreiches Beispiel dafür liefert der Mailänder Publizist Enrico Deaglio mit der Beschreibung seiner Haushälterin, die aus einem früher entschieden kommunistisch eingestellten Arbeitermilieu stammt und in ihrer Jugend sogar eine führende Rolle in einem der großen lokalen Streiks der Nachkriegsjahre gespielt hatte. Seit den 1980er Jahren — als immer mehr Menschen in den großen Industriebetrieben ihren Arbeitsplatz verloren — fühlte sie sich, wie viele in ihrem Umkreis, von der Kommunistischen Partei (bzw. später von ihren Nachfolgeparteien) immer weniger vertreten. Die Kommunisten, erklärte sie ihm, stünden nun überhaupt nicht mehr auf der Seite der Arbeiter, sondern „aller anderen" — der Sandler, brasilianischen Prostituierten, arabischen Straßenverkäufer, Zigeuner, Neger oder auch der Schwarzfahrer, die sich ungerechterweise vor einem zu leistenden Beitrag drückten. „E invece il Pci li difende. E a noi, che paghiamo le tasse, che facciamo la fila, che paghiamo il ticket, niente. Tutto a loro."[1] (Deaglio 1995: 14) Demgegenüber sei es nur mehr der rauhbeinige Volkstribun Umberto Bossi, der wirklich auf der Seite der Arbeiter und der kleinen Leute stehe und dessen Lega Nord sie denn auch bei den Parlamentswahlen im März 1994 (entgegen Deaglios Beschwörungen) mit Überzeugung gewählt habe.

Andererseits, so beobachtete Deaglio freilich auch, verfolgten sie und ihr gleichgesinnter Ehemann mit großer Nervosität, ob oder inwieweit sich ihr Held denn nun tatsächlich mit jenem marktwirtschaftsradikalen Großkapitalisten Silvio Berlusconi einlassen würde — an dessen Bündnis vor allem auch Mussolinis Nachfolgepartei beteiligt ist, welche sie wiederum aus tiefster Seele verabscheuen... Vor diesem Hintergrund wird etwa auch verständlicher, warum Bossi es in weiterer Folge — nach mehreren Annäherungsversuchen an die Haider-FPÖ (Luverà 2000: 170ff) — in einer überraschenden Wendung plötzlich opportun finden konnte zu verkünden: „Haider è un piccolo nazista, anzi un figlio di nazisti, noi figli di partigiani, di gente che è stata nei campi di concentramento; che abbiamo a che fare con lui? Abbiamo un'altra storia, una storia democratica."[2] (Passalacqua 2000)

3.2.1 FPÖ und Lega Nord, ungleiche Fanale des rechten Protests

Auf der Ebene der politischen Parteienlandschaften ist es in Europa unzweifelhaft der Rechtspopulismus, der — im Vergleich unter den vier beschriebenen großen Trends der Rechtsentwicklung — in den achtziger und neunziger Jahren des vergangenen Jahrhunderts die durchschlagendsten Erfolge erzielen konnte und kann. Innerhalb des internationalen Spektrums rechtspopulistischer Parteien sticht wiederum der österreichische Fall besonders hervor. Seit Haiders putschartiger Übernahme der FPÖ-Führung im September 1986 bis zu Ihrem Regierungseintritt im Februar 2000 konnte diese Partei beinahe ohne Unterbrechung

---

[1] „Und die werden aber von den Kommunisten verteidigt. Und für uns, die wir Steuern zahlen, die wir Schlange stehen, die wir den Krankenkassenselbstbehalt bezahlen, gibt es keine Unterstützung. Die gibt es immer nur für die."

[2] „Haider ist ein kleiner Nazi, vielmehr ein Kind von Nazis — wir aber sind Kinder von Partisanen, von Menschen, die in den Konzentrationslagern waren; was haben wir denn mit ihm zu schaffen? Wir haben eine andere, eine demokratische Geschichte."

von Wahlerfolg zu Wahlerfolg eilen und den insgesamt gewiss steilsten und nachhaltigsten Aufstieg einer Rechtspartei in Europa verzeichnen. Roger Cohen, der führende Europa-Korrespondent der ‚New York Times', nannte Haider im Jahr 2000 gar „Europe's most successful politician of the past decade." (Cohen 2000)

Von Umfragewerten, die unter Haiders Vorgänger zum Teil bereits unter drei Prozent gefallen waren, steigerte sich die FPÖ bereits bei den im November 1986 stattfindenden Nationalratswahlen auf fast zehn Prozent und im Laufe der 1990er Jahre von über 16 auf schließlich beinahe 27 Prozent. Im Bundesland Kärnten, wo Haider seine Hausmacht hat, hielt sie bereits ab 1989 ein Niveau um 30 Prozent. Ab Anfang 1999 hat diese Entwicklung zu einer Reihe politischer Schockwellen geführt, die Österreich nun immer wieder ins Schlaglicht internationaler Aufmerksamkeit rücken. Nach ihrem erdrutschartigen Zugewinn (von 33 auf 42 Prozent) bei den Kärntner Landtagswahlen am 7. März erreichte die FPÖ bei den Parlamentswahlen am 3. Oktober erstmals knapp den zweiten Platz auf nationaler Ebene. Rund um den Jahresbeginn 2000 lag sie zum ersten Mal in ihrer Geschichte bei Meinungsumfragen mit knapp über 30 Prozent vorübergehend an erster Stelle, und am 4. Februar 2000 gelang ihr schließlich auch der Sprung in eine Regierungskoalition mit der konservativ-bürgerlichen ÖVP.

Gerade die Regierungsbeteiligung trug freilich wesentlich zu einer zunehmenden Aushöhlung ihrer Popularität und schließlich zum Absturz bei den Parlamentswahlen am 24. November 2002 bei, bei denen sie zwei Drittel ihrer Wählerschaft verlor. Populismus, kommentierte dazu der Journalist Franz Rauscher, „hat ein Ablaufdatum. Lange kann er als Frustrationsabfuhr für tatsächlich oder scheinbar benachteiligte Protestwähler dienen. Aber irgendwann einmal läuft sich der populistische Furor tot. Dann muss der Polit-‚Rebell' [...] entweder in die Seriosität umsteigen oder seine Mobilisierungskraft schwindet. [...] Vermutlich wäre es auch ohne FPÖ-Regierungsbeteiligung so weit gekommen, aber der Eintritt ins Kabinett hat den Prozess beschleunigt." (Rauscher 2004)

Im Jahre 2005 gründete Haider schließlich eine neue Partei, die mittlerweile (außer in Kärnten) nur noch sehr geringes Gewicht hat, während die von ihm verlassene FPÖ ihre 2002 verlorene Wählerschaft teilweise wieder zurückgewinnen konnte. Wenngleich deren (zunächst unerwartet deutlichen) Erfolge nach wie vor sehr weit hinter jene um das Jahr 1999 zurückfallen, weisen sie doch darauf hin, dass das von der Haider-FPÖ mobilisierte gesellschaftliche Potenzial des Rechtspopulismus weiterhin vorhanden ist.

In einem zeitlich und regional eingeschränkteren Rahmen wurde der politische Aufstieg der Haider-FPÖ allerdings noch von der Lega Nord in den Schatten gestellt. Angefangen von den italienischen Regionalwahlen im Mai 1990 stellen deren Wahlerfolge — zunächst in der Lombardei und später im überwiegenden Teil Norditaliens — zweifellos den weitaus rasantesten Aufstieg dar, den je eine Partei in einem Land gehabt hat, in dem einigermaßen stabile wirtschaftlichpolitische Verhältnisse herrschen. Der Politikwissenschafter Giorgio Galli spricht in diesem Zusammenhang von „l'assoluta atipicità di un fenomeno per il quale, in un solo anno e mezzo, dal novembre 1991 al giugno 1993, un movimento ancora ai margini del sistema politico vi assume un ruolo centrale. Non vi sono precedenti in democrazie rappresentative consolidate [...]"[1] (Galli 1993: X) Bald danach wurde dieser kometenhafte Aufstieg zwar durch die vom Medienzar Silvio Berlusconi lancierte Konkurrenzpartei Forza Italia jäh gebremst und — nicht zuletzt aufgrund der bereits angedeuteten inneren Widersprüche, in die die Lega Nord durch ihre Teilnahme an Berlusconis Regierungsbündnis im Jahre 1994 geriet — von einem relativen Niedergang abgelöst. In zahlreichen peripheren Kleinräumen Norditaliens konnte sich Bossis Partei allerdings weiterhin eine relativ stabile Anhängerschaft erhalten (Rumiz 1997; Luverà 1999: 49ff) und sich dadurch auch genügend politischen Einfluss bewahren, um von 2001 bis 2006 an der zweiten Regierungskoalition unter Berlusconis Führung beteiligt zu sein.

Aufgrund ihrer so deutlich herausragenden Wahlerfolge können also die Haider-FPÖ und die Lega Nord — in ihren Gemeinsamkeiten wie in ihren Unterschieden — als besonders aussagekräftige Beispiele für die neueren Rechtsentwicklungen und ihre sozialpsychologischen Hintergründe in Betracht gezogen werden. Sowohl in Österreich als auch in Italien war es eindeutig die von diesen beiden Parteien repräsentierte rechtspopulistische Komponente, die die wichtigste Katalysator-Rolle für die breite Rechtswendung in der politischen Stimmung gespielt hat, gewissermaßen die „Einstiegsschneise" für diese Entwicklung geöffnet hat. Vor allem im Falle der Lega Nord kann man vielleicht noch treffender von der Rolle eines Steigbügelhalters für einen weitergehenden Rechtsruck sprechen, der dann in der Folge dessen populistische Komponente ins zumindest relative Abseits gedrängt hat.

Eine zentrale *Gemeinsamkeit* zwischen FPÖ und Lega Nord, die sich jedem auch nur halbwegs aufmerksamen Blick unmittelbar aufdrängt (und die nach den Ausführungen der vorangegangen Abschnitte auch kaum überraschen kann), liegt in der Unverzichtbarkeit eines permanenten Aufgreifens und Anheizens von Feindbild-Obsessionen.

Balbo und Manconi beschreiben dies im Zusammenhang der heftigen Intoleranz, die den politischen Stil der Lega Nord durchwegs kennzeichnet. Deren

---

[1] „dem absolut atypischen Charakter eines Phänomens, durch das innerhalb von bloß eineinhalb Jahren, von November 1991 bis Juni 1993, eine Bewegung, die noch am Rande des politischen Systems steht, in ihm eine zentrale Rolle übernimmt. Für so etwas gibt es in gefestigten repräsentativen Demokratien keine Präzedenzfälle [...]"

feindselige Haltung gegen Süditaliener oder nordafrikanische Zuwanderer, so argumentieren sie,

> „non può essere sottovalutato né considerato un tratto ormai secondario o un *optional*. Quel rifiuto è parte integrante dell'identità leghista e si manifesta costantemente come *bisogno irresistibile di nemico:* senza la stigmatizzazione del nemico, la Lega non può definirsi. C'è, dunque, un legame molto stretto tra il bisogno di nemico e quell'insieme di aggressività e di priapismo politico che connota il linguaggio e la gestualità della Lega. Parole e atti intolleranti sono funzionali a quella mobilitazione emotiva che non è, semplicemente, uno strumento della strategia politica della Lega. E' la Lega stessa."[1] (Balbo/Manconi 1993: 45f)

In einem scharfsinnigen, bitter-ironisch als Leitfaden für Demagogen präsentierten Buch versucht der Kommunikationstrainer Walter Ötsch, die Rhetorik und Inszenierungen der Haider-FPÖ auf ihre Hauptaussagen und Grundmuster zuzuspitzen. Er beschreibt darin die extrem starre (wenn auch in ihren Grenzziehungen sehr willkürlich verschiebbare) Zweiteilung der sozialen Welt in nurgute „DIE WIR" und nur-böse „DIE ANDEREN" — auf welche alle noch so komplexen Zusammenhänge des gesellschaftlichen Lebens erbarmungslos reduziert werden — als ihre eigentliche Kernbotschaft: „Demagogen leben in einer Welt voller FEINDE. DIE ANDEREN sind FEINDE. DIE WIR und DIE ANDEREN sind in einen Kampf verstrickt. DIE ANDEREN sind ungemein mächtig. SIE bedrohen UNS. WIR haben Angst vor IHNEN. WIR müssen UNS gegen DIE ANDEREN wehren." (Ötsch 2000: 16)

Die Motive der braven, anständigen, ehrlichen, fleißigen „WIR" sind selbstverständlich immer gut und ihr Charakter prinzipiell friedfertig: „Wenn sie gewalttätig werden, dann nur, weil sie von DEN ANDEREN provoziert wurden." Die Motive der kriminellen, faulen, unmoralischen, gewissenlosen „ANDEREN" sind hingegen selbstverständlich immer schlecht und ihr Charakter prinzipiell aggressiv: „Wenn sie gewalttätig werden, dann ist das der augenscheinliche Beweis ihrer wahren Natur." (ebenda: 22f)

Ein zentraler *Unterschied* zwischen Haiders FPÖ und Bossis Lega Nord — der nicht zuletzt zur Erklärung beiträgt, warum der Aufstieg letzterer weitaus

---

[1] „darf weder unterschätzt noch als nunmehr nur noch zweitrangiges Merkmal oder als *optional* [d.h. unter Umständen auch verzichtbares Element] betrachtet werden. Diese Ablehnung ist wesentlicher Bestandteil der Identität der Lega Nord und äußert sich konstant als *unwiderstehliches Bedürfnis nach Feinden:* Ohne die Stigmatisierung des Feindes kann sich die Lega Nord nicht definieren. Es gibt somit einen sehr engen Zusammenhang zwischen dem Bedürfnis nach Feinden und jener ganzen Kombination aus Aggressivität und politischer Übererregtheit, die Sprache und Gestikulation der Lega kennzeichnet. Intolerante Worte und Handlungen dienen einer emotionalen Mobilmachung, die nicht bloß ein Instrument der politischen Strategie der Lega darstellt. Sie stellen das Wesen der Lega selbst dar."

weniger nachhaltig war — bezieht sich auf die bereits erörterten grundsätzlichen Schwierigkeiten, die eingangs dargestellten vier großen Trends der neueren Rechtsentwicklung politisch zu bündeln. Bereits am recht aussagekräftigen Beispiel von Deaglios Haushälterin kann ermessen werden, dass wesentliche Teile von Bossis Anhängerschaft diesem nur sehr begrenzt erlaubten, außer auf den populistischen zugleich auch noch auf die anderen Rechtstrends zu setzen. Der typische Lega-Anhänger — so beschrieb ihn etwa einmal die Tageszeitung ‚la Repubblica' — „è [...] assolutamente laico. Crede in Dio ma non nei preti. E non ha simpatia per l'integralismo ciellino. E' favorevole all'aborto, al divorzio e ai diritti civili. Certo è animato da una forte xenofobia localista. E' molto chiuso e non adora i diversi."[1] Mit einer solchen Gefolgschaft kann man wohl nicht gut auf strenge Religiosität oder auch auf Beschwörungen der Wunder des globalen freien Marktes machen.

Im Unterschied dazu ist es der Haider-FPÖ in einer im internationalen Vergleich bislang wohl einzigartigen Weise gelungen, alle vier Hauptkomponenten — populistische Wut gegen Privilegienwirtschaft, bürokratisch-halbfeudale Bevormundungen und Benachteiligungen; eine extreme Marktwirtschaftsideologie (à la „flat tax"); dazu rechtsextreme bis neonazistische Tendenzen; und am Rande gar auch noch fundamentalistisch-katholische Strömungen — auf einen politischen Nenner zu bringen, der fast schon wie die gelungene Quadratur des Kreises anmutet.

Als eine von vielen erstaunlichen Illustrationen für diese Fähigkeit bzw. Möglichkeit, in aller Öffentlichkeit — ohne nachhaltigen Widerspruch hervorzurufen — Standpunkte zu vertreten, die untereinander in schreiendem Widerspruch stehen, mag man sich etwa das sehr starke Naheverhältnis zum St. Pöltener Bischof Kurt Krenn, d.h. zur über lange Zeit exponiertesten Galionsfigur des katholischen Fundamentalismus in Österreich, vor Augen halten (Ottomeyer 1998: 78). Nicht nur steht dies im scharfen Gegensatz zur antiklerikalen Tradition und zum sonst a- bis antireligiösen Auftreten der FPÖ. Hinzu kommt vor allem noch, dass Krenn sich als hartnäckigster Rechtfertiger des bekanntesten mutmaßlichen Kinderschänders Österreichs, des Kardinals Hans Hermann Groer, profiliert hatte — während die FPÖ *gleichzeitig* in aggressiven Kampagnen unter Slogans wie „Keine Gnade für Kinderschänder!" die lebenslange Haft für sexuellen Missbrauch an Kindern forderte (Ottomeyer 2000: 100ff).

---

[1] „ist [...] absolut laizistisch eingestellt. Er glaubt an Gott, aber nicht an die Priester. Und er hat keine Sympathien für den katholischen Integralismus à la Comunione e Liberazione. Er ist für die Abtreibung, die Ehescheidung und die bürgerlichen Rechte. Gewiss wird er von einer starken lokalpatriotischen Xenophobie beseelt. Er ist sehr verschlossen und mag die, die anders sind, nicht." (la Repubblica, 12.5.1990)

Die außergewöhnliche Kapazität der FPÖ zur Einbindung und Bündelung der teilweise stark divergierenden Haupttrends der Rechtsentwicklung kann etwa auch im Zusammenhang einer Polemik des Politikwissenschaftlers Franz Schandl ermessen werden, die dieser gegen das Ansinnen führte, Haider ausschließlich als Rechtsextremisten „entlarven" zu wollen: „Man sammelt braune Sprüche und offensichtliche Unwahrheiten aus Haiders Schatzkästchen, reproduziert sie bienenfleißig in Sendungen, Zeitschriften und Büchern (Marke ‚Haider wörtlich‘), meint, damit sei das Wichtigste gesagt und Haider als Nazi und/oder Rechtsextremer enttarnt."

Als Beispiel für einen derart verengten Blickwinkel kritisierte Schandl das von den Historikern Brigitte Bailer-Galanda und Wolfgang Neugebauer veröffentlichte Buch ‚Haider und die „Freiheitlichen" in Österreich‘. „Die Untersuchung fragt nicht etwa: ‚Was ist Haider?‘, sondern: ‚Entspricht Haider unserem Raster von Rechtsextremismus?‘ Und siehe da, er passt rein, zu allen Kriterien lassen sich entsprechende Zitate finden. So folgt die Schablone nicht dem Gegenstand, sondern der Gegenstand der Schablone. [...] Die Autoren versuchen Haider in einem Eck dingfest zu machen, das er wohlweislich zwar besetzt hält, das aber nicht sein einziges Territorium darstellt." (Schandl 1997)

Deren Warnung vor einer Verharmlosung der Haider-FPÖ sei, so meinte Schandl, selbst gefährlich verharmlosend. „Das Gedankengut der die FPÖ heute total dominierenden Kerngruppe um Jörg Haider", schrieben Bailer-Galanda und Neugebauer, „ist eindeutig als rechtsextrem zu qualifizieren; es werden alle wesentlichen Positionen des Rechtsextremismusbegriffs von Willibald I. Holzer erfüllt: Volksgemeinschaft, Kritik der Demokratie, starker Staat, integraler Nationalismus, nationales Geschichtsbild, Schaffung von Sündenböcken und Feindbildern sowie aggressiv-autoritäre Denk- und Verhaltensmuster. Jede andere Deutung läuft unseres Erachtens auf eine gefährliche Verharmlosung der Haider-FPÖ hinaus." (Bailer-Galanda/Neugebauer 1997: 101f)

Ganz im Gegenteil, hielt Schandl den Autoren vor: „Gefährlich ist Haider gerade deswegen, weil er den Schritt über den traditionellen Rechtsextremismus und Faschismus hinaus getan hat. Die Verharmloser sind vielmehr die Autoren selbst, etwa wenn sie die Gegnerschaft der Medien — auf die sie sich fast uneingeschränkt positiv beziehen — behaupten, anstatt die Synergieeffekte aufzuzeigen; wenn sie Haiders Chancen auf die Kanzlerschaft herunterspielen, weil in Meinungsumfragen die prozentuelle Kanzlerpräferenz Haiders unter der Parteipräferenz der FPÖ liegt." Die politische Gefährlichkeit dieser Partei habe nämlich vor allem damit zusammengehangen, dass „der Extremismus der Freiheitlichen [...] mehr aus der biederen Mitte als vom rechten Rand der Gesellschaft [rührt]. Er ist dort gut verankert: in den Discos, im Bierzelt, im Zeitgeistjournal, an den Stammtischen." (Schandl: ebenda)

3.2.2 Haiders Teilbühnen und deren spezifisch österreichische Kulissen

Unter den Voraussetzungen, die es der Haider-FPÖ ermöglicht haben, sich in breiten Segmenten der „biederen Mitte" — mithilfe ihrer ungewöhnlichen Emulsion der normalerweise schwer mischbaren Elemente des populistischen Protests, des Marktwirtschaftsradikalismus und des Rechtsextremismus — zu verankern, sind zunächst einige spezifischen Rahmenbedingungen des österreichischen Systems bzw. seiner traditionellen politischen Kultur in Betracht zu ziehen.

Einen entscheidenden historischen Faktor stellt die sehr ungenügende Entfeudalisierung der österreichischen Gesellschaft dar, die sich in einer nur verkümmerten Entwicklung demokratisch-ziviler Tugenden und Gewohnheiten niedergeschlagen hat. Die halbfeudalen Abhängigkeitsverhältnisse, die sich daher in weiten Bereichen erhalten konnten, fördern Machtinhabern gegenüber eine charakteristische Haltung der „geballten Faust in der Hosentasche": das heißt, eine Mischung von ängstlich-braver Überangepasstheit und einer sich dahinter aufstauenden Wut, die sich nicht in selbstbewusstem Aufbegehren oder klar artikulierten Forderungen Ausdruck verschaffen kann (Goldmann/Krall/Ottomeyer 1992: 60ff) — und die daher stark für einen populistischen Führer anfällig sein muss, der wie ein moderner Robin Hood stellvertretend die bei sich selbst abgewürgten Rebellions- und Racheimpulse gegen die Obrigkeiten — und vor allem auch an verschobenen Hassobjekten — ausagiert (Ottomeyer 2000: 10ff).

Eine andere Besonderheit der österreichischen Situation besteht darin, dass sich die internationalen marktwirtschaftsradikalen Sozialabbau-Tendenzen hier erst mit einiger zeitlicher Verzögerung durchsetzen konnten bzw. können. Dies hängt (neben den Nachwirkungen des Austro-Keynesianismus unter dem SPÖ-Langzeitkanzler Bruno Kreisky) unter anderem damit zusammen, dass die ÖVP, die als die konservativ-bürgerliche Partei an sich der logische Hauptträger des Marktwirtschafts-Liberalismus wäre, traditionell stark in die Strukturen der Sozialpartnerschaft eingebunden und darüber hinaus auch wesentlich durch die katholische Soziallehre geprägt ist, weshalb sie die Wende zu einem aggressiven Sozialabbau zunächst nur relativ zögerlich einschlagen konnte. Über einen gewissen Zeitraum konnte die FPÖ daher in dieser Hinsicht eine relative wirtschaftspolitische Leerstelle ausfüllen.

Eine entscheidende, in keiner Weise zu unterschätzende Voraussetzung, auf der das fatale Kombinationsrezept der Haider-FPÖ aufbauen kann, liegt zweifellos im beinahe lückenlosen Versäumnis der österreichischen Nachkriegsgesellschaft, sich mit ihren Verstrickungen in den Nationalsozialismus offen auseinanderzusetzen (vgl. u.a. Ziegler/Kannonier-Finster 1993; Kannonier-Finster 2004; Manoschek 2003) — wozu insbesondere auch ÖVP und SPÖ mit ihrem unkritischen Buhlen um die sehr zahlreichen Wählerstimmen der „Ehemaligen" entscheidend beitrugen (Pelinka 1987: 148ff). Dieses Versäumnis verursachte eine beinahe ungebrochene, nur wenig verdeckte, weit in das Alltagsbewusstsein hineinreichende Kontinuität nationalsozialistisch inspirierten Gedankenguts und entsprechender Lebenseinstellungen.

So ist es zum Beispiel möglich, dass der Kärntner Psychiater Otto Scrinzi (1986 Präsidentschaftskandidat mit neonazistischer Unterstützung) — der sich selbst als „immer rechts, auch in der NSDAP" einstuft (Bailer/Neugebauer 1993: 332), Hitler entlastende Kriegsschuldthesen vertritt, von einer Mitschuld der Juden am Holocaust spricht oder eine „Gesundheitspolitik" befürwortet, bei der „Unterbegabte" sterilisiert würden und die „biologische Substanz" des deutschen Volkes reinzuhalten sei — von Honoratioren, Juristen oder Journalisten, von Ärzten wie Psychotherapeuten unbekümmert als respektabler Teil der regionalen Kultur akzeptiert wird. „Die Idee, dass das Weltbild des rechtsextremen Politikers sich im Gesundheitsverständnis des Psychiaters wieder finden könnte, weist man weit von sich." (Ottomeyer 1997: 90)

Als es andererseits gegen Ende der 1980er Jahre an der Klagenfurter Universität einmal zu einem halboffiziellen Skandal um die (nicht geklärte) Frage kam, ob in einer Lehrveranstaltung von einer „Verjudung der Psychoanalyse" gesprochen worden war oder nicht, musste Klaus Ottomeyer (der erst wenige Jahre zuvor aus Deutschland zugewandert war) bestürzt zur Kenntnis nehmen, „dass die meisten Kärntner Studenten, aber auch erwachsene Kollegen, mit denen ich darüber sprach, die Empörung überhaupt nicht verstanden. [...] Dass es sich beim Wort ‚Verjudung' um eine faschistische Ungeziefer-Metapher handelte und einen Teil der verbalen Begleitmusik zur praktisch-konsequenten ‚Entjudung' der Gesellschaft, schien kaum einem Gesprächspartner präsent zu sein" (ebenda: 133f).

In der durch solche Beispiele schlaglichtartig illustrierten generellen Atmosphäre ist es denn kaum überraschend, wenn etwa seit 1959 auf den Kriegsveteranen-Treffen auf dem Kärntner Ulrichsberg „Politiker aller Parteien ebenso wie Angehörige des österreichischen Bundesheeres nichts dabei [finden], vor und mit ehemaligen SS-Männern aufzutreten bzw. gemeinsam den Gefallenen des letzten Krieges, nicht jedoch den Opfern des NS-Regimes, zu gedenken." (Bailer-Galanda/Neugebauer 1997: 69f; vgl. insbes. Fanta/Sima 2003) Ende der 1980er Jahre konfiszierte die Staatspolizei bei einer einzigen Veranstaltung fünfzig Hakenkreuz-Abzeichen, „deren Zurschaustellung die Teilnehmer für ein wohlerworbenes Gewohnheitsrecht hielten." (Scharsach/Kuch 2000: 25)

„Seit Jahren gehen alle Regierungsvertreter sowie der evangelische Superintendent und der katholische Bischof zur Ulrichsberg-Feier. Dort treten sie einträchtig auf mit Vertretern der alten Waffen-SS, mit Abgeordneten des Bundesheeres und allen Repräsentanten der Soldaten-Verbände. Das ist irgendwie sehr seltsam — wird aber völlig bagatellisiert." (Ottomeyer 1998: 77) Die ausdrückliche Benennung und Problematisierung der hier schlagend zum Ausdruck kommenden Einstellungen wurde also jahrzehntelang (und wird mehrheitlich auch heute noch) fast durchwegs und reflexartig abgewehrt. „Tabu war nicht der Nationalsozialismus. Tabu war, die Verflechtung von Österreich und seiner Bevölkerung in das NS-Regime zu reflektieren." (Pelinka 2000: 51)

Es ist wohl nur unter solchen Voraussetzungen vorstellbar, dass gegen eine Partei wie die FPÖ — die sowohl nach dem österreichischen NS-Verbotsgesetz als auch nach den Begründungen für die Verbote, die bisher nach diesem Gesetz vom Verfassungsgerichtshof ausgesprochen wurden, die Kriterien nationalsozialistischer Wiederbetätigung zweifelsfrei erfüllt (Scharsach 2000a: 192; Scharsach/Kuch 2000: 290ff) — noch nie auch nur Ermittlungen eingeleitet worden sind; wohingegen diejenigen, die die FPÖ wegen dieser Wiederbetätigung kritisierten, mit einer Flut von Verleumdungsklagen bedroht wurden (ebenda: 249ff).

Gleichermaßen ist es wohl nur in diesem Zusammenhang erklärbar, warum Haiders zahlreiche öffentliche Äußerungen, die den Nationalsozialismus verharmlosen oder gar rechtfertigen,[1] ihn und seine Partei nicht nur nicht umstandslos ins politische Abseits beförderten, sondern seine aggressiven Behauptungen der Kollektiv-Unschuld der „Kriegsgeneration" (in Wirklichkeit der nationalsozialistischen Kriegsverbrecher) im Gegenteil eines der erfolgreichen Dauerthemen für seine Inszenierungen abgab (Goldmann/Krall/Ottomeyer 1992: 15ff; Ottomeyer 2000: 61ff).

Wenn sich andererseits, wie Ottomeyer beobachtet, „die meisten Haider-Anhänger und -Bagatellisierer lange viel Mühe gegeben haben, [seine rechtsextreme Teilidentität] hinter den lauten und bunten Vorderbühnen-Aufführungen [...] möglichst nicht deutlich zu sehen" (ebenda), so muss dahinter auch eine stark motivierte Komplizenschaft mit dem großen Tabu stehen, das keineswegs dem Nationalsozialismus, unbedingt jedoch der Wahrnehmung seines Nachwirkens und der kritischen Auseinandersetzung mit dieser Tatsache gilt.

Ohne den Hintergrund dieses radikalen demokratiepolitischen Versagens der österreichischen Gesellschaft seit 1945 wäre es nicht zuletzt undenkbar, dass die unverkennbare Lügenhaftigkeit, mit der Haider seine den Nationalsozialismus verteidigende Aussagen — wenn sie ihm denn gelegentlich Schwierigkeiten bereiten — je nach Bedarf auch mal abstreitet, seinem Erfolg keinen wesentlichen Abbruch tat. Dabei bediente er sich, wie etwa Ötsch (2000: 189ff) detailliert zeigen konnte, eines gezielten Aus-den-Angeln-Hebens des Prinzip des Vertrauens, das jedem sinnvollen Gespräch zu Grunde liegen muss, und konnte

---

[1] Bailer/Neugebauer 1993: 374-381; Bailer-Galanda/Neugebauer 1997: 67-77; Ignazi 1994: 140f; Scharsach 1995: 256-260; 2000a; Scharsach/Kuch 2000: 25-42; Gratzer 1998: 54-58; Zöchling 1999: 51-72; Czernin 2000: 13-56; Luverà 2000: 42ff u.v.a.

so auch seine Nebelwerfertaktik der „folgenlosen Dementis" und der „Lügen, bis sich die Balken biegen" (Ottomeyer 2000: 74ff) ungemein effizient durchziehen.

Besonders eindrucksvoll zeigte sich Haiders diesbezügliche Kaltschnäuzigkeit im Gefolge seiner viel zitierten Krumpendorfer Rede vor den SS-Veteranen der „Kameradschaft IV" am Rande der Ulrichsberg-Feiern von 1995. Nachdem sein Auftritt — bei dem er seine „lieben Freunde" (unter ihnen etwa Himmlers Tochter Gudrun Burwitz oder Otto Kumm, den letzten Kommandanten der SS-Leibstandarte Adolf Hitler) als „anständige Menschen" angesprochen hatte, „die einen Charakter haben und die auch bei größtem Gegenwind zu ihrer Überzeugung stehen"[1] — durch eine ARD-Sendung öffentlich bekannt wurde, behauptete er auf einer internationalen Pressekonferenz, er habe nie die Waffen-SS gelobt und sei „ein Lump", wenn er „etwas Belobigendes an einem verbrecherischen Regime" finde[2] (Bailer-Galanda/ Neugebauer 1997: 72). In den Nachrichtensendungen des österreichischen Fernsehens verkündete er wiederum in knappen Zeitabständen, dass der Waffen-SS als Teil der Wehrmacht „alle Ehre und Anerkennung zu[kommt]",[3] dass ihn der Beschluss des Nürnberger Kriegsverbrecherprozesses, die Waffen-SS als verbrecherische Organisation aufzulösen, überhaupt nicht interessiere,[4] und dass es schließlich „kein wie immer geartetes Lob des Jörg Haider an die Waffen-SS [gibt]".[5] (Czernin 2000: 48) Von der Tageszeitung ‚Die Welt' im Februar 2000 wieder dazu befragt, erklärte Haider, dass „es nie die Waffen-SS als solche sein [kann], sondern es können nur Einzelne sein, die verfehlt haben und verantwortlich sind."[6] Man stelle sich nur die öffentlichen Reaktionen vor, die jemand mit einer derartigen Behauptung z.B. über eine Mafia hervorrufen würde — d.h. über eine Organisation, deren Verbrechen (so abscheulich sie zweifellos sind) sich im Vergleich zur Waffen-SS geradezu mikroskopisch klein ausnehmen.

Eine weitere Rahmenbedingung der österreichischen Situation, die der Haider-FPÖ das beinahe ungehinderte Ausschöpfen des rechten Rands ermöglicht, liegt andererseits aber auch im Umstand, dass explizit rechtsextreme bzw. unverblümt nazi-nostalgische Strömungen im größeren Zusammenhang der jahrzehntelangen politischen Stabilität — aber auch atmosphärisch betäubenden „Windstille" (Pelinka 1985) — bis heute keine wesentliche Eigendynamik entwickeln konnten und daher von der starken Dynamik der Haider-FPÖ automatisch angezogen werden müssen. Die unerhörte Geringfügigkeit der Probleme, die Haider mit seinen oft kaum verschlüsselten Signalen zur extremen Rechten in der österreichischen Öffentlichkeit bekommt, erlaubt ihm also auch aus diesem Grund, das

---

[1] profil, 8.1.1996
[2] Die Presse, 10.1.1996
[3] ORF, 19.12.1995
[4] ‚Zeit im Bild 2' (ORF), 2.1.1996
[5] Mittags-‚Zeit im Bild' (ORF), 9.1.1996
[6] Die Welt (Online-Ausgabe), 8.2.2000

rechtsextreme Potential weitestgehend auf seine eigenen Bahnen zu lenken und mit seiner populistischen Hauptstoßrichtung und seinem Marktwirtschafts-Ultraliberalismus zu bündeln.

Ein großer Teil des neonazistischen Spektrums sieht ihn denn auch ohne weiteres als einen der ihren an: So kann sich in Kärnten eine lokale Jugendgruppe abwechselnd „Hitlerjugend" und „Haiderjugend" nennen (Ottomeyer 1998: 78; Modena 1998a: 189), kann 1992 bei der Schändung des Eisenstädter jüdischen Friedhofs ein Grabstein mit der Parole „Heil Haider" beschmiert werden (Bailer-Galanda/Neugebauer 1997: 158) oder der führende Neonazi Gerd Honsik verkünden: „Es gibt überhaupt keine inhaltlichen Differenzen. Ich würde sofort wieder in der FPÖ arbeiten." (Scharsach 1995: 265) Wesentlich begünstigt wird die Möglichkeit, dieses Potential so massiv auszuschöpfen, natürlich auch durch den Parteitypus der FPÖ selbst, die allein schon aufgrund ihrer personellen Kontinuitäten eine — im europäischen Vergleich der Rechtsaußenparteien — besonders große Nähe zum alten Rechtsextremismus aufweist (Ignazi 1994; Fischer/Gstettner 1990). Nicht zufällig sind auch bereits seit den Nachkriegsjahren immer wieder führende Exponenten der gewaltbereiten Neonazi-Szene direkt aus ihr hervorgegangen (Scharsach 1995; 2000b).

Außer den eben erörterten Rahmenbedingungen der politischen Kultur Österreichs ist es unzweifelhaft auch das ungewöhnliche intuitive und demagogische Geschick der Person Haider selbst, das zur Antwort auf die Frage beiträgt, warum es seiner Partei in so hohem Maße gelingen konnte, die an sich schwer vereinbaren Haupttrends der neueren Rechtsentwicklung zu bündeln. Haiders Fähigkeit, sich in einer sehr großen Bandbreite verschiedener Milieus effizient in Szene zu setzen, beeindruckte etwa Paolo Rumiz, der sich auf vielen lokalen Schauplätzen und in zahlreichen persönlichen Gesprächen mit den Motiven der Unterstützung für die Lega Nord auseinandergesetzt hat (Rumiz 1997) und deren Einfluss mit dem der Haider-FPÖ verglich.

> „Haider ha mille facce. Sa essere Berlusconi con le mammine, Bossi con valligiani scarpegrosse, Fini con i conservatori, Buttiglione con i cattolici, Emma Bonino con i ‚liberals‘, persino Bertinotti con i disoccupati. [...] Stringe le mani a tutti, si fa fotografare da tutti, si ricorda le facce di tutti, sa dire a tutti esattamente ciò che vogliono sentire. Viaggia sempre; è un Fregoli della politica."[1] (Rumiz 1999)

---

[1] „[...] Haider hat tausend Gesichter. Er versteht es, mit den Mütterchen Berlusconi, mit den stämmigen Älplern Bossi, mit den Konservativen Fini, mit den Katholiken Buttiglione, mit den Fortschrittlichen Emma Bonino, ja sogar mit den Arbeitslosen Bertinotti zu sein. [...] Er schüttelt allen die Hand, lässt sich von allen fotografieren, erinnert sich an alle Gesichter, versteht es, allen genau das zu sagen, was sie hören wollen. Er ist immer unterwegs; er ist ein Fregoli der Politik." (Der im Italien des beginnenden 20. Jahrhunderts berühmte Varieté-Schauspieler Leopolo Fregoli war für seine

Harald Goldmann, Hannes Krall und vor allem Klaus Ottomeyer haben diese enorme Flexibilität gegenüber divergierenden Publikumserfordernissen anhand der wichtigsten Teilbühnen aufgezeigt und analysiert, auf denen Haiders Inszenierungen unterschiedliche „Schiefheilungen" (Freud 1921: 159) von gesellschaftstypischen Identitätskonflikten und tiefsitzenden Ängsten anbieten (Goldmann/Krall/Ottomeyer 1992; Ottomeyer 2000; Ottomeyer 1998: 85ff; Ottomeyer 1998a: 28f; Berghold/Ottomeyer 1995: 321ff). Außer der schon angedeuteten Teilinszenierung eines „Schuldgefühlsentsorgers der Kriegsgeneration" (und dadurch auch „intergenerationellen Familientherapeuten") bilden vor allem die populistischen Rollen des „Rächers des kleinen Mannes" (à la Robin Hood) und des pseudosozialistisch-kumpelhaften „Bierzelt-Gemeinschaftsbildners" wesentliche Elemente in Haiders theatralischem Repertoire.

Darüber hinaus werden über Haiders Rolle als „narzisstischem Spiegelhalter" seines Publikums feindbildhafte Wahrnehmungs-Spaltung (zwischen der unerhört tüchtig-anständigen Ingroup und faul-habgierigen Outgroups), die Inszenierung sozialdarwinistisch-egomanischer Fitness (à la „Nur in einem gesunden Körper wohnt ein gesunder Geist") und kontraphobischer Neo-Machismus angeboten, der sowohl männliche Identitätsverunsicherungen als auch die sozialen und existenziellen Absturzängste in unserer heutigen Welt überspielen zu können vorgibt. Haiders angeberisch-narzisstische Star-Inszenierungen unterstützen zudem auch seine Rolle eines „erotischen Führers", der bei seiner Gefolgschaft als Antidepressivum wirkt, Verliebtheit und kritiklose Identifizierung auslöst, zu seiner Stabilisierung allerdings auch der massiven erotischen Entwertung der Gegner bedarf.

Wohl auf allen diesen Teilbühnen kommt aber auch noch — mehr oder weniger offen — eine zentrale Selbstinszenierung als gnadenloser, in seinem Verfolgungseifer nie erlahmender Jäger zum Durchschein, der blitzartig sowohl Feinde als auch Anhänger, Mächtige wie Wehrlose attackieren, demütigen oder abschießen kann. Haiders Sprache ist überaus stark von Kriegs-, Vernichtungs- und Abschussmetaphern geprägt (Goldmann/Krall/Ottomeyer 1992: 41ff). Wie Hans Rauscher bemerkte, „schürt [Haider] den geistigen Bürgerkrieg mit einer bisher noch nicht bekannten Verschärfung der Sprache" (Bailer-Galanda/Neugebauer 1997: 103). „Es gibt weltweit nur wenige Politiker", unterstreicht auch der Publizist Alfred Worm, „deren ethische Selbstkontrolle so niedrigen Sperren unterliegt, dass sie — wie Haider dies tut — ohne Skrupel die Sprache als zutiefst verletzende Waffe einsetzen." (Worm 2000: 178)

Die „Altparteien" werde er „vor sich hertreiben", für „Rot- und Schwarzwild" dürfe es „keine Schonzeit" geben (Ottomeyer 2000: 12). Die Freiheitlichen

---

erstaunlichen Verwandlungskünste bekannt, mit denen er in schneller Abfolge die verschiedensten Charaktere darstellen konnte.)

seien nicht „die Schädlinge der Demokratie", sondern das „Schädlingsbekämpfungsmittel".[1] Politische Gegner seien „rote und schwarze Filzläuse, die mit Blausäure bekämpft werden sollten".[2] Jenen, die den Kärntner Volksgruppenkonflikt für „ihren extremistischen Wanderzirkus missbrauchen wollen", werde man „das Handwerk legen".[3] Jeden „Bonzen" werde man „deportieren" (Goldmann/Krall/Ottomeyer 1992: 83). Wer, wie SPÖ-Chef Alfred Gusenbauer, „in gehässiger Weise über Österreich hergezogen ist" (in Wirklichkeit schlicht die Regierungsbeteiligung der FPÖ kritisiert hat), solle eigentlich zu einer Haftstrafe verurteilt werden (Scharsach/Kuch 2000: 165).

Zu einem Redakteur einer SPÖ-Zeitung sagte er: „Noch bin ich nicht Bundeskanzler, noch überlebt ihr, aber dann sperr' ich euch zu" (Ötsch 2000: 68). Gegen ihn protestierende Demonstranten seien „mit Sozialunterstützung durchgefütterter Pöbel" (Scharsach/Kuch 2000: 161), bzw. Menschen, die — „wenn ich etwas zu sagen habe — ihre Luft noch brauchen [werden]. Zum Arbeiten."[4] Bei den „viel zu vielen Illegalen" in Österreich sei „eine konsequente Beseitigung herbeizuführen."[5] Und am unmissverständlichsten kommt die hinter dieser Rhetorik stehende Grundhaltung wohl in der FPÖ-Wahlkampfparole „Keine Gnade mit..." (Scharsach/Kuch 2000: 97f) zum Durchbruch (d.h. in einer offenen Kampfansage an die Prinzipien des Rechtsstaats — wobei man grundsätzlich davon absehen kann, gegen wen sie sich im jeweiligen Fall gerade richtet).

Solche und unzählige ähnliche Äußerungen dürften auf einen psychologischen Angelpunkt verweisen, der zum Verständnis beitragen kann, warum sich die Haider-FPÖ in der Bündelung der divergierenden Rechtstrends als so besonders erfolgreich erwiesen hat. Eine tiefere Logik, die in Haiders permanentem Lancieren solcher verbalen Extremattacken erkennbar wird, scheint auf eine Botschaft der folgenden Art hinauszulaufen: „In der sich abzeichnenden sozialdarwinistischen Welt, in der auf alle Schwachen und Wehrlosen Jagd gemacht wird, bin ich der stärkste und erbarmungsloseste Jäger — und wenn ihr kleinen Leute noch eine Hoffnung haben wollt zu überleben, müsst ihr euch meiner Bande anschließen und euch kritiklos meinem Willen unterwerfen."

Insofern ein solches massives Angstmachen erfolgreich ist und zu den damit bezweckten Unterwerfungsreflexen (zu einer Identifizierung mit dem Angreifer [Ottomeyer 2000: 57f]) führt — wofür zum Beispiel auch die erstaunliche Hilflosigkeit der meisten Gegner in öffentlichen Auseinandersetzungen spricht (Ötsch 2000: 178ff) —, wird es nachvollziehbarer, warum die logischen Unver-

---

[1] Die Presse, 22.11.1989
[2] profil, 25.4.1994
[3] ‚Zeit im Bild' (ORF), 30.5.1989
[4] Der Standard, 5.10.1994
[5] profil, 30.10.2000

einbarkeiten zwischen ultraliberaler Marktwirtschaftsideologie, populistischem Protest, Rechtsextremismus und Nähe zum religiösen Fundamentalismus zu keinem nennenswerten Widerspruch von Seiten der Gefolgschaft führen. Je nachhaltiger diese autoritäre Art von Machtbehauptung durchschlägt, desto stärker schlägt sie sich auch im Privileg nieder, unwidersprochen widersprüchliche Positionen vertreten zu dürfen.

Walter Ötsch — der Haider mit einem Sekten-Guru vergleicht — spricht davon, dass Widersprüche „das tägliche Brot eines Guru [sind]. In jedem Guru-System sind prinzipielle Gegensätze eingebaut, die ein kritischer Verstand erkennt und die das Gefühl (die Liebesbeziehung der Schüler zum Guru) übertüncht. [...] Jeder Widerspruch kann für einen Gläubigen ein Hinweis auf die Besonderheit des Gurus sein." (ebenda: 131ff)

Gerade die Absurdität und Irrationalität von Ansprüchen und Behauptungen, erläutert Erich Fromm in seiner klassischen Studie über Autorität und Familie, „erweist nur um so mehr die besondere Macht und Fähigkeit der Autoritäten: das Vernünftige könnte ja der einfache Mann selbst tun; das Unvernünftige und Wunderbare versprechen, ist das Vorrecht des Gewaltigen und Übermächtigen und bedeutet nur eine Erhöhung seines Prestiges." (Fromm 1936: 103)

3.2.3 Fieberkurven des italienischen Rechtsrucks

Im scharfen Gegensatz zur von der Haider-FPÖ von Anfang an stark gebündelten Form des rechten Aufschwungs in Österreich kam nun — wie weiter oben bereits mehrfach angeklungen ist — der Aufschwung der Rechten in Italien aus einer Reihe von ziemlich unterschiedlichen Ecken, die teilweise in ausgesprochen scharfem Gegensatz zueinander auftraten. Am deutlichsten wurde dies zunächst in den Konflikten innerhalb des neuen Rechtsbündnisses im Parlamentswahlkampf 1994, vor allem zwischen Bossis Lega Nord einerseits und Berlusconis Forza Italia bzw. Gianfranco Finis neofaschistischer MSI-Alleanza Nazionale (AN) andererseits (Galli 1995: 22ff).

Bossi mochte dabei etwa immer wieder poltern: „Mit den Faschisten gehen wir nie und nimmer zusammen" — was ihn dann allerdings nicht davon abhielt, der späteren Regierungsbildung mit Beteiligung von fünf Alleanza-Nazionale-Ministern unter Premierminister Berlusconi dann doch seine (parlamentarisch entscheidende) Zustimmung zu geben; und das, obwohl er auch Berlusconi wiederholt — und zweifellos zu Recht — lautstark vorgehalten hatte, einer der Hauptnutznießer der überkommenen korrupten und zentralistischen Parteienwirtschaft zu sein, nicht zuletzt auch als wichtiges Mitglied der mächtigen Geheimloge P2 mit ihren Mafia-Verbindungen, okkulten politischen Machenschaften,

Staatsstreichambitionen u.ä.m. Ganz besonders leidenschaftlich sind die Gegensätze innerhalb der Rechten dann natürlich ab Dezember 1994 aufgeflammt, als die Regierung Berlusconi aufgrund der Aufkündigung der Koalition durch Bossi abtreten musste.

Trotz seiner kurzen Dauer hat das von Berlusconi initiierte Regierungsbündnis einen längerfristigen atmosphärischen Rechtsruck ausgelöst, der, wie etwa das Wochenmagazin ,L'Espresso' berichtete, „ha fatto fare un salto sulla sedia a chi maneggia i sondaggi"[1]. Wie etwa der Meinungsforscher Renato Mannheimer erklärte, war die Zahl derer, die sich ohne Scheu als politisch rechts deklarieren, von einem seit vielen Jahren konstanten Anteil von rund zehn Prozent sprunghaft auf 30 Prozent angestiegen (Valentini 1995).

„On a sousestimé, à l'étranger", schreibt die ,il manifesto'-Redakteurin Rossana Rossanda, „la violence de cette embardée à droite. C'était l'expression d'un rejet de la politique, d'une reddition aux lois du marché et de l'entreprise symbolisées par le grand entrepreneur du Nord et tycoon de la communication, d'un refus de la solidarité et d'une défiance envers les droits sociaux, censés parasiter la croissance. Un révisionnisme grossier et arrogant s'imposait. On glorifiait le ,bon sens', on se vantait de mépriser la culture, on pratiquait un anticommunisme sans précédent depuis la guerre froide."[2] (Rossanda 1998) Der Wahlsieg des Mitte-Links-Bündnisses ,Ulivo' bei den Parlamentswahlen des Jahres 1996 konnte die Dynamik dieser atmosphärischen Wende wohl bremsen, aber nicht stoppen oder umkehren. Nach der — nur sehr knappen — Wahlniederlage, die die von Berlusconi dominierte Allianz 2006 nach fünf Regierungsjahren hinnehmen musste, kann der in Italien lehrende Historiker Paul Ginsborg nunmehr gar zur erschütternden Diagnose gelangen, dass „now ,Berluscspeak' has become recognizable as a variant of the ,doublespeak' of Orwell's ,1984'." (Ginsborg 2007: 51; vgl. auch Pallaver/Berghold 2006).

Ein auffälliges Paradox dieser Rechtsentwicklung liegt nun im Umstand, dass diejenige politische Kraft, die sie zunächst ins Rollen gebracht hatte, in der Folge von ihr selbst relativ an den Rand gedrängt wurde. Jene Lega Nord, deren erdrutschartige Wahlerfolge von 1990 bis 1993 entscheidend zum Sturz der früheren Regierungsparteien beigetragen hatten, hatte zum Zeitpunkt von Bossis Austritt aus der rechten Regierungskoalition einen großen Teil ihrer früheren

---

[1] „die, die sich mit Meinungsumfragen befassen, förmlich vom Sessel gehauen hat"

[2] „Im Ausland hat man die Heftigkeit dieses Rechtsrucks unterschätzt. Er war Ausdruck einer Ablehnung der Politik, eines Sich-Auslieferns an die vom großen Unternehmer des Nordens und Kommunikationsmagnaten symbolisierten Gesetze des Marktes und des Unternehmertums, einer Absage an die Solidarität und eines Argwohns gegenüber den sozialen Rechten, die als wachstumsschädigend betrachtet wurden. Ein grober und arroganter Geschichtsrevisionismus setzte sich durch. Man verherrlichte den ,gesunden Menschenverstand', man prahlte damit, die Bildung zu verachten, und man praktizierte einen Antikommunismus, wie es ihn seit dem Kalten Krieg nicht mehr gegeben hatte."

Anhängerschaft, vor allem aber das von ihr bestimmte Gesetz des Handelns bereits immer mehr eingebüßt — vor allem zugunsten ihrer Konkurrenten von rechts. Jener Bossi, der in seiner Parlamentsrede im Dezember 1994 der Regierung Berlusconi die Unterstützung entzog, schien nur noch ein Schatten des früheren Bossi zu sein, der auf einer Welle populistischen Aufruhrs schwimmend von Erfolg zu Erfolg geeilt war und eine Aura schier unbesiegbarer aggressiver Härte ausgestrahlt hatte.

Dieser schicksalhafte Werdegang — der von einem kometenhaften, von unaufhaltsamer Volkswut getragenen Aufstieg zu einem relativ bald darauf einsetzenden Verfall führt, zu einer Art inneren Aufzehrung der ihn anfangs vorantreibenden Kräfte — scheint einer grundlegenden Episodenhaftigkeit populistischer Bewegungen zu entsprechen, deren Entwicklungslogik letztlich entweder auf ihren direkten Niedergang oder aber auf ihre Einverleibung in nicht mehr populistisch zu nennende autoritäre Formationen hinausläuft.

Ein wesentlicher Aspekt dieser Entwicklungslogik, der sowohl ihre anfängliche politische Anziehungskraft als auch ihr späteres (vorprogrammiertes) Scheitern erhellen kann, liegt gewiss in der gruppennarzisstischen Beschränktheit des populistischen Protests. Nicht dass es überhaupt in der Gesellschaft (auf der Welt) so viel Unterdrückung, Zerstörung, Ausbeutung, Benachteiligung, Bevormundung, Demütigung, Opferung von möglichem Lebensglück gibt, ist Anlass für die Volkswut populistischer Bewegungen — sondern bloß der Umstand, dass es die eigene Person trifft, bzw. diejenige (national, regional, sozial usw. eingegrenzte) Kategorie von Menschen trifft, der man sich zugehörig empfindet (weshalb auch Solidarität mit Außenstehenden meist entschieden und oft mit großer Empörung abgelehnt wird).

Nun ist eine solche „narzisstische Perspektivenverengung" des sozialen Protests in verschiedenen Abstufungen sicherlich auch unter den Anhängern von politisch linken Bewegungen oder Parteien vorhanden, die sich im Prinzip zu den Werten umfassender Solidarität bekennen. Naheliegenderweise schließen sich ihnen viele in erster Linie doch deshalb an, weil sie sich davon für sich selbst konkrete soziale Verbesserungen erhoffen, während das Wohl Außenstehender bzw. der ganzen Gesellschaft nur ein sehr nachgeordnetes Anliegen sein mag. Was freilich fortschrittlichen (linken) von populistischem Protest grundlegend unterscheidet (wenngleich die Übergänge zwischen beiden oft denkbar verschwommen sein mögen), ist das zumindest ansatzweise Bewusstsein, dass auch dem egoistischen Eigeninteresse durch gesamtgesellschaftliche Solidarität besser gedient ist als durch gruppenegoistische Abkapselung — dass narzisstische Perspektivenverengung also letztlich selbstschädigend ist.[1]

---

[1] Freilich sind linke bzw. Arbeiterbewegungen auch schon seit ihren modernen Anfängen von wesentlichen populistischen Schwachstellen gezeichnet gewesen. Wie Eric Hobsbawm ausführt:

Die narzisstische Perspektivenverengung sozialen Protests wird nun besonders in dem Maße an Bedeutung gewinnen, als sich Erfolgsaussichten solidarischen Handelns in einer politischen Konjunktur verringern. Insofern wird es verständlicher, warum rechtspopulistische Bewegungen — wie die Haiders oder Bossis — eine beträchtliche Ausstrahlungskraft gerade auch auf bestimmte traditionell eher links orientierte Wählerschichten haben (speziell Teile der Arbeiterschaft bzw. Arbeitslose), bzw. auch einen bedeutenden Teil ihrer Dynamik aus einem Niedergang fortschrittlicher Bewegungen bzw. linker Parteien schöpfen. Der Populismus ist dann weitaus besser in der Lage, eine gruppennarzisstische Beschränktheit der Wut über erlittene Schädigung, Benachteiligung, Unterdrückung, Bevormundung usw. zum Ausdruck zu bringen — welche bei vielen Betroffenen zwar gewiss auch vorher schon einen deutlichen Einfluss gehabt hat, aber bis dahin doch noch durch Ansätze breiteren solidarischen Empfindens relativiert war.

Ein Beispiel dazu liefert etwa ein Bericht der Tageszeitung ‚la Repubblica‘ über eine öffentliche Versammlung, in deren Verlauf ein Fabriksarbeiter den „Genossen Veltroni" (einen Führer des ex-kommunistischen PDS) anspricht. Fünf Jahre war er Gastarbeiter in Deutschland gewesen: „[...] lo sai che succedeva a chi saliva sull'autobus senza biglietto? Foglio di via immediato. E a chi non aveva lavoro? Stessa cosa. Puoi spiegarmi perché qui in Italia agli immigrati e agli zingari consentiamo di rubare, di violentare le donne, di dare fastidio a tutti? E mi dici perché gli diamo soldi, case e lavoro che strappiamo ai disgraziati italiani, per esempio ai sardi come me che sono costretti a emigrare?"[1] Wozu die Journalistin Barbara Palombelli den Kommentar abgibt: „C'era una volta il ‚proletari di tutto il mondo unitevi...‘ C'era una volta la solidarietà con i paesi del Terzo mondo, lontanissimi e amatissimi dal popolo della sinistra. Ora, anche la

---

„Mass political consciousness or class consciousness implied a concept of the ‚patrie‘ or ‚fatherland‘, as the history of both Jacobinism and of movements like Chartism demonstrates. For most Chartists were both against the rich and the French." (Hobsbawm 1990: 88f) In ähnlicher Weise dürften, wie Hobsbawm argumentiert, zum Beispiel auch die nationalistischen Stimmungen am Beginn des Ersten Weltkriegs im Bewusstsein der meisten englischen, französischen oder deutschen Anhänger der Arbeiterparteien ein weit geringeres politisches Problem dargestellt haben als für viele ihrer theoretischer denkenden Führer: „[...] supporting their own government in war seemed to ordinary workers quite compatible with demonstrating class consciousness and hostility to employers." (ebenda: 124)

[1] „[...] weißt du, was einem dort passierte, wenn er ohne Fahrausweis im Autobus fuhr? Sofortige Ausweisung. Und einem, der keine Arbeit hatte? Dasselbe. Kannst du mir erklären, warum wir hier in Italien den Einwanderern und Zigeunern erlauben zu stehlen, die Frauen zu vergewaltigen, allen auf die Nerven zu gehen? Und sage mir, warum wir ihnen Geld, Wohnung und Arbeit geben, die wir den unglückseligen Italienern wegnehmen, zum Beispiel den Sarden, wie mir, die gezwungen sind auszuwandern?"

sinistra operaia, borghese e intellettuale avverte il fascino discreto del leghismo, la tentazione di passare dall'altra parte della barricata."[1]

Die politisch-psychologische Stärke, die für die Phasen des Aufschwungs bestimmend zu sein scheint, ist aber zugleich schon eine entscheidende Schwäche populistischer Bewegungen. Ein sozialer Protest, der sich der Solidarität gegenüber anderen (oft genug auch noch mehr) Benachteiligten verschließt, ist gegenüber den wesentlichen Machthabern, gegen die er sich empört, von vornherein zur späteren Kapitulation verurteilt. Wer im Prinzip eine Ordnung des gesellschaftlichen Zusammenlebens akzeptiert, die auf einem ausbeuterischen Gefälle der Lebenschancen beruht, hat wenig effektive Handhabe, sich gegen die jeweils eigenen Benachteiligungen zur Wehr zu setzen.

Auch die Solidarität innerhalb des eingegrenzten Teils der Gesellschaft, aus dem der populistische Protest hervorgeht, muss brüchig sein, denn die narzisstische Perspektivenverengung tendiert dazu, zugunsten jeweiliger Partikularinteressen einer noch begrenzteren Gruppe die Interessen der übrigen zu opfern. Die Korrumpierbarkeit, die Unterwerfung, die partikularistische Käuflichkeit durch eben die Mächtigeren, gegen die man sich auflehnt, ist in der Abwehr des populistischen Protests gegen gesamtgesellschaftliche Solidarität bereits von vornherein einprogrammiert.

Wie Bossi nach seinem Ausscheren aus dem Regierungsbündnis in einem Interview erklärte: „Noi, quando abbiamo visto comparire Berlusconi, abbiamo capito che quelli di prima erano tornati, e con una forza incredibile, tale che il cambiamento sarebbe stato escluso."[2] Das hatte freilich nicht zur Folge, dass die Lega Nord die verstärkt zurückgekehrten alten Machteliten — die sie immer als das Hauptübel bezeichnet hatte — nun mit verstärkter Kraft bekämpft hätte, sondern dass sie sich im Gegenteil mit ihnen verbündete (mit welchen öffentlichen Reibeflächen und mit welchen taktischen Nebenüberlegungen auch immer), und Bossi und Berlusconi sich bei der Vereidigung von dessen Regierung gar um den Hals fielen. Auf den Hinweis des Interviewers an Bossi, dass man ihn und Berlusconi (der nach Bossis Worten „glaubt, dass alle Menschen einen Preis hätten") noch im August 1994 in dessen Schlosspark (bzw. im Fernsehen) Arm in Arm gehen sehen konnte, antwortete er: „Eh sì, lui ha la mania di abbracciare,

---

[1] „Es war einmal das ‚Proletarier aller Länder vereinigt euch...' Es war einmal die Solidarität mit den Ländern der Dritten Welt, die sehr weit weg und sehr geliebt waren vom Volk der Linken. Jetzt aber empfindet auch die Linke der Arbeiter, Bürger und Intellektuellen den diskreten Charme des Legismus, die Versuchung, auf die andere Seite der Barrikade überzuwechseln." (la Repubblica, 9.10.1991)

[2] „Als wir Berlusconi auf der politischen Arena auftauchen sahen, haben wir verstanden, dass die von vorher" (d.h. die alten Machthaber) „zurückgekehrt waren, und zwar mit einer so unglaublichen Gewalt, dass jeder politische Wandel ausgeschlossen sein würde."

di baciare, di mettere la mano sulla spalla, proprio come farebbe un vero padrino."[1]

3.2.4 Autoritäre Rebellion, Entsolidarisierung und Angstverdrängung

Die unbewusste Psychodynamik des populistischen Aufbegehrens kann dementsprechend auch recht schlüssig im Sinne einer Version dessen begriffen werden, was Fromm als „Rebellion" charakterisiert hat, das heißt als „Abfall von einer Autorität unter Beibehaltung der autoritären Charakterstruktur":

> „Wenn der positiv-autoritäre Charakter die feindselige Seite seiner ambivalenten Gefühlseinstellung zur Autorität verdrängt, so verdrängt der rebellische, negativ-autoritäre seine Liebe zu ihr. Seine ganze Auflehnung ist nur oberflächlich. In Wahrheit hat er die gleiche Sehnsucht nach Liebe und Anerkennung der Mächtigen [...]. Er kämpft im Grund mit all seinem Trotz um die Liebe der Autorität, und mag er sich auch noch so trotzig und feindselig gebärden. Er ist immer bereit zu kapitulieren, wenn man ihm nur die Möglichkeit dazu gibt, indem ein Minimum seiner Ansprüche auf Gerechtigkeit und Liebe befriedigt wird. [...] Von diesem Typ des Rebellen führen viele Zwischenstufen zu demjenigen, der das bisherige Autoritätsobjekt aufgibt, aber gleichzeitig sich einer neuen Autorität unterwirft. [...] Häufig liegt auch die Ursache darin, dass die bestehende Autorität ihre entscheidende Qualität einbüßt, nämlich die der absoluten Macht und Überlegenheit, womit notwendigerweise auch ihre psychologische Funktion aufhört. Die bisher unterdrückte Feindseligkeit wendet sich mit besonderer Stärke der bisherigen Autorität zu, die Liebe und Bewunderung der neuen." (Fromm 1936: 131f)

In diesem Sinne ist auch die sehr ausgeprägt autoritäre Entscheidungsstruktur der populistischen Protestbewegungen verständlich, die besonders in der unanfechtbaren Kommandoposition von deren Führern zum Ausdruck kommt. So mussten etwa, wie Bossi erklärte, bei einer zeremoniellen Veranstaltung am 20. Mai 1990 alle Gewählten der Lega Nord nach Pontida[2] kommen „e giurare fedeltà assoluta agli organi dirigenti del movimento."[3] „Nella Lega non si bada se sei un parlamentare o no", verkündete er bei einer anderen Gelegenheit, „se non funzioni un

---

[1] „Ach ja, er hat diese Obsession, zu umarmen, zu küssen, die Hand auf die Schulter zu legen, gerade so wie ein richtiger Pate es machen würde." (L'Espresso, 10.2.1995)
[2] Ein kleiner Ort östlich von Mailand, für Bossis Bewegung von mythologischer Bedeutung, da dort im 12. Jahrhundert die Liga lombardischer Städte (gegen den Einfluss des deutschen Kaisers) gegründet worden war.
[3] „und den führenden Organen der Bewegung absolute Treue schwören." (l'Unità, 8.5. 1990)

bel calcio nel sedere e via."[1] „[...] la concentrazione del potere decisionale nelle mani del capo"[2]— hebt auch der Parteiideologe Gianfranco Miglio besonders hervor — gehöre zu den wichtigsten Prinzipien der Lega Nord überhaupt.

„Wer meine Linie nicht vertreten kann", heißt es denn auch sehr ähnlich bei Haider, „soll sich eine andere Partei suchen."[3] „Wer sich von der politischen Linie absentiert, muss gehen. Da muss man Härte zeigen."[4] „Als Parteiprogramm gilt das gesprochene Wort des Vorsitzenden",[5] konnte ein FPÖ-Funktionär namens Erich Reiter dementsprechend schon einmal verkünden.

Die enorme Intensität der Volkswut, von der populistische Bewegungen wie die Lega Nord in ihrer Aufschwungsphase getragen werden, kann nun zum einen mit einem Freiwerden von vorher unterdrückter Feindseligkeit gegen die bisher herrschenden (vor allem auch schwächer gewordenen) Autoritäten in Verbindung gebracht werden, zum anderen aber wohl auch mit einem Ahnen von der vorprogrammierten späteren Kapitulation des populistischen Protests. Während dies auf längere Sicht gewiss Gefühlsreaktionen von Resignation den Boden bereitet, wird es in einem Moment des Aufschwungs dazu tendieren, die Wut auf die Spitze treiben.

Der Journalist Giampaolo Pansa beschreibt die gesellschaftliche Stimmung des Herbst 1992, in dessen Verlauf die Lega Nord den alten Regierungsparteien in Norditalien die entscheidenden Wahlniederlagen bereitete, von denen diese sich nicht mehr erholen sollten:

„C'era una gran rabbia in Italia. [...] talvolta così furiosa da diventare cieca, semplice pulsione aggressiva che obbliga a gesti inutili e malvagi."[6] Bei den Provinzratswahlen von Mantua am 27. und 28. September brachten die erdrutschartigen Stimmengewinne für die Lega Nord „uno sconquasso mai visto. [...] Si accertò che la Dc e il Psi erano in coma. Altri partiti, per esempio i tre laici, [...] risultarono pronti per l'obitorio. Il Pds se la cavò con un trauma cranico non decisivo [...]. Faceva paura, questo Bossi. Quando si svestiva del doppiopetto parlamentare, quel che metteva in mostra mi lasciava sgomento. Un'aggressività intollerante. Una volgarità, anche verbale, che non trovava mai repliche adeguate. Un vuoto di proposte appena

---

[1] „In der Lega Nord ist es egal, ob jemand ein Parlamentarier ist oder nicht; wenn er nicht richtig funktioniert, kriegt er einen schönen Tritt in den Hintern und weg mit ihm." (la Repubblica, 13.11.1990)

[2] „[...] die Konzentration der Entscheidungsgewalt in den Händen des Führers" (Corriere della Sera, 11.2.1991)

[3] Die Presse, 30.11./1.12.1991

[4] Basta, 6/1991

[5] Die Presse, 25.1.1995

[6] „Es war eine große Wut in Italien. [...] manchmal war sie so rasend, dass sie blind wurde, zu einem bloßen Aggressionstrieb wurde, der zu nutzlosen und bösen Gesten drängt."

mascherato da una maxiproposta soltanto distruttiva: fare piazza pulita di tutto ciò che esisteva prima dell'ingresso in campo della sua Lega."[1] (Pansa 1993: 25f)

Das beispiellose Tempo des Zusammenbruchs der bis dahin staatstragenden Parteien, der (neben den gleichzeitig anlaufenden großen Korruptionsprozessen gegen viele ihrer Vertreter) durch Bossis Erfolge ausgelöst wurde, steht zwar in einem gewissen Kontrast zur Tatsache, dass die allgemeinen gesellschaftlichen Rahmenbedingungen dabei noch einigermaßen stabil geblieben sind. Freilich liegt es aber auch nahe, dass derart atemberaubende parteipolitische Gewichtsverschiebungen eine allgemeine, tiefer liegende Wahrnehmung der bereits mehrfach (vor allem in den Abschnitten 2.2 und 2.3) erörterten sozialen und existenziellen Absturzgefahren spiegelt, die sich im größeren historischen Szenario abzeichnen. Vor diesem Hintergrund kann dieser politische Erdrutsch etwa auch als regressiver Rückzug auf etwas gedeutet werden, das angesichts übermächtiger Bedrohungen illusorische Sicherheit bietet — zunächst einmal besonders auf ökonomischer Ebene. Eine manifeste politische Hauptstoßrichtung der Lega Nord — eine regional-egoistische, entsolidarisierende Einigelung des wirtschaftlich privilegierten Nordens gegenüber dem ärmeren Rest Italiens — ist in einem solchen Kontext wohl recht schlüssig verständlich. Süditalien wäre demnach eher schon aus der Festung Europa auszustoßen.

Die Komponente des populistischen Protests in dieser politischen Stoßrichtung kommt allerdings schwergewichtig in einer lautstarken Opposition gegen „Roma ladrona" („die Diebin Rom") zur Geltung, das heißt, gegen die zentralistische und korrupte Struktur des italienischen Staates, welche nicht zuletzt auch den Transfer beträchtlicher Finanzmittel in die Taschen der süditalienischen Mafia gewährleistet. Diese Oppositionsstellung zum italienischen Zentralstaat liefert übrigens eine Teilerklärung für Bossis polternden „Antifaschismus" (durch welchen er sich deutlich von Haiders positiven Signalen an den Rechtsextremismus unterscheidet). Er hängt damit zusammen, dass die italienische extreme Rechte traditionellerweise (über ihre terroristischen Geheimdienst- und Mafia-Zusammenhänge) enge Beziehungen zu den militärischen und geheimbündlerischen Strukturen des Zentralstaats hat.

---

[1] „eine noch nie dagewesene Erschütterung. [...] Es stellte sich heraus, dass die Christdemokraten und die Sozialistische Partei im Koma lagen. Andere, zum Beispiel die drei laizistischen Parteien, [...] erwiesen sich schon als bereit für das Leichenschauhaus. Der PDS kam mit einem nicht-fatalen Schädeltrauma davon [...]. Dieser Bossi machte Angst. Wenn er sich den parlamentarischen Zweireiher auszog, versetzte mich das, was er zur Schau trug, in schwere Bestürzung. Eine intolerante Aggressivität. Eine — auch verbale — Vulgarität, die nie auf angemessene Widerrede traf. Eine programmatische Leere, die gerade zur Not von einem Maximal-Programmpunkt maskiert wurde, der nur destruktiv war: rücksichtslos mit allem aufzuräumen, was vor dem Eintritt seiner Lega in die politische Arena existiert hat."

Ein regressiver Zug findet auch anhand mancher Aspekte der Selbstdarstellung der Lega Nord eine gewisse Bekräftigung. So etwa daran, dass dazu auf ein besonders altes Vorbild — die Liga lombardischer Städte des Hochmittelalters — zurückgegriffen wird, oder dass als Symbol der sie anführende Ritter Alberto da Giussano (dessen historische Existenz übrigens zweifelhaft ist) gewählt wird. Ähnlich können auch politische Versammlungen in pseudo-mittelalterlicher Stilisierung — bei denen Aktivisten mit unfreiwilliger Komik als „Charakter-Panzer-Erscheinungen" in Rittergewändern à la Giussano aufmarschieren — in einem regressiv-infantilistischen Sinne gedeutet werden.

Interessant ist in diesem Zusammenhang auch, dass eine gesonderte lombardische Ethnie — auf welche sich die Bewegung Bossis besonders in ihren Anfängen sehr stark berief — auf eine historisch nur wenig verankerte Tradition zurückblicken kann und daher, wie Renato Mannheimer anmerkte, nur ein ziemlich schwaches identitätsstiftendes Bindemittel abgibt. „A questa debolezza la Lega ha risposto specialmente con le proposizioni continue di obiettivi e rivendicazioni ‚non negoziabili‘, aventi il solo fine di rafforzare il senso di appartenenza leghista."[1] (Galli 1993: VIII) Durch möglichst kompromisslose Zustimmung zu Maximalforderungen konnte man also zu einer verschworenen Gemeinschaft gehören, sich von „schwächlichen Ungläubigen" abgrenzen und eine Art „lombardisches Identitäts-Korsett" schaffen.

Daraus ergibt sich, dass der politische Erfolg der Lega Nord auch wesentlich darauf aufbaut, dass sie auf verbreitete Defizite psychosozialer Identitätsfunktionen ein Kompensationsangebot liefert. Eine Untersuchung zur beruflichen Situation der Sympathisanten aus dem Jahre 1990 ergab zum Beispiel einen ungewöhnlich hohen Anteil von 36 Prozent von (insbesondere jüngeren) Personen ohne Arbeitsverhältnis (ebenda: VIIf) — denen also, so kann man annehmen, in ihrem frühen Erwachsenenalter die für die Ich-Identitäts-Entwicklung wesentliche Komponente einer Berufstätigkeit abgeht: Indem sie dann wenigstens „hundertfünfzigprozentige Lombarden" waren, konnten sie dieses Defizit vielleicht etwas überspielen.

Ganz allgemein weist das sehr intensive „Phantasie-Angebot" der Lega Nord (wie auch ähnlich das der Haider-FPÖ) darauf hin, dass ihre Anhängerschaft von zwanghaften Bedürfnissen getrieben wird, tief sitzende Ängste durch Verleugnung und Überkompensation (Abwehr durch Reaktionsbildung) zu beschwichtigen. Unter den vielschichtigen Inhalten dieser Ängste ist zunächst eine enge Verknüpfung zwischen Unsicherheiten der Ich-Identität und der männlichen Potenz auffällig: „Dieses unmäßige Verlangen nach genitalem Exhibitio-

---

[1] „Dieser Schwäche ist die Lega Nord besonders mit der ständigen Formulierung von ‚nicht verhandelbaren‘ Zielsetzungen und Forderungen begegnet, die nur den Zweck haben, das Zugehörigkeitsgefühl zur Lega Nord zu verstärken."

nismus", schreiben Balbo und Manconi, bringe eine Art „foto porno con l'auto-scatto" („Selbstauslöser-Photo-Pornographie") zum Ausdruck, stelle aber auch „eine verlässliche Identitätskarte" dar (Balbo/Manconi 1993: 45).

Dafür zeugt besonders die Wichtigkeit eine zur Schau gestellten männlichen Überpotenz. Einem ihrer prägnantesten Slogans zufolge sieht sich die Lega Nord als eine Bewegung von „celoduristi" — ein Ausdruck, der sich aus dem prahleri-schen Spruch „la Lega ce l'ha duro" (die Lega „hat ihn hart") ableitet, der in einem verdichteten Bild sowohl phallische Angeberei als auch Entschlossenheit zu hartem Durchgreifen zum Ausdruck bringt. „Quest'ultima frase, pronunciata da Bossi nel corso di un comizio, si è rapidamente trasformata in un'orgogliosa dichiarazione di forza e in uno slogan trascritto su alcuni capi di abbigliamento utilizzati dal militante leghista (magliette, beretti)"[1] (ebenda: 44f) — aber etwa auch auf Unterhosen, mitunter zusammen mit dem Symbol des Ritters Alberto da Giussano mit hocherhobenem Schwert an der die Genitalien bedeckenden Stelle.

Die tiefen Unsicherheiten der männlichen Identität, die mit diesem Potenz-gehabe abgewehrt werden, werden anhand der abwertenden Bezeichnungen deutlicher, mit denen die Gegner (in noch massiverer Form als etwa bei Haider) reichlich bedacht werden: als verächtlich-weichliche Homosexuelle, impotente Männer „ohne Hoden", Gehörnte. In der Frage der Homosexualität — laut Mig-lio „una forma di malattia largamente diffusa, di tipo genetico"[2] — musste Bossi einmal strikt durchgreifen, indem er einen „zwar anständigen, aber homosexu-ellen Burschen" aus der Bewegung entfernte: „Quanti partiti democratici hanno omosessuali dichiarati, cioè donnicciole, nei loro posti chiave? Un omosessuale è persona di tolleranza fragile, instabile."[3]

Diesbezüglich wurde etwa auch Justizminister Claudio Martelli als „poco virile per il suo look da gay" („seinem schwulen Look entsprechend wenig männlich") verhöhnt, oder Giulio Andreotti als typischer Vertreter einer politi-schen Klasse, die „schmalschultrig und daher ohne Hoden" oder auch „eine Bande von Gehörnten" sei, „die wir besiegen wollen."[4] Bei einer großen Wahl-kampfveranstaltung zur Gemeinderatswahl von Mailand im Juni 1993 rief Bossi aus: „Formentini wird gegen diesen Gehörnten Dalla Chiesa einen überwältigen-

---

[1] „Dieser von Bossi in einer Rede geäußerte Satz wurde schnell zum stolzen Kraftausdruck und zum Slogan, der sich auch auf so manchen Kleidungsstücken (Trikots, Kappen) der Lega-Aktivisten aufgedruckt findet."
[2] „eine weitverbreitete Krankheit genetischer Art" (La Stampa, 15.3.1993)
[3] „Wieviele demokratische Parteien haben aber deklarierte Homosexuelle, d.h. verweiblichte Schlappschwänze, in ihren Schlüsselpositionen? Ein Homosexueller ist eine Person mit schwacher, unstabiler Belastbarkeit." (L'Europeo, 14.9.1990)
[4] Corriere della Sera, 6.5.1991

den Sieg davontragen" — worauf die Menge „mit Getöse und Applaus antwortet..."[1]

Im Sinne der von Fromm beschriebenen Psychodynamik des autoritären Rebellen war es gerade die offenbar werdende Schwäche („Unmännlichkeit") der alten Regierungsparteien, die den vorher unterdrückten Hass auf die Autorität mobilisierte — wohingegen die „unglaublich gewaltige" Rückkehr der alten Machteliten unter Berlusconis Führung, von der Bossi im weiter oben zitierten Interview sprach, ihn zur Unterwerfung (zum „Einziehen des Schwanzes") veranlassen konnte.

In der mit dieser virilen Kraftmeierei einhergehenden sadistischen Sprache kommen daneben auch tiefe (abgewehrte und überkompensierte) Existenz- und Überlebensängste zum Ausdruck. Bossis Selbstdarstellung ist die eines Mannes, der in seiner harten Art so etwas wie Angst, Verletzbarkeit und Schmerz gar nicht kennt: „Paura? Neppure per sogno", sagt Gattin Manuela über Umberto. „Lui di paura, neanche a parlarne. Le sembra il tipo?"[2] Nach einer gerade überstandenen Herzattacke antwortete Bossi auf die Frage, ob er denn Angst gehabt hätte: „Paura no, ma mi sarebbe spiaciuto fare un piacere a Craxi e Forlani."[3] Mitten in einer der schwersten Krisen der Lega Nord (ausgelöst durch den Austritt seines damals wichtigsten Mitstreiters Franco Castellazzi im Oktober 1991) scherzte er mit einigen Anhängern: „Sapete dove sono stato oggi? — Dal dentista. Per provare un po' di dolore."[4]

Neben der Fiktion der eigenen Unverletzlichkeit ist es besonders über eine oft brutale Bedrohung anderer, dass eigene Ängste und Unsicherheiten abgewehrt werden können: Wenn die von der Lega gewollten Reformen abgelehnt würden, so polterte Bossi einmal im großen Korridor des römischen Parlamentsgebäudes, „wird es eine allgemeine Schießerei geben. [...] Wir sind schon dabei, die Kalaschnikows zu ölen" — was er dann nur „im Scherz" gesagt haben will, um damit freilich doch seinen Willen, einen „Krieg gegen dieses System" zu führen, zu verdeutlichen.[5]

Dass der von Bossi deklarierte Angriff gegen „das System" letztlich (ähnlich wie im Falle der Haider-FPÖ) zu wesentlichen Teilen ein — halb verschlüsselter, halb offener — Angriff gegen den traditionellen Sozialstaat ist, ist etwa daran zu ermessen, dass die bekämpfenswerten „Privilegien" sich bei näherem

---

[1] il Giornale, 5.6.1993

[2] „Angst? Nicht einmal im Traum. Bei ihm kann von Angst überhaupt nicht die Rede sein. Scheint er Ihnen der Typ zu sein?" (la Repubblica, 30.11.1990)

[3] „Angst habe ich keine gehabt, aber es hätte mich gestört, Craxi und Forlani einen Gefallen zu tun." (il Giornale, 18.12.1991)

[4] „Wisst ihr, wo ich heute war? — Beim Zahnarzt. Um ein bisschen Schmerz zu fühlen." (Panorama, 20.10.1991)

[5] l'Unità, 23.6.1992

Hinsehen häufig als recht bescheidene Unterstützungsleistungen für sozial Schwache herausstellen. Dies entspricht natürlich der für den Populismus typischen aggressiven Ablehnung umfassender Solidarität mit sozial Schwachen, die oft pauschal als parasitäre, leistungsunwillige Nutznießer gebrandmarkt werden.

Während diesbezüglich die manifeste Hauptstoßrichtung der FPÖ mehr gegen (arme) Zuwanderer gerichtet ist, spielten diese für die Lega Nord zumindest in den Jahren ihres steilen Aufstiegs nur eine zweitrangige Rolle im Feindbildvisier: Als Hauptfeinde wurden die Süditaliener gesehen, die ja auch den Zentralstaat ganz in ihrer Gewalt hätten. Freilich geht aus einem erschütternden Einfall, den Bossi in diesem Zusammenhang hatte, auch hervor, wie umstandslos beide Feindbilder ineinander übergehen können: „Non mi si parli di solidarietà", erklärte er einmal auf die Frage der Journalistin Gianna Fregonara, wie er es denn mit diesem gesellschaftlichen Grundwert halte. „Questa parola ipocrita non vuol dire niente."[1] Unmittelbar kommt ihm dazu die „Scherzfrage" in den Sinn: „Se un lumbard è su una torre con un meridionale e un nero chi spingerà per primo nel vuoto? Il meridionale. Perché? Prima il dovere e poi il piacere."[2]

Dieses spontan auftauchende Bild des Vom-Turm-Hinunterstoßens spiegelt eindringlich die existenziellen Ängste, die uns alle erfassen müssen, falls das Wort „Solidarität" tatsächlich keine Bedeutung mehr haben sollte. Es illustriert darüber hinaus in erschütternder, aber auch besonders präziser Weise eines der psychologischen Hauptangebote der verschiedenen rechten Strömungen: In einer von sozialdarwinistischer Erbarmungslosigkeit beherrschten Welt kann man die eigenen Absturzängste beschwichtigen und vorübergehende Erleichterung gewinnen, wenn man das, wovor man selbst Angst haben muss, anderen (Schwächeren) antut.

Dazu passt auch die schon angesprochene Selbstinszenierung rechtspopulistischer Demagogen als gnadenlose Jäger. Wenn man sich mit dem Angreifer identifiziert, sich dem gefährlichsten Rädelsführer in der ganzen Gegend unterwirft — so wird durch diese Inszenierung unterschwellig suggeriert —, dann wird die Verfolgung schon andere treffen und man darf sich selber in Sicherheit wiegen (Ottomeyer 2000: 57). Oder jedenfalls möchten sich viele gern an den Strohhalm dieses Wunschdenkens klammern, wenn sie vor Angst den Kopf zu verlieren drohen.

---

[1] „Man erzähle mir bloß nichts von Solidarität. Dieses heuchlerische Wort bedeutet überhaupt nichts."

[2] „Wenn ein Lombarde mit einem Süditaliener und mit einem Schwarzen auf einem Turm steht, wen von beiden stößt er zuerst in die Tiefe? Den Süditaliener. Warum? Zuerst die Pflicht und dann das Vergnügen." (Corriere della Sera, 19.4.1992)

Wie beunruhigend das Wort „Solidarität" den Anhängern Bossis in Wirklichkeit aufstößt, bekam der Bürgermeister von Bologna Walter Vitali (PDS) zu spüren, als er das zweifelhafte Privileg hatte, an einem der emotionalen Schlüsselereignisse des Parlamentswahlkampfes 1994 teilzunehmen. Beim Parteitag der Lega Nord in Bologna (4.-6. Februar 1994) war Vitali der einzige geladene Gast, der nicht Mitglied war. In seiner höflichen Rede sprach er unter anderem von einem „Pakt der Bürgermeister" in der Steuerreform-Frage (dem auch der Mailänder Lega-Bürgermeister Formentini beigetreten war) und erlaubte sich dabei auch, „la parola tabù del neo-egoismo leghista" („das Tabu-Wort des Neo-Egoismus der Lega") in den Mund zu nehmen: „In uno stato unitario è un dovere la solidarietà fra le regioni più forti e quelle più deboli."[1]

Ab diesem Moment ging nun ein so lautstarker Sturm von Schimpfkanonaden („Kommunist", „Provokation", „Stalins Neffe"), Schreien und Pfiffen durch den Kongress-Saal, dass Vitali bis zum Ende seiner Rede keinen durchwegs hörbaren Satz mehr aussprechen konnte. Als einmal der Satzfetzen hörbar wurde, dass der Krieg in Bosnien alle betreffe, wurde er mit Schreien wie „Eure Schuld!" und „Cazzi loro!" („geht uns nichts an!") übertönt. Den Polizisten, unter deren Schutz der Bürgermeister den Kongress-Saal schließlich verließ, tönte ein Chor von „Werft ihn ins Gefängnis!" nach. Im Nachhinein hielt es die Führung der Lega Nord keinesfalls für „nötig", eine Entschuldigung auszusprechen (Smargiassi 1994).

Aus diesem Ereignis wird klar: „Solidarität" ist nicht wirklich ein „bedeutungsloses" Wort, sondern ein Wort, bei dem bei den Anhängern Bossis die Sicherungen durchgehen können. Die selbst höfliche Einmahnung von Solidarität trifft einen rohen Nerv, rührt an derart unerträgliche Konflikte, dass darauf nur mit wilder und lärmender Abwehr reagiert werden kann. Die nicht nur empörenden, sondern auch absurden Zurufe an die Bologneser Polizisten, sie sollten ihren Bürgermeister doch wegen seines „Wortverbrechens" ins Gefängnis stecken, legt auch in bildhafter Weise nahe, dass mit der Person auch der Gedanke weggesperrt werden solle. Das Unerträgliche am Gedanken mag vielleicht im verdrängten Wissen bestehen, dass die Abwehr gegen umfassende Solidarität einerseits das Scheitern der eigenen populistischen Bewegung vorprogrammiert; andererseits und vor allem aber darin, dass sie das Scheitern unserer menschlichen Zivilisation überhaupt vorprogrammieren könnte.

Wie sehr die Lega Nord in späteren Jahren auch auf eine untergeordnete Rolle in Berlusconis Parteienkartell reduziert werden sollte, so bildeten die rabiaten Attacken, die sie in den Jahren ihres Aufschwungs gegen die bis dahin geltenden Solidaritätsverpflichtungen führten, doch eine erste Initialzündung für

---

[1] „In einem einheitlichen Staat ist die Solidarität zwischen den stärksten und den schwächsten Regionen eine Verpflichtung."

einen weitreichenden Rechtsruck, dessen Auswirkungen der führende Journalist Curzio Maltese nach fünf Jahren der zweiten Regierung Berlusconis mit der folgenden Beobachtung auf den Punkt bringt:

> „Non esistono più le basi di valori condivisi su cui modellare un'identità. [...] Rileggendo la Costituzione, ci si accorge che fra tutti i principi non ve n'è uno, uno solo, che non sia stato sottoposto a un attacco sistematico e distruttivo: l'uguaglianza dei cittadini davanti alla legge, la separazione fra stato e chiesa, il ripudio della guerra, l'antifascismo, la libertà di informazione, l'indipendenza della magistratura, la tutela del patrimonio artistico e dell'ambiente, la stessa unità d'Italia. È negata la filosofia stessa della Costituzione, volta a impedire il risorgere di un 'uomo forte'."[1] (Maltese 2006: 84)

3.3 Am Beispiel einer rechtsextremen Schülerzeitung

Das Augenmerk dieses Abschnitts wird auf die neonazistische österreichische Schülerzeitung ‚Gäck' gelegt.[2] Glücklicherweise war ihre Verbreitung geografisch und zeitlich sehr begrenzt. Es erschienen nur einige wenige Nummern im Jahre 1991,[3] und ihr Vertrieb beschränkte sich großteils auf den südösterreichischen Raum. Innerhalb ihres Wirkungskreises fand sie allerdings ein enormes Echo. Im Unterschied zum steif-zugeknöpften und rechthaberischen Ton herkömmlicher rechtsextremer Publikationen präsentierte sich ‚Gäck' eher wie ein respektlos witzelndes Underground-Comic.

Die österreichische Version von ‚Gäck' war eine großteils deckungsgleiche (im Layout etwas professioneller wirkende) Abkupferung ihres gleichnamigen deutschen Vorbilds, das von 1978 bis gegen Ende der 1980er Jahre als wichtigster Werbeträger der ‚Wiking-Jugend' (einer der größten und militantesten neonazistischen Jugendorganisationen) fungierte. Dessen beträchtlicher Publikums-

---

[1] „Es gibt keinen Konsens über grundlegende Werte mehr, die für unsere Gesellschaft identitätsstiftend sein könnten. [...] Wenn man in unserer Verfassung nachliest, so wird man sich bewusst, dass es unter ihren Prinzipien nicht ein einziges gibt, das nicht einem systematischen und zerstörerischen Angriff ausgesetzt worden wäre: die Gleichheit der Bürger vor dem Gesetz, die Trennung von Staat und Kirche, die Ächtung des Krieges, der Antifaschismus, die Freiheit der Information, die Unabhängigkeit der Justiz, der Schutz der Kunstschätze und der Umwelt und sogar die Einheit Italiens. Die eigentliche geistige Grundlage der Verfassung, die darauf ausgerichtet ist, das Wiedererstehen eines ‚starken Mannes' zu verhindern, wird beiseite gewischt."

[2] Für inhaltliche Anregungen danke ich Klaus Ottomeyer. Insbesondere seine bereits vorliegende Analyse der in ‚Gäck' Nr. 5/1991 erschienenen „Seite für unsere Lehrer" (Ottomeyer 1995) bot Eckpunkte und Ansätze für hier entwickelte Deutungen.

[3] Alle von mir konsultierten Archive bzw. Sammlungen einschlägiger Materialien enthalten lediglich die Nummern 1 und 5/1991. Mein besonderer Dank geht an Gustav Spann (Institut für Zeitgeschichte der Universität Wien), der mir sein Forschungsarchiv großzügig zur Verfügung stellte.

erfolg in der anvisierten Altersgruppe der 15- bis 20-Jährigen, der die Reichweite anderer rechtsextremer Publikationen deutlich überstieg, spiegelte sich in Auflagen, die von ursprünglich 5.000 bereits um 1980 auf 10.000 bis 12.000 (Meyer/ Rabe 1979: 50; Dudek/Jaschke 1981: 86), gegen Ende der achtziger Jahre auf 15.000 Exemplare (Hundseder 1988) anstiegen und in über zwanzig deutschen Städten verteilt wurden.

Die Rechtsextremismusforscher Peter Dudek und Hans-Gerd Jaschke, die Inhalte und Rezeption dieser und anderer einschlägiger Publikationen untersuchten, hielten ‚Gäck‘ für die politisch effizienteste und gefährlichste unter den von ihnen analysierten Zeitungen, „weil es am konsequentesten die von der Reklame- und Jugendkulturindustrie produzierten medialen Rezeptionsangebote kopiert. Der hier vollzogene Bruch mit der Tradition rechtsextremer Publizistik ist überdeutlich. ‚Gäck‘ präsentiert Jugendlichen — ‚Mad‘-like — einen Faschismus mit lächelndem Gesicht." (Dudek/Jaschke 1981a: 30)

Dieser Traditionsbruch zeigt sich vor allem darin, dass Darstellungen in argumentativer Form beinahe vollständig zu Gunsten von Stilmitteln der modernen Werbesprache und politischen Satire fallengelassen werden. „Das Blatt erzeugt einen subkulturellen Habitus, der durch die Stilmittel der Satire und Bespöttelung, der scheinbaren Absichtslosigkeit ihres ‚Blödsinns‘ auf die Attraktion der unter Jugendlichen bekannten Medienspottfabrikate setzt und Jugendlichen faschistische Ästhetisierungen der Politik, die sich einst auf Zeremonien, Soldatismus, mystische Kultvorstellungen bezogen, [...] in neuen, schülergerechten Formen anbietet." (Dudek/Jaschke 1981a: 29)

Auch wenn die Reichweite des österreichischen Ablegers im Vergleich zum deutschen Vorbild sehr beschränkt blieb, so fordert seine (in seinem beschränkten Rahmen) beträchtliche Attraktivität doch zu einer besonderen analytischen Aufmerksamkeit heraus. Sie weist darauf hin, dass wesentliche von ‚Gäck‘ behandelte Themen und Motive — und besonders auch die bildersprachlichen und satirischen Formen ihrer Vermittlung — den Anfälligkeiten und Neigungen großer Teile der Jugendlichen geschickt entgegenkommen. Die Zeitung kann also als recht sensibler Barometer für rechtsextreme Gefahrenpotentiale in der jungen Generation angesehen werden.

3.3.1 Feindseliger Humor

Eines ihrer wesentlichen Stilelemente, das bereits angesprochen wurde, besteht in einem witzelnden Habitus, der beinahe lückenlos durchgehalten wird. Schon im Namen der Zeitung klingt der Anspruch auf eine Art aufmüpfige Witzigkeit an: „Gäck" wirkt wie eine lautmalerische Verdichtung zwischen dem mittelniederdeutschen „Geck" (Narr, Karnevalsfigur), dem Adjektiv „keck" oder auch dem englischen „gag" (witziger Überraschungseffekt).

Die Art des Humors, die dabei allerdings praktiziert wird, tritt vorwiegend in „tendenziösen Witzen" — mit feindseliger Tendenz — im Sinne Freuds (1905: 111ff) zutage. Sein Lacherfolg hat die Verhöhnung, Ausgrenzung, Verletzung und manchmal auch Ermordung anderer zum Inhalt, die als feindlich und minderwertig wahrgenommen werden: Ausländer, Minderheiten, Juden, Schwarze, US-Amerikaner, Lehrer, Linke, emanzipierte Frauen, Homosexuelle, Politiker, Künstler und andere mehr.

Mit seiner spezifischen Form des Witzes lag ‚Gäck' freilich auch im gesellschaftlichen Trend, wie er seit den 1980er Jahren mit dem Aufschwung fremdenfeindlicher, rechtspopulistischer oder sozialdarwinistischer Strömungen vorgegeben wird. „Der neuere Rassismus fällt im Gegensatz zur NS-Propaganda dadurch auf, dass er weniger triefend ernst als vielmehr im Gewande des Witzelns und Verhöhnens daherkommt." (Ottomeyer 1997a: 118)

Was nun dieses höhnische Witzeln von den meisten von Freud untersuchten Witzen — „in dem das befreiende Lachen sich auch auf die Erzähler und Hörer selbst bezieht" — markant unterscheidet, ist der Umstand, dass es durchwegs nur auf Kosten anderer gehen muss.

„Wenn der Humor nach Freud den ‚Triumph des Narzissmus über die Welt' darstellt, das Auffliegen zu einer Vogelperspektive, aus der die Probleme der Realität und unsere Ängste klein werden — wie beim Gefangenen, der montags zur Hinrichtung geführt wird und den Kommentar abgibt: Die Woche fängt aber gut an! —, so ist der minderheitenfeindliche Humor eigentlich eine infantile oder Verfallsform des Humors, die mit einer primitiven narzisstischen Position und Form der Angstbewältigung einhergeht. Das Überlegenheitsgefühl wird durch den Sturz des anderen hergestellt." (ebenda: 119) Ein anschauliches Beispiel dafür wäre etwa der im Abschnitt 3.2.4 zitierte „Scherz" Umberto Bossis über die „Pflicht" und das „Vergnügen", einen Süditaliener und einen Schwarzen von einem Turm zu stoßen.

Eine entscheidende Vorbedingung von solchen Lacherfolgen angesichts des Absturzes anderer ist das Außerkraftsetzen moralischer Ansprüche bzw. der Zensur des Über-Ich — eine Funktion, die (punktuell) schon ganz allgemein durch Witz und Humor erfüllt wird, in der rassistischen Form des Witzemachens jedoch ausufert und wesentliche Hemmschwellen (sei es konventioneller Zurückhaltung oder menschlicher Rücksicht) niederreißt. Dementsprechend hat etwa der Erfolg minderheitenfeindlicher Politiker viel mit einer, „manchmal noch alkoholunterstützten, ‚Anwerbung' des Publikums zur Aggressionsabfuhr bei sukzessiver Zertrümmerung des Über-Ich" zu tun. „Dieses wird gewissermaßen durch die Lachsalven sturmreif geschossen." (ebenda)

Quer über die Seiten von Gäck verstreut finden sich zahlreiche Gags, „Späße" oder witzelnde Äußerungen, deren Hauptmotiv in höhnischer Gewaltdrohung besteht und die für sich allein schon einen bösartigen Unterton vorgeben, der Stil und Botschaften der Zeitung prägt. Bereits im einleitenden Text der ersten Nummer (1/91) wird ein „Aufbruch in das Gäck-Jahrtausend" mit einer Formulierung beschrieben, die sich an Hitlers den Zweiten Weltkrieg auslösende Kriegserklärung gegen Polen anlehnt: „Seit jenem Tage wird zurück geschossen, wird jede auch noch so hinterhältige und gemeine Lüge mit nichts als der reinen Wahrheit vergolten."

Am Ende des darauf folgenden Texts, der ein Medienprodukt der US-Propaganda für den Golfkrieg beschreibt, liest man die Parolen: „Amerikas Gehirne sind unheilbar krank! — Darum verliert kein Mitleid! — Amerikaner! Legt Brandfackeln in das Stroh eurer führenden Köpfe..." Zwei Seiten weiter findet sich in einer fiktiven Verkaufsanzeige u.a. nach der Überschrift „Nur das Beste für unsere Ausländer!" die Werbung für eine „Sportpistole ‚Hermann Göring'": „trifft jeden Turban auf 30 Meter Entfernung, wird mit 3-cm-Dumdum-Geschossen geladen und gehört in jeden Schulranzen."

Auf der letzten Seite — deren Inhalt weiter unten noch erörtert wird — werden einem Geschichtslehrer von bieder lächelnden Figuren Schienbeintritte und Messerstiche angedroht, falls er behaupten sollte, dass Südtirol zu Italien gehört oder dass es die österreichische Nation gibt. Ein nach vorne gerichtetes, gefährlich aufblitzendes Messer auf einer Achtung-Dreieckstafel illustriert auch die Ankündigung der nächsten Zeitungsnummer (welche „wieder eine scharfe Sache" zu werden verspreche).

In der Ausgabe Nr. 5/91 wird zum Beispiel nach einem Text, in dem der nationalsozialistische Völkermord an den Juden geleugnet wird, „der 6-Millionste" vorgestellt: Neben dem (seitlich-vertikal gedruckten) hämischen Satz „Wo ist er denn geblieben..." erkennt man (siehe auf der gegenüberliegenden Seite links) die Figur eines religiösen Juden, der gerade dabei ist, wie ein Beutetier von einem herabstoßenden Adler erjagt zu werden (Adler tauchen in ‚Gäck' übrigens immer wieder als Identifikationssymbole auf).

Wenn auf einer „Seite für den Fremdarbeiter" der Spitzenreiter einer fiktiven Hitparade den Titel „Last train to Istanbul" trägt, so mag dies als eher verhüllte Drohung zu verstehen sein. Kaum verhüllt kommt dagegen beim zehnten Hitparadenplatz die Verhöhnung einer vom Hungertod bedrohten Bevölkerung zum Ausdruck: „Die original fidelen Äthiopier" werden da mit einem Schlagertitel „Schön ist es, auf der Welt zu sein" angeführt. Ganz unverhüllt ruft auf der folgenden Seite eine etwas kauzig gezeichnete Comic-Ratte „Sturmhart" mit Schlagstock in der Hand: „Schlagt die Linken, wo Ihr sie trefft!" (Auf der übernächsten Seite werden auch gleich in einer Kleinanzeige Hartgummi-Schlagstöcke zum Verkauf angeboten.) Zwei Seiten weiter wird wiederum (auf der rechten nachfolgenden Abbildung) „Gäck-Afrika-Korrespondent A.P. Hartheid im Kreise seiner Mitarbeiter" vorgestellt.

Auf der folgenden Seite wird für die nächste Nummer der Zeitung angekündigt: „Endlich! Die Rosa-Lila-Villa wurde gesprengt! Ratet mal von wem? (he, he)". Derartige Explosionsphantasien, wie sie etwa auch schon bei der Anzeige für auf Ausländerturbane abzufeuernde Dumdumgeschosse zum Ausdruck kommen, unterstreichen die Heftigkeit der feindseligen Tendenz, die sich mit Hilfe des von ‚Gäck' praktizierten Witzelstils Bahn bricht.

Bereits mehr als zwei Jahre bevor in Österreich die ersten Briefbomben explodieren sollten, blödelte ein ‚Gäck'-Redakteur wie nebenher über die „üblichen Briefbomben", die vorgeblich beim Entleeren des Klagenfurter Postfachs der Zeitung anfielen (Nr. 5/91, S. 10). Zumindest in der Gruppenphantasie des Milieus, aus dem die Zeitungsmacher kommen, hatten sich die Briefbombenserien der späteren Jahre also schon frühzeitig angekündigt.

Bei solchen Beispielen bösartiger Witze ist mit Händen zu greifen, dass ihre Urheber sich im Grunde selbst bedroht fühlen müssen. Nur wer selbst von schweren Ängsten beherrscht wird, kann motiviert sein, in kurzen Abständen immer wieder Verhöhnungen und Drohungen gegen andere auszustoßen (und dies als belustigend und entlastend empfinden). Gerade deren witzelnde Einkleidung erlaubt in besonders effektiver Weise, die ihnen zu Grunde liegenden eigenen Ängste vom Bewusstsein fernzuhalten: mit Hilfe der Fiktion, dass man als Witzemacher (und -konsument) immer über den Dingen stehe, und unter der damit verbundenen unausgesprochenen Prämisse, dass der Inhalt von Witzen irgendwie „nicht wirklich" meinen könne, was er offensichtlich besagt (was es zum Beispiel erst möglich macht, sich gegen eventuelle Kritik auf den Anspruch zurückzuziehen, „ja wohl noch Witze machen zu dürfen").

Ein recht anschauliches Indiz für eine Angstabwehr-Funktion des von ‚Gäck' praktizierten Humors wird bereits erkennbar, wenn man die graphische Gestaltung des Zeitungs-Logos (gewissermaßen Gäck's Visitenkarte) im Sinne einer bildlichen Darstellung betrachtet:

Dabei fällt unmittelbar auf, dass die Umlautpunkte über dem Buchstaben „a" eigentlich — wie in einem Bild aus einem Comic Strip — ängstlich um sich blickende Augen in einem dunklen Raum darstellen. Die Dunkelheit, in der nur diese Augen erkennbar werden, wäre dann als bildlicher Ausdruck Angst machender Verlorenheit, als orientierungsloses Im-Dunklen-Tappen deutbar.

Wenn man die Augen aufgrund ihres optischen Eigengewichts nicht mehr mit dem Buchstaben „a" verbindet, wird aus „Gäck" ein groß aufblitzendes „Gack" — was als lautmalerische Wiedergabe des unkontrollierten Angstreflexes eines „Sich-Ankackens" deutbar wäre.

Das Thema der Inkontinenz, des Sich-in-die-Hose-Machens kommt übrigens, wie weiter unten noch erörtert wird, an einer Stelle ausdrücklich zur Sprache — in der besonders klein gedruckten, aber psychologisch umso beziehungsreicheren Scheinanzeige, in der unter anderem auch die bereits zitierte „Göring-Sportpistole" mit Dumdum-Geschossen beworben wird.

Es spricht nun gerade für den Abwehrcharakter der für ‚Gäck' typischen Art des Witzemachens, wenn das im Zeitungs-Logo aufblitzende Angstmotiv gleichzeitig auch verfremdet und relativ unkenntlich gemacht wird. Die Augen wirken nicht nur ängstlich, sondern auch komisch (ähnlich etwa den Augen eines Zeichentrick-Äffchens auf einer Kokospalme). Das Motto „Erst der Spaß und dann das Vergnügen" verspricht ja sogar viele Lacher, ungebremsten Hedonismus und

Unterhaltung. Die komische Note, die damit angeschlagen wird, scheint sich auch als Mittel gegen Verlorenheitsängste anzubieten (ähnlich wie ein sich Mut machendes „fröhliches" Pfeifen eines verlorenen Wanderers im dunklen Wald). Aber die Unkenntlichmachung ist eben nicht vollkommen. Der Ausdruck eines Gefühls der Bedrohtheit dringt doch noch — quasi wie durch eine Milchglasscheibe — verschwommen hindurch. Gerade wenn Angst nur ziemlich verfremdet erkennbar wird, ist dies freilich ein wichtiger Hinweis auf ihre Intensität: Verleugnete, heruntergespielte, ihre eigenen Spuren verwischende (und darin unweigerlich nie ganz erfolgreiche) Ängste sind grundsätzlich mächtiger als solche, zu denen man sich offen bekennen kann. Je mehr Angst verdrängt werden muss, umso größer ist sie gerade in Wirklichkeit.

Die pauschale Verleugnung eigener Ängste macht einen Wesenszug der traditionellen hart-aggressiven Inszenierung von Männlichkeit aus (wie dies etwa schon der oben abgebildete „A.P. Hartheid" illustriert); und so ist es nur folgerichtig, wenn sich das feindselige Witzeln von ‚Gäck' mit besonderer Heftigkeit gegen jene wendet, die diese Fiktion vom furchtlos-gestählten „richtigen Mann aus einem Guss" in Frage stellen — und mit ihr auch die herkömmlichen Beziehungs- und Differenzierungsmuster zwischen den Geschlechtern.

Kein Wunder also, dass ausgerechnet ein öffentlicher Treffpunkt von Homosexuellen (die „Rosa-Lila-Villa") mit so starker Beunruhigung wahrgenommen wird, dass er in der Phantasie der Zeitungsmacher nicht nur bedroht, sondern — „endlich!" — auch gleich in die Luft gesprengt werden muss. Die im offenen Bekenntnis zur Homosexualität zum Ausdruck gebrachte Verneinung einer holzschnittartigen Männlichkeit wird also als besonders unerträglich empfunden.

3.3.2 Geschlechterstereotype auf der „Seite für unsere Lehrer"

Einen Höhepunkt erreicht der psychische Abwehrkampf gegen Infragestellungen des traditionellen Männer- und Frauenbildes auf einer „Seite für unsere Lehrer", auf der sechs Typen von Lehrpersonen in pointierten Kurzprofilen vorgestellt werden (Nr. 5/91, S. 7). Vier dieser Lehrerfiguren (zwei Frauen und zwei Männer), die auch durch Porträtkarikaturen hervorgehoben werden, veranschaulichen in einprägsamer Weise die tiefen, vor allem männlichen Verunsicherungen und Ängste, die durch die moderne Relativierung der Geschlechtsidentitäten hervorgerufen werden.

Je eine Lehrerin und ein Lehrer werden als Paradebeispiele — einerseits — für die Aufweichung (siehe links unten) und — andererseits — für eine im Gegensatz dazu betonte Verfestigung der herkömmlich-stereotypen Geschlechtsrollen (siehe rechts unten) vorgeführt. Wie zufällig werden die beiden Lehrerinnen dabei jeweils etwas oberhalb der neben ihnen abgebildeten Lehrer gezeigt, was die Vermutung nahelegt, dass die Frauen den Männern gegenüber (im Empfinden der Zeitungsmacher) eine grundsätzlich dominante Position innehaben.

Die beiden zuerst vorgestellten Lehrertypen der „Rotfront-Emanze" und des „Rotfront-Softies", die die althergebrachten Modelle von Weiblichkeit und Männlichkeit durcheinander bringen, stehen eindeutig weit oben auf Gäck's Feindbildskala. Deutlich über dem Waschlappentyp des „Rotfront-Softies" — der voll hinter den Anliegen der emanzipierten Frau steht und sich ihr gegenüber also nicht als „richtiger Mann" behaupten kann — rangiert auf jeden Fall noch die „Rotfront-Emanze", die als „überhaupt die schlimmste Art von Lehrer(in)" bezeichnet wird. Sie stellt den glatten Gegenpol zu den herkömmlich weiblichen Rollen — eines bloßen Sexualobjekts oder einer bloßen Mutter — dar.

Sie ist intellektuell (sie unterrichtet meist „die Laberfächer wie Geschichte, Deutsch, Politische Bildung", Philosophie u.ä.m.); sie ist politisch engagiert („versucht bei jeder Gelegenheit, Marx & Companie an den Mann zu bringen"); und sie solidarisiert sich entschieden mit Opfern von Diskriminierung und Gewalt, die gerade zu Gäck's bevorzugten Aggressionsobjekten zählen (sie verwendet im Deutschunterricht „nur Bücher, die von Faschismus und Juden- bzw. Ausländerfeindlichkeit handeln", und empört sich überdies über „Witze, die so anfangen: ‚Kommt 'ne Frau/Neger/Türke zum Arzt...'"). Noch dazu ist sie körperlich höchst widerwärtig — „sie ist ungepflegt und riecht wie Löwe".

„Die Frau wird hier assoziiert mit unkontrollierter Körperlichkeit, also mit Geruch — diese Körperängste, die mit Körperflüssigkeiten, Körpersäften, Körperöffnungen zu tun haben, werden auf die Frau projiziert und bekämpft." (Ottomeyer 1995: 56) Dieses mit allergischer Abneigung gezeichnete Bild knüpft auch an ein Frauenbild an, das bei den von Klaus Theweleit (1980) untersuchten Männerphantasien in der präfaschistischen deutschen Freikorps-Literatur eine zentrale Rolle spielt: „Es ist das rote Flintenweib, das gefürchtet wird, die emanzipierte Frau, die man zum Beispiel in der Gestalt von Rosa Luxemburg auch gnadenlos erschlagen und umgebracht hat." (Ottomeyer 1995: ebenda)

Eine emanzipierte Frau, die einen ähnlichen Namen wie Rosa Luxemburg trägt und noch dazu Direktorin eines jüdischen Museums ist, wird auch in einem Pressespiegel in derselben Ausgabe von ,Gäck' (S. 15) abgebildet. Ein offenbar der Tageszeitung ,Der Standard' entnommenes Porträt zeigt dabei unter der Überschrift „Arbeit an den Schrecken der Erinnerung" den Kopf Daniella Luxembourgs, die den Eindruck einer sehr mächtig-selbstbewussten Frau erweckt.

Neben der offensichtlichen (sich auf den Holocaust beziehenden) Bedeutung dieses Ausdrucks „Schrecken der Erinnerung" kann auch ein besonderer verschlüsselter Sinn vermutet werden, der die Wahl des Zeitungsausschnitts motiviert haben mag. Eine unbewusste Erinnerung, die hinter einem durch selbstbewusste Frauen ausgelösten Schrecken steht, ist die an die bedingungslose frühkindliche Abhängigkeit von der Mutter (oder mütterlichen Pflegeperson). In dem Maße, als diese aufgrund von Vernachlässigung oder Misshandlung traumatisch erlebt wird, wird die Mutter (die erste Frau im Leben) als schrecklich-allmächtiges Wesen erlebt, an dessen Willen man hilflos ausgeliefert ist.

Emanzipatorisches und „machtvolles" Auftreten von Frauen kann diese tiefen Schrecken der unbewussten Erinnerung wachrufen und zu einem panischen Bedürfnis führen, die herkömmlich-stereotypen Geschlechtsdifferenzierungen mit allen Mitteln wiederherzustellen — um Frauen dadurch in ein verengtes Rollenkorsett zurückzuzwingen, in dem ihre beunruhigend wahrgenommene Mächtigkeit unter Kontrolle gehalten werden kann.

Eine solche Wiederherstellung eines stereotypen Männer- und Frauenbildes, die als Scheinlösung bzw. „Schiefheilung" (Freud) für Verunsicherungen der Geschlechtsidentitäten angeboten wird, wird nun durch die beiden anderen (bereits abgebildeten) Lehrertypen auf der „Seite für unsere Lehrer" verkörpert, die als positive Gegenmodelle zur „Rotfront-Emanze" und zum „Rotfront-Softie" präsentiert werden — nämlich durch den „Action-Typ" und die „Flotte Lola (lat.: Sexbombis totalis)".

Zwar wird die Frau auch in der Rolle einer atemberaubenden blonden Sexbombe als fast schon zu mächtige Figur erlebt: „Sie unterrichtet... (Arrghhh! Nein ... nein nicht daaa, aaaahhh ... ohhahh!!!) und ist whoooaahh!!!" Aber der „Action-Typ" ist kein Softie-Waschlappen, er ist flott und gestählt und scheint sich der weiblichen Sexualität gegenüber zu behaupten, er kann „seinen Mann" stellen. Er „unterrichtet häufig Naturwissenschaften" und baut „zum Beispiel im Chemieunterricht aus Unkraut-Ex Bomben oder fängt mitten im Lösen von einer Gleichung mit zwei Unbekannten an, den Aufbau einer Stabhandgranate zu erklären."

Dass er freilich gleich mit Bomben und phallischen Stabhandgranaten auf-fahren muss, um seine Stärke und Potenz unter Beweis zu stellen, weist (neben heftiger sexueller Anspannung) auch auf die hochgradige Aggressivität und tiefe Entfremdung zwischen den Geschlechtern hin, die aus den holzschnittartig-verengten Vorbildern vom „richtigen Mann" und von der „richtigen Frau" erwachsen. Wenn das sexuelle Verhältnis durch eine vergewaltigende Stabhandgranate bestimmt wird, muss es notwendigerweise eine „Gleichung mit zwei (einander) Unbekannten" bleiben.

Das Schiefheilungsprogramm, mit dem der „Action-Typ" zur Hand ist, um die moderne Relativierung der Geschlechtsrollen und die beunruhigende Mächtigkeit der Frauen rückgängig zu machen, beruht auf massiver Einschüchterung und militärischem Befehlston, wodurch die alte Rollentrennung wiederhergestellt werden soll: „Bei Sirenengeheul (egal welcher Art) ist von ihm der Ruf ‚Alles unter die Bänke! Frauen und Kinder robben in den Keller! Jungs an die Flak!' zu vernehmen."

Hinter seinem drohenden Heraufbeschwören von Fliegerbombenangriffen verrät sich auch seine eigene abgewehrte Angst und Nervosität: Bei jedem noch so banalen Sirenenton muss er sofort an Krieg denken — der für ihn in erster Linie ein Krieg der Geschlechter ist, in dem er die bedrohlich mächtigen Frauen (wie verängstigte Kinder) auf Knien nach unten zurückschicken möchte (in den Keller der sozialen Hierarchie), damit die „Jungs" dann ihre phallischen Schießgeräte wieder nach oben richten können.

Das Bild der Frau, die selbst als bloßes Sexualobjekt noch einigermaßen dominant wahrgenommen wird (wenn auch bei weitem nicht so bedrohlich wie die „Emanze"), taucht noch an mehreren anderen Stellen auf — besonders in der Gestalt des blonden deutschen „Mädels", das dem schüchternen „Peterle" schon mal nahe treten und ihm die Schamröte ins Gesicht treiben kann (Nr. 1/91, 8):

„Jungs, deutsche, wollt ihr oder könnt ihr nicht mehr?", lautet der dazu ausgesprochene, durchaus entmutigende Tadel. Bei diesem Typ von Frau besteht aber für den verzagten Mann die Aussicht, sie doch noch in den Griff zu bekommen; wenn es ihm nämlich gelingt, „auch nur eine zu schnappen und mit ihr eine fröhliche Kinderschar in die Welt zu setzen" — sie also möglichst auf die Rolle einer von ihm abhängigen Hausfrau und Mutter zu reduzieren...

3.3.3   Orale Fixierung, Konsumismus und Überzähligkeitsangst

Ein anderer Ansatz zum Verständnis des Inhalts der Ängste, die in ‚Gäck' mit Hilfe seines typischen Witzelstils abgewehrt werden, bietet sich bereits angesichts der mehrdeutigen Botschaften an, die im schon zitierten Motto im Zeitungs-Logo — „Erst der Spaß und dann das Vergnügen" — anklingen. Die verschlüsselten Aussagen dieses Mottos dürften speziell an jenem Bestandteil des geläufigen Sprichworts — „Zuerst die *Pflicht*" oder „Zuerst die *Arbeit* und dann das Vergnügen" — abzulesen sein, der hier fallengelassen und somit verneint wird.

Neben einem Element jugendlich alberner Opposition gegen erwachsene Leistungsforderungen (das immerhin ein autoritätskritisches Motiv andeutet) scheint darin vor allem die Botschaft eines uneingeschränkten Konsumismus zum Ausdruck zu kommen: Jeder sich lohnender Lebensinhalt könne nur aus Unterhaltung, Blödelei und unproduktivem Konsumieren bestehen. So etwas wie sinnvolle Arbeit und konsequente Anstrengung, Sinn für Verantwortung oder Verpflichtung sei rundweg zu verwerfen.

Ein gewisser Zug zu unbefangener Verantwortungslosigkeit — ein teilweises Verweigern von disziplinierenden Ansprüchen, ein eher zielloses Experimentieren mit Rollen und Lebensentwürfen — stellt nun einerseits einen durchaus altersgemäßen und entwicklungsfördernden Aspekt der Adoleszenz dar. Auf der anderen Seite verweist aber ein allzu starkes Überwiegen von bloß konsumistisch-unproduktiven Orientierungen auf schwere Entwicklungsdefizite — besonders auch auf ein Misslingen der Herausbildung eines „Werksinns" in der Latenzzeit (des Stolzes auf eigene Arbeit und auf die bewiesene Fähigkeit, Leistungsanforderungen zu genügen), der, wie Erik Erikson (1950; 1959) überzeugend beschrieben hat, eine der entscheidenden Voraussetzungen liefert, um den großen Entwicklungsaufgaben der Adoleszenz gewachsen zu sein (der psychischen Ablösung von der Herkunftsfamilie, der Bildung einer kohärenten Ich-Identität und eines autonomen Gewissens).

Ein Scheitern an diesen Herausforderungen der persönlichen Reifung nährt einen regressiven Sog zu oraler Abhängigkeit und Überbedürftigkeit, der sich speziell in einem passiv-einverleibenden Konsumismus äußert. Verschiedene Motive eines solchen Reduziert-Seins auf eine passiv-orale Konsumhaltung — des damit einhergehenden Selbsthasses und desolaten Grundgefühls blockierter Entwicklung, einer narzisstischen Wut und des daraus erwachsenden Gewaltpotentials — kommen in mehreren eindringlichen Bildern zum Ausdruck.

Bereits auf dem Titelblatt der ersten Nummer (1/91) werden solche regressiven Fixierungen und Abhängigkeiten in sehr beziehungsreich verschlüsselter Form thematisiert. Unmittelbar unter dem Zeitungs-Logo findet sich als bildliches Hauptmotiv eine collageartige Darstellung, die als Kommentar zum gerade stattfindenden Golfkrieg angeboten wird (siehe nächste Seite oben). Die Schlagzeile und die Zeichnung, die einen Zustand „totalen Urlaubs" mit vollem Bauch und leerem Gehirn beschreiben, veranschaulichen die konsumistische Regression zu oraler Passivität und die Tendenz zur destruktiven Entladung der sich dabei aufstauenden Unerfülltheit, Hilflosigkeit und Verzweiflung — in diesem Fall über die voyeuristische Teilhabe an der Gewalt des Krieges, die ja auch über eines der wichtigsten Symbole konsumistischer Passivität, den Fernsehschirm, vermittelt wird:

Dazu passt auch, dass sich der dargestellte US-amerikanische „Totalurlauber" nicht etwa befriedigt unter Palmen sonnt und entspannt, sondern eher den Eindruck einer gewissen Beschränktheit und Verwahrlosung, von Unbeweglichkeit und Isoliertheit erweckt. Die Verbindung konsumistischer Passivität mit einer voyeuristischen Faszination für Gewalt wird übrigens nur drei Seiten nach diesem Bild in einer Karikatur ähnlichen Inhalts nochmals drastisch bestätigt:

In der Nr. 5/91 (Seite 6) werden in einem Comic Strip unter dem bezeichnenden Titel „Gastro-logisch" wesentliche Aspekte passiv-oraler Fixiertheit — unersättliche konsumistische Gier, intensive narzisstische Wut und entsprechende Gewaltbereitschaft — in besonders plastischer Form illustriert. Ein kannibalischer, bösartig-infantil wirkender Afrikaner verlangt mit verzweifelt-wütendem Schreien und Gebärden nach oraler Zufuhr (siehe nächste Seite). Speziell unter dem Vorzeichen rassistischer Verachtung eignet er sich gewiss bevorzugt zur Projektion des tief verdrängten und verachteten Kleinkindes im eigenen Inneren, das einmal bedingungslos von (unzureichender) elterlicher Versorgung abhängig war.

Die Zufuhr, die das Kind daraufhin bekommt (von trottelhaft bis zynisch wirkenden Vaterfiguren), ist nicht die, die es am dringendsten benötigt. Sie hilft ihm nicht über seine übergroße oral-passive Bedürfnisspannung hinweg, und es bleibt daher in seiner Entwicklungsblockierung festgefahren (was sich etwa auch in der weitgehenden Unbeweglichkeit seiner sitzenden Position darstellt). Der mörderische Hass, der sich in der Folge gegen eine der Vaterfiguren entlädt, spiegelt die extreme Verzweiflung eines sich im Stich gelassen fühlenden Babys — die denn auch an einer der wenigen Stellen in derselben Ausgabe, die keinen Anspruch auf Witzigkeit erheben, in einem Photo eindrucksvoll wiedergegeben wird (Seite 18): Man sieht dort den Kopf eines Babys mit weit geöffnetem zahnlosen Mund und Augen, die zwischen den Falten des vom Schreien verzerrten Gesichts zu kaum noch sichtbaren Schlitzen geworden sind.

Im Text, der neben diesem erschütternden Bild eines *geborenen* Kindes steht, wird nun allerdings die vorgestellte Situation eines *ungeborenen* Kindes beschrieben, dessen Mutter sich zu seiner Abtreibung entschlossen hat. Dieses Nebeneinander-Stellen der verzweifelten oralen Entbehrung des Kleinkindes und der phantasierten Gefühlslage eines Fötus, der in naher Zukunft abgetrieben wird, wirft die Frage auf, welche latenten Zusammenhänge und Gemeinsamkeiten diese manifest verschiedenen Motive miteinander verbinden.

Eine handgreifliche Bedeutung, die in der Phantasie, abgetrieben zu werden, zum Ausdruck kommt, liegt darin, ungewollt und überflüssig — und daher auch lebensunwert — zu sein. Ein derartiges Gefühl ist es aber auch, das in der verbreiteten zeitgenössischen Angst vor Überzähligkeit (Arbeitslosigkeit, sozialem Absturz) zutage tritt, die besonders durch aktuelle Trends zu einer zunehmend gnadenloseren marktwirtschaftlichen Konkurrenz angeheizt wird.

Die in der Abtreibungsphantasie versinnbildlichte Überzähligkeitsangst — die Angst davor, sozial überflüssig, ungewollt, lebensunwert zu sein — wird nun durch schwere orale Entbehrung, dementsprechende Überbedürftigkeit und Entwicklungsblockierung noch zusätzlich verstärkt. Der unter dem Vorzeichen oralkonsumistischer Passivität verunglückende „Werksinn" schlägt sich auch in Minderwertigkeitsgefühlen und Ausbildungs-Misserfolgen nieder, die ihrerseits wirtschaftliche Unsicherheit und soziale Marginalisierung verschärfen.

Diese Verbindung zwischen oraler Fixierung und sozialer Marginalisierung kann auch an der bereits abgebildeten Figur des konsumistisch-regredierten US-„Totalurlaubers am Golf" verdeutlicht werden. Bezeichnenderweise ist er dunkler Hautfarbe und nähert sich physiognomisch dem „heimischen" Ausländer-Feindbild (etwa türkischer Herkunft) an, wie er auch insgesamt Erscheinungsmerkmale aufweist (schlapp, übergewichtig, wenig kultiviert), die einen Unterschichtstatus anzeigen.

Verschiedene Anzeichen — nicht zuletzt die sozial ähnlich ohnmächtige Position — weisen nun auch auf eine untergründige (verleugnete) Identifikation mit dieser desolaten Figur hin; im Sinne der von Annette Streek-Fischer bei Jugendlichen (speziell rechtsextremer Tendenz) beschriebenen Bereitschaft,

> „unliebsame eigene Anteile nach draußen zu verlagern, statt in sich selbst zu erkennen, die eigene Schwäche, die verhassten eigenen Anteile im anderen zu bekämpfen [...]. Als Projektionsflächen für bedrohliche, abgelehnte, verhasste Anteile bieten sich dann gerade solche Personen an, die neben aller Fremdheit sich in einiger Hinsicht nur wenig von einem selbst unterscheiden. So kommen Ausländer und Asylwerber dem jugendlichen Skinhead unter Umständen besonders nahe insofern, als ihre Lebensperspektiven ebenso wie die der Jugendlichen besonders ungünstig und von Ausgrenzung und Diskriminierung bestimmt sind." (Streek-Fischer 1994: 26f)

Während schon der dicke Bauch des „Totalurlaubers" Assoziationen mit den Bierbäuchen junger „Kampftrinker" oder auch mit typischen adoleszenten Missgestaltigkeitsängsten nahe legt, dürfte vor allem sein „leeres Gehirn" eine bevorzugte Projektionsfläche darstellen, auf die eigene diesbezügliche Minderwertigkeitsgefühle und Versagensängste in Ausbildung und Berufslaufbahn abgeleitet werden können: Zwei Seiten nach dem Titelbild mit dem hämischen Hinweis auf die angebliche Inhaltsleere amerikanischer Gehirne wird an der Stelle, wo eigentlich ein Inhaltsverzeichnis des eigenen Arbeitsprodukts stehen sollte, platt gewitzelt: „Inhalt:... gibt es zwar keinen, aber wer braucht den schon?"

Ein aussagekräftiges Indiz für die Intensität eigener Versagensängste ist das Thema der enormen geistigen Beschränktheit und Unfähigkeit anderer, wie es an verschiedenen Stellen mit offensichtlicher Belustigung und zum Zweck der indirekten Selbstaufwertung aufgegriffen wird. So wird etwa im Pressespiegel der Nr. 5/91 unter der Überschrift „Die Amerikaner verblöden" in einem Auszug aus einer (nicht gekennzeichneten) Publikation detailliert ausgebreitet, wie unerhört dumm und ungebildet die Bevölkerung der USA sei:

> „[...] Drei bis vier Millionen Menschen in den USA können weder lesen noch schreiben. Und rund 30 Millionen sind so schlecht ausgebildet, dass sie im Berufsleben und bei alltäglichen Dingen wie etwa dem Einkaufen nicht zurechtkommen [...] Bei einem Test unter 18 Millionen Amerikanern waren sechs Millionen nicht in der Lage, einen einfachen Beschwerdebrief aufzusetzen und ein Scheckbuch zu führen. Die Lesekenntnisse weiterer 1,25 Millionen junger Amerikaner lagen weit unter dem Niveau von Viertklasslern [...]"

Die bereits zitierten, an anderer Stelle gedruckten Parolen von den „unheilbar kranken Gehirnen Amerikas" — derentwegen man „kein Mitleid verlieren" dürfe — können vor dem Hintergrund dieser Darstellung also auch als aggressive Außenwendung (und somit indirekte Spiegelung) eigener Ängste vor der Überzähligkeit gedeutet werden, die beim Versagen im Intelligenz- und Bildungswettbewerb droht.

Ein vergleichbares Objekt aggressiver Verspottung (bzw. Nach-außen-Wendung eigener Bedrohtheitsgefühle) ist auch die bekannte Witzfigur des „Mantafahrers", d.h. des als geistig unterbelichtet wahrgenommenen Besitzers eines Autos mit geringem Prestigewert. Am unteren Rand der Titelseite der Ausgabe Nr. 5/91, die zwanzig Seiten umfasst, wird für Seite 21 angekündigt: „Was haben Mantafahrer im Kopf..."

Auf die vorgestellte geistige Reaktionsschwäche von „Mantafahrern" ist offensichtlich auch die unmittelbar darüber abgedruckte Ankündigung des „ersten funktionierenden Perpetuum mobile" gemünzt, das auf Seite 12 dargestellt sei. Auf der Seite 12 wird man dann wiederum auf die Titelseite zurückverwiesen, um zu erfahren, „wie das Perpetuum mobile funktioniert"... Die sinnlose permanente Hin-und-zurück-Bewegung, die unproduktive Wiederholung des Immergleichen, die dem „Mantafahrer" damit zugemutet wird, kann wohl auch als symbolischer Ausdruck der Entwicklungslähmung unter dem Vorzeichen konsumistischer Passivität verstanden werden, die der sozialen Überzähligkeitsangst besondere Dichte und Mächtigkeit verleiht.

3.3.4 Infantilismus und defizitäre Väter

Die stark regressive Dynamik, die in dieser Entwicklungslähmung und im bedrohlichen gesellschaftlichen Kontext angelegt ist, kommt nun auch sinnfällig im Motiv des „Sich-Ankackens" zur Geltung, das sich zunächst schon bei einer Betrachtung des Zeitungs-Logos andeutet, dann aber (wie schon erwähnt) im Inneren der Zeitung (Nr. 1/91: 7) in einer fiktiven Anzeige noch konkretere Konturen gewinnt. Unter mehreren „Verkaufsangeboten" von „Adolfs freche Assecoires [sic], Abteilung SS-45" findet sich dort auch das folgende: „Bettnässern und Hosenscheißern kann geholfen werden — mit Original Skinhead-Gummihosen aus England. 4er-Packung 8,— RM. Tagespackung 15,— RM."

Natürlich bieten solche Gummihosen denen, die sich vor Angst in die Hose oder ins Bett machen, keine Hilfe. Ihr böser Witz liegt vielmehr darin, sie dazu noch der Beschämung und Infantilisierung auszuliefern. Den wie nebenbei eingestreuten Details des Scheinangebots können auch Indizien darüber entnommen werden, wie übermächtig und tief greifend die Ängste sein müssen, auf die hier Bezug genommen wird: Wenn eine Tagespackung annähernd das Doppelte einer Viererpackung kosten soll, lässt dies auf einen Verbrauch von ungefähr acht Gummihosen pro Tag schließen, das heißt, auf einen Zustand einer praktisch permanenten Inkontinenz, eines ständigen Sich-in-die-Hose-Machens, sowie damit in Verbindung auch auf eine tiefe Regression zu einer der Reinlichkeitserziehung noch vorhergehenden kindlichen Entwicklungsphase.[1]

Einen wichtigen Hinweis darauf, dass diese regressive Anfälligkeit mit sehr defizitären (positive männliche Identifikationen des Knaben kaum ermöglichende) Vaterbeziehungen — bzw. mit dadurch bedingten einseitigen Mutteridentifikationen — zusammenhängt, liefert das unmittelbar vorhergehende „Verkaufsangebot" in der Scheinanzeige: „Der Traum jedes kleinen Mädchens ist

---

[1] „Bei Jungen betont die Inkontinenz gewöhnlich einen weiblichen Charakterzug. Jungen dieses Typus hegen die Hoffnung, eine weibliche Art von Lust zu erfahren, indem sie passiv urinieren. Diese Art des Urinierens kann auch Ausdruck einer Regression auf frühe, passiv-rezeptive Lusterfahrungen sein, eine Sehnsucht nach den Freiheiten des Babyalters. Tatsächlich stellt Enuresis oft den Wunsch dar, wieder über die Privilegien eines Babys zu erlangen. Als Symptom wird sie häufig durch die Geburt eines jüngeren Geschwisters ausgelöst. Gelegentlich hat das Bettnässen in solchen Fällen eine ausgesprochen aggressive, gehässige Bedeutung, die darauf zielt, die Eltern zu verletzen, und die sich einfach die Privilegien eines Babys nimmt, die die Eltern dem Kind verweigern." (Fenichel 1945a: 61)

217

unsere Barbie-Puppe mit schicken Stiefelchen, Orden, ausrasiertem Nacken und voll beweglichem rechten Arm."

In überraschend deutlicher Weise wird die Figur eines typischen Neonazi-Recken hier mit kleinkindlich-mädchenhaften Zügen gezeichnet. Die durch den witzelnden Habitus erzeugte Unwirklichkeits-Illusion erlaubt es somit an dieser Stelle, frühe weibliche Identifikationen hervortreten zu lassen, die normalerweise hinter der Selbstinszenierung harter Männlichkeit verborgen bleiben. In Anlehnung an Theorien über männliche Identität, wie sie von Volker Elis Pilgrim (1986) oder David Gilmore (1991) formuliert wurden, kann das in dieser Anzeigenpassage auftauchende „träumende kleine Mädchen" als zentrales Element der kindlichen Identitätsbildung angesehen werden, das für das adoleszente und erwachsene Selbstgefühl als unerträglich empfunden wird und daher mit mächtigen Reaktionsbildungen (durch ein besonders dick aufgetragenes Betonen seines Gegenteils) unterdrückt und in Schach gehalten werden muss. Gerade wenn man sich der eigenen Männlichkeit sehr unsicher ist, dürfen die weiblichen Anteile bei sich in keiner Weise zugegeben werden.

Ein Mangel an emotional tragenden Beziehungen zum Vater (oder zu väterlichen Männern), aus denen männliche Identifikationen entstehen würden, reduziert das männliche Kind weitgehend auf Mutteridentifikationen, zum „Muttersohn". Die fehlenden Bausteine zur Entwicklung einer erwachsenen männlichen Identität müssen dann mit panischen Versuchen wettgemacht werden, auf die Männlichkeit „aufzuspringen", sich selbst und den anderen das Mann-Sein „mit aller Gewalt" vorzuspielen — mit aggressiver Härte, Potenzgehabe, Verleugnung aller Ängste, auch mit feindseligem Humor.

Das Motiv psychisch inadäquater, unglaubwürdiger, defizitärer Väter (bzw. väterlicher Figuren) kann denn auch als eines der zentralen Themen geortet werden, das in verschiedener Form und Verschlüsselung immer wieder zum Ausdruck gebracht wird. Mit wenigen Ausnahmen werden Vatergestalten in durchwegs verächtlicher und feindseliger Weise porträtiert[1] — naheliegenderweise u.a. als Lehrer („Pauker", „Wischi-Waschi-Pädagogen") oder auch als Polizist, der beim Versuch, seine Autorität geltend zu machen, kläglich scheitert (vgl. umseitige Abb.). Auf Seite 9 in Nr. 1/91 werden etwa neun photographierte Köpfe (männlicher) Hauptakteure der österreichischen Politik unter dem Titel „Müssen Demokraten hässlich sein?" aufgereiht, oder auf den folgenden Seiten Politiker bzw. Parlamentarier als allesamt unehrliche, inkompetente und lächerliche Figuren verhöhnt.

---

[1] Wobei die Ausnahmen fast ausschließlich Vaterfiguren betreffen, die der Großelterngeneration oder noch früheren Generationen zuzuordnen sind.

In der Nr. 5/91 erscheinen Vatergestalten unter anderem (in dem bereits abgebildeten Comic Strip „Gastro-logisch") als dümmliche Entwicklungshelfer oder zynischer Waffenlieferant; als Figuren eines mittelalterlichen Inquisitionsgerichts, das Unterwerfung unter das „Dogma" erzwingt, dass „es die Gaskammern gegeben hat"; als verschlagener, „hässlicher" Jude in einer Wilhelm-Busch-Karikatur; als lächerlich-beflissene Staatspolizisten, die in Braunau zu Hitlers Geburtstag nach Neonazis Ausschau halten; als mafiöser türkischer „Besatzerpartei"-Führer oder Messerstecher; als unglaubwürdige Priester in der Rolle von Ausländer-Integrations-Funktionären; oder als belämmert wirkender Familienvater, der von seinen Kindern (und von ‚Gäck') schlau angepumpt wird.

Der vielleicht eindringlichste Hinweis auf das Fehlen einer emotional tragenden Vaterbeziehung wird aber in einer weiteren fiktiven Anzeige geliefert (Nr. 5/91, Seite 18). Der auf einem sehr kleinen Photo dargestellte US-Präsident George Bush (der Ältere) „annonciert" darin (in besonders kleinen Druckbuchstaben): „Will mir das Schmerzzentrum aus dem Hirn brennen lassen. Wer hat Erfahrung?"

Dies bringt in verdichteter Form sowohl geistige Defizienz als auch besonders (den Wunsch nach) Gefühllosigkeit zum Ausdruck — eine Flucht vor Schmerz bzw. eine radikale Unfähigkeit, sich belastenden, krisenhaften, schmerzlichen Situationen zu stellen. Wenn man diese Beschreibung als Spiegelung kindlicher Erfahrungen eines emotionalen Im-Stich-gelassen-Werdens durch den Vater interpretieren kann, können auch die zwei (weiter oben bereits wiedergegebenen bzw. beschriebenen) Bilder auf derselben Seite, die links und oberhalb dieser „Kleinanzeige" abgedruckt sind, als Metaphern des negativen Selbstgefühls gedeutet werden, das aus kindlicher Wut und Verzweiflung über das väterliche Versagen (die väterliche Versagung) erwachsen ist: einerseits das

Bild von „A.P. Hartheid", der sich seiner unsicheren Männlichkeit vergewissern muss, indem er mit äußerster Brutalität auf die Köpfe mehrerer afrikanischer „Mitarbeiter" einschlägt; andererseits im bereits beschriebenen Photo des verzweifelt schreienden Kleinkindes.

Die symbiotische Mutterbindung, auf die Kinder beim Fehlen einer ausgleichenden väterlichen Präsenz reduziert werden und fixiert bleiben, scheint auf dem Bild auf der Rückseite der Nr. 1/91 recht sinnfällig zum Ausdruck zu kommen (siehe gegenüberliegende Seite). Die optische Gestaltung der drei darin dargestellten Figuren erweckt den Eindruck, als ob sie quasi zusammengewachsen seien, beinahe einen einzigen Körper bilden, die Grenzen zwischen ihnen nahezu verschwimmen würden. Auch Körpersprache und Mimik suggerieren enge Verbundenheit innerhalb einer in sich abgeschlossenen, biederen „Heile-Welt"-Einheit. Wieviel unterdrückte Wut sich in der Enge solcher symbiotisch bleibenden Mutter-Kind-Beziehungen aufstaut, tritt wohl schlagend in der Feindseligkeit der Sprechblasentexte zutage.

Der Geschichtslehrer, gegen den sich diese heftige Aggression manifest richtet, dürfte auf unbewusster Ebene nicht zuletzt auch den Vater repräsentieren, der durch seine fehlende emotionale Präsenz (durch sein „Fehlen im Bild") wesentlich für die symbiotische Beschränktheit der Mutter-Kind(er)-Einheit verantwortlich ist. Und die Wut über seine Aussagen, dass nicht zur eigenen „Familie" (Deutschland) dazugehören dürfe, was nach Meinung der Dreiergruppe doch unbedingt auch dabei sein sollte (Südtirol bzw. Österreich), mag auch die verschlüsselte Bedeutung einer Wut darüber haben, dass der Mutter-Kind(er)-Einheit ein wesentlicher Teil — eben die emotionale Präsenz des Vaters — vorenthalten wird.

Wenn der Mangel an einer tragenden, positive Identifikationen schaffenden Vaterbeziehung einen wesentlichen Faktor für rechtsextreme Anfälligkeit darstellt (Aigner 2001: 240ff; 274ff) — dann ist es psychologisch auch schlüssig, wenn ein Ausstieg aus der rechtsextremen Politik, wie er dem ehemaligen deutschem Jungnazi Ingo Hasselbach gelingen konnte, mit einer offenen Thematisierung dieses Mangels einhergeht. Das Buch, mit dem Hasselbach seinen Abwendung vom Rechtsextremismus besiegelte, war bezeichnenderweise als Brief an seinen Vater verfasst, von dem er als Kind im Stich gelassen worden war — und es endete mit der Einladung, wenigstens nunmehr einen Schritt aufeinander zuzugehen (Hasselbach/Bonengel 1993; vgl. auch Richter 1998: 234ff; Menschik-Bendele 1998 270ff).

3.3.5 Elemente einer autoritätskritischen Witzigkeit

Im Zusammenhang des immer wieder auftauchenden Themas unglaubwürdiger und defizitärer Vaterfiguren ist es wesentlich, dass dabei stellenweise auch eine Art von Humor zum Tragen kommt, die sich aufgrund ihrer autoritätskritischen Tendenz von der in ,Gäck' sonst dominanten Form des feindseligen Witzelns abhebt. Während die diversen Gags und „Späße", in denen böse Verhöhnungen und grobe Gewaltdrohungen zum Ausdruck kommen, kaum jemals (und nur unter der Bedingung primitiver Formen der Konfliktverarbeitung) einen komisch zu nennenden Effekt erzielen, liefern vereinzelte autoritätskritische Pointen auch Beispiele einer Komik, die mit etwas feinerer Klinge verfährt — und dadurch eher dem von Freud beschriebenen Qualitätsmerkmal tendenziöser Witze entspricht, das im indirekten und verschlüsselten „Angriff auf Großes, Würdiges

221

und Mächtiges" besteht, „das durch innerliche Hemmungen oder äußerliche Umstände gegen direkte Herabsetzung geschützt ist" (Freud 1905: 115).

Mit zumindest punktuell gekonnter Ironie wird so zum Beispiel die Fadenscheinigkeit eines bereits eingangs erwähnten US-Medienprodukts aufgezeigt, in dem der irakische Diktator Saddam Hussein zu Zwecken der Kriegspropaganda zum schrecklichsten Monster der Welt („noch schlimmer als Hitler") stilisiert wurde. Auch bei manchen Darstellungen, die die geringe Glaubwürdigkeit von Politikern oder anderen gesellschaftlichen Autoritäten zum Thema haben, gibt es vereinzelt Momente einer treffenden Komik.

Bezeichnend ist allerdings auch, dass dafür mehrmals Zeichnungen des früher sehr populären linksalternativen Karikaturisten Gerhard Seyfried (unverändert) übernommen wurden — das heißt, Arbeitsprodukte einer Person, die eigentlich im Feindbildvisier der Zeitungsmacher steht. Unzweifelhaft ist eine solche unberechtigte Inbesitznahme von Bildern, mit denen fortschrittliche Kritik an Machtverhältnissen geübt wird, symptomatisch für die autoritäts-kritische Facette in ‚Gäck'. Sie spiegelt unter anderem den Umstand, dass sich die neuere Dynamik rechtspopulistischer wie rechtsextremer Strömungen nicht zuletzt aus einem relativen Verlust an Anziehungskraft und Hoffnungsträchtigkeit nährt, den fortschrittliche Bewegungen und linke Parteien erlitten haben (und deren Symbole und Botschaften daher manchmal von rechten Akteuren für eigene Zwecke umgedeutet und umfunktioniert werden können).

Am deutlichsten kommen Elemente einer aufmüpfigen Witzigkeit in jenem Bereich zur Geltung, der den konkreten Erfahrungen der Zeitungsadressaten am nächsten steht: in der Schule bzw. im Verhältnis zu den Lehrpersonen. Auf der bereits ausführlich behandelten „Seite für unsere Lehrer" wird unter anderem auch ein Lehrertyp beschrieben, der als „der Overhead-Projektor" vorgestellt wird und als die perfekte Verkörperung eines unpersönlichen, an der Realität der Schüler vorbeigehenden Unterrichtsstils erscheint:

> „Diese Art von Lehrer kann nicht ohne Overheadprojektor oder ähnliches seinen Unterricht gestalten. Sein Unterricht fällt nicht wegen Erkrankung aus, sondern weil a) der Projektor unauffindbar oder b) kaputt ist oder c) in der gesamten Schule seine lieben Schüler die elektrischen Leitungen kurzgeschlossen haben oder d) er ständig ‚Wo sind bloß die Scheiß-Folien!?' schreit."

Hier wird in ätzender, aber durchaus origineller Weise Kritik am Frontalunterricht geübt. Wie Ottomeyer dazu anmerkt, muss man „zugestehen, dass in vielen Schulen ein Unterricht praktiziert wird, der tatsächlich diese Entsinnlichung, diese Schülerferne praktiziert, wie das hier in dieser Karikatur auftaucht." Ein Unterricht, der sich überwiegend nur auf Hilfsmittel wie den Overhead-Projektor stützt, „ist ja die Perfektionierung des Prinzips Frontalunterricht überhaupt. Der

Kontakt läuft nach vorne über die weiße Wand und nicht mehr in der direkten Begegnung mit den Schülern."

Im Rahmen seiner ausführlichen Beratungs- und Supervisionstätigkeit für Lehrer konnte er feststellen, dass die als gelungen empfundenen Unterrichtserfahrungen meist in Gruppensituationen möglich werden, „wo Menschen von Angesicht zu Angesicht miteinander umgehen können" — während als misslungen erlebte Situationen fast immer unter dem Vorzeichen des Frontalunterrichts zu Stande kommen, der Lehrer tendenziell in die Rolle des „einzelkämpferischen Dompteurs" drängt. (Ottomeyer 1995: 56)

Der traditionelle Mangel einer Kultur des Lernens in kooperierenden Teams, der in den meisten Bildungseinrichtungen die frontale Unterrichtssituation stark begünstigt, trägt wesentlich zur Verfestigung einer (vielfach unfreiwilligen) Lehrerrolle bei, die dem feindseligen Humor von ‚Gäck' eine willkommene Zielscheibe bietet. Mehr als bei seinen anderen Zielscheiben kann dieser sich hier zumindest punktuell auf eine Beimengung von witziger Autoritätskritik stützen, die ihm eine gewisse oppositionelle Vitalität verleiht. Als Lehrendem, berichtet Ottomeyer, gehe es ihm

> „zunehmend so, dass ich mich immer mehr auf der Seite derer finde, die mit einem großen Zeigefinger die Moral und das Wissen unter unruhige Jugendliche zu bringen versuchen, die dabei einen immer größeren Zeigefinger bekommen, sich immer moralischer fühlen, immer mehr Wissen gewissermaßen als Munition verwenden. Und auf der anderen Seite versammelt sich eine ganz problematische Art von Frechheit und Lebendigkeit." (ebenda)

Um dieser fatalen Konstellation entgegenzuwirken, ist es wichtig, erfinderische, auch provokante Formen der Auseinandersetzung und des Lernens zu entwickeln, die über die frontale „Von-oben-herab"-Vermittlung hinausgehen und dadurch eine „sinnlichkeitsfreundliche Gewissensbildung" begünstigen, die „nicht terroristisch und moralisierend empfunden wird." (ebenda: 58)

3.4 Am Beispiel einer Kriegsstimmung

Wenn — wie ich bereits im Abschnitt 2.3.6 argumentiert habe — die Anfälligkeit für Feindbilder eine zentrale Barriere gegen globale Solidarität und Dialogkultur bilden, dann zählen Kriege und Kriegsstimmungen zweifellos zu jenen gesellschaftlichen Phänomenen, bei denen diese Barriere in ihren schärfsten Ausprägungen beobachtet werden kann. Naheliegenderweise wird dies auch um so mehr der Fall sein, je größer die Zustimmung ist, die ein Krieg in der Bevölkerung eines Landes findet.

In den westlichen Gesellschaften der vergangenen Jahrzehnte war nun gewiss die breiteste und massivste Zustimmung für einen Krieg jene, die der Golfkrieg des Jahres 1991 bei einer großen Mehrheit in den Vereinigten Staaten — und in etwas geringerem Ausmaß auch in den meisten anderen westlichen Ländern — gefunden hat. (Im Gegensatz dazu wurde der Golfkrieg des Jahres 2003 in fast allen Ländern der Welt von einer großen Mehrheit abgelehnt; und selbst in der US-amerikanischen Öffentlichkeit, die — „eingeschüchtert und in einem Zustand von Unwissenheit und Angst gehalten", wie es John le Carre [2003] formulierte — von den Kriegstreibern weitgehend auf ihre Linie eingeschworen werden konnte, war die Opposition gegen den Krieg 2003 dennoch weitaus zahlreicher und entschiedener als 1991.)

Da ich zur Zeit des Golfkriegs des Jahres 1991 in den USA lebte, hatte ich die Gelegenheit, die dadurch geprägte gesellschaftliche Atmosphäre sehr intensiv mitzuerleben. Die ungewöhnlich grobschlächtige Deutlichkeit, mit der dabei (trotz verschiedener Rationalisierungen oder „moralischer" Maskierungen) eine breite Befürwortung und Bewunderung für das Faustrecht des Stärkeren zutage trat, übermächtige Gewalt erbarmungslos einzusetzen, ist mir schmerzhaft unter die Haut gegangen.

Die offene Zuspitzung, die das sozialdarwinistische Faustrecht im Militarismus findet, kam auch noch ein knappes Jahrzehnt danach in einer sehr bezeichnenden Stellungnahme zum Ausdruck. In einem kritischen Kommentar zu einem Bericht über den US-General Barry McCaffrey — der laut Zeugenaussagen noch zwei Tage nach dem Waffenstillstand vom 28. Februar 1991 unprovoziert einen mehrstündigen Angriff mit schweren Waffen auf sich zurückziehende irakische Truppen befehligte (Hersh 2000) — schrieb der seinerzeit in McCaffreys Infanteriedivision eingesetzte Major David Pierson: „Readers are led to believe that the rules of war require a certain fairness and civility on the battlefield. That is not the case. Our military wins the nation's wars by never fighting a fair fight." Zur Bekräftigung zitierte Pierson aus dem ‚Field Manual 100-5' die zentrale US-Militärdoktrin der „overwhelming combat power", die den Feind maximal verletzen und terrorisieren müsse bzw. ihm keinerlei Chance auf angemessene Gegenwehr oder auch nur zur Flucht lassen dürfe.[1]

Militarismus und Krieg — und vor allem auch die tieferen Beweggründe für deren breite Unterstützung — bringen also in besonders radikalisierter Form die gesellschaftlichen und psychologischen Hindernisse gegen die dringende Bewusstwerdung unserer zu „einem gemeinsamen Boot" zusammenwachsenden Welt zur Geltung. Ein besonders populärer Krieg wie der Golfkrieg von 1991 fordert dementsprechend auch in besonders radikaler Weise dazu heraus, an

---

[1] The New Yorker, 5.6.2000

seinem Beispiel den Widerstandsmotiven auf die Spur zu kommen, die die Überlebensnotwendigkeit globaler Solidarität auf so hartnäckige Weise nicht zur Geltung kommen lassen wollen.

Wie erschreckend stark sich diese Widerstandsmotive in diesem Fall durchsetzen konnten, wird etwa am Ergebnis einer Gallup-Meinungsumfrage in den USA zu Beginn des Golfkriegs deutlich: 45 Prozent der Befragten sprachen sich — unter der Annahme, dass dies „das Leben von amerikanischen Soldaten retten würde" — dafür aus, Atomwaffen gegen den Irak einzusetzen (Sidel/Geiger 1991). Während die Zustimmung zum Krieg zwar auch in den meisten westeuropäischen Ländern mehrheitlich war, war sie, wie dieses Beispiel zeigt, in den USA offensichtlich noch weit extremer ausgeprägt — wozu unter anderem gewiss auch die (im Vergleich zu Europa) stärkeren wirtschaftlichen und strategischen Interessen beigetragen haben, die US-amerikanische Großkonzerne und Machteliten speziell in der Golfregion haben (Ferguson 1991).

Die die US-amerikanische Gesellschaft fast überfallsartig ergreifende Kriegsstimmung des Jahres 1991 dürfte jedenfalls schärfere Konturen einer gesellschaftlichen Psychopathologie ins Blickfeld rücken, die an sich auch anderswo weithin verankert ist: tief im Unbewussten wurzelnde Einstellungen und Anfälligkeiten, die zwar auch sonst erkennbar sind, in diesem Zusammenhang aber mit viel größerer Deutlichkeit an die Oberfläche des öffentlichen Geschehens geschwemmt wurden.

Naheliegenderweise wird die große Mehrheit einer Gesellschaft nicht empfänglich dafür sein, dass ihr eine allgemeine psychische Störung attestiert wird. Die grundsätzlichen Widerstände, die schon ein Individuum behindern, eine eigene Psychopathologie bewusst wahrzunehmen (oder zumindest in zutreffender Weise wahrzunehmen), werden im Falle einer eine große Zahl von Individuen gemeinsam betreffenden Pathologie — wie auch schon im Abschnitt 2.5.4 erörtert wurde — noch in vieler Hinsicht verstärkt. Abgesehen von der dadurch natürlich geringen „sozialen Auffälligkeit" verschafft die gegenseitige Bestätigung in einer bestimmten psychischen Störung ein gewisses Maß an emotionaler Befriedigung, das auch die „klinische Auffälligkeit" ihrer Symptome herabsetzen mag.

Darüber hinaus beruht jede manische Form von pathologischem Erleben auf einer Eskalation von Abwehren gegen kritische und beunruhigende Selbstwahrnehmungen: Und zweifellos ist die Kriegsstimmung eine ungewöhnlich manische Erscheinung, mit all ihren typischen wahnhaften Hochgefühlen — etwa, gegen einen teuflischen Feind absolut im Recht bzw. auf der „Seite des Guten" zu sein (wie es zum Beispiel in George H. Bushs nicht gerade origineller Erklärung zum Ausdruck kam, dass „wir auf der Seite Gottes sind" [Mack 1991]); oder über magische militärische Fähigkeiten zu verfügen (zum Beispiel zu

100.000 quasi unblutigen, chirurgisch sauberen" Bombenangriffen); aus einer zunehmenden Orientierungslosigkeit heraus zu einem großen klaren Ziel und zu einem festen Zusammenhalt der Nation gefunden zu haben (mag auch allein schon der wirtschaftliche Preis des Krieges den Zerfallsprozess des sozialen Netzes beschleunigen); oder auch, politische und militärische Führer mit sehr großer Kompetenz und Vertrauenswürdigkeit zu haben — wie zum Beispiel einen Präsidenten, der für seine Kriegspolitik historische Popularitätsrekorde erzielte (mochte er auch offensichtlich psychisch so labil sein, dass ein Senator im persönlichen Gespräch erklärte: „We all know instinctively this is not a strong man. It's greatly disturbing. I try not to think about it" [Drew 1991]).

Oder militärische Befehlshaber, „zu denen wir aufblicken können", „die uns Vertrauen einflößten" und von denen (welche Erleichterung...) „keiner verrückt schien" (Drew 1991a) — mochten etwa auch Verteidigungsminister Richard Cheney und Oberbefehlshaber Colin Powell immer wieder öffentlich erklären, dass es ihnen überhaupt nicht einfiele, sich für die Opferbilanz des Krieges auf irakischer Seite auch nur interessieren zu wollen.[1]

Die Manifestationen von psychischer Störung auf gesellschaftlicher Ebene, die anhand des Golfkriegs in den USA zu beobachten sind, sind also mannigfaltig und natürlich in vieler Hinsicht miteinander verflochten. Als besonders auffällige Charakteristika kann man unter anderem die folgenden identifizieren:

- eine wahnhaft-starre Schwarz-Weiß-Wahrnehmung von „Gut" und „Böse" — das heißt, eine kompromisslos moralisierende Selbstgerechtigkeit (bei einer gleichzeitig offen zynischen Verfolgung eigener Machtinteressen), verbunden mit einem dämonisierenden, absolut verteufelnden Feindbild;
- eine extreme Verweigerung oder Unfähigkeit zur Empathie (zur Bemühung, sich in die Lage eines Gegenüber zu versetzen);
- eine weitgehende, mehr oder weniger hypnotische Realitätsverweigerung — sei es über Ursachen und Zusammenhänge der Golfkrise, über die tatsächliche Vorgangsweise der Regierung und der militärischen Führung, wie auch besonders über das tatsächliche Leid und die Folgen des Krieges;
- trotz dieser Verleugnung des Kriegsterrors auch eine zum Teil kaum verschlüsselte, oft auch erotisch gefärbte Euphorie und Faszination über apokalyptische Zerstörung und Massenmord, vielfach bemäntelt mit einer technologischen Faszination für die im Golfkrieg eingesetzten (oft als magisch-allmächtig phantasierten) modernen Waffensysteme.

---

[1] International Herald Tribune, 22.3.1993

Die folgenden psychologischen Umrisse sollen diese Charakterisierungen ansatzweise belegen. Handlungen und Äußerungen der politischen Führer oder des Militärs sind dabei insofern für die Mehrheitseinstellung und -stimmung repräsentativ, als sie selbst für eine wenig informierte Öffentlichkeit leicht wahrnehmbar sind und von ihr auch, wie ihre Popularität zeigt, unterstützt werden.

3.4.1 Schwarz-Weiß-Wahrnehmung und Empathieverweigerung

Das irakische Regime bzw. sein Oberhaupt, dessen bloße Existenz (und dessen langjährige, entschiedene Unterstützung durch die US-Regierung) der großen Mehrheit der US-amerikanischen Bevölkerung (zumindest bewusst) unbekannt war, verwandelt sich innerhalb kürzester Zeit zur glatten Inkarnation des — in einem „höchst moralischem Unternehmen" (Nixon 1991) — zu vernichtenden „Bösen in der Welt" (wie es der Kongressabgeordnete Stephen Solarz in seiner populären Formulierung auf den Punkt brachte) — gegen das die Solarz zufolge „geheiligten" Grenzen des Staates Kuwait (Mack/Rubin 1991) gewahrt werden müssten (dessen Existenz und geographische Ausdehnung in Wirklichkeit die willkürliche Folge eines kolonialen „Abkommens zwischen einem Agenten der britischen Regierung von Indien und einem arabischen Stammesführer am Ende des 19. Jahrhunderts" ist [Pfaff 1991]).

Das existierende Völkerrecht, dessen Respektierung in diesem Zusammenhang immer wieder mit empörter Pose eingefordert wird, wird gleichzeitig (wie selbstverständlich) immer wieder offen und zynisch verletzt: Sei es — um nur einige Beispiele zu nennen — durch die vor jeglicher UNO-Entscheidung eigenmächtig verhängte Seeblockade; oder durch die am 25. November 1990 im nationalen Fernsehen ausgestrahlte Erklärung von Verteidigungsminister Richard Cheney und Sicherheitsberater Brent Scowcroft, dass die USA den Irak selbstverständlich auch ohne Autorisierung durch den UNO-Sicherheitsrat angreifen würden; durch die Behinderung von Nahrungsmittellieferungen nach Irak und Kuwait (entgegen den eindeutigen Bestimmungen der Genfer Protokolle, die das Aushungern einer Zivilbevölkerung verbieten — eine Aktion, die „unseren Ruf als zivilisiertes Volk verletzt", wie der frühere US-Vizeaußenminister George Ball schrieb [Ball 1990]); und ganz besonders natürlich durch die massiertesten Bombardierungen der bisherigen Menschheitsgeschichte, die unweigerlich die breite Terrorisierung und einen hohen Blutzoll der wehrlosen Zivilbevölkerung mit sich brachten und — ein noch dazu offen erklärtes Kriegsziel — auch die zivile Infrastruktur weitgehend zerstörten (und somit über den Ausfall von Wasserkläranlagen zwangsläufig Typhus- und Choleraepidemien bzw. aufgrund des Ausfalls von Medikamenten und Nahrungsmitteln schon innerhalb eines Jahres nach Kriegsende mindestens 100.000 Zivilisten — überwiegend Kindern — das Leben kosteten. [vgl. u.a. Naureckas 1990; Geiger 1991; Hiltermann 1991; Julien 1991a; Clark 1992: 78ff])

„1991 bombardierte ihre Luftwaffe gezielt die Wasserversorgung, die Kanalisation, die Kläranlagen sowie die Elektrizitätswerke", schreiben die Fernsehjournalisten Michel Despratx und Barry Lando. „Während der gesamten 1990er Jahre gab es kein frisches Trinkwasser. ,Typhus und verschiedenste, durch verunreinigtes Wasser verursachte Krankheiten breiteten sich aus, es war verheerend',", berichtete Denis Halliday, UNO-Koordinator für humanitäre Hilfe im Irak, der im Jahre 1998 sein Amt niederlegen sollte, weil er nicht mehr bereit war, das von ihm als Genozid bezeichnete Sanktionsprogramm gegen den Irak weiter mitzutragen, das unmittelbar nach dem Ausbruch der Golfkrise im Jahre 1990 gestartet worden war. „Schon 1991 wiesen die Autoren eines Geheimpapiers für das Pentagon darauf hin, dass die Zerstörung der Wasserversorgung zu Epidemien führen werde. Zwölf Jahre lang blockierte das Embargo auch die Einfuhr von Ersatzteilen, mit denen man die Wasserversorgung hätte wiederherstellen können. [...] 1995 fragte eine Journalistin die US-Botschafterin bei der UNO, Madeleine Albright, ob die Aufrechterhaltung der Sanktionen so wichtig sei, dass dafür 500.000 irakische Kinder sterben müssten. Die Antwort lautete: ,Das ist eine sehr schwierige Entscheidung, aber wir meinen, ja, das ist die Sache wert'." (Despratx/Lando 2004; vgl. auch Halliday 1999)

Der im Verlauf des Krieges zu einer der populärsten Figuren der amerikanischen Öffentlichkeit gewordene General Norman Schwarzkopf kann sich freilich so über die von *irakischen* Militärs begangenen Grausamkeiten äußern: „Men who do such things are not human, they are not a part of the human race." Wie der Schriftsteller Howard Fast in einem bitter-ironischen Kommentar dazu anmerkt, sei dies doch „a very comforting thought, because when you take away a person's humanity, you remove him from the human race, and then, of course, killing him becomes an easy act indeed. But hold on — the General was talking about Iraqi torture, and of course in the heat of things, he forgot about the men we sent to Argentina and to Bolivia and to El Salvador to teach the police of those nations the art of torture" (Fast 1991).

Ein solches „Vergessen" ist natürlich auch notwendig, wenn eine Stellungnahme wie die George H. Bushs (in einem Brief an College-Studenten) glaubhaft erscheinen soll, dass der Konflikt um Saddam Husseins Invasion eine messerscharf klare moralische Angelegenheit zwischen „schwarz und weiß" sei (Drew 1991) — speziell wohl noch dazu, wenn die US-Regierung das irakische Folterregime noch Tage vor dem Ausbruch der Krise hartnäckig gegen Sanktionsbemühungen im Kongress verteidigt hat. „[...] righteousness is the lifeblood of slaughter, the rationalization of slaughter, and the satisfaction of slaughter", konnte Fast dazu sehr treffend anmerken. (ebenda)

Wie es der führende Journalist Thomas Friedman ziemlich offen zum Ausdruck brachte: „Since the demise of the Soviet ,Evil Empire' there has been a hunger among Americans for a moral clarity to justify and shape their foreign policy, and Mr. Hussein provided it in spades." Da Saddam Hussein geradezu „a mail-order despot right out of the Sears catalogue" war (was im Grunde heißt, dass man eine solche Figur glatt ins Haus geliefert bekommen wollte...) — *und* er vor die Wahl zwischen „humiliating surrender or military defeat" gestellt werden konnte — „America and its allies were convinced their moral case was clear: good versus evil." Diese die Golfkrise „umhüllende [sic] Klarheit" war gar direkt „hypnotisierend [mesmerizing]", da diese hochmoralische Zielsetzung noch dazu darauf ausgerichtet werden konnte, „on achieving definable military objectives with high-tech weapons." (Friedman 1991)

Nicht nur gab es, wie Fast zu Kriegsende beobachtete, „in all the wild celebration of victory, the gleeful satisfaction of TV speakers and interviewers, the resonant pronouncements of anchormen, [...] hardly a mention of compassion, pity or regret for anyone who did not wear the uniform of the United States" — und schon gar keinen Ausdruck eines grundlegenderen Bewusstseins dessen, dass jeder einzelne der hingeschlachteten Iraker „was a man of flesh and blood, each with dreams, [...] with all the power to love that we possess and with all sense of pain that we possess." (Fast 1991)

Es reichte für die große Mehrheit nicht einmal zu jenem Mindestmaß an Einsicht in die Lage eines Gegenüber, das sich aus einem — auch nur lauwarmen — Interesse an den unmittelbaren Beweggründen ergeben hätte, die zum Ausbruch der Golfkrise führten. Ein solches Interesse hätte unter anderem mit Leichtigkeit zum Wissen geführt, dass die Situation vor der irakischen Invasion Kuwaits am 2. August 1990 dadurch gekennzeichnet war, dass Kuwait das OPEC-Übereinkommen zur Begrenzung der Erdölproduktion (d.h. zur Aufrechterhaltung des Erdöl-Weltmarktpreises) kontinuierlich verletzte und den Irak dadurch in wesentliche wirtschaftliche Bedrängnis brachte. Nach seinem langen Krieg gegen den Iran (1980-1988) „hatte der schwer zerstörte Irak seine Nachbarstaaten um wirtschaftliche Hilfe beim Wiederaufbau des Landes gebeten. Von Kuwait verlangte Saddam Hussein einen Aufschub für die Rückzahlung der irakischen Schulden. Doch das kleine, auf die USA gestützte Emirat wollte von Verhandlungen über dieses Thema nichts wissen. Dafür erhöhte es plötzlich seine Ölfördermengen. Der Ölpreis sank, die wirtschaftlichen Nöte des Irak wurden größer" (Despratx/Lando 2004) — was die irakische Invasion natürlich nicht rechtfertigt, aber doch anzeigt, dass sie nicht unprovoziert war bzw. keineswegs „ohne Begründung und Vorwarnung" hereinbrach, wie etwa die ,New

York Times' am 3. August 1990 schrieben (nachdem dasselbe Blatt noch am 28. Juli auf der Titelseite über den Erdölkonflikt zwischen den beiden Staaten und die offenen Drohungen Iraks berichtet hatte [Naureckas 1990]). Wie eine Anfang Februar 1991 durchgeführte repräsentative Umfrage des Center for the Study of Communication (University of Massachusetts Amherst) ergab, konnten nicht mehr als zwei (!) Prozent der Befragten dieses Motiv für die Invasion nennen (Lewis/Jhally/Morgan 1991: 5; 58).

3.4.2 Hypnotische Realitätsverweigerung

Grundsätzlich muss schon die weitverbreitete krasse Uninformiertheit über die Zusammenhänge der Golfkrise bzw. des Kriegs nicht unwesentlich durch starke Widerstände dagegen motiviert sein, relevante Tatsachen zur Kenntnis zu nehmen. Wohl nicht zufällig ergab die eben erwähnte Umfrage eine sehr hohe statistische Korrelation zwischen der Unwissenheit über grundlegendste Fakten des Nahen Ostens und der Unterstützung für George H. Bushs Kriegspolitik (ebenda: 7f) — und eigentlich kaum überraschend ist die Entdeckung der irakisch-amerikanischen Anthropologin Iqbal Coddington, die bei von ihr organisierten Informationsveranstaltungen während des Krieges überrascht war, „how much information people lack about the Middle East. In general, people don't know anything about Iraq. Maybe they've heard of Babylon." (Fraser 1991)
   Ähnlich zeigte sich übrigens auch im Zusammenhang des Golfkriegs des Jahres 2003, dass hinter einem Anschein von blanker Unwissenheit vor allem das Motiv der Realitätsverweigerung stehen muss. Wenn etwa „in den Monaten vor dem Kriegsbeginn beinahe die Hälfte der US-Amerikaner davon überzeugt [war], dass einer, mehrere oder alle Attentäter vom 11. September 2001 Iraker waren" (Harrer 2003: 16) — so steht dies in so schroffem Widerspruch zu den im Gefolge der Anschläge unzählige Male (und in großer Aufmachung) wiederholten Medienberichten, dass mangelndes Wissen nur sehr wenig zur Erklärung für eine derartige „Gewissheit" beitragen kann. Auch das Ergebnis einer vom ‚Program on International Policy Attitudes' (University of Maryland) durchgeführten Umfrage im Umfeld der US-Präsidentschaftswahl von 2004 legt eine ähnliche Schlussfolgerung nahe: Knapp 70 Prozent der Anhänger George W. Bushs glauben dieser Untersuchung zufolge, dass die US-Regierung klare Beweise für eine enge Zusammenarbeit zwischen Saddam Hussein und dem Terrornetzwerk al-Kaida geliefert habe; ein Drittel glaubt, dass im Irak Massenvernichtungswaffen gefunden worden seien; und mehr als ein Drittel äußerte die Meinung, dass eine breite Mehrheit der Weltöffentlichkeit die von den USA angeführte Invasion des Irak unterstütze. Dem führenden ‚New York Times'-

Kommentator Bob Herbert schien es angesichts solcher erschreckenden Daten, dass die Betreffenden „diesen Teil ihres Gehirns deaktiviert" haben mussten („have put that part of their brain on hold"; Herbert 2004).

Im Zusammenhang des atmosphärischen Umfeldes des Golfkriegs des Jahres 1991 betraf eine weithin zu beobachtende Realitätsverleugnung so entscheidende — und gleichzeitig unübersehbare bzw. häufig in den Medien berichtete — Tatsachen wie die folgenden:

1. *Das (vor dem Ausbruch der Krise) zur irakischen Invasion von Kuwait geradezu einladende Verhalten der US-Regierung:* Nicht nur gab US-Botschafterin April Glaspie am 25. Juli 1990 — nach Monaten ansteigender Spannungen und bei gerade stattfindenden irakischen Truppenmassierungen an der kuwaitischen Grenze — in einer Unterredung mit Saddam Hussein diesem in einer der später meistzitierten Erklärungen zur Golfkrise zu verstehen: „We have no opinion on the Arab-Arab conflicts, like your border disagreement with Kuwait" (Naureckas 1990; Sciolino/Gordon 1990; Clark 1992: 23; Atkinson 1993: 52). Noch am 31. Juli erklärte der für den Nahen Osten zuständige US-Vizeaußenminister John Kelly vor einem außenpolitischen Kongressausschuss auf hartnäckiges Nachfragen wiederholt, dass die Vereinigten Staaten keine Verteidigungsabkommen „mit Kuwait oder irgendeinem seiner Nachbarn" hätten (Salinger/Laurent 1991: 70; Clark 1992: 24). Letzteres war für Saddam Hussein, wie Alexander Cockburn im ‚Wall Street Journal' schrieb, „in those final fateful hours" vor seiner Invasionsentscheidung „surely the decisive sign. The U.S. might fume and fret after the event, but it would do nothing." (Cockburn 1990)

Während sich nur 13 Prozent der Befragten des Center for the Study of Communication dieses wohl entscheidendsten Umstands für den direkten Ausbruch der Golfkrise bewusst sind, waren im Gegensatz dazu 65 Prozent der gänzlich aus der Luft gegriffenen Meinung, dass die US-Regierung dem Irak vor der Invasion offen und direkt mit militärischem Eingreifen gedroht habe; 73 Prozent waren gar der Meinung, dass sie mit Sanktionen gedroht hätte (Lewis/Jhally/ Morgan 1991: 3; 22-23; 38-41).

2. *Den extrem repressiven und antidemokratischen Charakter aller in der antiirakischen Koalition vereinigten Regimes im Nahen Osten:* Nicht nur sah die überwiegende Mehrheitsmeinung mit bemerkenswerter psychischer Blindheit darüber hinweg, dass die Menschenrechtssituation in praktisch allen Golfstaaten — und das heißt auch bei den befreundeten, als „legitim" und „souverän" bezeichneten Regimes — zu den schlimmsten der Welt zählt (zum Beispiel gehören Kuwait, Saudi-Arabien, Bahrain und die Vereinigten Arabischen Emirate, ebenso wie Irak und Iran, zu den wenigen Staaten der Welt, die sich nicht einmal

dazu herbeigelassen hatten, die UNO-Konvention gegen die Folter zu unterzeichnen [Jacques 1991]).

Eine nicht unerhebliche Minderheit der in der erwähnten Umfrage Befragten (21 bzw. 23 Prozent) war gar der bizarren Meinung, Saudi-Arabien und Kuwait (vor der Invasion) hätten demokratische Staatsformen (Lewis/Jhally/Morgan 1991: 23-24; 43-44).

3. *Die von August 1990 an entschlossen auf einen Krieg hinarbeitende* — d.h. trotz gegenteiliger Behauptung jegliche Verhandlungslösung vereitelnde — *Politik der US-Regierung:* Unter der dünnen Oberfläche formelhafter Friedensredeübungen verriet George H. Bushs Regierung schon kurz nach Ausbruch der Golfkrise kompromisslose militärische Angriffsabsichten. Allein schon die enorme Zahl der innerhalb von drei Wochen in Saudi-Arabien stationierten US-Truppen (beinahe 200.000) war ein unmissverständliches Signal. Nicht nur ging sie um ein Vielfaches über die zur Verteidigung Saudi-Arabiens benötigten Truppenstärke hinaus (Ball 1990; Massing 1991; Drew 1990; 1990a). Eine derartig massive Stationierung wäre auch nicht für einen Zeitraum aufrecht zu halten gewesen, der für einen Erfolg der offiziell verfolgten Blockade-Politik gegen den Irak nötig gewesen wäre — ein Umstand, der durch die Verdoppelung der Truppenzahl nach den Kongresswahlen vom 6. November natürlich noch auffälliger wurde (Drew 1990; 1990a; Julien 1991).

Außer diesen die wirklichen Absichten schon „rein sachlich" verratenden Umständen waren auch zahlreiche Äußerungen Bushs und anderer maßgeblicher Politiker, Militärs und Medienvertreter ein klarer Hinweis auf den frühen Kriegskurs der Regierung. Eine der einprägsamsten Formulierungen war zweifellos Bushs frühzeitige Ankündigung, dass Saddam Hussein „seinen Arsch getreten" bekommen werde (sogar ein vormaliger Pentagonbeamter meinte dazu: „You don't talk to Arabs like they're dogs in the street [...] that level of discourse isn't conducive to a diplomatic solution" [Drew 1991]).

„Nach Aussagen eines hohen Baath-Funktionärs, Abdel Majid Rafai, soll Saddam Hussein am fünften Tag der Invasion seine Partei darüber informiert haben, dass man den Rückzug aus Kuwait vorbereite. Doch alle Verhandlungsversuche scheiterten wegen Saddam Husseins falscher Taktik und der Unbeweglichkeit der US-Regierung. ‚Nachdem Bush seine Truppen einmal in Bewegung gesetzt hatte, war ausgeschlossen, dass er und seine Berater den irakischen Diktator entkommen lassen würden. Ihr Ziel war nunmehr ein rascher und überwältigender Sieg', resümiert der frühere Botschafter der USA in Saudi-Arabien, Jim Akins." (Despratx/Lando 2004)

Schon Bushs erste Ansprache zur Golfkrise Anfang August wurde vom führenden ‚New York Times'-Journalisten R.W. Apple als Kriegssignal begrüßt: „In forceful terms, Mr. Bush sought to prepare the whole American nation for the prospect of bloodshed [...] American soldiers and American hostages may have to die."[1] Und bereits am 6. August sprach Ex-Verteidigungsminister Caspar Weinberger an vielbeachteter Stelle im nationalen Fernsehen (‚ABC-Nightline') unter allgemeiner Zustimmung von einem entschlossen bis zum Ende zu verfolgenden Krieg, „auch wenn es einige Verluste geben mag."[2] Noch deutlicher wurden zum Beispiel Solarz, der kurzfristig von der Bereitschaft zur „Zerstörung der militärischen und wirtschaftlichen Infrastruktur des Irak"[3] sprach, CBS-Fernsehmoderator Dan Rather, der am 7. September die Möglichkeit hervorhob, dass amerikanische Flugzeuge „Bagdad pulverisieren könnten",[4] oder Luftwaffen-Oberbefehlshaber Michael Dugan, der in einem aufsehenerregenden Interview für die ‚Washington Post' vom 16. September von der Absicht der militärischen Gesamtführung berichtete, als entscheidendstes Element eines Angriffs gegen den Irak die massive Bombardierung des zentralen Stadtgebiets von Bagdad einzuplanen. Dugan wurde zwar von Verteidigungsminister Cheney wegen dieses Interviews seines Postens enthoben, seine Aussagen wurden aber bezeichnenderweise nicht widerrufen (Arkin 1990; Ball 1990; Clark 1992: 61; Atkinson 1993: 94).

Bis kurz vor Kriegsausbruch verdrängte die große Bevölkerungsmehrheit die Wahrnehmung dieses Kriegskurses stark unter die Bewusstseinsschwelle, was sich unter anderem darin äußerte, dass die Golfkrise nur einen unbedeutenden Rang unter den Themen einnahm, die die befragten Teilnehmer an den Wahlen im November 1990 als wichtig für ihre Wahlentscheidung angaben. Die tranceartige Qualität dieser Bewusstseinsverweigerung kann man etwa einer impressionistischen Beobachtung in der Zeitschrift ‚The New Yorker' entnehmen:

„[Since the beginning of the Gulf crisis], the United States has been sleepwalking toward war. Though there are trappings of a debate [...], thus far they have seemed insubstantial when set against the reality of President Bush's military buildup. Since early August, the Administration has pushed inexorably forward, assembling a vast American Army in the Saudi Arabian desert and bringing it steadily closer to combat. Not until early November, when the President's decision to send two hundred thousand additional troops made war seem suddenly more real, did the American people and their representatives in Congress, like drugged patients struggling to

---

[1] New York Times, 12.8.1990
[2] The New Yorker, 20.8.1990
[3] New York Times, 18.8.1990
[4] The New Yorker, 5.11.1990

shake off sleep, begin to raise objections. [In response to these,] President Bush and his aides have been doing their utmost to put the patients back to sleep."[1]

Diese gleichnishafte Vorstellung des Schlafwandelns und Benommenseins unter Drogeneinfluss — während die Regierung die Entwicklung gleichzeitig „unbeirrt vorantreibt" — lässt die Deutung zu, dass diese (teilweise) dazu delegiert ist, starke unbewusste Tendenzen der „schlafwandlerischen" Bevölkerungsmehrheit stellvertretend auszuagieren (was nicht im Gegensatz zur Auffassung stehen muss, dass eine Regierung auch Interessen einer Machtelite gegen die Bevölkerungsmehrheit vertritt).

Diese Deutung gewinnt angesichts der Entwicklung der Meinungsumfrage-Ergebnisse noch an Substanz. Während sich von August bis Oktober noch eine große Mehrheit gegen einen militärischen Angriff aussprach, hielten sich die Befürworter und Gegner unmittelbar ab der Truppenverdoppelung Anfang November bis zum Kriegsausbruch (das heißt, als der Kurs auf Krieg fast schon zu greifbar wurde, um noch vom Bewusstsein ausgeblendet zu werden) ungefähr die Waage. Der Ausbruch des Krieges selbst brachte dann einen dramatischen Meinungsumschwung zu seinen Gunsten (europäische Meinungsumfragen zeigten übrigens eine in der Tendenz ähnliche Entwicklung [Julien 1991]).

Dieser Meinungsumschwung veranlasste den Journalisten John Hess zur fassungslosen Bemerkung: „If you go by the polls, millions of Americans sat down to dinner on January 16 hoping that George Bush would not push the button and got up believing that he was right to have done so. It is awesome to reflect that thousands must die for convictions so shallowly held." (Hess 1991) Was auf der Oberfläche des Bewusstseins als beinahe unfassbare Wankelmütigkeit erscheint, ist aber psychodynamisch wohl besser als der Durchbruch verdrängter Kriegsneigungen durch vorher noch wirksame „Anti-Kriegs-Reaktionsbildungen" zu begreifen.

4. *Die konkrete Tragödie des Krieges selbst:* Die am stärksten trancehafte Seite der Realitätsverleugnung betrifft gewiss den millionenfachen Schrecken und hunderttausendfachen Tod, den der Krieg brachte. Bezeichnend dafür ist ein Fernsehkommentar wie der folgende (nach den ersten 8.000 Bomberflügen): „Bald werden wir den Luftkrieg einstellen und damit anfangen (!) müssen, Menschen zu töten" (deMause 2002: 36), oder die Meldung des ‚ABC-Nightline'-Moderators Ted Koppel (nach einem Tag mit über tausend Bomberflügen über dem Irak und Kuwait): „Since that Scud missile hit Tel Aviv earlier today, it has been a quiet night in the Middle East."[2] Zweifellos haben sich die Massenmedien

---

[1] The New Yorker, 10.12.1990
[2] The New Yorker, 11.2.1991

und die Zensoren des Pentagon mit erheblichem Erfolg bemüht, Berichte und Bilder des konkreten Kriegsterrors von der Bevölkerung fernzuhalten. Die Verbindung zwischen Massenvernichtungswaffen und ihrer Wirkung ist allerdings zu eindeutig, als dass sie selbst die besten Zensoren der Welt vom Bewusstsein von Menschen fernhalten könnten, die nicht schon von sich aus sehr zur ihrer Verdrängung geneigt wären.

In diesem Sinne zog der ‚New Yorker' auch den eindrucksvollen Vergleich, dass „wir als Nation gewissermaßen an einer ausgedehnten skotomischen Episode leiden" (analog einer durch neurologische Schädigung bedingten Beeinträchtigung des Gesichtsfeldes, bei der man zum Beispiel „das Gesicht eines Besuchers bewegungslos anstarren mag, aber unfähig ist, es zu sehen"): „[...] wir nehmen [das irakische] Volk kaum überhaupt wahr, noch sehen wir, was wir ihm angetan haben. Es kommt uns kaum jemals in den Sinn, uns vorzustellen zu versuchen, was diese Menschen durchgemacht haben oder in den kommenden Monaten durchmachen werden, da die Infrastruktur ihres Landes weitestgehend zerstört wurde."[1] Die dafür nötige Information wurde freilich (für alle, die sie eben zur Kenntnis nehmen wollten) von den Medien durchaus geboten — etwa durch verschiedene CNN-Kurzberichte oder zum Beispiel durch ein erschütterndes Foto, das wenige Tage nach Kriegsende an prominenter Stelle in den ‚New York Times' erschien: Über der Bildunterschrift „In Iraq, Water Can Be More Valuable Than Gold" sieht man eine Gruppe von Kübeln und Wannen tragenden Kindern in den Trümmern eines zerbombten Gebäudes in Bagdad. Fließendes Wasser, wurde dazu erläutert, sei nur noch an wenigen Stellen der Millionenstadt zu finden.[2]

Der Schriftsteller John Berger spricht in diesem Zusammenhang von einer Art von „Taubheit", die „ne provient aucunement d'une audibilité brouillée par ce que l'on ne sait pas encore; elle découle en revanche directement du refus d'entendre ce que l'on sait déjà!"[3] Angefangen vom höchst bizarr-prahlerischen Militärkommuniqué nach dem ersten Kriegstag, dass die über dem Irak niedergegangene Explosivkraft bereits die der Atombombe über Hiroshima übertroffen hatte,

„quatre ou cinq fois par jour, le public a reçu une leçon télévisée lui apprenant comment se rendre sourd à la voix de sa mémoire, de sa conscience ou de son imagination. Sourd à une voix qui pouvait se mettre à hurler au souvenir de ces mêmes bombardiers [B-52] qui ont largement servi au Vietnam et sont devenus à travers le monde symboles de l'horreur de la guerre. [...] Sourd à une voix qui pouvait se met-

---

[1] The New Yorker, 25.3.1991
[2] New York Times, 4.3.1991
[3] „keineswegs aus einer Hörbeeinträchtigung aufgrund eines Noch-nicht-Wissens herrührt; sie entspringt im Gegenteil unmittelbar aus der Weigerung, das wahrzunehmen, was man bereits weiß!"

tre à marteler que les bombes-grappes larguées sur les cités irakiennes contenaient 24 grenades, explosant à raison de 2000 fragments en forme d'aiguilles à haute vélocité, conçus pour causer le maximum de mutilations fatales."[1] (Berger 1991)

3.4.3 Gewaltfaszination und Euphorie

Unterhalb dieser Taubheit (auf der Oberfläche des Bewusstseins) kann man freilich nicht nur das von Berger geortete (un- bis halbbewusste) Wissen, sondern darüber hinaus auch eine starke Faszination und eine Art Euphorie über den Terror des Krieges erkennen. Da diese natürlich in krassem Gegensatz zum moralistischen nationalen Selbstbild steht („We're the one nation that sets the standard and is the nation that everyone looks up to"[2]), äußert sie sich meist in etwas verschlüsselter Form, wenngleich auch ihre ziemlich häufige Offenheit erstaunlich ist.

„Euphoria has been one of the war's buzzwords", bemerkte die Journalistin Anna Quindlen. „We have been repeatedly cautioned not to feel it." (Quindlen 1991) Ein so aufregend-trendiges Signalwort, zu dem gleich hinzugefügt werden muss, dass man das damit Gemeinte doch ja nicht fühlen solle, entspricht in Wirklichkeit einem nur noch geringfügig verhüllten Auftauchen mächtiger, aber sonst verdrängter Regungen an der Oberfläche des Bewusstseins. „Ein verdrängter Vorstellungs- oder Gedankeninhalt kann [...] zum Bewusstsein durchdringen", schreibt Freud, „unter der Bedingung, dass er sich verneinen läßt. Die Verneinung ist eine Art, das Verdrängte zur Kenntnis zu nehmen, eigentlich schon eine Aufhebung der Verdrängung, aber freilich keine Annahme des Verdrängten." (Freud 1925: 12; vgl. auch Ottomeyer 2000: 74f)

Der New Yorker Schriftsteller und Dramatiker Steve Tesich war von der Warnung vor „voreiliger Euphorie", die Bush an einem der ersten Kriegstage ausgesprochen hatte, erschüttert: „His presumption that the destruction and the violence that had been unleashed could actually induce euphoria seems to me the true definition of political pornography. What could have prompted this man we elected as our President to think us so lacking in basic human decency that we

---

[1] „hat die Öffentlichkeit vier- oder fünfmal pro Tag eine Fernsehlektion erhalten, die ihr beibrachte, sich für die Stimme ihres Gedächtnisses, ihres Gewissens und ihrer Vorstellungskraft taub zu machen. Taub für eine Stimme, die bei der Erinnerung an dieselben [B-52-] Bomber aufschreien konnte, die in großem Rahmen in Vietnam eingesetzt worden waren und weltweit zu Symbolen des Schreckens des Krieges geworden sind. [...] Taub für eine Stimme, die anfangen konnte, ihr einzuhämmern, dass die auf die irakischen Städte abgeworfenen Splitterbomben 24 Granaten enthielten, die in der Absicht eines Höchstmaßes an tödlichen Verletzungen zu 2000 spitzen Einzelgeschoßen mit hoher Geschwindigkeit explodieren."
[2] Als typisches Meinungsumfrage-Statement zitiert im New York Observer, 4.2.1991.

could actually experience euphoria over one of the most violent episodes in our recent history? Either he knows us all too well or he has slandered us as a people." (Tesich 1991) Eine fast unübersehbare Vielfalt von Manifestationen einer solchen Euphorie legt es freilich nahe, dass zumindest teilweise das Erstere zutrifft (was wohl eine wesentliche Grundlage von Bushs Popularität ausmachte bzw. wiederum darauf hinausläuft, dass seine Kriegspolitik zum Teil ein delegiertes Ausagieren von gewalttätigen Neigungen auf breitester Basis war).

Eine beinahe beliebig zu erweiternde Reihe von Beispielen weist auf einen wesentlichen Anteil von Euphorie hin, mit dem das Menschenopfer des Krieges erlebt wird: Vom ‚NBC-News'-Moderator Tom Brokaw, der in der Sendung über die erste Bombardierungswelle (am 17. Jänner) die Hoffnung ausdrückte, dass der Krieg „short and sweet" sein möge (Halimi 1991), über General Thomas Kellys Auffassung des Angriffs einer einzelnen irakischen Raketenstellung mit schweren B-52-Bombern als „einer wunderbaren Art, eine Fliege mit einem Vorschlaghammer zu erschlagen",[1] bis zur Beobachtung des Soziologen Gerald Linderman: „I've been astonished with the sort of insouciance with which callers on radio talk shows talk about intensifying the war." (Appleborne 1991)

Oder von zahlreichen Berichten über die Ungeduld vieler Soldaten, „Irakis zu töten und heimzukehren" (Halimi 1991), über jene Bombenflieger, die die massive Beschießung flüchtender irakischer Truppen mit Splitterbomben — die für diese „einer biblischen Apokalypse nahekam" („it was close to Armageddon") — als „we hit the jackpot" (Lifton 1991a) oder als „turkey shoot" erlebten, bis zu einer Reportage vom Flugzeugträger USS Ranger: „Air strikes against Iraqi troops retreating from Kuwait were being launched so feverishly from this carrier today that pilots said they took whatever bombs happened to be closest to the flight deck." (Hitchens 1991)

Oder vom großen kommerziellen Erfolg vielfältiger kriegsverherrlichender Artikel (etwa eines „Operation Desert Shield"-Magazins über „die vernichtendste Kriegsmaschine, die es je gab", Golfkriegs-Video-Spielen, Schießzielscheiben mit Saddam Husseins Gesicht, unzähligen Kriegs-Sweatshirts oder T-Shirts, zum Beispiel mit der aufgedruckten Zielfernrohr-Sicht auf eine arabisch aussehende Figur auf einem Kamel und den Worten „I'd fly 10.000 miles to smoke a camel"), über einen neuen „Desert Storm Chic" militärisch inspirierter Modekleidung (eine Broadway-Boutique stellte sie zum Beispiel in einer als Luftschutzbunker aufgemachten Vitrine aus), bis hin zu Neuschöpfungen der Umgangssprache, in der für manche zum Beispiel „Scud missile" zum Synonym für ein erotisch vielversprechendes Rendezvous („hot date") geworden ist (Appleborne 1991; Bagli 1991).

---

[1] New York Times, 5.3.1991

SINGING IN THE RAIN.

Wie mächtig und weitreichend die Wirkung dieser Kriegsfaszination ist, kann man besonders anhand des Einflusses abschätzen, den sie sogar auf Menschen hat, die den Krieg bewusst ablehnen. Sogar eine an einer der großen Friedensdemonstrationen teilnehmende Person gesteht ein, dass sie manchmal „an unfamiliar pride in our armed forces and their commanders" empfand. „And the arguments against the war, which had been clear enough to me before it started, had begun to seem unreal—or perhaps I should say that I had begun to seem unreal for clinging to them."[1] Dass eigene Argumente, ja sogar etwas an der eigenen Person unter den Einfluss einer Kriegsstimmung plötzlich „unwirklich" erscheinen kann, weist deutlich auf das Hervorbrechen von normalerweise verdrängten Neigungen hin (andererseits aber auch — wenn dieser Umstand, wie in diesem Fall, so sensibel beobachtet werden kann — auf eine konstruktive Fähigkeit, sich inneren Konflikten zu stellen).

‚The Nation', (trotz ihres Namens) eine der bedeutendsten fortschrittlichen Zeitschriften in den USA, veröffentlichte während des Krieges einen Leitartikel, der mit der Beschreibung eines „Veteranenehepaars" von „zahllosen fortschrittlichen politischen und kulturellen Kämpfen des letzten Jahrzehnts" beginnt. Wenn sie auch erklärten, den Krieg zu hassen, so waren sie doch geradezu begeistert von den im Fernsehen dargestellten technischen Flug- und Raketen-Wunderwerken, mit denen er geführt wurde. „Now settled in front of their TV, they admired with delicious excitement the wheeling and diving F-117As, A-6Es and FA-18s, the matchless Tornados, Apaches and Wild Weasels, the lumbering, deadly B-

---

[1] The New Yorker, 11.2.1991

52s. ‚We don't think of them as weapons,' the woman said, suddenly apologetic. ‚They're like new cars.'"

Bezeichnender als diese Beschreibung ist wohl noch die Deutung, die der ‚Nation'-Leitartikel für diese Einstellung anbot: „The simple rules of cognitive dissonance, and the strategies of saturation advertising, decree that people cannot withstand carpet-bombing assaults on their consciousness, especially if hot emotional buttons—sex, cars, safety, revenge—are hit."[1]

Diese oberflächliche Erklärung durch „einfache Regeln der kognitiven Dissonanz" und bloßes „Anschlagen emotionaler Drucktasten" mit Hilfe verschiedener Medientechniken folgt nicht nur einem typischen kognitiv-behavioristischen Denkmuster (mit der impliziten Auffassung, dass der menschliche Geist so schwachsinnig sein muss, dass man in ihm selbst so direkte logische Verknüpfungen wie die zwischen Bomben und ihrer Explosion durch entsprechende Techniken glatt „ausklinken" könne). Vor allem aber stimmt diese Deutung insofern mit den Abwehrhaltungen des beschriebenen Paars überein, als sie die auf der Hand liegende Rationalisierung einer darunterliegenden Kriegsfaszination aus der Erörterung gänzlich ausklammert.

Ansonsten hätte man wohl die Frage stellen müssen, warum andere Menschen, die mehr oder weniger dieselben („das Bewusstsein bombardierenden") Medien konsumieren, von diesen High tech-Waffen keineswegs so begeistert waren, sondern im Gegenteil „seemed unable to avert their minds from the thought of what it might be like to be a civilian in Baghdad or a soldier in Kuwait when our B-52s came in"[2] (wie etwa die Bewusstseinslage von Friedensdemonstranten beschrieben wurde). Eine Frage, die wohl leicht zum Gedanken geführt hätte, dass die wirksameren „Flächenbombardierungs-Angriffe auf das Bewusstsein" schon früher im Leben der betreffenden Menschen stattgefunden haben müssen.

3.4.4 Politisch-psychologische Deutungen und Analysen

Bei den verschiedenen psychologisch-sozialwissenschaftlichen Versuchen, für den Golfkrieg wesentliche Ursachen und Motive zu analysieren, scheint also die unheimliche Faszination für das Menschenopfer des Krieges eine zentrale Rolle zu spielen: Sei es in der Form ihrer Thematisierung — oder im Gegenteil in der Form ihrer Thematisierungsabwehr (wie sie zum Beispiel durch die eben diskutierte Deutung der Waffentechnik-Faszination durch „kognitive Dissonanz" illustriert wird). Dieser Gegensatz dreht sich im Wesentlichen wohl um die

---

[1] The Nation, 11.2.1991
[2] The New Yorker, 11.2.1991

Frage, ob Kriege bloß das Ergebnis von politischen Fehlentscheidungen und/oder ökonomischen Interessenskonflikten sind, oder ob sie auch der Erfüllung starker emotionaler (psychopathologischer) Bedürfnisse dienen. Da solche Bedürfnisse natürlich weitgehend von der bewussten Wahrnehmung ausgeschlossen werden, verknüpft sich diese Frage auch unmittelbar mit der Frage, ob (bzw. mit welchem Stellenwert) eine psychologische Deutung die Unbewusstheit wesentlicher Motive (besonders auch in ihren gesellschaftlichen Dimensionen) anerkennt.

Wenn etwa die Vorsitzenden der International Society of Political Psychology, John Mack und Jeffrey Rubin, die Bush'sche Politik in der Golfkrise insofern kritisierten, als sie aufgrund ihres starren Konfrontationskurses „die Prinzipien von politischer Psychologie, Verhandlungstheorie und angemessenen Verhaltens in internationalen Beziehungen" verletzt hatte, so bewegt sich dieser Fehlverhaltens-Vorwurf allzusehr auf der Oberfläche von offiziell verkündeten, (mehr oder weniger) gut gemeinten politisch-diplomatischen Verhaltensregeln und blendet damit die pathologischen Tiefenströmungen der Gewaltfaszination aus, an die der Kriegskurs der Regierung mit so großem Erfolg appellieren konnte. (In diesem Sinne dürften Bush, Schwarzkopf & Co. leider die besseren Kenner der „Prinzipien von politischer Psychologie" gewesen sein.)

Angesichts des offenkundigen Umstands, dass die tatsächliche Politik der Regierung von ihrer offiziell verkündeten Orientierung, einen Krieg wenn möglich zu vermeiden, so stark abwich, fügen Mack und Rubin — in einer Bekräftigung ihrer Thematisierungsabwehr — noch hinzu: „If our purpose was to destroy Iraq as a military and political power in the Middle East [...], the American people were never informed of such an intention." (Mack/Rubin 1991) Ganz im Gegenteil war es — wie weiter oben schon ausgeführt — sogar schon knapp unterhalb der Oberfläche rhetorischer Regierungserklärungen erkennbar, dass das amerikanische Volk sehr frühzeitig und ausgiebig über eine derartige Absicht informiert wurde — und während es diese freilich mehrheitlich (bewusst) für längere Zeit nicht wahrhaben wollte, so weist der plötzliche Umschwung von „schlafwandlerischer" Vorkriegspassivität zu überwältigender Zustimmung ab Kriegsbeginn stark darauf hin, dass ein Wissen und eine gewisse Bereitschaft zu den kriegerischen Zerstörungsabsichten schon lange vorher eine breite unterschwellige Basis hatte.

In einer der Mack-Rubin'schen Sichtweise ähnlichen Orientierung auf die Vermeidbarkeit von Kriegen durch konstruktives Verhandeln versuchte der prominente politische Psychologe Ralph White (vor dem Kriegsausbruch), die „echten" und wesentlichen Interessen der „beiden Seiten" in der Golfkrise (als „*der* Irak" und „*die* UNO" definiert) zu formulieren. Er gelangte dabei zu einer „äußerst ermutigenden" Schlussfolgerung: „*No legitimate interest on either side is inherently incompatible with any legitimate interest on the other.* There is here an excellent basis for mutual-benefit, positive-sum negotiation." (White 1991: 23) Der US-Präsident riskiere also gerade, einen großen Fehler zu begehen: „President Bush has been overlooking or underestimating the approval thoughout the world (including that of the American people) he could gain by exemplifying the universally approved idea of ‚exhausting the resources of negotiation' before going to war." (ebenda: 21)

Mit dieser Auffassung liegt White ziemlich genau am „psychologischen Gegenpol" der von Lloyd deMause vertretenen Konzeption, derzufolge in der US-amerikanischen Gesellschaft bereits längere Zeit vor dem Ausbruch der Golfkrise unterschwellig eskalierende Angstphantasien bzw. unbewusste Neigungen zu gewaltsamen Opferungshandlungen wirksam waren, für die der Kurs auf Krieg eine letztlich übermächtige Anziehungskraft hatte (deMause 1990; 1991[1]; 2002, 28ff) — was impliziert, dass die Frage einer konstruktiven Verhandelbarkeit „legitimer Interessen" in der Golfkrise leider nur geringe Bedeutung gehabt haben konnte.

Ein wesentlicher Gegensatz zwischen den von White und deMause repräsentierten Denkweisen wurde schlaglichtartig durch die ungewöhnlich zahlreichen, zum Teil heftig ablehnenden Reaktionen auf die Deutung des Golfkrieges verdeutlicht, die deMause in ‚The Nation' veröffentlichte (deMause 1991a). In einem Leserbrief, der deMauses Analyse in scharfen Worten kritisierte, erklärte der Philosoph Richard Lichtman unter anderem: „Had the President announced in January that civilized reason required us to avoid the death of tens of thousands of innocent men, women and children in the pursuit of a goal that we could achieve without violence, the American population would undoubtedly have accepted that decision. It might have experienced less primitive passion, sublimated violence or projected domination. But these are not the issues that determine world events."[2]

Worauf deMause erwiderte: „There is a very good reason to doubt that if Bush had announced in January we should achieve our political ends peacefully America would have accepted that decision. When Jimmy Carter did the same thing in the same area of the world, his ratings plummeted, and we threw him out after his first term. Reasonable decisions in unreasonable times are, I am afraid, unpopular. The enormous popularity of warrior George Bush today hardly promises more rational actions during the remainder of his time in office."[3]

Eines kann auf jeden Fall mit minimalem Irrtumsrisiko angenommen werden: Mit der Anwendung von Whites „universell befürworteter Idee der Aus-

---

[1] Die in diesem Abschnitt (3.4) wiedergegebenen Illustrationen sind dieser Publikation entnommen.
[2] The Nation, 6.5.1991
[3] ebenda

schöpfung aller Verhandlungsmöglichkeiten" hätte sich Bush nicht im Entferntesten so hohe Popularitätswerte eingehandelt wie mit seinem kompromisslosen Kurs auf Krieg. Diese Sicht der Dinge hatte nicht zuletzt auch George H. Bushs Sprecher John Sununu schon längere Zeit vorher ventiliert: Ein kurzer und siegreicher Krieg, hatte er im kleineren Kreis immer wieder erläutert, wäre für den US-Präsidenten „pures politisches Gold" (Drew 1991).

Mit dem (bereits im Abschnitt 2.5 diskutierten) Instrumentarium der ‚fantasy analysis' hatten deMause und andere Psychohistoriker (McFarland 1991; Dervin 1991 u.a.) schon mehr als ein Jahr vor dem Ausbruch der Golfkrise weitläufige Anzeichen einer von zunehmenden Depressionen und Schuldgefühlen genährten gesellschaftlichen Stimmung geortet, in der wiederkehrende Phantasien terrorisierender Elternfiguren und verletzter oder geopferter Kinder vielfältigen Ausdruck fanden. Sie interpretierten diese unter anderem als ‚flashbacks' (fragmentierte, nicht als solche erkannte Erinnerungsbilder) von Kindheitstraumen, die die meisten Menschen typischerweise durchgemacht haben und die in der Logik des Wiederholungszwanges immer wieder in Richtung ihres gewaltsamen Ausagierens (durch die Opferung von Projektionsobjekten) drängen. Der Ausbruch der Golfkrise und besonders des Krieges wurde in diesem Sinne als Erleichterung erlebt, da sie mit Saddam Hussein (bzw. dem Irak) ein ideales Projektionsobjekt lieferten, auf das jene qualvollen flashbacks abgeleitet werden konnten.

Tatsächlich ist es zum Beispiel erstaunlich, wie stark die Vorstellungen über Saddam Hussein (und seine Armee) von Bildern eines Kindesmisshandlers und -mörders geprägt waren (etwa in zahlreichen Karikaturen) — während solche

242

Bilder aus den Medien-Phantasien über die USA selbst plötzlich zu verschwinden schienen.

Die Zwanghaftigkeit dieser Phantasien kann auch an der absurden Bereitwilligkeit ermessen werden, (angesichts all der offensichtlich von irakischen Truppen verübten Gräueltaten) ausgerechnet einen von vornherein völlig unglaubwürdigen Bericht — über die angebliche Ermordung durch irakische Soldaten von über 300 (!) Babies aus Brutkästen in kuwaitischen Krankenhäusern — in den Mittelpunkt der öffentlichen Empörung zu stellen (Cockburn 1991; Berghold 1991: 54). Erst nach Ende des Krieges wurde bekannt, dass das fünfzehnjährige Mädchen, das dieses „Ereignis" am 10. Oktober 1990 vor einem US-Kongressausschuss unter Tränen beschrieb, in Wirklichkeit die Tochter des kuwaitischen Botschafters in den USA war und für ihren medienwirksamen Auftritt von einer von der kuwaitischen Regierung finanzierten Public-Relations-Firma präpariert worden war (MacArthur 1993; Sommer 2004: 309; Streibl 2004: 337).

Vorsichtige Hoffnungen auf einen Abbau der tief wurzelnden Anfälligkeiten für Kriegsdemagogie, die sich diesem psychohistorischen Verständnis ergeben, gründen sich in erster Linie auf eine langsame Verbesserung der emotionalen Bedingungen, unter denen Kinder in einer Gesellschaft aufwachsen. In diesem Sinne deutete deMause auch die (wenn auch großteils zu ambivalente) Gegnerschaft der Hälfte der US-amerikanischen Bevölkerung gegen den Kurs auf Krieg (wenigstens bis zu seinem direkten Ausbruch) als Folge einer relativen Abmilderung traumatisierender Erziehungspraktiken in den Jahrzehnten seit dem Zweiten Weltkrieg — wohingegen diejenigen, die Bushs „Arschtritt"-Ankündigungen von Anfang an begeistert unterstützten, damit die gewalttätigeren Bedingungen ihrer eigenen Kindheit auf die politische Projektionsleinwand übertrugen und von entsprechend stärkeren inneren Zwängen getrieben sind, ihre aus tiefen kindlichen Wunden herrührende Verzweiflung durch Menschenopfer zu beschwichtigen.

Die mehrheitliche Unterstützung in den USA, die das Regime von Bush junior im Jahre 2003 für seinen Krieg zu mobilisieren imstande war — ebenso wie der Umstand, dass dessen unübersehbar „catastrophic success" Bushs Wiederwahl im Jahre 2004 nicht verhindern konnte — lässt gewiss die Begrenztheit jeder Hoffnung hervortreten, die auf eine insgesamt günstige Evolution in Richtung friedfertigerer Grundhaltungen setzt. Nicht zu unterschätzen ist andererseits aber auch eine politische Mobilisierung gegen den Krieg, die am 15. Februar 2003 in den größten und globalsten Friedensdemonstrationen der bisherigen Menschheitsgeschichte gipfelte und nicht zuletzt auch in den USA selbst eine starke Dynamik auslöste.

Unter den „neu aufgerüttelten Millionen", die im Zuge dieser Mobilisierung auf die weltpolitische Bühne traten, ortete Horst-Eberhard Richter „ein als ganz sicher erfahrbares Gespür dafür, dass die auf eine Weiterentwicklung von Menschlichkeit gegründete Zivilisierung in elementarer Gefahr ist; dass ein Krieg — bei dem Millionen ins Elend, in die Flucht oder in den Tod getriebene Menschen als ‚Kollateralschäden' weggedacht werden zugunsten von Macht, Geld und Öl — einen Absturz in eine verheerende Entzivilisierung bedeutet." Ihr Bewusstsein menschlicher Überlegenheit gegenüber der Wild-West-Philosophie der Kriegsmacher verleihe ihnen „ein erstaunliches Gefühl von Selbstachtung und Selbstsicherheit. Daher fehlt ihren Großveranstaltungen neuerdings jede Militanz. Es ist, als wüssten alle, dass sie eine enorme moralische Macht darstellen — jenseits der Macht der internationalen Rüstungskonzerne und der von diesen beeinflussten Politiker und Medien. Sie halten unbeirrbar an der Charta der Vereinten Nationen und den Völker- und Menschenrechten fest, auf der sich die internationale Gemeinschaft nach dem Inferno des Hitler-Krieges verständigt hatte, als aus den inneren Verwüstungen durch die Kriegsbarbareien das Bewusstsein von der Ebenbürtigkeit und Gleichberechtigung der Menschen, der Völker und Kulturen erwacht war." (Richter 2005: 11)

3.5 Krieg als Gruppenphantasie? Ein Briefwechsel mit Lloyd deMause

Der von Lloyd deMause auch am Beispiel des Golfkriegs des Jahres 1991 entwickelte Ansatz, die entscheidenden Ursachen von Kriegen in unbewussten Zwängen der Individuen zu suchen, bietet einen sehr passenden Anlass, die grundsätzliche Frage nach der Ausdehnung und den Grenzen der Zuständigkeit zu stellen, die eine Disziplin wie die Sozialpsychologie für sich beanspruchen kann und darf. Wenn man ein so komplexes und schwerwiegendes gesellschaftliches Phänomen wie das des Krieges im Wesentlichen auf psychologische Ursachen zurückzuführen versucht, kann dies gewiss sehr leicht den Verdacht einer massiven Kompentenzüberschreitung, wenn nicht sogar einer Art „Imperialismus der eigenen Disziplin" erwecken.

Für ein einigermaßen schlüssiges Abstecken und Abklären des Zuständigkeitsbereichs sozialpsychologischer Forschung ist es zweifellos wesentlich, die Grenz- ebenso wie die Verbindungslinien zu verdeutlichen, die zwischen psychologischer und politisch-ökonomischer (struktureller, „materialistischer") Erklärung von gesellschaftlicher Realität anzusetzen sind. Während die schwergewichtige Tendenz in den meisten Sozialwissenschaften wohl auf eine objektivistische Verengung hinausläuft, die den Ausgangspunkt der subjektiven Motive für alle gesellschaftlichen Entwicklungen ausblendet oder zum bloßen „subjektiven Faktor" reduziert, dürfte im Bereich psychologischer Forschung meist eine Neigung zur Unterschätzung oder Ausblendung objektiv-materialistischer gesellschaftlicher Bedingungen wirksam sein.

Für eine differenzierte Abwägung zwischen subjektiver und objektiver Erklärung scheint die Auseinandersetzung mit dem von deMause begründeten Denkmodell einen besonders brauchbaren Zugang zu bieten. Seine radikale Sichtweise, „dass die zentrale Antriebskraft historischen Wandels weder in der Technologie noch in der Ökonomie zu finden ist, sondern in den ‚psychogenen' Veränderungen der Persönlichkeits- und Charakterstruktur" (deMause 1974: 14) und Geschichte daher fast ausschließlich psychologisch zu erklären sei, ermöglicht einen guten Ansatzpunkt zu einer Grundsatzdiskussion über Psychologie und politische Ökonomie — umso mehr, als die psychohistorische Konzeption in all ihrer anti-ökonomischen Einseitigkeit *auch*, wie ich meine, einen hohen Erkenntniswert in der Aufdeckung der unbewussten Motivationen des gesellschaftlichen bzw. politischen Geschehens aufweist und damit auch wesentliche Argumente gegen ökonomisch-objektivistisch eingeengte Sichtweisen der Geschichte liefert.

Dass gerade Deutungsansätze zur Motivation und zur Anbahnung von Kriegen ein Kernstück von deMause's Theorien ausmachen, hat auch darin seine Logik, dass die bisherige (geschriebene) Geschichte sehr wesentlich eine Kriegsgeschichte ist. In jedem Jahrhundert, erläutert er etwa dazu, ist es in beinahe jedem Land der Welt in sehr regelmäßigen Abständen von kaum mehr als zwanzig Jahren zum Ausbruch von Kriegen gekommen (Goodman 1987: 12). So kommen denn auch die meisten allgemeinen psychohistorischen Deutungsmuster in der Deutung der Kriegsdynamik besonders ausgeprägt zur Geltung. Auch eine mit der ‚Psychohistory' geführte Auseinandersetzung über Abgrenzung und Zusammenhang zwischen Psychologie und Ökonomie im Allgemeinen kann daher in einer Diskussion über psychologische und ökonomische Kriegsursachen besonders deutliche Konturen gewinnen.

Wie bereits in der Einleitung erwähnt, lernte ich deMause's Theorien im Rahmen des Forschungsprojekts ‚Zur Sozialpsychologie des Friedens' zum ersten Mal kennen. Da ich in ihnen sehr fruchtbare Anhaltspunkte für friedenspolitisches und emanzipatorisches Handeln erblickte, fühlte ich mich dazu veranlasst, einen brieflichen Kontakt anzustreben, bei dem ich besonders auch eine Abwägung der Erklärungskompetenzen von Psychologie und politischer Ökonomie zur Diskussion stellen wollte. Wie mir schien (und auch heute noch scheint), würde der aufklärerische Wert der psychohistorischen Forschung bei einer grundlegenden Berücksichtigung der politisch-ökonomischen Determinanten der Geschichte weitaus konsequenter zum Tragen kommen.

Die aus diesem Anlass zustande gekommene (englischsprachige) schriftliche Diskussion ist im Folgenden wiedergegeben (von mir — mit einigen theoretisch unwesentlichen Kürzungen — ins Deutsche übersetzt). Die Anmerkungen mit Belegzitaten für deMause's theoretische Positionen sollen das Verständnis mancher Diskussionspunkte erleichtern.

Sicherlich handelt es sich hier in vieler Hinsicht nur um einen Einstieg zu einer Auseinandersetzung. Manche wichtigen Punkte werden nur gestreift, manche Diskussionsfäden laufen vorderhand ins Leere. Dennoch hoffe ich, dass einige brauchbare Markierungen für diese Grundsatzdiskussion sozialpsychologischer Forschung erkennbar werden.

***

Salzburg, 22. Juni 1987

Lieber Herr Lloyd deMause,

Erst vor kurzem habe ich — mit großem Interesse und ziemlichen Angstgefühlen — Ihren Artikel ‚Ronbo Reagan in Kriegstrance' (deMause 1986) gelesen, und möchte Sie um nähere Informationen über die Arbeit und Zielsetzungen Ihres neuen Forschungszentrums[1] bitten, das sich mit psychologischen Motivationen des Atomkriegs beschäftigt und Psychologen für eine Zusammenarbeit oder Beteiligung sucht. [...] Ich arbeite gegenwärtig bei einem Forschungsprojekt ‚Zur Sozialpsychologie des Friedens' mit, das vom Österreichischen Institut für Friedensforschung und Friedenserziehung organisiert wird [...]. Dieses Projekt ist auf mehreren sozialpsychologischen Ebenen konzipiert und soll ein Beitrag zu friedenspädagogischer Grundlagenforschung sein, mit dem Ziel, wesentliche Muster der Gewaltinszenierung und Gewaltverarbeitung — und dabei besonders der Gewaltfaszination — zu klären. [...]

Der theoretische und methodologische Hintergrund ist im Wesentlichen qualitativ bzw. „angewandt-psychoanalytisch" und baut insbesondere auf den Konzepten des „szenischen Verstehens" (Alfred Lorenzer) und der „empirischen Hermeneutik" (Birgit Volmerg, Thomas Leithäuser) auf, die das Interesse spezifisch auf die Dynamik von (Veränderungs-)Wünschen und Abwehren (gegen Veränderung) bei den Inszenierungen konzentrieren, welche untersucht und analysiert werden sollen. Wesentliche Bedeutung wird dabei auch in der Aufklärung von gesellschaftlichen Tabuisierungen und von strukturellen sozialökonomischen Hintergründen der „szenischen Ereignisse" gesehen. [...]

Da ich erwäge, mich für meine Arbeit ausführlicher mit der psychohistorischen Methodologie zu beschäftigen, und mir daher einen Kooperation mit Ihrem Forschungszentrum vielversprechend erscheinen würde, möchte ich nun eine Auseinandersetzung mit Ihrem Artikel versuchen, der einen ziemlich programmatischen Charakter zu haben scheint und deshalb wohl recht passend ist, um mögliche Richtungen einer Diskussion zu skizzieren.

Zunächst möchte ich sagen, dass mir Ihre allgemeinen Umrisse einer Psychodynamik des Atomkriegs (und des Krieges im Allgemeinen) größtenteils sehr überzeugend und methodisch fruchtbar vorkommen, wie auch Ihre Beschreibung der vielfältigen Symptome und entsprechender Gruppenphantasien im öffentlichen politischen Leben. [...]

---

[1] ‚Nuclear Tensions Monitoring Center' (zu deutsch etwa: „Mess- und Warnzentrum für atomare Spannungen"), das gewalttätige unbewusste Gruppenphantasien bzw. sozialpsychologische Tendenzen in Richtung auf einen (Atom-) Krieg aufspüren, einschätzen und veröffentlichen soll, sowie ihnen — besonders durch breit angelegtes Bewusstmachen des gesellschaftlich Unbewussten — entgegenwirken soll (deMause 1985).

Die psychologischen Ursprünge der Kriegsdynamik, die Sie erklären — und die gleichzeitig charakteristische Merkmale autoritärer Erziehung wie auch autoritärer gesellschaftlicher Beziehungen sind —, sind sicher von entscheidender Bedeutung, insofern *ohne sie* Kriege (mit der möglichen Ausnahme von Befreiungskriegen) zweifellos nicht geführt werden könnten: Vor allem und sehr grundsätzlich die (weitgehend unbewussten) Gefühle von Schuld und „Sündhaftigkeit", Folgen der Unterdrückung hedonischer, triebhafter — vor allem sexueller — und aggressiver Regungen, deren unbewusstes Drängen und Verlangen unvermeidlich das Bedürfnis nach „teuflischen", „abgrundtief bösen" Feindbildern erzeugt, auf die die eigenen abgespaltenen Regungen projiziert werden können, vor denen man somit zunehmend paranoide Ängste entwickeln kann (möglicherweise mit der Vorstellung von einer nie abnehmenden Bedrohung — „der Teufel schläft nie", wie es ein deutsches Sprichwort ausdrückt —, oder sonst vielleicht von irgendeiner bösartigen Infiltration, wie durch ansteckende Krankheiten oder Krebsgeschwüre), und die man dann — natürlich nur in der Phantasie — durch einen harten Schlag in einem aufopferungsvollen, „reinigenden Gewitter" eines Krieges ausmerzen bzw. vernichten kann.[1] Da es die eignene Regungen sind, die am Ursprung dieser Dynamik liegen, ist es gewiss *auch* eine psychologische Wahrheit, dass diese „Reinigung" eigentlich gegen die eigene

---

[1] „[...] unbewusste Schuld wegen des Wohlstands und Ängste über sexuelle ‚Permissivität' [werden] auf die Weltbühne projiziert und als gefährliche Steigerung der Sündhaftigkeit anderer wahrgenommen. Kriege sind Versuche, die Zunahme an Bösem durch eine reinigende ‚Wiedergeburt' zu bekämpfen." (deMause 1986: 52)
Eine kurze Zusammenfassung der psychohistorischen Konzeption der Kriegsursachen gibt deMause an anderer Stelle in sieben Punkten:
„1. *War is a wish*, not a ‚response' or a ‚mistake,' involving a period of regression which is similar to the regressions experienced by individuals during psychotic episodes.
2. *This group regression is signaled by violent group-fantasies* which reflect growing rage and fears of national collapse, desires for national rebirth through violence and fantasies of the cleansing of sinfulness.
3. *The regression occurs after periods of prosperity and progress*, when the punitive super-ego is called forth by a nation's success and by unaccustomed personal freedoms.
4. *War is a delusional solution to these psychotic anxieties*, an ego-reintegrating clarification of the confusions and free-floating paranoid feelings of the earlier period, so that finding an ‚enemy' is at first felt to be a release of tension.
5. *War involves a grandiose sexualization of inner conflict*, accompanied by group fantasies of rape and orgasmic violence, projected into an appropriate ‚enemy' who has agreed to participate in a period of mutual sacrifice.
6. *Killing an ‚enemy' represents killing dangerous inner desires* and is therefore a victory for ‚good' —the punitive superego—over ‚evil'—the dangerous id.
7. *War is a sacrificial ritual* in which the blood of soldiers is drained away to cleanse the nation and remove its sinfulness and make it good again." (deMause 1985: 199)

„Sündhaftigkeit" gerichtet ist und man also auch sich selbst zum Opfer machen möchte.[1]

Die in diesem Zusammenhang zentrale Bedeutung von verdrängten sexuellen Regungen (bzw. von phobischen Ängsten vor ihnen) kommt dabei zweifellos in — offenen oder eher symbolischen — sexuellen Phantasien zum Ausdruck, die von neokonservativen und militaristischen politischen Tendenzen getragen oder erzeugt werden und für die Sie deutliche und vielfältige Belege liefern: Vor allem in phallisch-chauvinistischen Phantasien von Vergewaltigung und von phallischer Omnipotenz, die mit militärischen Schlägen und Triumphen assoziiert und durch welche die Angegriffenen dann als „in Frauen verwandelt" phantasiert werden (oder auch in passive homosexuelle „Partner"),[2] wie auch in Vorstellungen der „guten" a-sexuellen und der „schlechten" sexuell aktiven Frau[3] oder in Vorstellungen von äußerst perverser (unerhörter, wollüstiger, zügelloser...) Triebhaftigkeit auf Seiten jener „bösen Terroristen/Kommunisten" oder anderer Radikaler.[4] Also sind es sexuelle Regungen, die im Kern der Phantasien vom „abgrundtief Bösen" und der Schuldgefühle liegen.

---

[1] „Da Deutschland historisch die autoritärste Kindererziehung in Westeuropa hat, fühlte es sich wegen des Fortschritts besonders schuldig. Es wurde zum Initiator zweier Weltkriege. Deutschland brachte die meisten Opfer für diese Kriege, denn der Sinn von Kriegen besteht nicht im Gewinnen, sondern im Verlieren. Kriege sind eher Selbstmordhandlungen als Mord. Das tiefe Bedürfnis, Opfer zu sein, ist Deutschlands am tiefsten verdrängtes ‚Familiengeheimnis'." (deMause 1986: 53)

[2] „Zum Beispiel schrieb das Time-Magazin, der Schlag gegen Libyen habe gezeigt, dass Reagan ‚zu mehr fähig [war] als zu impotenter Rhetorik.' [...] Eine [...] homosexuelle Karikatur zeigt Reagan als Rambo, der dabei ist, Daniel Ortega eine Rakete in den Hintern zu schießen. Wie absonderlich [das] Abspalten von ‚schlechten' Teilen des Selbst sein kann, zeigt ein von den US-Behörden veröffentlichter Bericht, nach dem Gaddafi in Wirklichkeit 'ein drogensüchtiger Transvestit' sei. [...] Amerika hat offensichtlich all seine sündigen homosexuellen Gefühle auf Gaddafi abgeladen: Man hatte ihn symbolisch mit dem Raketenüberfall vergewaltigt, ‚ihm amerikanische Muskeln' gezeigt und ihn — indem man ‚ihm Bomben in den Hintern schob' — zu einer Frau gemacht." (deMause 1986: 49f) "[...] Johnson [sagte] bei der Bombardierung Vietnams: ‚Ich habe Ho Chi Minh nicht bloß einfach gebumst; ich habe seinen Schwanz abgeschnitten'." (deMause 1984: 138)

[3] „Die zunehmende Tendenz, verdrängte sexuelle Konflikte auf ‚Feinden' abzuladen, ist Teil einer weltweiten Reaktion gegen die sexuellen und feministischen Revolutionen der siebziger Jahre. Auch in der Bundesrepublik wurden kürzlich Einwände gegen zuviel sexuelle ‚Permissivität' laut: Jene Deutschen, die in älteren, repressiven Familien aufwuchsen, reagierten mit Angst auf sexuelle Freiheiten. Zum Beispiel zeigte der TV-Film ‚Heimat' die Teilung in die geschlechtslos ‚gute Deutsche' Maria und die sexuellen Frauen Apollonia und Klärchen, die für einigen Ärger und manches Unglück verantwortlich gemacht wurden. Der versteckte Nationalismus hinter der ‚Heimat'-Nostalgie ist in Wirklichkeit, wie jeder Nationalismus, eine Folge der Angst vor Sexualität. Sowohl Frauen als auch Nationen werden in gute und schlechte Teile aufgespalten, und der schlechte Teil wird als Grund für den ganzen Ärger angegriffen." (deMause 1986: 50)

[4] Den der manichäischen Weltansicht (von strikter Teilung der Welt in „Gut" und „Böse") entsprechenden Gruppenphantasien zufolge „sind Russland, Libyen, Kuba und Nicaragua Teil eines ‚Terroristen/Kommunisten-Netzwerkes', das mit seiner Verderbtheit Amerika anzustecken droht. [...] Zusätzlich zu dem psychologischen Wert, Terroristen als ‚Container' zu haben, in die man seine

249

Wenn ich somit Ihre Erklärung von Schuldgefühlen und von Triebfeind-lichkeit als psychologische Grundlage und Vorbedingung von Kriegen sehr wertvoll und interessant finde und wenn ich Ihnen in dieser Hinsicht weitgehend folgen kann, so kann ich Ihnen aber andererseits nicht zustimmen, wenn Sie dies mit einer Auffassung verbinden, derzufolge diese psychologischen — und *nicht* politisch-ökonomische Konstellationen — die *primären* Ursprünge von Kriegen wären.[1] Dies erscheint mir als einen Einseitigkeit Ihrer Sichtweise, die, wie ich vermute, auch einige theoretisch „verengende" Konsequenzen für das Verständnis der psychologischen Realität hat, die Sie an sich und insgesamt in einer sehr überzeugenden Weise erklären.

Wenn man mit Karl Marx darin übereinstimmen kann, dass Menschen „zuerst essen müssen", bevor sie sonst irgendetwas tun können (das heißt, primär ihre materielle, ökonomische Existenz sichern müssen); und wenn man dabei die sehr zwingenden Bedingungen berücksichtigt, denen Menschen in der bisherigen Geschichte unterworfen waren — da die verschiedenen Entwicklungsstufen der wirtschaftlichen Produktivkräfte und die verschiedenen gesellschaftlichen Produktionsverhältnisse ihnen (uns) nur sehr enge Spielräume für nicht-ökonomisch determinierte Entwicklung ließen —, so scheint es doch sehr schlüssig, ja sogar unvermeidlich, soziale, historische, politische — und auch psychologische — Realitäten im Wesentlichen aus einem Blickwinkel heraus zu untersuchen, der von der Grundlage ökonomischer Zwänge ausgeht — besonders bei so drastischen Ereignissen wie Kriegen, und in einem im historischen Vergleich wahrscheinlich noch strengeren Sinn im Fall kapitalistischer Gesellschaften, in denen ökonomische Zwänge schließlich auf die Spitze getrieben werden, in Folge zunehmend verschärfter und verallgemeinerter Konkurrenz und der unvermeidlichen Wiederkehr von Krisen.

---

unbewusste Feindseligkeit projizieren kann, sind sie auch brauchbare Objekte, auf die man eigene sexuelle Probleme verlagern kann. Psychohistoriker, die konkrete Äußerungen von Regierungsbeamten zum ‚Terrorismus' untersuchten, sind von der Häufigkeit versteckter sexueller Vorstellungen überrascht. So zeigen zum Beispiel amerikanische Zeitschriften regelmäßig Landkarten mit sogenannten ‚hot spots' von Terroristen. ‚Hot spots' steht im Englischen für sündhafte Orte wie Bordelle und Nachtklubs [...] Unterstaatssekretär Elliot Abrams bezeichnete kürzlich Libyen und Nicaragua als Bett-Partner: ‚Die Nicaraguaner sind mit Libyern im Bett... Das können wir nicht ertragen'." (ebenda: 49)

[1] „Die vielleicht kontroverseste Entdeckung, die von Forschern des Institute for Psychohistory gemacht wurde, ist: Die Ursprünge von Kriegen sind nicht in realistischen ‚ökonomischen oder politischen Streitfragen' zu finden, sondern vielmehr in gemeinsamen Schuldgefühlen gegenüber dem Sündhaften, der liberalen Freizügigkeit während Zeiten des Wohlstands und Fortschritts, die regelmäßig Kriegen vorausgehen. Im Gegensatz zur leninistischen Theorie, dass Kriege von den ökonomischen Problemen des Kapitalismus verursacht werden, haben Psychohistoriker entdeckt, dass Vorkriegszeiten in Wirklichkeit Zeiten der Prosperität, nicht der Rezession sind." (deMause 1986: 52)

Dementsprechend glaube ich auch, dass psychologisches Verständnis — um seiner eigenen inneren Folgerichtigkeit willen — grundsätzlich die Einbeziehung ökonomischer Motivation benötigt. So scheint mir zum Beispiel die manichäische Anschauung von der Welt als zwischen dem Guten und dem Bösen aufgeteilt (die unter anderem mit enormen psychischen Kosten verbunden ist) nicht wirklich „von den Wurzeln her" psychologisch aufklärbar, wenn man nicht die langfristigen historischen Umstände von sozialökonomischem Zwang in Betracht zieht, die die vielfältigsten und umfassendsten Ausbeutungsbeziehungen — das heißt, unüberbrückbare Interessensgegensätze, Feindschaften — unumgänglich machen: Gesellschaftliche Ausbeutungsbeziehungen beinhalten zwangsläufig eine Verweigerung von Einfühlung, eine Blockierung von Dialog, eine Missachtung der „Eigengesetzlichkeit eines lebendigen Gegenüber" (letztlich auch im eigenen Inneren) — und dies ist zweifellos eine grundlegende Voraussetzung zu jeglichem Glauben an die Existenz des „Bösen schlechthin" (und — als des von ihm abstechenden Gegenteils — des „Guten schlechthin").

Die Eskalation einer solchen psychologischen Disposition bis zur Kriegstrance sollte folglich auch auf der wesentlichen Grundlage der Verschärfung ökonomischer Gegensätze betrachtet werden. Ihr Standpunkt, der dem entgegengesetzt ist und entschieden diese politisch-ökonomischen Ursprünge von Kriegen verneint, ist deshalb auch derjenige Aspekt Ihrer Konzeption, den ich im Wesentlichen kritisieren möchte, da die wenigen anderen kritischen Punkte, die ich angehen möchte, mehr oder weniger von diesem zentralen Aspekt herzurühren scheinen.

So ist zum Beispiel, soweit ich sehen kann, Ihr dafür vorgebrachtes Argument, dass Vorkriegszeiten keine Zeiten von wirtschaftlicher Rezession, sondern von Prosperität seien, entweder unrichtig oder theoretisch irreführend. Wenn wir die beiden Weltkriege dieses Jahrhunderts als Beispiele nehmen, so kam der Zweite Weltkrieg zweifellos nicht im Gefolge einer Epoche von Prosperität und Freizügigkeit, sondern ganz im Gegenteil nach einer langen Rezessionswelle, nach Zeiten extremer sozialer Not und langfristiger autoritärer Rückschläge; während andererseits der Erste Weltkrieg tatsächlich am Ende einer äußerst prosperierenden Phase von ungefähr zwanzig Jahren kam. Aber es war gerade in dieser Zeit des Aufschwungs, dass — entsprechen dem Kapitalismus innewohnender ökonomischer Mechanismen — die Voraussetzungen für die äußerste Verschärfung der wirtschaftlichen Krise erzeugt wurden.

Es ist gerade das große Investitions-Wettrennen in Zeiten der Hochkonjunktur, das zwangsläufig auf eine enorme Überproduktion für einen Weltmarkt hinausläuft, der zu eng wird. Im Wettlauf um die Kolonisierung der ganzen Erde während der dem Ersten Weltkrieg vorhergehenden Jahrzehnte wurde der Kampf um einen allzu engen Markt bereits zunehmend offenkundig. Der Krieg, der daraus hervorging, wurde folglich nicht in erster Linie um des Verlierens willen geführt — obwohl in ihm sicherlich *auch*, psychologisch betrachtet, selbstmörderische Tendenzen verwirklicht wurden —, sondern mit einem primären Ziel, zu siegen (nämlich Marktanteile zu gewinnen).

Anscheinend führt der Ausschluss politisch-ökonomischer Motivationen für Ihre Erklärung der Ursprünge von Kriegen auch zu einer Einseitigkeit in der psychologischen Sicht der Dynamik von Schuldgefühlen. Dass die Überschreitung von autoritären, triebfeindlichen Regeln auf Schuldgefühle hinausläuft, ist, glaube ich, nur eine Teilwahrheit. Wie Freud (1930: 485) aufzeigte, sind es gerade die puritanischen Menschen, die mehr Gefühle von „Sündhaftigkeit" haben, und weniger diejenigen, die es sich eher gestatten, autoritäre Regeln zu übertreten — da die Triebregungen umso mehr drängen und Gewissensangst erzeugen, je mehr sie verdrängt werden, bzw. umso weniger, je mehr sie befriedigt werden. Also erzeugen Epochen von Prosperität, Freizügigkeit oder emanzipatorischer Entwicklung wohl eher eine Tendenz zur Verringerung als zur Verschärfung der psychodynamischen Grundlagen von Sündhaftigkeitsgefühlen. Und auf der anderen Seite sind es offenbar Epochen von wirtschaftlichen Rückschlägen, von Verarmung und autoritären Rückschritten — wie es bei der langfristigen Entwicklung zum Zweiten Weltkrieg hin der Fall war —, die ziemlich dauerhafte psychologische Bedingungen für Schuldgefühle erzeugen.

In diesem Zusammenhang scheint es auch einigermaßen begreiflich, dass es vor dem Ausbruch des Zweiten Weltkriegs (nach dem Aufstieg des Faschismus und der Niederlage der französischen Volksfront und der spanischen Republik) keine politische Chance mehr gab, den Krieg zu verhindern; während, im Gegensatz dazu, beim Ausbruch des Ersten Weltkriegs — nach einer langen Prosperitätsperiode, während der eine bedeutende sozialistische Bewegung und auch ein relativ emanzipatorisches kulturelles Klima in Europa gewachsen waren — die Situation offensichtlich ungefähr ein Monat lang in der Schwebe war und es wahrscheinlich realistische Chancen gegeben hätte, den Krieg zu verhindern, wäre die Führung der Sozialistischen Internationale nicht zu konservativ gewesen, die Machtfrage zu stellen.

Im Vergleich mit den Situationen vor dem Ersten und dem Zweiten Weltkrieg würde ich also die gegenwärtige Situation, die die Möglichkeit eines Dritten Weltkriegs mit atomarer Vernichtung beinhaltet, wahrscheinlich in einer ein wenig optimistischeren Weise einschätzen, als Sie es tun,[1] obwohl ich Ihnen im

---

[1] „Unter dem Vorwand der Raketenstationierung, der SDI-Verträge, der ,Terroristen'-Bekämpfung und ähnlichem setzen eine Reihe von Manövern und Rollenzuweisungen ein Psychodrama in Gang, dessen Höhepunkt ein Atomkrieg in Europa zu werden ,verspricht'. [...] Falls dem Leser ein Atomkrieg unwahrscheinlich vorkommt, sollte er sich daran erinnern, dass die letzte große Reinigung in Europa mehr als vierzig Jahre her ist. Dazwischen liegt eine historisch beispiellose Zeit des Friedens.

Großen und Ganzen zustimme, dass wir in einer Epoche von existentiellen Gefahren und zunehmend explosiven Krisen leben. Meiner Meinung nach schuf die lange Periode von Prosperität und von verschiedenen kulturellen (und anderen) „Revolutionen" — größtenteils von *Tendenzen zu* Revolutionen, würde ich meinen — bis zu den 1970er Jahren (die länger war und „weiter ging" als die Periode vor dem Ersten Weltkrieg) eher politische und psychologische Bedingungen, die zu einem gewissen Grad das Kriegführen behindern; während es wahrscheinlich weitgehend mit der Rezessionsphase seit der Mitte der 1970er Jahre und mit der sich verschärfenden Wirtschaftskrise im Weltmaßstab zusammenhängt, dass die Psychodynamik, die Sie beschreiben, mächtiger und gefährlicher wird.

Ich würde aber doch meinen (und auch hoffen), dass sie bis jetzt nicht ein Niveau erreicht hat (und hoffentlich nie erreichen wird), das direkt zum Ausbruch eines Atomkrieges führen würde. Immerhin haben sich noch nicht solche schweren Rückschläge ereignet wie in der Periode vor dem Zweiten Weltkrieg; da zum Beispiel der politische Preis für eine militärische Invasion des winzigen Nicaragua (die, „technisch betrachtet", sicherlich möglich wäre) nach wie vor viel zu hoch ist — wie es wahrscheinlich niemals in all jenen Zeiten von weit über hundert US-Militärinterventionen in Lateinamerika und anderswo der Fall war; oder da man gegenwärtig anscheinend — zumindest teilweise — auf das Feindbild des russischen „Reichs des Bösen" verzichten muss, so ist es wahrscheinlich erlaubt, einige vorsichtige Hoffnung zu haben, dass die Kriegstrance-Dynamik nicht bis zu der in ihr angelegten Vollendung gelangt — und durch ausdauerndes emanzipatorisches Handeln überwunden werden könnte.

Nun... dies sind also einige, natürlich sehr fragmentarische Diskussionsumrisse zu einigen der Themen, die Ihr Artikel (direkt oder indirekt) in Angriff nimmt. Ich hielt es für eher nützlich, mich mit ihnen in einer etwas eingehenderen Weise auseinanderzusetzen, da dies dazu beitragen könnte, die Grundlagen möglicher Forschungszusammenarbeit konkreter ins Auge zu fassen, von der ich wie gesagt glaube, dass sie sehr interessant und fruchtbar sein könnte.

So hoffe ich also sehr auf Ihre Antwort.
Mit freundlichen Grüßen

***

Die meisten Nationen hatten in jedem Jahrhundert alle zweiundzwanzig Jahre Krieg und opferten so zahllose Menschen jeder neuen Generation dem großen Gott Moloch" (d.h. dem strafenden Über-Ich). „Zu glauben, dass dieses Opfer-Bedürfnis einfach deshalb vorbei ist, weil wir jetzt Atomwaffen haben, ist sicher unrealistisch." (deMause 1986: 51f)

New York, 10. Juli 1987

Lieber Josef Berghold,

Ich möchte Ihnen dafür danken, dass Sie mir in solcher Länge geschrieben haben.

Ich habe ein Exemplar meines Buches ‚Grundlagen der Psychohistorie' (de-Mause 1982) in englischer Sprache beigelegt, weil die deutsche Ausgabe im Suhrkamp Verlag erst nächstes Jahr erscheinen wird. Ich schlage Ihnen jedoch auch vor, zum Kennenlernen weiterer Beispiele für die Analyse von Gruppenphantasien mein Buch ‚Reagans Amerika' zu lesen, das schon auf Deutsch erschienen ist (deMause 1984).

Ich habe auch meine Abhandlung über ‚War as a Group-Fantasy' und meinen Artikel über das Nuclear Tensions Monitoring Center (deMause 1985) beigelegt. Diese sollten Ihnen eine bessere Vorstellung von meinen Ideen über Krieg, Politik, Wirtschaftskrisen und Schuld oder Angst [...] vermitteln, als es der knapp gefasste Artikel in ‚Psychologie heute' konnte.

Was Ihre Einwände betrifft, werden Sie vielleicht Antworten in dem finden, was ich Ihnen schicke. Gewiss stehe ich nicht im Widerspruch dazu, dass Politik wichtig ist, nur hat auch Politik eine psychologische Basis, und wenn man sich für die historischen Motivationen interessiert, so können sie nur in den Psychen gefunden werden, nicht in politischen Strukturen oder materiellen Bedingungen.

Ich achte Marx sehr hoch, aber die „marxistische" (in Wirklichkeit leninistische) Theorie des Krieges wird von einer gegenwärtigen Untersuchung über die wirtschaftlichen Verhältnisse vor Kriegen völlig widerlegt, welche leider nur selten die Vorstellung von wirtschaftlicher Notlage oder von niedrigen Kapitalertrags-Quoten bestätigen. Sogar der Zweite Weltkrieg wurde 1939 angefangen, nicht im Jahre 1932, als Deutschland tatsächlich in wirtschaftlicher Notlage war, während Deutschland im Jahre 1939 ein Bruttonationalprodukt hatte, das sogar das der Vorkrisenzeit übertraf. Wie Sie anhand der Belege in meiner Arbeit ‚War as a Group-Fantasy' sehen werden (deMause 1986a: 8), zeigt eine sorgfältige Untersuchung von Kriegen dass ihnen selten wirtschaftlichen Notlagen vorausgehen.

Aber letzten Endes leitet sich meine Überzeugung, dass Krieg durch „psychologische" Motivationen verursacht wird (Gibt es denn irgendwelche anderen? Sogar ökonomische Motivationen sind letztlich psychologisch), von der Untersuchung der Wörter her, die Nationen benützen, wenn sie in den Krieg ziehen. Wenn sie zusammentreten, um über Krieg zu entscheiden, oder wenn der Führer dem Volk sagt, welches die Umstände sind, die Krieg notwendig machen, sagen sie Sätze wie „Europa ist voll von jüdischem Gift", nicht „Wirtschaftliche Umstände erfordern neue Märkte". Nachdem man sich Dutzende von Kriegen angeschaut hat und findet, dass das alles ist, was sie sagen, beginnt man sich zu fra-

gen, was dieses Gift sein könnte. Ich glaube, es ist das Gift Sex, aber ich kann mich irren. Zweifellos ist es nicht das Gift ökonomische Umstände. Auf jeden Fall hoffe ich, dass Sie mit den Beilagen Freude haben. Schreiben Sie doch weitere Einwände oder Schlussfolgerungen, die Sie vielleicht mitteilen möchten. [...]
Mit freundlichen Grüßen

***

Salzburg, 22. Oktober 1987
Lieber Lloyd deMause,
Ich war sehr erfreut, Ihre Antwort auf meinen Brief zu bekommen, und vor allem möchte ich Ihnen für das Exemplar Ihrer ‚Grundlagen der Psychohistorie‘ danken, das ich in der Zwischenzeit gelesen habe (wie auch Ihr Buch ‚Reagans Amerika‘ und Ihre Artikel über ‚War as a Group-Fantasy‘ und über das Nuclear Tensions Monitoring Center).

Ich muss sagen, dass ich von vielen der genialen Sichtweisen und Theorien, die Sie vorschlagen, tief beeindruckt bin, besonders von Ihren Erklärungen über die fötalen (intra-uterinen) traumatischen Ursprünge der menschlichen Geschichte,[1] über fortschreitende Stufen von Kindererziehungsformen (und entsprechende „Psychoklassen") als wesentliche Basis historischer Veränderung und Evolution,[2] und von Ihrer Analyse politischer Entwicklungen und Entscheidungen — und besonders der Kriegsdynamik — als durch eine Logik von Gruppenphantasien geleitet, welche auf einer frühen regressiven Ebene aufbaut und dabei vor allem ein periodisches unbewusstes Ausagieren des fötalen Dramas von

---

[1] Drei Hauptthesen von deMause über die fötalen Ursprünge der menschlichen Geschichte:
„1. Das Seelenleben im Mutterleib beginnt mit einem fötalen Drama, welches der Erinnerung zugänglich ist und durch spätere Kindheitsereignisse ausgearbeitet wird.
2. Dieses fötale Drama bildet die Grundlage der Geschichte und Kultur jedes Zeitalters und wird durch die sich entwickelnden Erziehungsmethoden modifiziert.
3. Das fötale Drama ist traumatisierend und muss somit endlos in den Zyklen von Sterben und Wiedergeburt durchlebt werden, so wie es in den Gruppenphantasien zum Ausdruck kommt, die bis heute einen großen Teil unseres nationalen politischen Lebens bestimmen." (deMause 1982: 230)
[2] „Letztendliche Quelle allen historischen Wandels ist Psychogenese, der gesetzmäßige Wandel der Kindererziehungsmodi, der durch den Druck der Generationen auftritt. [...] Die Evolution neuer psychogenetischer Modi erzeugt neue Psychoklassen, welche die Gruppenfantasien früherer Psychoklassen bedrohen und in historischen Perioden von Rebellion, Sieg und Reaktion zum Ausdruck kommen. [...] Psychogenetische Modi determinieren, welche Persönlichkeitsebene erreicht werden kann, und etablieren die typischen Konflikte und Abwehrformen jeder historischen Periode, die Kunst, Religion, Politik und Ökonomie jedes Zeitalters stützen." (ebenda: 91, 93f, 97)

„vorgeburtlichem Zusammenbruch" („pre-birth collapse") und „Geburtserhebung" („birth upheaval") beinhaltet.[1]

Der ganze Umfang Ihrer psychohistorischen Materialien, Belege, Vorschläge, Erklärungen ist wirklich sehr anregend, auch ziemlich überwältigend für mich, und bis jetzt fühle ich mich immer noch sehr weit davon entfernt, ihn in irgendeinem theoretisch befriedigenden Sinn „richtig verdaut" zu haben. Es ist irgendwie „zu viel auf einmal". Wenn ich mit meinem sehr begrenzten Wissen ein derartiges Urteil abgeben kann, so meine ich, dass Ihre Theorien einen historisch neuen, radikalen Ansatz wissenschaftlichen Verstehens dessen eröffnen, was wir warum in der menschlichen Geschichte tun — und somit erlauben soll-

---

[1] „[…] anhand historischer Dokumente [fand ich] heraus, dass Nationen, bevor sie sich entschließen, einen Krieg zu beginnen, eine Wiedergeburtsfantasie teilen, dass diese Gruppenfantasie sich von dem Wunsch herleiten ließ, einen ernsthaften Zusammenbruch des Vertrauens in die Nation und ihren Führer zu beenden, und dass der Führer häufig die Wut der Gruppe von sich auf einen ‚Feind' ablenkt, um das nationale Vertrauen wiederherzustellen. […] ich fand überdies heraus, dass es innerhalb des politischen Zyklus vier Stadien gab, die parallel zu den Entwicklungsstufen des fötalen Lebens verliefen […]:

1 – Stark: […] die Fantasiesprache der Medien und die Körperbilder der Karikaturen [werden] beherrscht von Gruppenfantasien über die Stärke der Nation, sie zeigen den Führer als großartig […]. Die Gruppe fühlt sich in diesem Stadium der ‚Stärke' sicher wie in einer stabilen Mutterleibs-Umgebung, daher wird auch jede Störung von außerhalb meistens nicht als bedrohlich genug wahrgenommen, um gewaltsam darauf zu reagieren.

2 – Zerbrechend: Die Vergöttlichung des Führers beginnt nachzulassen, gleichzeitig verstärkt sich die Tendenz, einen Sündenbock zu finden, um Feindseligkeiten von dem Führer abzulenken. Die Grenzen der Gruppe werden als unkontrollierbar und ‚zerfließend' empfunden, die vorherrschenden Vorstellungsbilder sind durchsickerndes Wasser und zerbröckelnde Wände. […] Besorgnisse über einen unmittelbar bevorstehenden Zusammenbruch und eine zunehmende Unberechenbarkeit des Feindes werden geäußert. […]

3 – Zusammenbruch: Die Gruppe erlebt während dieses Stadiums extreme Ängste vor dem Zusammenbruch ihres Selbstbildes und vor einer wachsenden Wut auf den Führer, der jetzt unfähig scheint, die Gruppengefühle der Verschmutzung, Sündhaftigkeit und Hunger zu absorbieren. In den Medien vermehren sich Gruppenfantasien des Erstickens, des Fallens, des Im-Stich-gelassen-Seins, des Verfalls, des Todes und der [Explosivität …]. Freischwebende paranoide Fantasien namenloser gefährlicher Feinde vermehren sich […]. Das Stadium des ‚Zusammenbruchs' endet erst nach einer erfolgreich abgeschlossenen ‚Suche nach einem demütigenden Anderen' — einem Feind, der in einem Augenblick ‚gruppenpsychotischer Einsicht' als greifbare Quelle des Elends der Gruppe identifiziert wird. […]

4 – Erhebung: die ‚gruppenpsychotische Einsicht' […] kann verschiedene Formen annehmen:
(1) *Die königsmörderische Lösung:* [… der Führer kann] selbst zum Feind bestimmt werden […]
(2) *Die Kriegs-Lösung:* Wenn ein äußerer Feind ausgemacht werden kann, der bei der Erniedrigung der Gruppe mitwirkt, fällt diese in einen tranceähnlichen Zustand sado-masochistische Bezauberung im Hinblick auf den Feind […] eine militärische Aktion [… scheint] unbedingt notwendig zu sein, mit dem Ziel, den gehassten ‚Feind' auszulöschen, die Phase der Erhebung aufzulösen, von der Verunreinigung zu befreien und die Wiedergeburt zu vollenden, die die Stärke und Vitalität der Gruppe wiederherstellt." (ebenda: 230ff)

ten, wertvolle Orientierungen für emanzipatorisches geschichtliches Handeln zu entwickeln.

Übrigens fühle ich mich in dieser Ansicht eher bestärkt durch die Art von heftigen Reaktionen gegen Ihre Arbeit, von denen Sie berichten[1] und die offenbar auf starke Abwehrmotive gegen die tief verdrängten Realitäten hinweisen, mit denen sich die Psychohistory befasst.

Als Folge meiner Auseinandersetzung mit Ihren Theorien bin ich jedenfalls dazu gelangt, viele meiner eigenen Ideen über Geschichte und Gesellschaft in Zweifel zu ziehen und neu zu prüfen, und meine Art, die Welt zu sehen, ist nun viel „schwimmender", manchmal ziemlich verworren und weniger „feststehend", als sie vorher war — was sowohl vielversprechend als auch zu einem gewissen Grad furchterregend ist. Nun, es bedrückt mich aber auch nicht allzu sehr, da ich glaube, dass Theorien (jedenfalls die, die ich kenne) ohnehin nur ziemlich entfernte Annäherungen an die Wirklichkeit sind — also sind mir „Umwälzungen" („upheavals") von Denkgewohnheiten eher willkommen.

Andererseits muss ich aber auch zugeben, dass ich sehr zwiespältige Gefühle über Ihre Theorien habe, und bei einigen Punkten fühle ich mich sogar ärgerlich, da ich nach wie vor in starkem Widerspruch zu gewissen wesentlichen Ansichten stehe, die Sie vertreten — besonders zu Ihrer radikalen Verneinung jeglicher grundlegend ökonomischen Erklärung von Geschichte (wie sie speziell durch Ihre Auffassung zur Kriegsdynamik illustriert wird), was offenbar auch mit Ihrer Meinung verbunden zu sein scheint, dass die marxistischen Theorien ziemlich bedeutungslos für jegliche Erklärung historischer Motivation sind. Im

---

[1] „Wegen meiner psychohistorischen Arbeit bin ich von der Mehrzahl der Wissenschaftler lange auf übelste beschimpft worden, und ich habe oft versucht, die Gründe für diese Reaktion herauszufinden. Mein kurzer 20-Seiten-Artikel in unserem Buch ,Jimmy Carter und die amerikanische Gruppenfantasie' aber rief einen Sturm des Zorns hervor, der alles übertraf, was ich bis dahin erlebt hatte — wahrscheinlich, weil ich zum ersten Mal über *gegenwärtige* Gruppenfantasien geschrieben hatte. Rezensenten schienen besonders über jeglichen Anspruch auf wissenschaftliche Methodologie erzürnt zu sein. Gary Wills nannte mich in einem Artikel mit der Überschrift: ,Psychohistorie ist Humbug' einen ,Schlangenölverkäufer unseres wissenschaftlichen Zeitalters', einen Menschen mit einer ,Mickey deMause-Methode', die Leser ,bekloppt' machen könnte. Andere beklagten sich über meine ,Unverschämtheit', Voraussagen zu machen, [...] und meine Überheblichkeit beim Schreiben von etwas, das das ,Wall Street Journal' als ,Science Fiction' bezeichnete. [...] die ,Atlanta Constitution' hielt meine Voraussagen für ,Psychogeschwätz... reinen Mist... schmutziges Zeugs... Schweinekram'. Meine Kollegen erwiesen sich bei meinem Versuch, Voraussagen zu machen, als noch verärgerter: [...] John Fitzpatrick sagte, dass ,Psychohistoriker nicht über die Fähigkeit verfügen, für sich allein stehende Voraussagen darüber zu machen, was ein Präsident tun wird'; [...] Robert Coles kommentierte gegenüber ,Newsweek': ,Einige Leute beschmieren Wände mit ekelhaften Worten, andere Leute betreiben Psychohistorie'; ,The Chronicle of Higher Education' bezeichnete meine Arbeit als ,ein Krebsgeschwür, das durch den ganzen Körper des historischen Standes metastasiert', und John Demos sagte, dass ,wir' diese Art von Psychohistorie ,irgendwie bremsen müssen'." (deMause 1982: 306f)

Gegensatz dazu meine ich, dass die meisten Ihrer Erklärungen auf sozialpsychologischer Ebene nicht in grundlegendem Widerspruch zu marxistischen politisch-ökonomischen Auffassungen über historische Entwicklung stehen, sondern dass beide — im Interesse einer umfassenden Wissenschaft über historische Motivation — eher miteinander verbunden und in vieler Hinsicht sogar voneinander abgeleitet werden sollten.

Meiner Meinung nach ist es ein bedauerlicher Mangel Ihrer ‚Grundlagen‘ (und Ihrer übrigen Schriften, die ich gelesen habe), dass Sie, abgesehen von ein paar Nebenbemerkungen, nicht wirklich in irgendeinem konkreten Zusammenhang über marxistische Auffassungen von Geschichte und Wirtschaft diskutieren. Wenn die meisten Historiker in ihrer Arbeit beinahe ausschließlich auf „erzählende" (narrative) Wiese vorgehen und sich mit keiner ernsthaften Analyse der Motivationen befassen, wie Sie kritisieren, so schlägt die marxistische Geschichtstheorie andererseits doch offensichtlich gesetzmäßige Muster historischer Motivation vor (wie richtig oder falsch auch immer), und die Tatsache, dass Marx oder Engels (oder andere Marxisten) keinen Historiker-Lehrstuhl hatten, sollte ihre Theorien sicher nicht davon ausschließen, als qualifizierte Beiträge zur Wissenschaft der Geschichte oder geschichtlicher Motivation (und Aktion) diskutiert zu werden.

Wenn Sie nun etwa auch bedauern, dass es Freud, Róheim oder Kardiner nicht gelang, die psychoanalytische Theorie auf Erklärungen historischer Änderung und Evolution anzuwenden (deMause 1974: 13), so wundere ich mich ebenfalls, warum Sie die Arbeit jener großen Zahl von Psychoanalytikern (oder psychoanalytisch orientierter Forscher) völlig ausklammern, die solche Erklärungen anbieten, indem sie eine ziemlich überzeugende Synthese zwischen psychoanalytischer Theorie und marxistischem Geschichtsverständnis versuchen — wie zum Beispiel Erich Fromm, Wilhelm Reich, Siegfried Bernfeld, Adorno, Horkheimer, Landauer, Marcuse, Klaus Horn oder Russel Jacoby (um nur diese zu nennen)? Natürlich meine ich nicht, dass man sich unbedingt mit allen diesen Autoren in einem so grundlegenden Buch wie Ihren ‚Grundlagen‘ befassen müsste. Aber ich stelle mir doch vor, dass die von ihnen repräsentierte Denkrichtung als solche von zu grundsätzlicher Bedeutung ist, als dass man in einer angewandten psychoanalytischen Forschung über historische Motivation gänzlich über sie hinweggehen könnte.

Worüber ich mich auch wundere, ist der Umstand, dass Sie — im Gegensatz zu dieser Ausgrenzung angewandter psychoanalytischer Theorie — das wissenschaftliche Prinzip der Psychohistory (den „methodologischen Individualismus") von der theoretischen Arbeit von Leuten herleiten, die man, wie ich meine, wirklich anti-psychoanalytische Denker nennen kann, wie Karl Popper oder Friedrich von Hayek (deMause 1974: 111). Leider ohne über ihre Arbeit viel zu wissen, entnehme ich doch aus verschiedenen Publikationen und Diskussionen, dass Poppers Methodologie Ihrem (psychoanalytischen) Prinzip der Introspektion als wesentlichem Forschungsinstrument radikal entgegengesetzt ist und aus diesem Grund der Psychoanalyse auch den Status von Wissenschaftlichkeit abstreitet (obwohl die von Popper aufgestellten Prinzipien wissenschaftlichen Denkens — auf einer gewissen formalen Ebene — zugegebenermaßen vernünftig erscheinen); und dass Hayek ein sehr entschiedener Verfechter des Sozialdarwinismus ist, welchen ich im äußersten Gegensatz zum psychohistorischen Prinzip der sich entfaltenden Empathie als zentraler Achse historischen Fortschritts sehe (Empathie kann nicht unter dem Gesetz des „Überlebens des Tüchtigsten" gedeihen).

Die Punkte oder Zusammenhänge, bei denen mir bisher in Ihren Schriften das Fehlen einer Berücksichtigung marxistischer Theorie als wesentliche Unvollständigkeit auffiel, sind hauptsächlich: 1. die Behauptung, dass der Marxismus auf einem „holistischen" Irrtum aufbaut,[1] 2. die psychohistorische Erklärung von ökonomischen Krisen und vor allem 3. Ihre vorgebliche Widerlegung der Annahme von wirtschaftlichen Gründen für Kriege. Ich werde nun versuchen, meinen Standpunkt zu diesen drei Problemkreisen zu erklären.

1. Was Ihre Annahme betrifft, dass die gesamte Wissenschaft der Soziologie — sei es die von Durkheim, Marx oder Parsons — auf dem holistischen Irrtum aufbaut, die Gesellschaft sei eine „objektive Sache" oder „Wesenheit" jenseits der Individuen,[2] mit eigenen Motiven, die denen ihrer individuellen Mitglieder fremd seien: In erster Linie möchte ich dazu sagen, dass ich stark mit Ihrem Widerstand gegen diese holistische Ideologie sympathisiere (die man glaube ich auch als „objektivistischen Reduktionismus" beschreiben kann), und ich glaube auch, dass dies eine sehr wertvolle Seite Ihrer Theorien ist. Ich stimme vollkommen damit überein, dass nur Psychen Motive haben können (und somit „Geschichte in Gang setzen" können) und dass irgendwelche objektiven „materiellen Wesenheiten" dies nicht können [...]. Und zweifellos sind auch ökonomische Motivationen, wie Sie in Ihrem Brief schreiben, im Grunde psychologisch, was

---

[1] „Holistisch" bedeutet im hier verwendeten Sinn in etwa: „pauschalierend-ganzheitlich". („Soziologie, sei sie an Parsons orientiert oder marxistisch, basiert auf der holistischen Behauptung Durkheims, dass ‚soziale Fakten als Dinge betrachtet werden müssen, das heißt, als Realitäten außerhalb des Individuums'" [deMause 1982: 89].)

[2] „Als Comte und Durkheim in den Anfängen der Soziologie ihren ersten Grundsatz ‚die Gesellschaft kommt vor dem Individuum' aufstellten, dachten sie nur daran, ihren Gegenstand zu bregenzen. [...] Die Auffassung von der ‚Gesellschaft' wurde *eingeführt*, um individuelle Motivierungen in Gruppen zu leugnen; Durkheim erklärte bezüglich dieser Flucht vor der Psychologie freimütig, dass ‚jedes Mal, wenn eine soziale Erscheinung direkt durch ein psychologisches Phänomen erklärt wird, wir sicher sein können, dass die Erklärung falsch ist'." (ebenda: 19)

letztlich sogar selbstverständlich ist, da „psychologisch" schon von der Definition her bedeutet: sich auf Motivation beziehend.

Offenbar kann das Prinzip holistischer Soziologie, jegliche psychologische Erklärungen (durch persönliche Motive) zu vermeiden, nicht durchwegs aufrechterhalten werden, sobald es zu konkreter Untersuchung kommt, da sogar Durkheim eine Menge soziologischer Details — zum Beispiel in seinem bekannten Buch über den Selbstmord — direkt in einer Weise begründet, die man unmöglich „nicht-psychologisch" nennen könnte (zum Beispiel die unterschiedlichen Selbstmordraten von Protestanten, Katholiken und Juden durch unterschiedliche Grade, sich durch Gruppenbindungen gesichert zu fühlen [Durkheim 1897: 168ff]).

Dass nur individuelle Subjekte Motive haben können, scheint mir so offensichtlich, dass jegliche Ansichten, die sie etwas anderem zuschreiben, wie etwa der Gesellschaft als außer-individueller Wesenheit (oder objektiven Strukturen, oder Gott, oder dem Teufel), meiner Meinung nach nur durch mächtige Verleugnungsmotivationen erklärt werden können. (Allerdings sehe ich nicht ein, warum der *Ausdruck* „Gesellschaft" als solcher schon diese Verleugnung beinhalten sollte, wie Sie behaupten, und dessen generelle Ersetzung durch den Ausdruck „Gruppen", die Sie vornehmen,[1] erscheint mir nicht in jeder Anwendung passend, zum Beispiel wenn er Millionen von Menschen bezeichnet. Abgesehen davon glaube ich auch, dass eine Auffassung, nach der Individuen in irgendeiner Weise als „Wesenheiten jenseits der Gesellschaft" begriffen werden könnten, geradeso irreführend wäre wie jede holistische Flucht von den individuellen Personen und ihrer Psychologie. Von ihrer ganzen — sogar biologischen — Substanz her sind Individuen Bestandteile der Gesellschaft, gesellschaftliche Wesen, und sogar die strikteste Isolation von Individuen untereinander ist im Wesentlichen ein *gesellschaftliches* Phänomen, eine — für gewöhnlich destruktive — Art, aufeinander bezogen zu sein.)

Diese mächtigen Verleugnungsmotivationen von subjektiven Motiven und deren Verschiebung auf Wesenheiten über und jenseits der konkreten Individuen sind, soweit ich es erkennen kann, zu einem hohen Grad mit Herrschafts- und Ausbeutungsinteressen verknüpft (was ich übrigens nicht in Widerspruch, sondern in Verbindung mit Ihrer Deutung der holistischen Gesellschaftsphantasie als unbewusste Repräsentation des Körpers der Mutter bzw. der Plazenta[2] sehe, wie

---

[1] „Ich gebrauche [...] nie den Begriff ‚Gesellschaft' (und habe mir statt dessen den [...] Begriff ‚Gruppe' zu eigen gemacht), weil ich ihn für einen weiteren projektiven Kunstgriff halte, wie etwa ‚Gott' oder ‚Hexe', um das Individuum seiner Verantwortlichkeit zu entheben." (deMause 1982: 19)

[2] „Der holistische Trugschluss, dass die Gruppe als eine Entität über ihre individuellen Bestandteile hinaus existiert, setzt voraus, was untersucht werden sollte — die Fantasie, dass die Gruppe tatsächlich der Körper der Mutter ist und seine eigenen Ziele und Motive hat." (ebenda: 89)

auch als ein Resultat des unterschiedlichen Abspaltens psychischer Konflikte in Individuen, je nachdem, ob sie allein sind oder sich in Gruppen befinden.[1]

Offensichtlich ist es sehr wesentlich für den Erfolg ausbeuterischer Interessen, dass sie nicht allzu offen als das erscheinen, was sie sind, sondern sich hinter Motiven verbergen, die angeblich „höher" sind als „jene bloß egoistischen Motive" von tatsächlich wahrnehmbaren Leuten. Anstatt dass es klar würde, dass Individuen wegen der Interessen („egoistischen Motive") anderer Individuen ausgebeutet werden — das heißt, dass ihre Lebensmöglichkeiten in verschiedenem Ausmaß zerstört werden —, ist es für diese Interessen weitaus zweckdienlicher, ja sogar unumgänglich, als so etwas wie ein „unerforschlicher Wille Gottes" oder eben ein „höheres Interesse der (holistischen) Gesellschaft" (oder „der Nation") angesehen zu werden, oder als „objektive historische Notwendigkeit" usw. Dass diese Art von Vorstellung oder Denkweise die Individuen auch von Verantwortlichkeit entlastet (oder sie ihnen vielmehr in erster Linie raubt), ist zwangsläufig auch in jeder gesellschaftlichen Realität von Ausbeutung inbegriffen.

Unter Ausbeutung verstehe ich sowohl ökonomische als auch psychologische Ausbeutung — wobei psychologische Ausbeutung, wie ich meine, insbesondere aus der Benützung anderer Individuen (zum Beispiel von Kindern) als Repräsentanten für eigene verdrängte („sündhafte") und projizierte Regungen, Wünsche, Gedanken usw. besteht. In Übereinstimmung mit der marxistischen Geschichtsauffassung meine ich, dass es wirtschaftliche Ausbeutung ist, die der primäre oder vielmehr der hauptsächliche „Grundursprung" für psychologische Ausbeutung ist. Früher stellte ich mir sogar die erstere als den einzigen (grundlegenden) historischen Ursprung der letzteren vor, oder zumindest konnte ich nicht verstehen, wie Menschen — ohne ökonomisch zwingende Umstände, die gesellschaftliche Ausbeutungsbeziehungen unvermeidlich machen — in irgendeiner Weise *grundlegend* dazu motiviert sein könnten, sich gegenseitig zu beherrschen (psychologisch auszubeuten).

Erst jetzt — nachdem ich Ihre ‚Grundlagen' gelesen habe, vor allem Ihre Erläuterungen über die fötalen Ursprünge der Geschichte (deMause 1982: 230-349) — fange ich an, mir vorzustellen, dass es offenbar *auch* nicht-ökonomisch determinierte, primäre Motive für psychologische Ausbeutung geben muss; grundlegend (wie ich Ihren Beschreibungen von den traumatischen Umständen des fötalen Lebens entnehme) aufgrund von Bedürfnissen, das biologisch begründete fötale Drama auszuagieren, welches — insbesondere als sehr schädigender Nebeneffekt der Evolution der menschlichen Art zum Großhirn (mit

---

[1] „[...] Menschen handeln in Gruppen nur deshalb anders als einzelne Individuen, weil sie ihre psychischen Konflikte anders abspalten, nicht weil irgendeine ‚gesellschaftliche' Macht Einfluss auf sie ausübt." (ebenda: 90)

seinem viel größeren Sauerstoffbedarf) — mit katastrophalen Rückgängen der Sauerstoffzufuhr (und der Kohlendioxid/Abfallprodukt-Beseitigung) verknüpft ist, je mehr die Geburt herannaht.[1] In Gegenüberstellung mit Ihren Entdeckungen über die fötalen Grundlagen der Geschichte würden also — nach meinem Verständnis — die politisch-ökonomischen Erklärungen geschichtlicher Motivation und Evolution, die die marxistische Theorie vorschlägt, einige Korrekturen und Abänderungen benötigen — ohne jedoch durch sie grundsätzlich entkräftet zu werden.

Um nun endlich zum Kernpunkt zurückzukommen, dass Sie die marxistische Soziologie (wie auch die Soziologie insgesamt) als eine Wissenschaft begreifen, die auf holistischer Täuschung aufbaut: Ich glaube, dass diese Vorwurf von Ihnen einer grundlegenden, wenn auch weit verbreiteten Missdeutung des Marxismus entspricht — welche unter anderem von Motivationen stalinistischer und teilweise auch sozialdemokratischer Bürokratien herrührt, dieses Bild des Marxismus zu formen, um ihre jeweils spezifischen Sonderinteressen gegenüber der Arbeiterbewegung hinter angeblichen „objektiven Notwendigkeiten" oder objektivistischen „Gesetzen der Geschichte" zu verbergen, die die Individuen mit ihren subjektiven Motiven als etwas ihnen sehr Fremdes und Erhabenes empfinden sollten (klassische Beispiele dieser Art von „marxistischem" Denken — bei allen politischen Gegensätzen — sind die Richtungen des sogenannten Sowjetmarxismus und Austromarxismus).

Offensichtlich ist Ihre Kritik am marxistischen Denken derjenigen sehr ähnlich, die Freud in seiner ‚Neuen Folge der Vorlesungen zur Einführung in die Psychoanalyse' zum Ausdruck bringt — besonders in der letzten (35.) Vorlesung —, wo er als seinen Hauptgegensatz zum Marxismus dessen (angebliche) „ökonomistische" Verneinung subjektiver Motivationen und ihrer eigenständigen Muster postuliert (wie sie zum Beispiel in konservativen Tendenzen von Über-Ich, Tradition usw. zum Ausdruck kommen [Freud 1933: 193f]); eine Kritik, die er übrigens später (im Jahre 1937) als irrig zurücknahm (in einem Brief, der im dritten Band der Freud-Biographie von Ernest Jones zitiert wird [vgl. Jacoby 1975: 104]).

Nach dem, was der deutsche Soziologe Helmut Fleischer in seinem — meiner Meinung nach sehr kompetenten — Buch über die marxistische Auffassung von geschichtlicher Motivation und Evolution erläutert, kann die marxistische

---

[1] „Mit [...] der nahenden Geburt, wenn die Plazenta weniger leistungsfähig und die fötalen Bedürfnisse nach Sauerstoff, Nahrung und der Reinigung des Bluts von Kohlendioxyd und Ausscheidungsstoffen größer werden, nimmt die Verunreinigung des Blutes zu, und für den Fötus wird der Stress schmerzhafter. [...] Saling entdeckte zu Beginn der Wehentätigkeit in fötalem Kopfhautblut einen Sauerstoffwert von 23% und kurz vor der Entbindung von 12% (bei Erwachsenen versagt das zentrale Nervensystem, wenn der Wert unter 63% sinkt) [...] bald beginnt [der Fötus] einen Kampf auf Leben und Tod, um sich aus dieser schrecklichen Lage zu befreien." (deMause 1982: 248)

Vorstellung von gesellschaftlichen Verhältnissen und Strukturen „nie und nimmer bedeuten, dass ein konkreter Begriff von Gesellschaft möglich wäre ohne das primäre Datum der die Gesellschaft bildenden Individuen", ohne die „konkrete[n] Subjekte als absolute Gegebenheiten" (Fleischer 1969: 28f); was auch bedeutet, dass alle objektiven Verhältnisse und Wesenheiten nicht einmal als solche begriffen werden könnten, ohne „auf das aktive Subjekt-Zentrum" der Geschichte bezogen zu werden (ebenda: 51f). Weit davon entfernt, Menschen als bloß (oder hauptsächlich) durch ökonomische Beweggründe motiviert zu betrachten, *kritisierte* Marx die kapitalistische Produktionsweise wegen ihrer Zwangsmechanismen, die dazu tendieren, Menschen von weitaus wesentlicheren Motiven zu einem bloßen „homo oeconomicus" zu reduzieren (ebenda: 59).

Aus dem Überblick über Marx' Schriften schließt Fleischer auf drei Dimensionen menschlicher Motive als die Triebkräfte der Geschichte (54-60) (womit er auch der sehr verbreiteten Meinung widerspricht, der Marxismus verneine jegliche menschliche Natur von Bedürfnissen):

- die „vitalen" Motive, am Leben zu bleiben (Ernährung, Wasser, Kleidung, Behausung, Gesundheit, Schutz gegen Gefahren usw.), die weitgehend auch den ‚homo oeconomicus' einschließen;
- die Motive des ‚homo relatens',[1] in Fleischers Worten „bestimmte Anforderungen an den gesellschaftlichen Ort, den [Menschen] *relativ* zu anderen Menschen einnehmen", „Antriebe, für andere da zu sein, als auch, andere für sich selbst in Anspruch zu nehmen", oder „ein primäres und allgemeines Bedürfnis, von anderen Menschen anerkannt zu werden" (56); und
- die Motive des ‚homo ludens', „Bedürfnisse des freien Kräftespiels und der freien Selbstdarstellung" (57) (Kunst, Kultur, Spiel, Schönheit, Neugier usw.).

Wenn man irgendeine dieser drei Motivationsdimensionen überhaupt als „die Mitte" betrachten könnte — da sie immer ein Ganzes bilden und sich im konkreten Leben gegenseitig einbeziehen — wäre es die der Beziehung, nicht die wirtschaftlicher Produktivität (59f).

Die Voraussetzung der marxistischen politischen Ökonomie ist also nicht, dass Menschen hauptsächlich oder lediglich durch wirtschaftliche Bedürfnisse

---

[1] „Ich bezeichne [meine] Theorie eher als ‚psychogenetisch' denn als ‚ökonomisch' oder ‚politisch', weil sie den Menschen mehr als *homo relatens* statt als *homo oeconomicus* oder *homo politicus* betrachtet — das heißt, mehr auf der Suche nach *Beziehung* und *Liebe* als nach Geld oder Macht. Die Theorie behauptet, dass es nicht die ‚ökonomische Klasse' oder die ‚soziale Klasse', sondern die ‚Psychoklasse' — gemeinsam geteilte Erziehungsformen — ist, welche die wirkliche Basis für das Verstehen von Motivierung in der Geschichte ist." (deMause 1982: 17)

getrieben werden, sondern nur, dass sie in ihren Versuchen, ihre wirtschaftlichen Bedürfnisse zu befriedigen, (in der bisherigen Geschichte) mit größtenteils ziemlich widrigen objektiven Bedingungen konfrontiert sind, die sie weitgehend zwingen, sich mit ihren anderen (ebenso wesentlichen oder wesentlicheren) Motiven dem Kräftespiel zwischen ökonomischer Motivation und zwingenden Bedingungen für ihre Befriedigung anzupassen. Mit anderen Worten, die Psychen, die allein die Geschichte motivieren, begegnen „mit ihren Motiven" äußeren Umständen, die sich ihnen nicht automatisch oder leicht (eher nur „sehr widerstrebend") fügen, sondern nach ihren eigenen Regeln existieren und funktionieren (den objektiven Gesetzen der Physik, Chemie, Biologie usw.). Die Gesetzmäßigkeiten und Entwicklungsmuster, die sich aus dieser „Begegnung" (oder gegenseitigen Beeinflussung) zwischen Motiven und objektiven Bedingungen ergeben, können nicht *nur* psychologische sein (obwohl es *ohne* psychologische Gesetzmäßigkeiten und Entwicklungsmuster überhaupt keine Grundlage für sie gäbe), sondern sie müssen Kombinationen zwischen psychologischen und objektiven sein. Der Gegenstand politischer Ökonomie besteht gerade aus solchen Kombinationen.

Das bedeutet, dass die Geschichte nicht nur das Ergebnis von — bewussten und unbewussten — Wünschen ist,[1] sondern das Ergebnis von *Wechselwirkungen* zwischen Wünschen und objektiven Bedingungen (und, genauer gesagt, *auch* zwischen verschiedenen und gegensätzlichen Wünschen der Individuen und in ihnen). Das tatsächliche historische Resultat entspricht also für gewöhnlich nur zu einem geringen Grad den Wünschen der handelnden Subjekte, obwohl es ohne ihre Wünsche überhaupt kein Resultat gäbe und obwohl ein gewisser Teil des Resultats (gewissen) Wünschen nur oberflächlich nicht entspricht (da diese unbewusst sind).

Auf diese Darstellung werden Sie wahrscheinlich entgegen (wie ich aus Ihren Schriften folgere), dass jene objektiven Umstände von ökonomischen Notwendigkeiten in Wirklichkeit so gut wie gar keinen widrigen und zwingenden Charakter haben, da zu allen Zeiten die natürlichen technischen Fähigkeiten der Menschheit genügend entwickelt wären, um wirtschaftliches Überleben und Wohlergehen ziemlich mühelos zu sichern — die Vorstellung einer widrigen Außen- bzw. Umwelt wäre also im Wesentlichen eine Phantasie, die unbewuss-

---

[1] „[Das psychohistorische Paradigma] kehrt […] das Verhältnis zwischen der physischen und psychischen Realität um, und zwar so, dass nicht die materiellen Prozesse die Gangart der Geschichte bestimmen und die Psyche der Handelnden irgendwie hinterherschleppen, sondern die menschliche Psychologie ist das Primäre — auch wenn damit Marx auf den Kopf und Hegel wieder auf die Beine gestellt wird. Und die materielle Realität wird in erster Linie als das Resultat menschlicher Entscheidungen betrachtet, seien es vergangene oder gegenwärtige, bewusste oder unbewusste." (deMause 1982: 29f)

ten Projektionswünschen entspricht, ein Vorwand für das Ausagieren des fötalen Dramas.

Meiner Meinung nach leitet sich ein sehr zentrales Argument für diese Ansicht aus den von Ihnen berichteten Entdeckungen her, nach denen es sogar unter sehr primitiven Bedingungen sehr einfach ist, die lebensnotwendige Nahrung zu sammeln.[1] Jedenfalls bin ich ziemlich beeindruckt von diesem Argument, das eine kritische Überprüfung der Argumente, die auf ökonomischen Determinismen aufbauen, sehr nahelegt. Nach einigen bisherigen Überlegungen würde ich jedoch meinen, dass das Argument der leichten Sicherung des ökonomisch Notwendigen nur — oder hauptsächlich — auf ziemlich primitive Gesellschaften mit einem niedrigen Niveau ökonomischer Bedürfnisse und Notwendigkeiten zutrifft (auf dem die Menschen zum Beispiel früh sterben), und wahrscheinlich sogar auf diesem Niveau nicht auf jede Art von klimatischer Umwelt (da es noch viel schwierigere klimatische Bedingungen gibt als die der Kalahari-Landschaft). Sobald wirtschaftliche Bedürfnisse und Notwendigkeiten höher entwickelt sind, werden die objektiven Bedingungen, ihnen zu entsprechen, zweifellos ziemlich zwingend und führen somit zu Gesellschaftsordnungen mit ökonomischer Ausbeutung.

Da Sie wahrscheinlich nicht mit dieser Auffassung übereinstimmen: Glauben Sie folglich, dass das enorme Auseinanderklaffen zwischen reich und arm von antiken bis modernen Zeiten wirklich *nur* psychologische Ursachen hat (wie etwa, sich mit Armut zu bestrafen oder arme Leute als Es-Repräsentanten zu haben, die für projizierte eigene „sündhafte" Regungen bestraft/geopfert werden können)? Mit anderen Worten, dass es wirklich nichts mit Interessen zu tun hat, eigenes wirtschaftliches Wohlergehen durchzusetzen, indem man die Arbeitskraft anderer ausbeutet? Oder, als logische Voraussetzung dazu: Glauben Sie also, dass ohnehin zu allen Zeiten jedes gewünschte wirtschaftliche Wohlergehen

---

[1] „Eine der kuriosen Entdeckungen neuerer Ethnologie bestand darin, nachzuweisen, wie leicht es ist, die für das Leben notwendige Nahrung in wenigen Stunden zu sammeln. Jack Harlan, ein Spezialist für frühen Ackerbau, ging eines der ‚weiten, urzuständlichen Wildweizenmeere', wie sie noch in den Berggegenden des Nahen Ostens wachsen, und erntete mit einer 9000 Jahre alten Sichel so schnell Korn, dass ‚eine Familie [...] in einer Zeitspanne von drei Wochen oder wenig mehr, ohne jemals sehr hart zu arbeiten, leicht wildes Getreide ernten könnte und dabei mehr Getreide sammeln würde, als eine Familie möglicherweise in einem Jahr verbrauchen könnte'. Zeitgenössische Sammlergruppen können gleichermaßen gut zurechtkommen: ‚Weit davon entfernt, Hunger leiden zu müssen [...] bekommen sie, auch ohne sehr hart zu arbeiten, alle Kalorien, die sie brauchen. Sogar die Buschmänner der öden Kalahari-Region, so stellte sich heraus, als sie einer Input-Output-Analyse unterzogen wurden, erzielten bei weniger als drei Tagen Nahrungssuche pro Woche 2100 Kalorien am Tag. Vermutlich schnitten Jäger-Sammler der prähistorischen Zeiten in üppigerer Umwelt noch besser ab.' Wenn einem zeitgenössischen Sammler Ackerbau gezeigt wird, lacht er gewöhnlich über die Vorstellung, wie der Buschmann, der fragte: ‚Warum sollen wir etwas anpflanzen, wenn es auf der Welt so viele Mongongo-Nüsse gibt?'" (ebenda: 279f)

für jeden, technisch betrachtet, wirklich sehr leicht erreicht werden könnte —
wenn nur die „psychogenetische Grundlage" dafür vorhanden wäre (nämlich
imstande zu sein, es ohne all zu viele Schuldgefühle zu wünschen)?[1]

Was ökonomisch zwingende Umstände betrifft, so ist nun der Fall des modernen Kapitalismus wiederum noch sehr verschieden von allen vorherigen geschichtlichen Bedingungen, da seine wesentlichen Zwänge *nicht* aus unzureichender Produktivität (technologischen Schwierigkeiten) herrühren. Sogar wenn,
technisch gesprochen, allgemeines ökonomisches (und auch ökologisches)
Wohlergehen sehr leicht erreichbar wäre, kann es dennoch wegen der *inneren*
„einengenden" Dynamik der Märkte (und damit auch der Profitraten) nicht verwirklicht werden, die viel zu klein werden, um die mögliche Produktivität zu
„absorbieren" — was glaube ich recht gut zu einem fötalen Trance-Zustands-
Gefühl passt, dass das Leben fortwährend „eingeengter" wird,[2] da die Absatzkrisen zunehmen...

Nun bin ich mit dieser Überlegung endlich beim zweiten der oben erwähnten drei Punkte angelangt, bei denen ich glaube, dass Ihren Erklärungen eine
konkrete Diskussion marxistischer Theorie abgeht. [...] ich werde mich auf lediglich ganz kurze Aussagen zu den übrigen zwei Punkten beschränken, in der
Hoffnung auf spätere Gelegenheiten, ausführlicher darauf einzugehen.

2. Was mich wirklich sehr erstaunt, ist der Umstand, dass Sie an keiner Stelle in
Ihren ‚Grundlagen' (oder in Ihren anderen Schriften, die ich gelesen habe) die
Theorie in Betracht ziehen, dass Wirtschaftskrisen im Kapitalismus allgemein
durch *Überproduktion* verursacht werden, das heißt durch zunehmende Schwierigkeiten gekennzeichnet sind, Waren zu verkaufen (Güter oder den Gebrauch
von Arbeitskraft), durch einen Überschuss von Produktivität im Verhältnis zur
Kaufkraft. Dieses Verständnis ist nicht nur ein Wesenselement der marxistischen
Analyse der kapitalistischen Wirtschaft, sondern wird auch eindrucksvoll deutlich — wenn man keine systematischen ökonomischen Konzeptionen hat —,

---

[1] „Psychogenetischer Wandel ist die letztendliche Quelle alles technologischen Wandels [...]. Der
Grund, aus dem die verschiedenen Methoden der Kindererziehung überhaupt mit technologischen
Ebenen korrelieren, liegt darin, dass die ersteren die letzteren hervorbringen, nicht umgekehrt. [...]
Die Einführung und Verbreitung neuer Technologien tritt ein, wenn neue Psychoklassen die projektive Identifikation von Teilen ihrer Psyche in Dinge reduzieren" (deMause 1982: 96). „Projektive
Identifikation [...] ist das fantasierte Eindringen geleugneter Teile von jemandes Psyche in eine
andere." (ebenda: 94f) „Ökonomische Systeme ändern sich, wenn neue Psychoklassen den Gebrauch
der Gruppe für projektive Identifiaktion reduzieren können" (ebenda: 97).
[2] „Gruppen [...] bewirken bei ihren Mitgliedern einen ‚fötalen Trance-Zustand', der spezifische physische Erinnerung des intrauterinen und perinatalen Lebens wiedererweckt. [...] Nur Individuen in
fötalem Trance-Zustand sind fähig, Gruppenfantasien zu formen, die spezifischen Regeln des fötalen
Lebens folgen, wie etwa: [...] Das Leben wird immer eingeengter und Wachstum erfordert mehr
physischen Raum durch reale Expansion des Territoriums" (ebenda: 101f).

sobald man sich die tagtäglichen Nachrichten in Krisenzeiten anschaut: Es geht immer um mehr oder weniger verzweifelte Kämpfe zwischen verschiedenen Konkurrenten, um Überkapazitäten verkaufen zu können (oft zu „dürfen") (Getreide, Milch, Vieh, Stahl, Autos, Schiffe usw., oder die eigene Arbeitskraft...). Wenn Kapitalisten in dieser Situation nur sehr ungern produktiv investieren, so ist dies nicht in erster Linie neurotischer Unfähigkeit zuzuschreiben,[1] sondern einer realistischen Voraussicht von geringen Chancen, Produkte mit Profit zu verkaufen.

Vor diesem Hintergrund ist es nicht im Geringsten überraschend, sondern durchaus gut verständlich, wenn es — wie Sie z.B. am Beginn von ‚Reagans Amerika' bemerken — trotz einer enormen Zunahme wirtschaftlicher Produktivität ein wachsendes Gefühl von Chaos, Bedrohung, Terror und von „notwendigen Opfern" gibt.[2] Innerhalb der Logik des Kapitalismus ist es auch recht gut verständlich, wenn die notwendige Lösung von (besonders) langfristigen Überproduktionskrisen als so etwas wie ein „Reinigen vom Gift"[3] oder wie ein reinigendes Opfer empfunden wird: Sie besteht im Wesentlichen aus der Zerstörung (oder massiven Entwertung) von großen Teilen des Kapitals und aus einer radikalen Verringerung der Löhne — wobei die kapitalistischen Konkurrenten und der „übermäßige" Lebensstandard der Lohnabhängigen das „Gift" sind, von der die Wirtschaft „gesäubert" werden muss, damit das überlebende Kapital wieder eine „bereinigte" Situation vorfindet — einen von allzu vielen Konkurrenten und zu hohen Lohnforderungen „gereinigten" Markt, auf dem Investitionen wieder gute Aussichten auf Profit haben.

Übrigens gibt diese Logik langfristiger Krisenlösung — die tatsächlich viele Menschen „stranguliert"[4] — auch eine gewisse Antwort auf Ihre Frage, warum

---

[1] „Elterliches Verhalten auf einer niedrigen Entwicklungsstufe steht allen technologischen Ebenen disfunktional gegenüber — frühe Reinlichkeitserziehung half den frühen Kapitalisten nicht, Geld zu akkumulieren, es machte sie, genauso wie heute, unfähig, es produktiv zu investieren." (deMause 1982: 96)

[2] „Wenn es [...] je einen Zeitabschnitt in der Geschichte gab, in dem Amerika sich, seinen äußeren Umständen nach, hätte stark und glücklich fühlen können, dann waren es womöglich die frühen achtziger Jahre. [... Es war] das stärkste Land der Welt, gesegnet mit dem höchsten Bruttosozialprodukt, der relativ geringsten Zahl von Armen und dem höchsten Pro-Kopf-Einkommen, das es je in der Geschichte gab [...]. Aus irgendeinem merkwürdigen Grund aber machte der zurückliegende Aufschwung uns einfach krank — wir fühlten uns fürchterlich. [...] Der Hauptgrund für dieses Gefühl — ‚den Wasserfall runterzugehen' — sei ‚die prekäre Wirtschaftslage'." (deMause 1984: 9f)

[3] „[Wir benutzen] unsere eigene Wirtschaft als Transporter unserer Giftphantasien, [...] etwa wenn Reagan die Wirtschaft mit einem ‚Giftgas' verglich oder wenn es von Martin Feldstein hieß, er glaube, Arbeitsbeschaffungsprogramme würden ‚die Wirtschaft vergiften' [...]. Nationen, die längere Zeit ohne Opferung waren, fühlen sich [...] zunehmend vergiftet [...]" (ebenda: 170f)

[4] „Es ist die Gruppen-Realität als eine psychische und nicht als eine physische Realität, die [...] die Nationen dazu treibt, bei ihren Führern Strangulationsgefühle [wie in einem Geburtskanal] entstehen

Kriege und ihre massiven Zerstörungen möglicherweise „zu einem Mittel der Konfliktlösung für ökonomische Meinungsverschiedenheiten" werden kann.[1] Unter Umständen könnte die Frage, welche Teile des Kapitals zerstört oder massiv entwertet werden sollen und welche Teile überbleiben sollen, kaum anders beantwortet werden als durch militärischen Konflikt, und von dessen Ergebnis kann billigerweise erwartet werden, dass es für die Besitzer des überlebenden Kapitals tatsächlich „ökonomisch sinnvoll" ist.

Meiner Meinung nach kann dieses Verständnis von Krisendynamik in vieler Hinsicht sehr gut mit Ihrer psychohistorischen Theorie von Konjunkturzyklen und Krisen verknüpft werden. Ich finde, dass Ihre Erklärungen mit den fötalen traumatischen Ursprüngen, mit Schuldgefühlen (wegen eines „wirtschaftlichen Hedonismus" und wegen sexueller Wünsche) und mit der Bedrohung der Gruppenphantasien der älteren Psychoklassen durch fortgeschrittenere psychogenetische Formen (und entsprechend bessere Lebensstandards) sehr fruchtbare Deutungsmuster liefern, die ich noch viel gründlicher als bisher überdenken möchte. Sie erscheinen insbesondere sehr wichtig, um zu verstehen, warum die meisten Opfer der kapitalistischen Krisenlösung eine starke Tendenz dazu haben, die Opferung zu akzeptieren[2] und blind gegenüber der unzweideutigen Tatsache zu sein, dass die Grundlage der Krise hohe Produktivität ist.

3. Was Ihre Verneinung ökonomischer Gründe für Kriege betrifft, leitet sich ein Teil meiner gegenteiligen Meinung bereits von der Sicht der Krisendynamik her, die ich gerade versucht habe, sehr knapp zu skizzieren — da ich denke, dass Kriege (im Kapitalismus) als ein Resultat der Verschärfung dieser Dynamik verstanden werden können, was jedoch nicht bedeutet, dass dies die einzige notwendige Voraussetzung ist.

Vorläufig möchte ich mich bloß auf ein weiteres Argument zum Thema beschränken: dass Sie anscheinend einige sehr mechanistische Vorbedingungen für

---

zu lassen, die diese dann glauben lassen, nur noch ein Krieg könne zur Befreiung führen." (deMause 1982: 37)

[1] „Die wenigen Historiker, die über das Nacherzählen von Tatsachen hinauszugehen versuchen, stürzen sich sofort auf ‚ökonomische Erklärungen'. Das ist nicht weiter schwierig, weil jeder Krieg in seinem Umkreis natürlich auch von ökonomischen Streitigkeiten bestimmt wurde. Doch sie fragen nicht, warum der Krieg zu einem Mittel der Konfliktlösung für ökonomische Meinungsverschiedenheiten wurde. Auch scheinen sie nicht zu bemerken, dass ein Krieg niemals ökonomisch sinnvoll war [...]" (ebenda: 31).

[2] „Eine Umfrage der Washington Post 1983 unter den Reaganomics-Geschädigten fasste die Gefühle von Arbeitslosen, die krank waren und nicht behandelt werden konnten, weil sie keine Krankenversicherung mehr hatten, [...] derart zusammen: 'Wir geben dir (Reagan) keine Schuld an der Rezession. Wir waren zu fett geworden, zu bequem, zu faul zum Konkurrieren. [...] Vielleicht mussten wir leiden, um uns zu reinigen von unserem ausschweifenden Leben'." (deMause 1984: 86f)

jegliche ökonomische Erklärung von Kriegen als selbstverständlich voraussetzen (die dann natürlich sehr leicht zu widerlegen wäre) — wie zum Beispiel,

- dass Kriege sofort ausbrechen müssten, sobald ein gewisses Niveau wirtschaftlicher Krise erreicht ist. (Während ich keinen Grund für diese Meinung sehe, da es viele Gründe geben kann — wirtschaftliche, militärische, politische/psychologische —, die grundlegende ökonomische Kriegsmotive daran hindern können, unmittelbar — und manchmal auch später — ausgeführt zu werden. Dass Deutschland zum Beispiel im Jahre 1932 auf keinen Fall einen Krieg beginnen konnte, obwohl es die stärksten Motive dafür gab, ist allein schon aus akuten politischen wie auch militärischen Gründen offensichtlich; und es ist auch klar, dass das höhere Bruttonationalprodukt von 1939, das auf der Rüstungsproduktion aufbaute, in keiner Weise bedeutete, dass die langfristigen Haupthindernisse für die kapitalistische Lösung der Rezession schon überwunden waren, obwohl die faschistische Zerschlagung der Arbeiterbewegung ein wichtiger Schritt in dieser Richtung war);
- dass jedes ökonomische Interesse unbedingt in einer sehr direkten und glatten Weise „in Anwendung kommen" müsste und nicht ebenso über verschiedene Ebenen vermittelnder politischer Interessen von Einfluss sein könnte, die eher langfristigen als kurzfristigen ökonomischen Interessen dienen können. (Zum Beispiel mag der Falkland/Malvinen-Krieg keine bedeutenden *kurzfristigen* ökonomischen Motive gehabt haben, aber da er darauf zielte, Regierungen politisch zu stabilisieren, war er durch die langfristigen ökonomischen Interessen motiviert, denen diese Regierungen dienen);
- dass Nationen ein homogenes, gemeinsames (wirtschaftliches) Interesse haben — fast als ob sie einzelne Personen wären —, für das sie gegen andere Nationen in den Kampf ziehen. (Im Gegensatz dazu bin ich überzeugt, dass ökonomische Gegensätze innerhalb von Nationen viel wesentlicher sind als zwischen Nationen, und Kriege gegen andere Nationen also geradeso oder sogar noch mehr darauf zielen, den „inneren Feind" zu zerstören als den äußeren);
- dass dieses homogene nationale Interesse auf einer gut organisierten Planwirtschaft aufbaut, da es ohne diese Voraussetzung schlicht undenkbar erscheint, die Art von allgemeiner Bilanzberechnung (von wirtschaftlichen Kriegszielen mit Abzug der Kriegskosten) aufzustellen, auf die Sie in ironischer Form hinweisen.[1] Der Kapitalismus (einschließlich des Monopol-

---

[1] „[...] die Führer [ließen sich] bei ihrer Entscheidung für einen Krieg kaum jemals von einer ‚Kriegsprofitrechnung' leiten [...] (die Rationalität eines derartigen Unterfangens wirkt bereits lächerlich)." (deMause 1982: 31)

kapitalismus) baut auf einer umfassenden Anarchie konkurrierender Interessen auf, und sogar in Friedenszeiten ist jede nationale Vorausschau auf das wirtschaftliche Ergebnis auch nur in einem halben Jahr bloß eine Angelegenheit von Wahrscheinlichkeits-Abschätzungen (die sich zuweilen als sehr irrig herausstellen) — auf einer Anarchie, die in Kriegszeiten mit allen ihren unvorhersehbaren Wendungen und ihren großen, oft chaotischen Kriegsgewinnler-Geschäften noch ärger wird. Wenn also Regierungen nicht mit genauen Zahlen irgendeiner „Kriegsgewinn-Bilanzrechnung" („war profit statement") hervortreten, so kann dies unmöglich bedeuten, dass sie keine deutlich erkennbaren ökonomischen Motive haben.

So mache ich denn hier endlich halt mit meinen Überlegungen, die Ihre Schriften bei mir ausgelöst haben. Ich vermute, sie sind für einen Brief ein bisschen zu lang geworden, und hoffe also, dass ich Ihre Ausdauer nicht zu sehr überfordert habe.

Auf jeden Fall werde ich mich weiter mit Psychohistory auseinandersetzen, und trotz einiger starker Kritikpunkte interessiert es mich sehr, mehr darüber zu lernen, nachzudenken und zu diskutieren. [...]

Last but not least, möchte Ich Ihnen noch sagen, dass ich Ihnen sehr verbunden und sehr interessiert wäre, Ihre Stellungnahme zu den in diesem Brief aufgeworfenen Fragen und kritischen Punkten zu erfahren.

Mit freundlichen Grüßen

***

New York, 30. Oktober 1987

Lieber Josef,

Meine Güte, Du liest ja all mein Zeug in einem Zug! Kein Wunder, dass Du Verdauungsschwierigkeiten hast. Aber es freut mich, dass Du veranlasst warst, so eingehende Stellungnahmen zu schreiben.

Leider kann ich jetzt nicht Seite für Seite auf Deine Einwände erwidern. Die knappen Anmerkungen in ‚Die psychogenetische Theorie der Geschichte‘[1] entsprachen der Absicht, einen Umriss eines 800-seitigen Buches zu vermitteln, an dem ich arbeite, und sollten nicht eine richtiggehende Beweisführung sein.

Insbesondere möchte ich nicht als ein naiver kapitalistisch-popperianischer Kritiker des Marxismus erscheinen. Ich habe viel von Marx gelernt und hoffe,

---

[1] ebenda: 89-104 (bestehend aus thesenartigen Sätzen, auf welche ich mich im vorhergehenden Brief an einigen Stellen bezogen habe).

dies am passenden Ort zu äußern. Aber Marx war kein sehr guter Psychologe, und mein wesentliches Lebensinteresse [all I do as a living] sind Psychologie bzw. historische Motivationen.

Der methodologische Individualismus ist eine ganze Schule (hauptsächlich britischer) Philosophie und sollte für sich gelesen werden, um meinen Hintergrund zu verstehen. Aber ich bin hauptsächlich psychoanalytisch orientiert und habe natürlich meine eigenen Vorstellungen von historischen Motivationen. Von Fromm (der meine Arbeit gelobt hat) und den übrigen, die Du erwähnst, habe ich zweifellos gelernt. Es liegt mir nicht einmal besonders daran, als originell betrachtet zu werden. Der größte Teil meiner Arbeit ist empirisch, klinische Geschichte sozusagen. Die Werkzeuge, die ich gestaltet habe, werden von anderen auf der ganzen Welt benutzt; das genügt mir. [...]

Ich vermeide den Ausdruck „Gesellschaft" und verwende den Ausdruck „Gruppe" bloß, um schlampigem Denken zu entgehen, so sehr ist der erstere mit verdinglichtem Denken überlastet. Das erlaubt mir auch, Entdeckungen über *Klein*-Gruppen-Phantasien (z.B. Bion 1961) auf große Gruppen wie etwa Nationen anzuwenden, selbst wenn es sonderbar scheint, von hundert Millionen Menschen als von einer „Gruppe" zu sprechen. Aber dies sind meine eigenen speziellen Vorstellungen, die von anderen Psychohistorikern nicht übernommen werden, die es sehr gut fertigbringen, die meisten meiner Ideen ohne sie anzuwenden.

In meinem nächsten Buch, ‚Historical Group-Fantasies', wird es ein Kapitel über Psycho-Ökonomie geben, in dem ich Marx und andere behandeln werde. Aber ich sage eigentlich nicht, dass ich an „psychologische" Motive als Gegensatz zu „ökonomischen" Motive glaube. Ich kann sicherlich ein ökonomisches Motiv anerkennen, wenn ich eines sehe. Jemand tut etwas, um mehr Güter zu bekommen. Meine Behauptung ist empirisch: Von den einigen Dutzend Kriegen, die ich ausführlich untersucht habe, ist das Motiv schlicht *nicht* ökonomisch. Ganz im Gegenteil. Es ist masochistisch, auf Opferung angelegt.

Als Hitler und [der japanische Ministerpräsident] Tojo sich hingesetzt haben und den Zweiten Weltkrieg planten und billigten, haben sie einfach nicht eine entsprechende Ausdrucksweise gebraucht oder auch nur diskutiert, ob sie etwas Materielles daraus gewinnen würden. Sie sprachen eine ganz andere, emotionale Sprache. Wir kennen sogar die japanischen — allerdings nicht die deutschen — Protokolle der Sitzung, in der die Kriegsentscheidung fiel, und wie man lesen kann, war ihre Schlussfolgerung: „Wir begehen Selbstmord, indem wir die USA angreifen; manchmal muss man Selbstmord begehen und vom Pagodendach hinunterspringen." Sehr viele weitere Belege ähnlicher Art überzeugen einen bald, dass materieller Gewinn, auch wenn er manchmal vorhanden ist, einfach nicht die Motivation für Kriege ist. Ähnlich haben auch Depressionen und andere rein ökonomische Ereignisse, wie etwa der sich vor kurzem ereignende Börsensturz (ein Artikel darüber findet sich in der Herbstausgabe 1987 unserer Zeitschrift [The Journal of Psychohistory]), tiefere Motivationen, als Marx oder sogar Fromm oder Horkheimer für möglich hielten.

Gibt es reich und arm aus lediglich psychologischen Gründen? Natürlich. Menschen haben Millionen von Jahren ohne Unterschied von reich und arm gelebt und haben erst seit 10.000 Jahren ökonomische Unterschiede, das heißt nur beim Vorhandensein besonderer Psychoklassen. Höher entwickelte Psychoklassen mögen auch keine Klassenunterschiede mehr nötig haben. Wie die Sklaverei und das Duellieren erfüllen ökonomische Klassen ganz bestimmte unbewusste Funktionen. Sie sind sicherlich nicht sehr effizient, nicht einmal für die Reichen (aber ich würde wohl ein sehr langes Kapitel brauchen, um Dir dies vielleicht zu beweisen).

Was Überproduktion betrifft, so kann es so etwas im Allgemeinen nicht geben, nur Fehlzuteilungen von Mitteln, was in jedem Fall psychologisch determiniert wäre. Alle jene „Fehler" — wie eine übermäßige Produktionsausweitung oder der „Fehler", den Lohnabhängigen nicht genug zu bezahlen, um das Produzierte zu konsumieren, usw. usf — sind motivierte Fehler, wenn man erst einmal bestimmte Menschen und ihre gemeinsamen Phantasien wirklich untersucht. Es gibt einfach nichts in der wirtschaftlichen Produktivität als solcher — ob sie nun kapitalistisch, kommunistisch, sozialistisch oder faschistisch ist —, das eine Krise hervorbringt. Rationale Menschen könnten es leicht so einrichten — sei es bei Staats- oder Privateigentum von Fabriken —, dass das Produzierte konsumiert wird, wenn sie nicht unbewusste Probleme mit gesteigerter Produktion hätten.

Aber die beste Art, sich über unsere Meinungsverschiedenheiten auszusprechen besteht darin, sich zu treffen. Warum kommst Du nicht zu unserer nächsten Jahrestagung der International Psychohistorical Association, die in Washington stattfinden wird? Vielleicht hältst Du sogar ein Referat, bei dem Du, wenn Du möchtest, meine Theorien kritisierst und gebrauchst? [...]
Mit freundlichen Grüßen

4 Blickrichtungen auf Potentiale des Dialogs

4.1 An den Außenposten der Festung Europa

Kaum jemandem dürfte die Erfahrung unbekannt sein, dass sogar heftige fremdenfeindliche Gefühlsausbrüche oft mit dem vorsorglichen Dementi beginnen können: „Ich habe ja nichts gegen Ausländer (Türken, Jugoslawen, Polen, Schwarze usw.) — aber..." Da dieses sprichwörtliche „vorauseilende Verneinen" eigener Vorurteile so gut wie nie als bewusste Unwahrheit geäußert wird, kann man allein schon aus dieser einfachen Beobachtung schließen, dass Fremdenfeindlichkeit — zumindest sehr häufig und in vieler Hinsicht — Einstellungen und Motive betreffen muss, die wir uns nicht offen eingestehen können oder derer wir uns höchstens vage bewusst sind.

Wie stark oder wie gering fremdenfeindliche Neigungen oder Anfälligkeiten also im Einzelfall auch sein mögen, so wollen sich jedenfalls die meisten Menschen nicht gern selbst als Fremdenfeinde definieren. Noch stärkeren Widerwillen empfinden sie meist dagegen, von anderen so eingeschätzt zu werden. Ein anschauliches Beispiel, das diese Abneigung auf einer breiten gesellschaftlichen Ebene verdeutlichen kann, liefern etwa neuere Auseinandersetzungen in der Öffentlichkeit Italiens. Diese sind vor allem deshalb besonders aufschlussreich, weil Italien im Gegensatz zu den meisten europäischen Ländern lange Zeit als eine Nation galt, in der es — auch aufgrund ihrer eigenen alten Auswanderungstradition — nur sehr wenig Empfänglichkeit für Stimmungsmache gegen Ausländer geben könne. Die Ende der 1980er Jahre ähnlich wie auch im übrigen Westeuropa einsetzende Welle von Intoleranz und Gewalt gegen Zuwanderer führte nun, neben anderen Reaktionen, auch zu vielfältigen Bestrebungen, sich trotz allem das gerne gehegte Selbstbild eines gegen Rassismus immunen Volkes zu erhalten.

Man dürfe doch, so verkündete zum Beispiel der führende Publizist Giorgio Bocca, gewisse Erscheinungsformen eines bloßen „Schwachsinns", wie etwa der Vorurteile gegen Süditaliener, „absolut nicht mit dem authentischen Rassismus verwechseln" (Giustinelli 1991: 13) (eines „Schwachsinns", der freilich immer wieder gewalttätige und vereinzelt auch tödliche Auswirkungen hat). Der prominente Historiker Renzo De Felice arbeitete besonders subtile Unterschiede heraus: Die zu beobachtenden Episoden und Stimmungen der Intoleranz seien natürlich unerfreulich, könnten aber keineswegs als Ausdruck des „echten rassistischen *animus*" (der letzten Endes nur dem Nationalsozialismus eigen sei) definiert werden. Dies werde auch durch ein bei ihnen „fast vollständiges" Fehlen von Stereotypen bewiesen — wenn man gerade einmal von der zu vernachlässigenden (verschämt in Klammern angeführten) Ausnahme des „Stereotyps des ‚Fremden'" absehe... Die ehrbaren Bürger, kommentiert Roberto Escobar diese spitzfindige Beweisführung, „non sopportano di *sapersi* razzisti a norma di definizione. Per coltivarlo, quello stereotipo, occorre buona coscienza. Alle espulsioni e ai pregiudizi quotidiani è opportuno non dare nome: quel che non ha nome, non esiste...“[1] (Escobar 1997: 8)

Einer der Politiker, die bei den verschiedenen Bemühungen zur Bewahrung des freundlichen Rufs des italienischen Nationalcharakters den Ton vorgaben, war bezeichnenderweise auch der neofaschistische Parteiführer Gianfranco Fini: Rassismus, der nun gewiss „eine vollkommene Verirrung" sei, sei eine Sache — eine ganz andere hingegen die Notwendigkeit, in der Bevölkerung „explosive Reaktionen der Ablehnung zu vermeiden", indem eine Politik des kompromisslosen Abschiebens aller illegalen Immigranten eingeschlagen werden müsse. Mit dieser Stellungnahme, so befindet der Schriftsteller Gilbert Rochu, traf Fini die Stimmung einer großen Mehrheit sehr genau, die auch weit in fortschrittliche Kreise hineinreiche. „Um keine Xenophobie aufkommen zu lassen", meine man auch da vielfach, sollten die Zuwanderer doch besser zu Hause bleiben... (Rochu 1994)

Diese in der italienischen Gesellschaft vorherrschende Stimmung spiegelt in besonders plastischer Weise, was offensichtlich auch sonst für die meisten zeitgenössischen Varianten von Ausländerfeindlichkeit gilt. Im modernen ethnozentrischen Vorurteil, schreibt Klaus Ottomeyer, äußere sich die Selbstbeweihräucherung der Eigengruppe und die Ablehnung der Fremden „nur zum kleinen Teil offen [...] der Rauswerf-Impuls läuft zum großen Teil ‚übers Eck': Nicht ich bin gegen Schwarze, Türken usw., sondern der Nachbar, ‚die Bevölkerung', wird sie leider nicht tolerieren." (Ottomeyer 1992: 130)

Ähnlich erklärt auch der niederländische Diskurswissenschaftler Teun van Dijk: „One of the hallmarks of European racism is its denial." Die Intensität dieses Abstreitens zeige vor allem die Macht der zu Grunde liegenden gesellschaftlichen Normen: „Decent modern citizens all *know* and *agree* that racism is wrong." Dementsprechend könnten etwa wissenschaftliche Befunde, die bestimmten Menschen derartige Haltungen zusprechen, von den Betroffenen meist

---

[1] „ertragen es nicht, sich der Definition gemäß als Rassisten verstehen zu müssen. Um dieses Stereotyp zu kultivieren, muss man dabei doch auch ein gutes Gewissen haben können. Und da kommt es schon gelegen, wenn man den alltäglichen sozialen Ausschließungen und Vorurteilen keinen Namen gibt: Was keinen Namen hat, existiert auch nicht..."

nicht als seriöse Forschung, sondern nur als unerträgliche moralische Anklage aufgenommen werden. „Typically such ‚accusations' are often being denounced and resisted more energetically than racism itself." So scheint dieser in der vorherrschenden Wahrnehmung denn auch immer nur anderswo zu existieren: im Ausland, in der Vergangenheit, unter Rechtsextremisten, in der Unterschicht, bei den weniger Gebildeten, unter der Kundschaft, bei den Nachbarn usw. Tatsächlich aber ist „the daily interaction between ‚White' and ‚Black' (or other minorities) [...] riddled with the micro-inequities that characterize ethnic or racial subordination [...]. Many of these forms of everyday racism are neither intentional nor even noted by many white Europeans." (van Dijk 1995: 34ff)

Der mächtige Druck sozialer und moralischer Normen, der anhand dieser Art von „Nebelwand" erkennbar wird, hinter der die konkreten Konturen fremdenfeindlicher Einstellungen und Handlungen oft weitgehend verschwimmen, kann nun besonders anschaulich am Beispiel von Angehörigen der Exekutive analysiert werden, die aufgrund ihrer Berufstätigkeit mit Zuwanderungswilligen und Flüchtlingen hautnah konfrontiert sind. In der nun im Folgenden dargestellten Untersuchung werden Beamtinnen und Beamte der Grenzkontrolle und Fremdenpolizei zu Wort kommen, die sich in ihrem alltäglichen Handeln gewissermaßen „im Auge des Sturms" befinden.

An verschiedenen Außenposten der Festung Europa fällt ihnen die undankbare Aufgabe zu, ausführendes Organ eines in Gesetzesform gegossenen Mehrheitswillens innerhalb der Festung zu sein, Zuwanderungsbestrebungen aus aus östlicher und südlicher Richtung abzuwehren (Lebhart/Münz 1999: 32ff, 126; 1999a: 17) — ohne aber die der Mehrheit zur Verfügung stehende Möglichkeit zu haben, die Augen vor dem menschlichen Elend zu verschließen, das mit der praktischen Umsetzung dieses Willens verbunden ist. Vor allem angesichts dieses schwerwiegenden Umstands bin ich ihnen für die Bereitwilligkeit dankbar, mit der sie sich dennoch für Gespräche über ihre Erfahrungen und Sichtweisen zur Verfügung gestellt haben.

Wie an den Beispielen der hier wiedergegebenen und diskutierten Gesprächspassagen mit einiger Schlüssigkeit nachvollziehbar wird, stehen diese Exekutivbeamte im Brennpunkt sehr unterschiedlicher, schwer miteinander vereinbarer Ansprüche und Forderungen — des Gesetzgebers, diverser Behörden, von Politik und Medien, humanitärer Vereine, der verschiedenen Strömungen einer breiteren Öffentlichkeit, besonders aber auch ihres eigenen Gewissens. Im Gegensatz zur großen Mehrheit der Gesellschaft, die sich nicht mit den lebenspraktischen Konsequenzen auseinanderzusetzen braucht, die sich aus den vorherrschenden Diskursen und Entscheidungen zugunsten einer Politik der Festung Europa ergeben, müssen sie diese Konsequenzen immer wieder auch schmerzlich miterleben und vor allem — wie sehr oder wie wenig sie persönlich mit dieser Politik auch übereinstimmen mögen — auch konkret und kontinuierlich mittragen. Die ungewöhnliche emotionale Belastung, der sie daher ausgesetzt sind, führt meist zu einer überdurchschnittlichen Ausprägung der schon allgemein vorhandenen Abneigung, als fremdenfeindlich angesehen oder dargestellt zu werden.

Natürlich soll hier aber nicht unterstellt werden, dass etwa Angehörige der Grenzkontrolle oder der Fremdenpolizei im Durchschnitt besonders fremdenfeindlich eingestellt sein müssten. Schon grundsätzlich ist davon auszugehen, dass sich ehrlicherweise niemand durchwegs frei von derartigen Motiven wähnen sollte. Wie etwa der Psychoanalytiker Werner Bohleber ausführt, muss Fremdenangst „vom Einzelnen anerkannt und integriert werden", widrigenfalls „die Gefahr [besteht], dass die Fremdenangst anderer attackiert wird, weil man die eigene nicht wahrhaben will." (Bohleber 1992: 148) Darüber hinaus sind wir auch alle gerade in Zeiten gesellschaftlicher Verunsicherung, „bei sozialer Desintegration und in Krisen [...] für die Verlockungen des ethnozentrischen Weltbildes anfälliger als uns lieb ist." (Ottomeyer 1992: 130)

Der besondere psychische Druck, mit dem diese Exekutivbeamten zurechtkommen müssen, *kann* wohl zur Folge haben, dass — etwa im Sinne einer Reaktionsbildung gegen die dabei auftauchenden inneren Konflikte — fremdenfeindliche Neigungen in akzentuierter Weise hervortreten. Er *kann* aber auch zum Ausgangspunkt für eine besondere Sensibilisierung und Offenheit für die damit zusammenhängenden Probleme führen. Anhand der nachfolgenden Diskussions- und Interviewpassagen soll nun das kontrastreiche Spannungsfeld zwischen derart divergierenden Reaktionsweisen zumindest in einigen wesentlichen Umrissen dargestellt und analysiert werden.

4.1.1 „Ganz Asien, der ganze Osten fährt da bei uns"

Als besonders beispielhaft bietet sich dafür die Situation an derjenigen Grenzkontrollstelle an, die unter allen Übergängen an der österreichischen EU-Außengrenze das größte Verkehrsaufkommen zu bewältigen hat — nämlich am Grenzübergang Nickelsdorf im nördlichen Burgenland.[1] „Ganz Asien, der ganze Osten fährt da bei uns", erklärt dazu etwa Herr Posch,[2] einer der Teilnehmer an einer Gruppendiskussion von Angehörigen des dortigen Gendarmerie-Grenzdienstes.

---

[1] Ich danke Herrn Mag. Bernd Körner (Bundesministerium für Inneres) und Herrn Chefinspektor Anton Bachmayer (Gendarmerie-Grenzkontrollstelle Nickelsdorf) für ihr freundliches Entgegenkommen, durch das die nachfolgend zitierte Gruppendiskussion zustandekommen konnte.

[2] Dieser wie auch die nachfolgend angegebenen Namen der an der Diskussion teilnehmenden Personen sind zur Wahrung ihrer Anonymität erfunden.

276

Parallel zum allgemeinen Reiseverkehr sind an diesem Grenzübertritt naheliegenderweise auch die Fälle von Zuwanderungswilligen und Flüchtlingen besonders zahlreich, die die Beamten regelmäßig zu bearbeiten haben. Die immer wieder erschütternden menschlichen Dramen, mit denen sie dabei konfrontiert sind, machen die Sorge, von anderen vielleicht schnell und pauschal als Ausländerfeinde abgestempelt werden zu können, sicher gut nachvollziehbar.

Die emotionale Belastung der Beamtinnen und Beamten, welche die Begegnung mit den Opfern einer rigorosen Politik der Abschottung mit sich bringt, wird noch dadurch vergrößert, dass Vertreter humanitärer Organisationen immer wieder kritisch nachfragen. Dabei verfügen sie aber aufgrund ihrer weitgehend strikten Richtlinien über wenig Handlungsspielraum, um den von diesen Organisationen vorgebrachten Anliegen praktisch entgegenkommen zu können. Unter diesen Bedingungen führen zum Beispiel „humanistische" Ankündigungen politischer Entscheidungsträger — die aber durch die Gesetzeslage nicht gedeckt sind — dazu, dass sich die Beamten als die falschen Adressaten mahnender Vorhaltungen vorkommen müssen, zugleich aber auch den starken moralischen Konflikt empfinden, der sich am Gegensatz zwischen beruflicher Pflicht und dem Mitgefühl für die oft verzweifelte Lage von Zuwanderungswilligen entzündet.

Der Chefinspektor der Dienststelle erklärte etwa zu den öffentlichen Absichtserklärungen, die von führenden Politikern beim Ausbruch des Kosovo-Krieges gemacht worden waren: „Das ist ja alles nicht wahr gewesen. Jeder hat geglaubt, wir machen den Schranken auf und lassen die Leute herein. So wird es ja nicht... Die Gesetze sind ja nach wie vor da — Fremdengesetz, Grenzkontrollgesetz, Aufenthaltsgesetz; das ist ja nicht geändert worden." Das Verhältnis zur Politik müsse sich unter solchen Voraussetzungen leider überaus schwierig gestalten.

Ich zitiere im Folgenden eine längere Passage aus der Abschrift der Gruppendiskussion:

Chefinspektor Weil es kommen dann verschiedene Organisationen her — „Naja, der Herr Minister Schlögl hat ja gesagt, das wird...", oder: „Der hat auch gesagt, das wird...", oder: „Der Herr Landeshauptmann Stix hat gesagt", nicht... Ja — aber sie haben nicht gesagt, dass die *Gesetze* noch gültig sind. Wir sind ja weisungsgebundene Organe, wir müssen ja nach den Gesetzen handeln. Wir können ja jetzt nicht sagen: „Weil der Minister Schlögl das gesagt hat, machen wir den Schranken auf."... Das ist die Unehrlichkeit, in gewisser Weise.
Interviewer Also da fühlen Sie sich von der Politik ein bisschen im Stich gelassen...
Chefinspektor Das kann man so sagen, ja — oder?
Frau Leitner Hm. [zustimmend]
Chefinspektor Ich glaube, ich liege da richtig, nicht...

Interviewer ... dass Sie da etwas auf den Buckl draufkriegen...

Chefinspektor Naja, es ist ja so... Noch einmal: Es kommen dann — die *Caritas*, das *Rote Kreuz*, und *noch eine* Organisation, und *noch eine*... und: „Ja wieso und warum nicht?"... Also wir müssen dann ja da, vor Ort, mit den Leuten dann kämpfen. Die nehmen etwas von irgendwoher auf, aus der Zeitung oder aus dem Fernsehen... „Ja, das ist gesagt worden." — Ja, ist eh gesagt worden, das ist ja keine Frage...

Herr Pichler ... und entspricht aber gesetzlicherseits nicht den Tatsachen...

Chefinspektor ... aber gesetzlich ist es uns nicht... ist es nicht realisierbar.

Interviewer Aha — und Sie sitzen dann zwischen den Stühlen, sozusagen...

Chefinspektor ... und wir stehen zwischen... einerseits den Presseaussendungen der Herren Politiker — egal, welcher Couleur sie angehören... und auf der anderen Seite kommen dann die, die hineinwollen — denn die hören das ja auch... und auf der dritten Seite kommen dann die Organisationen — *Caritas* usw... die ich eh schon genannt habe...

Interviewer Also Sie stehen da sozusagen unter mehrfachem Druck...

Chefinspektor ... ja...

Interviewer ... von verschiedener Seite her — und haben dann das Gefühl, vielleicht nicht...

Chefinspektor ... müssen das Beste daraus machen, nicht? Obwohl es ja eh schwierig ist in solchen Situationen... Weil wir ja Menschen auch sind, nicht? Und wenn man nur daran denkt, dass etliche Leute mit Kindern kommen... das schon allein — so sind wir ja gefordert, nicht...

Interviewer Das heißt, dass Sie konfrontiert sind mit dem konkreten menschlichen...

Chefinspektor ... einerseits...

Interviewer ... mit der Situation...

Chefinspektor ... einerseits das Menschliche auf die Seite stellen, und auf der anderen Seite, na, hart bleiben — das ist ja nicht so einfach!

Herr Pichler ... weil das Zurückstellen von Menschen, die wirklich alles verloren haben...

Frau Horvath ... mit den Kindern teilweise da sind...

Herr Pichler ... das geht an die Substanz, das geht einem... geht wirklich an die Nerven. Auf der anderen Seite hast du die Not und das Elend, und auf dieser Seite das Gesetz... und der *muss* zurück...

Nach einer etwas ausgedehnteren Diskussionspassage, in der mehrere Teilnehmer unter anderem den Unterschied zur Aufgabenstellung der Fremdenpolizei erläutern (deren Beamte im Vergleich zur Grenzkontrolle bei ihren Entscheidungen über einen relativ größeren persönlichen Ermessensspielraum verfügen), bringe ich nochmals das vorher nur kurz, aber sehr gefühlsbetont angeschnittene Thema zur Sprache:

Interviewer Aber für Sie ist auch eher die Härte die, dass Sie vielleicht sehen, dass Leute wirklich in so verzweifelten Situationen sind — Sie aber gesetzlich gar nicht...

Herr Pichler Mitleid ist nicht gefragt...

Frau Horvath Nein, absolut nicht...

Herr Hackl Sie kommen zum Teil zu Fuss...

Herr Pichler ... und nichts...

Herr Hackl ... mit dem ganzen Gepäck, das sie haben, Hab und Gut, mit den Kindern — und dann...

Herr Mayer ... und dann schickst du sie zurück...

Herr Hackl ... musst du sie zurückschicken...

Herr Posch Man muss aber sagen, es wäre der Dienst — und also die *Grenze*, als solche — gar nicht aufrechtzuerhalten, wenn... das Kriterium Mitleid da mitspielen würde, oder *dürfte*, vom Gesetz her [undeutlich: *könnte* man nicht machen...?]

Interviewer Wenn es das dürfte, dann würden Sie sozusagen...

Herr Posch ... nach fünf Jahren bist du ein nervliches Wrack — bist du in der Irrenanstalt irgendwo, weil du durchdrehst... Ja, ist doch so, oder? Tätest du das aushalten?

Frau Leitner Ich meine, es ist überhaupt... Ich meine, deine Menschlichkeit...

Herr Posch ... wenn du nicht einen gewissen persönlichen, menschlichen Abstand zu dem Ganzen hältst...

Interviewer ... dann würde das zu belastend sein...

Herr Posch Und wenn es auch fremdenfeindlich oder ausländerhassend oder wie immer klingt, [undeutlich: so hat ja das auch...?] das ist eine *Schutzfunktion* — vom Beamten selber...

Interviewer ... dass manche, wenn sie...

Herr Posch Das hat gar nichts damit zu tun, dass er vielleicht persönlich diese Einstellung hat — privat, zu Hause... Aber da, im Dienst... *muss* er sich so eine gewisse...

Herr Pichler ... Distanz aufbauen...

Herr Posch ... Distanz aufbauen — eine Barriere, weil sonst... sonst...

Interviewer ... also gefühlsmäßig...

Herr Pichler ... ja...

Herr Posch ... ja, gefühlsmäßig... sonst könnte er den Dienst gar nicht machen.

Mit der trocken-bitteren Bemerkung „Mitleid ist nicht gefragt" eröffnet Herr Pichler, der bereits vorher eindringlich darauf hingewiesen hat, wie schwer die Zurückweisung von Menschen in verzweifelter Lage dem eigenen psychischen Gleichgewicht zusetzen kann, eine intensive längere Gesprächsphase zu diesem Thema. Nach einigen kurzen bestätigenden Wortmeldungen argumentiert nun Herr Posch in besonders dramatischen Worten, dass das nachhaltige Wegschieben von Mitleidsgefühlen eine geradezu unverzichtbare Bedingung für die Erfüllung ihrer beruflichen Aufgabe, ja sogar für die Aufrechterhaltung der Grenze als solcher sei.

Andernfalls würde man nämlich den Dienst auf die Dauer einfach nicht durchhalten können: „Nach fünf Jahren bist du ein nervliches Wrack — bist du in der Irrenanstalt irgendwo, weil du durchdrehst... wenn du nicht einen gewissen persönlichen, menschlichen Abstand zu dem Ganzen hältst... Und wenn es auch fremdenfeindlich oder ausländerhassend oder wie immer klingt", so gehe es dabei in Wirklichkeit doch um eine wesentliche Schutzfunktion des Beamten selbst. Was immer dessen private Einstellung zu dieser Frage sein mag — im Dienst „*muss* er sich so eine gewisse... Distanz aufbauen — eine Barriere, weil sonst... könnte er den Dienst gar nicht machen."

Ich fasse diese eindrucksvolle Stellungnahme zunächst vor allem als einen psychologisch einfühlsamen Versuch auf, fremdenfeindliche Einstellungen (etwa bei verschiedenen Kollegen) mit einem inneren Abwehrkampf gegen kaum erträgliche Gefühle zu erklären, die hochkommen würden, falls man die Not vieler Zuwanderungswilliger zu nahe an sich heranließe. Tatsächlich habe ich den Wortlaut dieser Stellungnahme damit aber ein wenig missverstanden.

Herr Posch hat ja nicht von einem realen Vorkommen, sondern bloß von einem äußeren Anschein von Fremdenfeindlichkeit gesprochen (obwohl ich dennoch meine, dass in seiner Darstellung auch eine sehr sensible Wahrnehmung wichtiger Beweggründe für wirklich fremdenfeindliche — und andere feindbildhafte — Einstellungen mitschwingt).

Als ich daraufhin, an mein Missverständnis anknüpfend, das angesprochene Motiv des psychischen Selbstschutzes als denkbare Erklärung für die Haltung mancher Kollegen — „wenn sie eher, vielleicht, fremdenfeindlich sind" — aufgreife, fallen die Reaktionen in der Diskussionsgruppe relativ massiv aus. Während die Diskussion im Allgemeinen sehr angeregt, dabei aber in geordneten Bahnen verlief (wozu nach meinem Eindruck auch die ruhig wirkende Autorität des Chefinspektors beitrug), so löst nun meine Andeutung über eine in ihrer Berufsgruppe möglicherweise vorhandene Fremdenfeindlichkeit eine kurze Phase dichten Nebeneinander-Sprechens durch mehrere Gruppenmitglieder aus — was gewiss als Anzeichen für die emotionale Brisanz des Themas gewertet werden kann.

Interviewer Aha — also praktisch, dass vielleicht bei manchen, wenn sie eher, vielleicht, fremdenfeindlich sind... dass das ein bisschen auch die Schutzfunktion hat...
Herr Posch Ja, unbedingt — das ist eine persönliche...
Frau Horvath Ich glaube, das hat mit fremdenfeindlich gar nicht so viel zu tun...
Interviewer ... ist gar nicht...
Herr Posch Nein, ich sage nur...
Frau Leitner ... das wird nur dann so interpretiert, würde ich eher sagen, nicht...
Frau Horvath ... ja...

Frau Leitner ... weil...

Herr Posch ... es sieht so aus, *als wäre es* fremdenhassend oder fremdenfeindlich...

Herr Pichler ... und dabei macht der aber nur seinen Job, der darf ja...

Herr Posch ... aber das ist eine Schutzfunktion von den einzelnen Beamten...

Frau Horvath Aber ein jeder weiß, was das ist...

Herr Posch ... weil sonst der Dienst nicht durchzudrücken wäre...

Frau Horvath ... wenn er einmal eine Familie mit Kindern zurückschicken hat müssen — die wirklich nichts haben... Da fragt er sich zum ersten Mal, ja — naja...

Interviewer ... ist das... richtig, oder ist das...

Frau Horvath ... ist das richtig, was ich da jetzt mache, und... wenn du dann... zu viel überlegst, dann kannst du den Beruf nicht mehr weiter ausführen...

Herr Pichler ... bist du fehl am Platz...

Frau Leitner Es ist eben... Die tun uns eigentlich eh alle leid, die da kommen, und wir täten sie ja auch gern hereinlassen, so nach dem Prinzip, aber wir sind ja eben... wir werden ja dafür bezahlt, dass wir eben die Gesetze da vertreten, nicht... Und das wird dann oft falsch interpretiert, dass man dann eben sagt: „Ah!, die sind so hart, und die sind ausländerfeindlich" — und das ist eigentlich gar nicht, es ist ja eigentlich... Ich kann ja nicht sagen: „Ja, jetzt kommt alle herein." — dann sagt der Chef, „Was soll das?", nicht...

Frau Horvath Da brauchen...

Frau Leitner ... und um das geht es eigentlich...

Frau Horvath ... da können wir die Grenze aufmachen, und aus...

Der Grundtenor dieser dichten Wortmeldungen wird schließlich von zwei jungen Beamtinnen treffend auf den Punkt gebracht: Jeder hier, so gibt Frau Horvath (mit einem Unterton, in dem, wie ich glaube, auch ein Gefühl der Erschütterung durchklang) zu verstehen, kenne diese belastende Erfahrung nur allzu hautnah, „wenn er einmal eine Familie mit Kindern zurückschicken hat müssen — die wirklich nichts haben." Da tauchten erstmals wesentliche Zweifel am eigenen Vorgehen auf, denen auf den Grund zu gehen aber als kaum möglich empfunden wird: „Wenn du dann... zu viel überlegst, dann kannst du den Beruf nicht mehr weiter ausführen."

Ihre Kollegin Leitner knüpft sinngemäß daran an: „Die tun uns eigentlich eh alle leid, die da kommen, und wir täten sie ja auch gern hereinlassen, so nach dem Prinzip, aber... wir werden ja dafür bezahlt, dass wir eben die Gesetze da vertreten." Dass ihnen ihr durch berufliche Zwänge weitgehend vorbestimmtes Handeln dann vielfach als grobe Gefühllosigkeit und Ausländerfeindlichkeit ausgelegt werde, empfindet sie als wohl auch etwas kränkendes Missverständnis. Die Möglichkeit, alle Zuwanderungswilligen einfach so hereinzubitten, existiere nun einmal nicht. Dann könne man ja, pflichtet ihr Frau Horvath bei, die Grenze gleich ganz aufmachen (d.h. auf das Prinzip einer Grenzkontrolle überhaupt verzichten).

In den obigen Diskussionsabschnitten wird ein scharfer Zwiespalt deutlich: Das Mitgefühl mit verelendeten und verfolgten Menschen (und vor allem auch Kindern), die an den Festungsmauern einer staatlich organisierten Mitleidlosigkeit abprallen, steht im Gegensatz zur beruflichen Rolle, in der die Beamten gezwungen sind, diese Mitleidlosigkeit auch mitzutragen; und während sie sich einerseits mit ihrem Beruf identifizieren können, sind sie angesichts dieses Konflikts aber auch vielfach dafür offen, sich ernste Fragen über die Sinnhaftigkeit mancher ihrer Aufgaben zu stellen.

In diesem schwer zu meisternden Spannungsfeld der Gefühle erscheint es also durchaus stimmig, wenn eine schon im Allgemeinen vorhandene Abneigung dagegen, dass jemandem von Außenstehenden (wie zum Beispiel von mir) eventuell fremdenfeindliche Einstellungen zugeschrieben werden könnten, bei Angehörigen dieser Berufsgruppe eben noch wesentlich stärker ist. In diesem spezifischen Zusammenhang geht es freilich nicht unmittelbar um die Frage, inwieweit die einzelnen Betroffenen nun persönlich solche Einstellungen haben oder nicht. Ihre belastenden Arbeitsbedingungen an einer neuralgischen Stelle der Festung Europa lassen jedoch wesentliche Motive (innerer wie äußerer) moralischer Bedrängnis wie in einem Vergrößerungsglas hervortreten, die es uns allen bereits grundsätzlich schwer machen, unseren fremdenfeindlichen bzw. feindbildhaften Anfälligkeiten oder Handlungen klar ins Auge zu blicken.

Daneben beweisen die Diskussionsteilnehmer aber auch ein Maß an Reife im Umgang mit moralischen Konflikten, das gerade in Anbetracht ihrer schwierigen Position an der „Festungs-Bruchlinie" verdient, besonders hervorgehoben zu werden. Ihre Bereitschaft, auch heftige Widersprüche von Gefühlen und Anforderungen offen auszuhalten und zur Sprache zu bringen, weist auf eine beträchtliche Fähigkeit zur psychischen Integration hin. Sogar noch in der Begründung einer notwendigen Barriere des emotionalen Selbstschutzes kommt zum Tragen, dass das Spannungsverhältniss zwischen menschlichem Mitgefühl und institutioneller Unerbittlichkeit offen zugegeben werden kann.

Diese Offenheit bildet ein wichtiges Gegengewicht zur nahe liegenden Neigung, aus dem schweren Dilemma in eine Haltung des Zynismus zu flüchten, bei der Gefühle der Betroffenheit oder der Solidarität mit Schwächeren grundsätzlich verleugnet werden. Der große innere Verdrängungsaufwand, der zynischen Einstellungen zu Grunde liegt (und der dann schon einmal von gelegentlichen Anfällen seichter Rührseligkeit durchbrochen werden kann), trägt auch entscheidend zur Verführbarkeit durch politische Angebote bei, Schwächere und Ausgegrenzte als Sündenböcke zu verfolgen — und zwar nicht zuletzt, weil der Sündenbock-Mechanismus sich besonders dazu eignet, die „Gefahr" eines Sich-Einfühlens in deren Notlage (und damit des Bewusstwerdens moralischer Verantwortung) abzuwehren. Im Gegensatz dazu schafft ein offener Blick auf innere

Zwiespältigkeiten die Chance, auch zwischen schwer zu vereinbarenden Ansprüchen halbwegs lebbare Kompromisse zustande zu bringen und erfinderische Konfliktlösungen zu entwickeln (die deswegen natürlich noch immer nicht leicht zu finden sein müssen).

Mit ihrer Bereitschaft, im Gruppengespräch recht freimütig auf die emotionale Gespaltenheit ihrer beruflichen Situation einzugehen, vermittelten die Grenzgendarmen somit wichtige Anhaltspunkte zur Frage, wie wir alle unseren Anfälligkeiten entgegenwirken können, aus Zuwanderern Feindbilder zu machen — auch wenn sie, wie schon erörtert, bei sich selbst die Existenz solcher Tendenzen aus verständlichen Gründen nur ungern in Betracht ziehen wollen.

4.1.2 Zwischen Mitgefühl und Widerwillen

Ein Interview mit Herrn Johannes M., einem Zollwachebeamten an einem steirisch-slowenischen Grenzübergang, erlaubt es, die psychischen Konfliktlagen, die bei der gerade analysierten Gruppendiskussion zutage getreten sind, unter einem teilweise sehr verschiedenen Blickwinkel zu beleuchten und damit auch deren Verständnis zu erweitern. Im Gegensatz zur aktuellen Situation der eben zu Wort gekommenen Beamtinnen und Beamten hat sich die Lage am südlichen Abschnitt der österreichischen EU-Außengrenze seit der Mitte der 1990er Jahre vergleichsweise immer mehr entspannt. Zu einem wesentlichen Teil ist dies auf den Umstand zurückzuführen, dass der südliche Nachbarstaat Slowenien mittlerweile eine rigorose Kontrolle an seinen eigenen Süd- und Ostgrenzen durchführt, wodurch ein großer Teil der Migrationsbewegungen in Richtung Westeuropa nicht einmal mehr bis an diesen Teil der österreichischen EU-Grenze gelangen kann.

Radikal anders stellte sich die Situation natürlich in der ersten Hälfte der 1990er Jahre dar, als im Zuge des Auseinanderbrechens Jugoslawiens massive Fluchtbewegungen von Menschen entstanden, die — von nackter Verzweiflung getrieben — an den Grenzübergängen Einlass zu finden versuchten. Die österreichischen Entscheidungsträger waren damals auf die sich überstürzenden Entwicklungen weitgehend unvorbereitet. „Ich empfinde es heute so", erklärt Johannes M., „als ob es damals kein Gesetz gegeben hätte, als ob es fast Willkür gewesen wäre — weil einfach alle überfordert gewesen sind und keiner gewusst hat, was man mit den Flüchtlingen machen soll... Ich glaube, der Staat hat sich selber erst darüber ins Klare kommen müssen — wie viele können wir aufnehmen, wie viele nehmen die anderen auf? Und wir waren da irgendwie so mitten drin, in der Mühle."

Zur Zeit des jugoslawisch-slowenischen Zehn-Tage-Krieges des Jahres 1991 war er noch sehr jung und hatte seinen Beruf erst kurze Zeit zuvor angetreten. Er musste dabei auch militärische Kampfhandlungen aus nächster Nähe miterleben. Die rechtliche Grundlage für die ständig zu treffenden Entscheidungen — „ob diese Familie da jetzt hereindarf zu uns, oder nicht hereindarf — war ziemlich schwammig für uns, also nicht nachvollziehbar."

> *Johannes M.* Und was eben besonders arg war... Man hat jemanden zurückweisen können, aus dem Bus herausfischen... Man hat entschieden: „Du darfst. — Du darfst nicht. — Du darfst. — Du darfst nicht."... Und es waren auch Frauen dabei, die schwanger waren, auch mit Kindern... Die haben dann zu Fuß zurück müssen, weil der Bus ist eben weitergefahren — da haben die keine Rücksicht genommen... und von dort hat man ziemlich weit zurückgehen müssen, zum nächsten Bahnhof. Die haben keine Ahnung gehabt, wo sie gehen müssen, wie sie gehen müssen... und das war auch oft im Winter... Allein deswegen habe ich eben schon oft Skrupel gehabt, dass ich sage: „Ihr müsst wieder zurück..."
>
> *Interviewer* Also es waren dann oft recht erschütternde...
>
> *Johannes M.* ... erschütternde Sachen, wo man sich gedacht hat... naja, warum mache ich das eigentlich, oder warum entscheide ich eigentlich so. Und zugleich hat man eben gemerkt, dass es eben keine Richtlinien gibt; dass es Kollegen gibt, die lassen eigentlich jeden herein — und sehr viele Kollegen hat es eben gegeben, die vor lauter Angst, dass sie etwas Falsches machen, niemanden hereingelassen haben...
>
> *Interviewer* Das waren eher die Mehreren, die die Leute lieber nicht hereingelassen haben...
>
> *Johannes M.* Das war die Mehrheit, ja, genau. Aber ich denke, dass sie das eigentlich aus Angst gemacht haben... dass jemand daherkommt und die Richtlinien jetzt genau auslegt... Weil wenn man jemanden zurückweist... ich meine, der Flüchtling ist eigentlich machtlos, der hat keine Chance, sich aufzuregen... da kann man nie einen Fehler machen. Wenn ich alle zurückweise, dann kann mir nie etwas passieren; lasse ich aber jemanden herein, dann bin ich antastbar...

Offensichtlich hatten nun diese Befürchtungen, „einen Fehler zu machen" und dafür von höherer Stelle disziplinär belangt zu werden — die eine Mehrheit der Kollegen zur ausnahmslosen Zurückweisung der Flüchtlinge veranlasste —, nur eine wenig realistische Grundlage. Schließlich konnten Johannes M. und eine Minderheit seiner Kollegen mit ihrem Handeln ja praktisch demonstrieren, wie es die elastisch auslegbaren Entscheidungsgrundlagen durchaus erlaubten, den größeren Teil der Flüchtlinge hereinzulassen. „Ich habe schon nach dem Gesetz gehandelt", erklärt Johannes M. dazu, „aber das Gesetz war halt dehnbar."

Während die in der vorhergehenden Gruppendiskussion zutage getretenen moralischen Konflikte sich ganz wesentlich am Gegensatz entzünden, der zwischen strikten behördlichen Richtlinien und den Regungen des Mitgefühls für die

Zuwanderungswilligen herrscht, so konnte dieser Gegensatz für Johannes M. und seine Kollegen in jener Zeit nur relativ geringe Bedeutung haben. Wenn sie sich etwa in zahlreichen Zweifelsfällen an einen übergeordneten juristischen Journaldienst wandten, um konkrete Handlungsanweisungen zu erhalten, „haben die meistens schon gesagt, wir sollen das vor Ort entscheiden, weil wir das ja alles so sehen. Die wollten gar nicht richtig entscheiden." Sich bei einer Zurückweisung mit grausamen Konsequenzen (etwa zur Beruhigung des eigenen Gewissens) darauf zu berufen, dass einem doch nichts anderes übrigbliebe, als den Gesetzen bzw. Richtlinien von oben zu gehorchen, konnte in dieser Situation also nur beschränkt glaubwürdig sein.

Diese Last der unmittelbaren Verantwortung wurde noch durch die deutlich drohenden Folgen einer Zurückweisung vergrößert: „Man hat ja gewusst, dass zum Beispiel Deserteure dann vielleicht hingerichtet oder gefoltert werden — oder auch Familienangehörige gefoltert werden. Das wollte ich für mich einfach nicht verantworten." Dramatisch konkretisiert wurde diese moralische Belastung auch dadurch, dass man manchmal nicht umhin konnte, die auf dem Fuße folgenden Auswirkungen einer eigenen Zurückweisung auch selber zu Gesicht zu bekommen — wenn man etwa mit den Berufskollegen auf slowenischer Seite zu tun hatte:

Johannes M. Ich habe da im Konkreten so zwei, drei Fälle gehabt, wo ich persönlich jemanden zurückgewiesen habe — wo es wirklich gerechtfertigt war... und wie ich ein paar Tage später dann zufällig hingekommen bin und den gesehen habe — und wirklich total schockiert war...

Interviewer ... wie dem dann...

Johannes M. ... wie der verunstaltet war, oder so, wie er beinander war...

Interviewer ... das heißt, geschlagen und...

Johannes M. Ich kann es nicht sagen, ich habe nicht gesehen, wie er geschlagen worden ist, aber ich habe gesehen, dass er schlecht beinander war. Vielleicht ist er mit dem Kopf selber gegen die Wand gelaufen — was ich eher nicht glaube, aber es kann sein, nicht... Also ich möchte keinem unterstellen, dass er ihn geschlagen hat — aber man hat gesehen, dass er voll unter Druck war, psychisch unter Druck war, dass die Leute fertig waren, geweint haben, gezittert haben und so... und dass es auch Blutergüsse gegeben hat, das habe ich auch gesehen... Aber wie das zustandegekommen ist... also ich weiß nicht, wie das war...

Interviewer Also das ist dann für Sie sicher auch eine ziemliche Belastung gewesen, dass Sie sich sagen haben können: „Ich habe den jetzt zurückgeschickt, und dem ist es jetzt so schlecht ergangen"...?

Johannes M. Es war eine Belastung, und zugleich war es auch... ist bei uns unter den Kollegen... das entstanden, dass wir jetzt von den Slowenen auch nichts mehr gehalten haben.

Beim unmittelbaren Gewahrwerden dieser erschütternden Umstände reagierte Johannes M. also mit starkem Mitgefühl für die Opfer einer Gewalt, die vorrangig aus nationalistischem Hass im Zuge des Zerfalls Jugoslawiens erwachsen war — und zugleich, ähnlich wie seine Kollegen, auch mit einer ausgeprägten Abneigung gegen die Grenzbeamten auf der anderen Seite (die sich tendenziell auch auf ihre Volksgruppe als ganze bezog). In weiterer Konsequenz sollten diese schockartigen Erlebnisse allerdings auch, wie nachfolgend noch beschrieben wird, eine zunehmende emotionelle Abwendung von den Flüchtlingen auslösen.

Die schon prinzipiell in uns allen wirksame Neigung, uns von Opfern innerlich zu distanzieren und so den oft nur schwer erträglichen Gefühlen der Betroffenheit über ihre Lage zu entfliehen, wird sich unter den hier umrissenen Bedingungen — mit der Situation von terrorisierten Menschen so hautnah konfrontiert zu sein und dabei für deren Schicksal auch eine persönliche Mitverantwortung übernehmen zu müssen — mit einiger Wahrscheinlichkeit verstärken. „Die Anzahl der physisch und psychisch Gefolterten ist viel höher als wir wahrhaben wollen", erläutert Klaus Ottomeyer zur grundsätzlichen Motivation solcher inneren Abwehrreaktionen. „Und wir verfügen über eine Fülle von unbewussten Tricks, um unser schon unterminiertes kindliches Vertrauen in die prinzipielle Gutartigkeit unserer Welt zu verteidigen. Einer dieser Tricks besteht darin, diejenigen, die als verwundete Boten vom fortschreitenden Grauen außerhalb der Grenzen berichten, dafür zu bestrafen und zu wehleidigen Lügnern zu erklären." (Ottomeyer 1992: 133)

Um sich derart der Einfühlung in die Lage von Traumatisierten entziehen zu können, ist es von wesentlicher Bedeutung, die moralischen Forderungen des Über-Ich abzublocken oder einzuschränken — wofür sich insbesondere auch Vorwürfe gegen die Betroffenen als wirksames Mittel anbieten (seien sie nun gerechtfertigt oder an den Haaren herbeigezogen). „Die Kräfte, die unsere Verpflichtung aus den Über-Ich-Resten außer Kraft setzen wollen, liegen gewissermaßen auf der Lauer: Jede Geschichte von in der Fremdenunterkunft stehengelassenen Speiseresten, von weggeworfenen Kleiderspenden oder vom großen Auto, das ein Flüchtling fährt, wird zum Anlass genommen, in die Offensive und Empörung überzugehen und die Unterstützungsverpflichtung aufzukündigen." (Ottomeyer 1997a: 116)

Johannes M. ließ sich am Anfang sehr stark von solidarischen Empfindungen für die verzweifelte Situation der Flüchtlinge leiten, wagte sich mit seiner Bereitschaft zur Einfühlung sehr weit vor und bewies dabei auch beträchtlichen persönlichen Mut. Wenngleich er sich im Rahmen der Gesetze bewegte, war sein wiederholtes Bemühen, die Möglichkeiten innerhalb dieses Rahmens bis zu ihren Grenzen auszuschöpfen, sicherlich auch mit einem gewissen beruflichen Risiko verbunden.

Unter diesen nervenzehrenden Bedingungen dürfte das Erlebnis, von Flüchtlingen des Öfteren angelogen zu werden, zum markantesten Anlass geworden sein, der schließlich zur nachhaltigen Kehrtwende im Sinne einer emotionalen Distanzierung führte. Auch wenn ihm die Motive ihres Täuschens zum Teil durchaus verständlich erschienen und er die in ihm dadurch ausgelösten Reaktionen auch mit einer gewissen Selbstkritik betrachten kann, so änderte dies freilich nichts daran, dass er „oft auch enttäuscht war... und mit Fortlaufen dieser Flüchtlingsströme bin ich eigentlich auch immer härter geworden."

Im Nachhinein könne er wohl sehen, dass dabei „irgendwie auch ein falscher Stolz" eine Rolle gespielt haben musste. „Aber das ist einfach für mich kein gutes Gefühl, wenn ich denke: ‚Der ist jetzt drinnen, und ich war nett und habe eigentlich gemacht, was ich machen konnte — und der hat mich eigentlich nur angelogen, sonst gar nichts...'" Im Laufe der Zeit habe er daher immer weniger Flüchtlinge durchgelassen. „Also die kindliche Naivität, die ich mit einundzwanzig gehabt habe, ist dann verflogen... und ich bin so etwas wie ein typischer routinierter Grenzbeamter geworden."

In einer anderen Gesprächspassage schält sich heraus, wie im Zusammenhang manifester Haltungen von bequemer Routine und äußerlicher Gleichgültigkeit auch tieferliegende Einstellungen der Feindseligkeit gegen Schwächere zum Durchbruch kommen können — wobei nachvollziehbar wird, wie diese eben auch der Abwehr gegen eine schwer durchzuhaltende Einfühlung in die Lage verzweifelter Menschen dienen. Obwohl er sich aufgrund seiner scharfen Beobachtungsgabe der problematischen Aspekte seiner emotionalen Distanzierung bewusst ist, gelangt er letztlich doch zu deren dezidierter Befürwortung. Gerade dies liefert auch ein Indiz für die Mächtigkeit unbewusster Motive, die hinter einer solchen Haltung stehen müssen.

Johannes M. Ja, und im Nachhinein denke ich mir, ich hätte mir auch viel ersparen können — das denke ich mir schon...
Interviewer Wie zum Beispiel...?
Johannes M. Eben, abstumpfen — früh abstumpfen, wie die anderen Kollegen, und einfach sagen: „Interessiert mich nicht, ich gehe um acht Uhr heim... und ich greife nichts an, was irgendwie heiß sein könnte... und ich tobe mich auf denen aus, die sich halt nicht aufregen können..."
Interviewer Auf wem zum Beispiel...?
Johannes M. Eben, ein Flüchtling kann sich nie beschweren, der wird sich sicher nicht beschweren, wenn er zurückkommt. Den versteht erstens keiner... und zweitens kann ich sagen, das stimmt nicht — weil wir eh unter vier Augen geredet haben... und drittens kann er sich eh nicht mehr beschweren, wenn er irgendwo in Slowenien ist und genug Schwierigkeiten hat... Also das ist ganz ein-

fach, einen Flüchtling zurückzuweisen — oder war ganz einfach, das war das Einfachste überhaupt... Da brauche ich nur sagen: „Zurück..."
Interviewer Also das ist eher, dass man sich dann bei Schwachen abputzt oder so, nicht...?
Johannes M. Ja, eben nicht irgendwie angreifbar zu sein — dass man es sich leicht machen kann... weil da droht nie eine Beschwerde... da droht gar nichts, wenn man einen Flüchtling zurückweist; da kann nichts passieren.
Interviewer Aber das ist ja offensichtlich nicht Ihr Ideal, oder...?
Johannes M. ... nicht mein Ideal — aber ich denke mir im Nachhinein, das wäre gescheiter gewesen...

Eine wirksame Argumentationshilfe für die Einfühlungsverweigerung kann die Beobachtung liefern, dass Opfer selbst schlimmster Gräueltaten auch selber gewalttätige Einstellungen haben können. Derartige Wahrnehmungen führt nun auch Johannes M. als wesentliche Rechtfertigung für seine innere Distanzierung von den Kriegsflüchtlingen an, die — wie er aufgrund persönlicher Begegnungen berichten kann — sehr hohe Gewaltbereitschaft zum Ausdruck gebracht hätten: „Die haben viel erzählt", erzählt er, „aber die Bosnier haben selber wieder Gewalttaten gemacht. Es ist halt so im Kreis gegangen — wer gerade am Drücker war, hat halt etwas gemacht, und der andere hat eingesteckt, und dann sind wieder die anderen am Drücker gewesen... Also obwohl die Erzählungen ziemlich schockierend waren, habe ich da nicht viel Mitleid gehabt."

Wenn sie nur die geringste Gelegenheit dazu hätten, würden die Flüchtlinge wohl fast alle zu erbarmungslosen Aktionen schreiten: „Das haben sie auch gesagt, dass sie ewige Rache schwören... und was sie mit den Serben oder mit den Kroaten machen würden — also da hat es schon arge Sachen gegeben, die sie gesagt haben... Deswegen habe ich auch weniger Mitgefühl gehabt, weil ich das Gefühl gehabt habe, dass die sich ja gegenseitig den Kopf einschlagen — und keiner besser ist als der andere."

Das Entsetzen über derartige Haltungen begünstigt nicht zuletzt eines der bewährtesten Denkmuster, um die Vermeidung von Mitgefühl (vermeintlich) zu rechtfertigen: Opfer und Täter seien strikt voneinander zu trennende Kategorien von Personen (man könne nicht beides zugleich sein); wer anderen Gewalt antut (oder dazu bereit wäre), könne selbst kein „eigentliches" Opfer sein und verdiene somit auch kein Mitgefühl; Opfer müssten moralisch einwandfreie Einstellungen haben; Opfer stünden über aller Kritik, Täter unter aller Kritik... Mit Hilfe solcher Prämissen kann die — sich eigentlich aufdrängende — Überlegung abgeblockt werden, dass gerade auch gewaltbereite Personen unter tiefen emotionalen Wunden leiden und psychisch hilflos sein müssen; dass sie also zugleich *auch* Opfer von Gewalt sein müssen — und wir daher dazu aufgefordert sind, uns bei aller Empörung über ihre Einstellungen und ihr Handeln *auch* in die Abgründe ihrer Verzweiflung einzufühlen zu versuchen.

Durch die markante Kehrtwende, mit der sich Johannes M. von seiner früheren Einstellung verabschiedete, entwickelte er sich also nach seinem Selbstverständnis zu einem routinierten Beamten, dem die Abstumpfung ausdrücklich als die passablere Lösung erscheint, um mit berufsbedingten Konflikten leichter zu Rande zu kommen. In dieser Logik erscheint es konsequent, wenn er verschiedene institutionelle Vorkehrungen, die im Gegensatz zu früheren Jahren die persönliche Begegnung mit Zuwanderungswilligen oder Flüchtlingen auf ein sehr geringes Maß reduzieren, zu schätzen gelernt hat: „Die einzelnen menschlichen Schicksale, die lernen wir nie kennen... Das wird weitergeschoben... die Gendarmerie schiebt wieder weiter, und das wird immer weitergeschoben — diese ganzen Fälle... Ich sehe den ganzen Kreislauf eigentlich nie direkt... Ich denke, das erleichtert auch den ganzen Umgang. Man kriegt auch nie genug Kontakt mit den Menschen, man lernt auch nichts Persönliches über jemanden kennen. So gesehen ist es fast wie eine Ware, die man halt weitergibt. Ein menschliches Schicksal, das dahintersteht — das kann man sich durch viel Phantasie vielleicht vorstellen, aber man sieht es nicht direkt...“

Dass er so weit gehen kann, Menschen, mit denen er immerhin doch konkret zu tun hat, beinahe schon „wie Waren“ wahrzunehmen, dürfte ein Indiz dafür sein, dass ihm die Distanzierung zu ihnen einen hohen inneren Kräfteaufwand abverlangt. Aufgrund seiner lebhaften Intelligenz ist ihm die „viele Phantasie“ unbedingt zuzutrauen, derer es bedarf, um sich die menschlichen Schicksale einigermaßen plastisch vorzustellen, die hinter den bürokratisch zu behandelnden „Fällen“ stehen. Der relative psychische Gewinn, den Abstumpfung bieten kann (die teilweise Ruhigstellung schmerzhafter Konflikte), ist wohl um einen allzu hohen Preis erkauft — das heißt, an wesentlichen Einschränkungen von Kreativität, Offenheit und innerer Bewegungsfreiheit; um einen Preis, der auch umso höher sein dürfte, je mehr eine Person über geistige Beweglichkeit und Sensibilität verfügt (wie dies nach meinem Eindruck bei diesem Interviewpartner gewiss der Fall ist).

4.1.3 Unter moralischem Druck aus vielerlei Richtungen

Wie bereits angedeutet, besteht (zumindest nach der Überwindung der Konfusion in den Anfangszeiten des Zerfalls Jugoslawiens) ein nicht unwesentlicher Unterschied zwischen den Aufgabenstellungen von Grenzkontrollbeamten und Fremdenpolizisten darin, dass Erstere bei ihren Entscheidungen eher wenig persönlichen Spielraum haben, während Letzteren eine relativ größere (letztlich aber doch auch eng begrenzte) individuelle Verantwortung in den konkreten Entscheidungen zufällt, Zuwanderungswilligen bzw. Asylbewerbern den Aufenthalt in Österreich zu gewähren oder zu verweigern.

Die von Johannes M. angesprochenen Vorkehrungen des „Immer-Weiterschiebens", wodurch persönliche Schicksale weitgehend ausgeblendet bleiben, können also für Fremdenpolizisten zumindest nicht im selben Ausmaß zur Anwendung kommen. Ihre Arbeit bringt zwangsläufig ein relativ eingehenderes Zusammentreffen von Angesicht zu Angesicht mit sich.

Der Interviewpartner Bernhard K. ist seit den frühen 1980er Jahren Angehöriger der Fremdenpolizei in einem Bezirk an der (nunmehrigen) österreichischen EU-Außengrenze und konnte im Lauf der Jahre in seinem Beruf — nicht zuletzt auch in seiner Funktion als Personalvertreter — vielfältige Erfahrungswerte sammeln. Zu Beginn seiner Laufbahn, so berichtet er über das damals anfallende Pensum, „war null, also da waren vielleicht fünfundachtzig Fälle im Jahr... auch die witzigsten Fälle. Also es ist kaum vorgekommen, dass wir jemand einsperren haben müssen oder sonst irgendetwas."

Seit damals hat sich die Situation natürlich dramatisch verschärft. Während er einerseits die Entscheidungsbefugnis auf unterer behördlicher Ebene befürwortet — die in einzelnen Härtefällen immer wieder humane Lösungen ermöglicht —, schält sich freilich auch heraus, wie sehr sich in neuerer Zeit der reale Handlungsspielraum für derartige vom Mitgefühl motivierte Entscheidungen immer mehr verengt hat: „... dass also die gesetzliche Situation schon so ist, dass man wirklich das letzte Register aus dem ganzen Gesetz ziehen müsste — wo man schon so auf dem Grat geht, dass man links und rechts herunterfallen kann."

Unter solchen Vorzeichen stürzt ihn das Gewicht des Verantwortungsgefühls für das Schicksal mancher Zuwanderungswilliger, deren verzweifelte Lage in der tagtäglichen Arbeit plastisch nachvollziehbar wird, zuweilen in schwere innere Krisen:

Bernhard K. Aber es ist auch so, dass wirklich so viele menschliche Tragödien auch bei den Fremden drinnen sind — dass man einfach fast verrückt wird, weil man denen einfach nicht mehr helfen kann!

Interviewer Gerade wenn man in so einer Lage ist wie du, wo du mit vielen zusammenkommst...

Bernhard K. Ja, richtig, und wenn man weiß, dass sich die Gutsituierten sehr wohl zu helfen wissen, weil sie sich dann einmal einen Rechtsanwalt leisten können, der dann ein bisschen ein I-Tüpfler ist... da habe ich auch nichts dagegen einzuwenden, das ist toll...

Interviewer ... der gesetzliche Möglichkeiten ausnutzen kann...

Bernhard K. Aber jetzt willst du als kleiner Beamter herunten dem Kleinen helfen — um seine Familie nachzubringen, weil er wirklich schon frustriert ist, weil er oft nichts hat, oder sonst irgendwas... Und man schenkt ihm halt Glauben — und

du kommst einfach nicht dazu... Und das sind solche Sachen, die bringen einen...
da geht man oft nach Hause und ist irgendwo sauer und angefressen... und hat
niemandem... hat ihm nicht helfen können...

Zum inneren Konflikt kommt noch der äußere soziale und moralische Druck
hinzu, dem sich Bernhard K. und seine Kollegen von sehr unterschiedlichen
Richtungen her ausgesetzt fühlen: Sei es von Massenmedien, Politik oder Gesetzgebung, von humanitären Vereinen oder aber von eher intolerant eingestellten Bekannten am eigenen Wohnort — nicht zuletzt aber auch von Seiten der
Zuwanderungswilligen selbst, denen gegenüber es zweifellos belastend ist, die
Rolle eines gefühllosen Gesetzesvollstreckers einzunehmen zu sollen. Typischerweise würden diese übersehen, „dass es auf der Seite der Beamten Menschen gibt. Für die meisten sind wir Maschinen, die eben wirklich das Gesetz zu
vollziehen haben."

In offener wie verschlüsselter Form scheint sich fast wie ein roter Faden die
ihn und seine Kollegen betreffende Sorge durch das Interview zu ziehen, in den
Augen vieler als die großen Unmenschen dazustehen. „Es ist ja nicht so", erklärt
er an einer Stelle, „dass wir... die Leute sind, die da die Schlechten sind." Wenn
etwa ein von der Fremdenpolizei behandelter Fall durch Zeitungsberichte an die
Öffentlichkeit gelange, „dann ist es oft wirklich so, als ob sich der Beamte, der
dabei eingeschritten ist, fast entschuldigen müsste bei dem Fremden — obwohl
der Fremde erfahrungsgemäß des Letzte probiert, um nur irgendwie dableiben zu
können."

Unter diesen Voraussetzungen ist es gewiss ein wesentliches Zeichen psychischer Reife, wenn er nicht auf die sich quasi „bequem" anbietende Reaktion
verfällt, verärgert die Einfühlung in die Lage der Zuwanderungswilligen zu verweigern. Im Gegensatz etwa zur teilweise gekränkten Reaktion des Interview-
partners Johannes M. bekundet Bernhard K. ein abgeklärtes Einsehen dafür, dass
„ich da in meinem Beruf sicherlich täglich angelogen werde." Er empfinde das
nie als persönliche Beleidigung: „Bei denen verstehe ich es vollkommen, dass
sie heute nicht die Wahrheit sagen... weil er einfach gezwungen ist — der muss
für sich das Beste herausholen."

Die Motive dafür seien ja doch ziemlich nachvollziehbar: „Ich meine, ich
versuche, mich da ein bisschen hineinzufühlen. Ich verstehe das durchaus, wenn
da jemand herkommt und einfach von Haus aus sagt, ‚Ja, o.k., ich habe es probiert, weil die Situation in meinem Heimatland derartig schlecht ist, dass ich,
wenn ich heute zwei Jahre im Ausland arbeite, und das schwarz — dass ich da
einfach mehr verdienen kann, als wenn ich die nächsten zwanzig Jahre zu Hause
arbeite.'... Ich meine, wahrscheinlich würden wir, wenn wir in dieser Situation
wären — und an und für sich die Barrikade jetzt Deutschland wäre, und wir nach

Deutschland hin flüchten könnten — würde es in Österreich auch genügend Leute geben, die dann verschwinden und probieren, das dort zu machen."

Diese Bereitschaft zur Einfühlung geht auch mit einer kritischen Distanz zu von Bernhard K. bei manchen Mitbürgern wahrgenommenen Haltungen einher, bei sich selbst verleugnete Motive und Einstellungen massiv auf Ausländer zu projizieren, indem sie diesen lautstark vorwerfen, sich zu Lasten der fleißigen und tüchtigen Einheimischen ein bequemes Leben auf Staatskosten zu machen:

> *Bernhard K.* Am meisten, das fällt mir auf, schimpfen die, die ohnedies alle [undeutlich: Dritte...?] die Arbeitslose abholen... von denen geht am meisten Negativstimmung aus, die schimpfen über die Fremden... Ich kann jetzt nur von einem kleinen Bezirk reden — wo ich es weiß, wo ich daheim bin, wo ich mich bewege... dass die Leute, die selber die Arbeit nicht erfunden haben, sage ich immer wieder, sehr wohl über Beamte schimpfen... und sehr gegen die Ausländer reden: „Die nehmen alles weg!"... Da habe ich gesagt: „Na, geh' du halt einmal..." — ich sage es ihnen konkret: „Geh' hinüber — geh' doch du zur Müllabfuhr und nimm die Mistkübel mit!"
>
> *Interviewer* Das tut er dann aber nicht...
>
> *Bernhard K.* „Du spinnst wohl ein bisschen", sagt der dann, „für das bisschen... Schau, was ich da Arbeitslose bekomme — ich gehe doch nicht zur Müllabfuhr hinüber, wo ich mit weniger als zehntausend Schilling leben muß... Da verzichte ich doch lieber auf die Differenz von fünfzehnhundert Schilling und habe meine Ruhe."

Aus einer ganz anderen Richtung kommt natürlich die Kritik, der sich er und seine Kollegen von Seiten humanitärerer Organisationen ausgesetzt sehen, die sich für Asylbewerber bzw. Migranten engagieren. Vor allem angesichts des moralischen Dilemmas gegenüber den konkreten Tragödien, die er oft überaus bedrückend erlebt, wäre es nicht unbedingt überraschend, wenn er Vertreter solcher Organisationen manchmal als eine Art unwillkommener Inkarnationen eines nagenden Gewissens empfände.

Seine an diesen Vereinen — deren grundsätzlich sinnvolle Rolle er aber jedenfalls anerkennt — geübte Kritik scheint auf jeden Fall auch eine Neigung zu begünstigen, den eigenen inneren Druck ein wenig erleichtern (bzw. eher bei diesen abladen) zu wollen. Diese Organisationen, so lautet einer seiner Hauptkritikpunkte, würden nicht der großen Mehrheit der wirklich Armen und Verzweifelten unter den Zuwanderungswilligen helfen, sondern überwiegend nur jenen wenigen, die ohnehin bereits eine günstige Ausgangsposition hätten.

> *Bernhard K.* Wenn du halt jemandem wirklich helfen *möchtest* — weil man einfach vom Gefühl her weiß, das ist ein armer Schlucker... und dem dann irgendwo zu sagen: „Für dich ist jetzt Schluss" — das ist eine harte Nuss.

Interviewer Das ist verständlich, ja.

Bernhard K. Und dann sind halt die meisten, die sich vorher so weiß Gott wie aufspielen und motzen, nicht da...

Interviewer Also die Leute, die protestieren oder sich beklagen, in der österreichischen...?

Bernhard K. ... die beklagen sich nur über die Fälle, wo sie genau wissen, da kommen sie astrein durch — weil die Leute sich schon selber soweit geholfen haben und auch ein profundes Rechtswissen haben...

Mögen sie sich auch als Verteidiger der Schwachen und Entrechteten in Szene setzen, so täten sie das in erster Linie wohl in selbstgefälliger Pose; denn um die meisten derer, denen es wirklich schlecht geht, wollten sie sich dann ja doch nicht kümmern. Wenn man sich als Fremdenpolizist im Umgang mit seinen berufsbedingten moralischen Konflikten ohnehin schon schwer genug tun muss — so mag es hier in etwa anklingen —, dann mögen sich andere doch bitte nicht als die großen Wahrer der Tugend aufspielen und es uns damit nur noch schwerer machen (gar so makellose „Über-Ich-Verkörperungen", für die sie sich halten mögen, sind die nämlich gar nicht). Indem er also das Engagement von Hilfsorganisationen stark in Zweifel zieht, dürfte er indirekt auch auf eine gewisse Selbstentlastung hinwirken.

Im Sinne eines weiteren Versuchs, den moralischen Druck etwas abzumildern, dürfte wohl auch die an einer anderen Stelle zum Ausdruck kommende Tendenz zu deuten sein, die durchschnittliche Situation der bis nach Österreich kommenden Zuwanderer und Flüchtlinge als immerhin relativ günstig darzustellen (vor allem im Vergleich zu jenen, denen nicht einmal das gelingt). Wenn die Menschen, deren Bestreben Bernhard K. in seiner beruflichen Funktion oft vereiteln muss, ohnehin nicht gar so schlecht dastehen, dann könnte dies seinen eigenen inneren Konflikt doch wohl ein wenig erleichtern.

Bernhard K. ... Leute, die einfach besser organisiert sind — wobei ich jetzt nicht sage, dass sie kriminell organisiert sind, sondern einfach, dass sie besser organisiert sind, weil sie sich gewisse Dinge leisten können, um Informationen zu erhalten... denen gelingt es eher als denen, die es wirklich *notwendig* haben.

Interviewer Also die wirklich Armen...

Bernhard K. ... die bleiben auf der Strecke. Das ist jetzt meine persönliche Meinung dazu. Ich glaube auch, dass es im Zusammenhang mit diesen Konflikten am Balkan so war, dass es eigentlich nicht die Ärmsten der Armen waren...

Interviewer ... denen es gelungen ist, nach Österreich oder nach Deutschland zu flüchten...?

Bernhard K. Richtig, ja, weil ich glaube, dass die, die unten geblieben sind, doch eine Beziehung zur Heimat haben — und das auch damit dokumentiert haben, dass sie eigentlich nur in die Nachbarortschaft geflüchtet sind.

Aus seiner Sicht unterscheiden sich die nach Österreich gekommenen Flüchtlinge demnach von denjenigen, die in den von Kriegen heimgesuchten Regionen des Balkans geblieben sind, nicht nur durch ihre besseren organisatorischen und informationsmäßigen Voraussetzungen, sondern auch durch eine — offensichtlich als Makel zu verstehende — geringere Heimatverbundenheit. Dass er ihnen ihr Kommen also im Grunde zum Vorwurf machen möchte, würde er vielleicht nicht ausdrücklich so sagen wollen. Es würde aber zur Tendenz passen, den Druck, dem er und seine Kollegen sich ausgesetzt fühlen, ein wenig auf den Schultern anderer abzuladen: Wären diese Flüchtlinge doch ihrer Heimat treu geblieben, dann stünden wir heute nicht so sehr unter dieser kombinierten Last von Vorwürfen aus verschiedenster Richtung: unseres eigenen Gewissens, diverser humanitärer Vereine, so mancher örtlicher Bekanntenkreise — oder eben auch der breiteren Öffentlichkeit und der großen Politik.

Was er an Politik und Gesetzgebung vor allem kritisiert, ist eine mangelnde Rückendeckung für die Beamten, eine mangelnde Einigkeit und Geradlinigkeit der politischen Vertreter und Parteien, aber auch ein fehlender Austausch zwischen den oberen und unteren Ebenen — über den insbesondere auch erreicht werden könne, dass sich die Beamten bei harten Maßnahmen nicht so alleingelassen fühlen würden (was wiederum auch impliziert: dass sie von dem damit verbundenen moralischen und sozialen Druck durch andere entlastet würden). Sie müssten in ihrer konkreten Arbeit mit den Betroffenen das ausbaden, was die Politiker zwar beschlossen hätten, auf das diese selber sich aber in ihrer sonstigen Selbstdarstellung nicht so klar festzulegen bräuchten.

Ein Anliegen, das Bernhard K. dementsprechend mit besonderem Nachdruck vorbringt, ist das einer unverbrüchlichen Einigkeit aller politischen Richtungen in den Fragen der Einwanderungspolitik: „Da sollte die Couleur keine Rolle spielen, da müssen wirklich alle an einem Strang ziehen." Aufgrund des parteitaktischen Konkurrenzdenkens käme es aber leider nie dazu. Ein großes Problem erblickt er in diesem Zusammenhang auch darin, dass nur ein gemeinsam erlittener schwerer Schaden den normalerweise vorherrschenden Zug zur Zwietracht überwinden könne:

> *Bernhard K.* Um es jetzt hart zu sagen: Wenn es heute drei verschiedene Politiker verschiedener Couleur trifft, dass ihnen irgendwo einmal ein... dass einer irgendwo von einem nicht-österreichischen Staatsbürger eins über die Rübe gekriegt hat — dann wird er sagen: „So, und jetzt ist es aus!"... jetzt einmal brutal ausgedrückt.
>
> *Interviewer* ... dass einer eins über die...?
>
> *Bernhard K.* Wenn jetzt zum Beispiel drei Politiker irgendwo spazieren gehen... und die werden von drei nicht-österreichischen Staatsbürgern überfallen — und

wenn sich das dann herausstellt —, dann werden alle drei eine gleiche Ausländerpolitik betreiben, glaube ich...

Interviewer ... in der Richtung, dass man schärfer vorgehen würde gegen solche...

Bernhard K. Ja!

Wenngleich Bernhard K. sich gewiss nicht wünschen wird, dass etwa Politiker verschiedener Parteien alle von gewalttätigen Ausländern überfallen würden oder gar „eins über die Rübe kriegen", so dürfte es doch — wie sicherlich in uns allen — auch eine Seite in ihm geben, die eine Auswirkung begrüßen würde, die man sich oft von derartigen Vorkommnissen erwartet: eine Art großen Rundumschlag, durch den die komplizierten Konflikte mit einem Mal weggefegt würden, mit denen man sich herumärgern muss, wenn man an verantwortungsvollen Aufgaben arbeitet. „So, und jetzt ist es aus!" — das würde bedeuten: ein (illusorisches) „Reinen-Tisch-Machen", bei dem man sich die Mühe sorgfältigen Abwägens glatt ersparen könnte und nur noch mit harter Hand durchgegriffen würde.

Der phantasierte Vorteil eines derartigen Vorgehens — dass wir das Gewicht moralischer und sozialer Verantwortung (und von damit oft verknüpften Schuld-, Versagens- oder Beschämungsgefühlen), das auf uns lastet, wie einen bleischweren Rucksack einfach abwerfen würden — macht einen wesentlichen Teil der Anziehungskraft demagogischer Angebote in der Politik aus: Mit ihren Schwarz-Weiß-Mustern von Gut und Böse, mit ihren scheinbar einfachen und magisch-perfekten Lösungen versprechen sie sofortige Erleichterung. So wichtig es ist, uns unserer psychologisch weniger reifen Seiten bewusst zu sein, die für derartige Versprechen anfällig sind, so entscheidend ist es auch, deren hochgradig illusionären Charakter nicht aus den Augen zu verlieren.

In Wirklichkeit würden durch solche „Lösungen" alle betroffenen Probleme nur verschärft und das in ihnen angelegte Gewaltrisiko dramatisch zugespitzt. Eine „Einigkeit", die dadurch zustande käme, dass augrund gemeinsam erlittener (oder auch nur so wahrgenommener) Gewalttaten ein undifferenzierter Straf- und Racheimpuls zum Durchbruch käme, würde den Weg in eine fatale Spirale von Gewalt und Gegengewalt weisen und auf einen gefährlichen Verlust an Problemlösungskapazitäten hinauslaufen, über den unsere Gesellschaft verfügt.

Dieser Zusammenhang ist, so nehme ich an, auch Bernhard K. durchaus bewusst. Dass er im zuletzt zitierten Interviewabschnitt dennoch eine Phantasie zum Ausdruck bringt, die in die Richtung dieses pauschalen Abwerfens des „Rucksacks" an schwieriger Differenzierung geht, ist sicherlich ein Indiz dafür, wie schwer er dessen Last des Öfteren empfinden dürfte.

Ein allgemeines Resümee, das aus den verschiedenen hier diskutierten Gesprächspassagen zu ziehen wäre, könnte man vielleicht anhand des eben gewählten Bildes verdeutlichen. Es sollte darum gehen, nicht den Rucksack als solchen (die Last unserer mühsam erworbenen relativen emotionalen Reife) wegzuwerfen, wohl aber einige Bleigewichte in aus ihm herauszunehmen — nämlich die Belastung abzubauen, die aus (großteils nicht eingestandenen) Schuld- und Beschämungsgefühlen erwächst. Je mehr sich solche Gefühle hinter einer pauschalen Selbstgerechtigkeit verstecken und auf der Lauer liegen, desto schwerer und bedrückender ist ihr Bleigewicht, das heißt, desto mehr müssen eigene Motive und Gefühle verleugnet und auf Sündenböcke und Feindbilder projiziert werden.

Besonders wichtig scheint es zu sein, Formen der Auseinandersetzung zu entwickeln, in denen diese massive Barriere gegen einen offenen Blick nach innen durchlässig gemacht werden kann. Je weniger der Blick nach innen — auf das breite Spektrum oft sehr zwiespältiger eigener Gefühle und Reaktionen — durch Schuldgefühle und Beschämung versperrt ist, desto mehr kann man auch ein differenziertes Empfindungsvermögen zur Verfügung haben, um sich in die Lage anderer (Fremder) hineinzuversetzen — und dadurch weniger Angst vor moralischer Schuld und mehr den Wunsch nach moralischer Verantwortung zu entwickeln.

4.2 Öffnungstendenzen zwischen ehemaligen „Erbfeinden"

Dass das „Unvermögen der Menschheit, Menschheit zu werden" (Morin) — d.h. die Abwehr dagegen, auf unserem klein gewordenen Planeten zu einer gemeinsamen Basis von Solidarität und Verantwortung zu gelangen —, zu einem wesentlichen Teil in unseren Anfälligkeiten für Feindbilder wurzeln dürfte, war die wesentlichste Überlegung des Abschnitts 2.3.6. Dass es nun innerhalb eines breiten Spektrums an konkreten Feindbildern vor allem deren ethnisch-nationale Varianten sind — d.h. jene Feindbilder, die sich gegen die verschiedensten Nationen, Volksgruppen, Kulturen, „Rassen" u.ä.m. richten —, denen ein ganz zentrales und überragendes Gewicht zukommt, war eines der bestimmenden Themen des Abschnitts 3.1. Von diesen beiden Ausgangspunkten her kann man ziemlich naheliegend auf einen weiteren Gedanken kommen: Praktische Beispiele, bei denen es dennoch zu einem gewissen Abbau nationaler Feindbilder kommen konnte, müssten sich demzufolge als besonders wichtige Chance anbieten — um sinnvolle Anhaltspunkte zu gewinnen, wie diese oft so hartnäckig eingewurzelten Barrieren gegen Dialog und Solidarität vielleicht doch auch auf einer globalen Ebene überwunden werden könnten.

Ein derartiges — im historischen Überblick leider nicht gerade häufiges — Beispiel eines relativ weitgehenden Abbaus traditioneller Feindbilder liefert nun der positive Einstellungswandel, der sich im Laufe des späteren 20. Jahrhundert zwischen den vormaligen „Erbfeinden" Italien und Österreich durchsetzen konnte. Innerhalb weniger Generationen hat sich einer der schärfsten nationalistischen Gegensätze Europas nicht nur zu einem normalen Nachbarschaftsverhältnis gewandelt, sondern auch zu einer relativ breiten Öffnung und kulturellen Wertschätzung füreinander geführt; und innerhalb weniger Jahrzehnte konnte der Konflikt in Südtirol — der um 1960 bereits so gefährlich eskaliert war, dass er nur knapp an einer Gewaltexplosion von der Art Nordirlands oder Zyperns vorbeiging — entscheidend entschärft werden, indem eine tragbare (wenn auch sicher nicht problemlose) Kompromisslösung für die Volksgruppenbeziehungen gefunden wurde.

Die Tragweite dieses positiven Wandels wird nicht zuletzt dadurch kräftig unterstrichen, dass die einst über eine lange Epoche herrschende Feindschaft zwischen beiden Ländern geradezu einen „offenen Nerv", eine besonders empfindliche Bruchlinie Europas berührte, auf der sich eine ganze Reihe von wesentlichen Konfliktmotiven der Geschichte unseres Kontinents in gebündelter Form niederschlug.

Die einstige österreichisch-italienische „Erbfeindschaft" lieferte ein besonders drastisches Beispiel für das historisch recht häufige Phänomen einer Art negativen „folie à deux" zwischen Ländern, Nationen, Volksgruppen usw., das von der Psychohistorikerin Mary Coleman einmal mit dem originellen Ausdruck von „sets of countries ‚twinned' by mutual hostility" (Coleman 1984: 125) umschrieben wurde. Der einflussreiche italienische Schriftsteller Scipio Slataper mochte Österreich etwa als „Gegenpol unserer Seele" und „Teufel unserer Gottheit" verdammen (Gatterer 1972: 10). In Karl Kraus' Weltkriegsdrama ‚Die letzten Tage der Menschheit' konnte wiederum ein kriegsbegeisterter Österreicher ausrufen: „Gott strafe England und vernichte Italien" (Kraus 1926: 99), oder der alte Kaiser einmal im Schlaf ärgerlich zu sprechen beginnen: „Justament nicht — grad nicht — ich mach keinen Frieden mit die Katzelmacher" (ebenda: 517).

Während im Ersten Weltkrieg, wie das erste italienisch-österreichische Geschichtsbuch feststellte, „der Krieg gegen den südlichen Nachbarn für die Österreicher der einzig wahrhaft populäre Krieg wurde" (Furlani/Wandruszka 1973: 238), so konnte dies auf der Gegenseite zum Beispiel durch den Minister Leonida Bissolati gespiegelt werden, der 1916 — in einer Gedenkrede für den kurz zuvor vom österreichischen Militär hingerichteten Trentiner Unabhängigkeitskämpfer Cesare Battisti — gegen Österreich ausrief: „Bisogna che il mostro dalle molte teste sia ucciso."[1] (Ara 1980: 213)

---

[1] „Das vielköpfige Monster muss getötet werden."

Dass der — in der historischen Weitwinkelperspektive immerhin eindrucksvolle — positive Wandel der Beziehungen seit jenen „Erbfeindschaftszeiten" nur sehr spärliche Aufmerksamkeit auf sich zieht, hat einige nahe liegende Gründe. Einer davon beruht darauf, dass ein Abbau von alten Vorurteilen nicht einer zielstrebigen oder auffälligen Entwicklung entspricht, die etwa über spektakuläre Ereignisse in den Brennpunkt des öffentlichen Interesses geraten würde. Es handelt sich fast durchwegs um graduelle, ungleichzeitige, oft verschlungenwidersprüchliche Änderungen auf der Ebene des Alltagsbewusstseins, die nun einmal (oberflächlich) kaum den Stoff für „sensationelle" Berichte abgeben.

Darüber hinaus kann die Entspannung des italienisch-österreichischen Nachbarschaftsverhältnisses zu einem gewissen Teil sicher auch mit gewandelten äußeren Umständen (etwa geopolitischen Rahmenbedingungen) in Verbindung gebracht werden, die jedenfalls im Prinzip nicht viel mit einem wirklichen Feindbildabbau zu tun haben müssen: Zum Beispiel mit dem Verlust von Österreichs ehemaliger Großmachtstellung, diversen Verschiebungen internationaler Freund-Feind-Konstellationen (etwa im Zuge des Kalten Krieges), der wirtschaftspolitischen Integration Mittel- und Westeuropas, oder auch mit den großen Touristenströmen zwischen beiden Ländern. Im Zusammenhang der in neuerer Zeit wachsenden europäischen Festungsmentalität könnten ältere Feindbilder — jedenfalls zu einem gewissen Teil — auch durch andere ersetzt worden sein, womit sie aber kaum nachhaltig überwunden, sondern eher nur (zumindest in verschiedenen „Restbeständen") in den Hintergrund verschoben worden wären. „So wäre es sehr wohl denkbar, dass heute anstelle der Italiener, Kommunisten und anderer die Türken, Afrikaner oder ‚Asiaten' als neue Fremd- und Feindbilder zur Bestätigung der eigenen Identität herhalten müssen." (Haller 1994: 163f)

Aber auch grundsätzlicher ist gegenüber der Annahme eines Reifungsfortschritts in der Durchschnittsmentalität, der zum Abbau von Vorurteilen zwischen einstigen Erbfeinden beigetragen hat, eine gewisse Skepsis berechtigt. Jede wirkliche (nicht bloß oberflächliche) Überwindung von Vorurteilen baut grundsätzlich auf schwierigen und oft unbeständigen psychologischen Leistungen auf. Ihre Voraussetzungen — die Bereitschaft zum Dialog, zur Einfühlung in die Lage anderer, zu offenen und schöpferischen Konfliktlösungen — sind langwierige Errungenschaften der Persönlichkeitsentwicklung. Deren prinzipielle Störungsanfälligkeit schlägt überdies — wie schon im Abschnitt 2.5.4 erörtert wurde — in den Beziehungen zwischen großen Kollektiven (zum Beispiel eben zwischen Nationen) meist negativer durch als in zwischenmenschlich-privaten Zusammenhängen.

Auch angesichts des problematischen Umstands, dass der Abbau der historischen Feindbilder insgesamt nur wenig mit einer Bewusstwerdung über deren historische Hintergründe einhergegangen ist (Kreissler 1987: 133f; Baur/von

Guggenberg/Larcher 1998: 165ff; Peterlini 2003: 188ff.), muss man seine Nachhaltigkeit gewiss mit einem mittelgroßen Fragezeichen versehen. Blinde Flecken im kollektiven Gedächtnis verweisen mit hoher Wahrscheinlichkeit auf unverarbeitete bzw. traumatische Konflikte, die das längerfristige Risiko bergen, im Sinne des Wiederholungszwangs aufs Neue in destruktiver Weise zum Durchbruch zu kommen.

Auf der Ebene der Südtiroler Volksgruppenbeziehunngen konnte der interkulturelle Bildungsforscher Siegfried Baur (2000: 108-169) die fatalen Auswirkungen versäumter Trauerarbeit deutlich machen, auf die solche blinde Flecken verweisen und die auch heute noch eine „ethnisch halbierte Wirklichkeit" (Pallaver 2006) zur Folge haben. „Das erste, was bei näherer Betrachtung jeglicher Information in Südtirol auffällt", schrieb auch Alexander Langer, „ist ihre starke ethnische Färbung, bzw. Spaltung — ganz gleich, ob es sich um aktuelle oder historische Information handelt. Deutsche und italienische Augen und Ohren bekommen je andere Information zu hören." (Langer 1996: 345)

Wenn wesentlichen Teilen der historischen Erfahrung die bewusste Erinnerung und Aufmerksamkeit verweigert wird, verleiht ihnen dies also leider nicht weniger, sondern mehr (negativen) Einfluss auf spätere Entwicklungen. In diesem Sinne hätte man es auch ein wenig als Drohung auffassen können, wenn der italienische Außenminister Giuseppe Medici 1973 in einer — bewusst auf Versöhnlichkeit angelegten — Erklärung in Wien verkünden konnte: „Wir wollen alles, was die Vergangenheit betrifft, auslöschen."[1]

Andererseits war die überaus zügige Annäherung, die seit Beginn der 1970-er Jahre in den (noch wenige Jahre zuvor sehr gespannten) Nachbarschaftsbeziehungen erreicht wurde, aber auch von wesentlich nachdenklicheren (und daher konstruktiveren) Stimmen begleitet — zum Beispiel vom oben bereits zitierten ersten „bilateralen Geschichtsbuch", oder auch durch das breite Echo, auf das der Journalist und Historiker Claus Gatterer mit seinem 1972 veröffentlichten Buch ‚Erbfeindschaft Italien - Österreich' stieß. Seinem wichtigsten Anliegen konnte Gatterer in den Schlusssätzen seines Buches beredten Ausdruck verleihen: „Es führt nur *ein* Weg aus dem Gestrüpp der Erbfeindschaft heraus: die Wahrheit über die eigene Vergangenheit. Um die volle Wahrheit über sich selbst zu finden, kann man der Mithilfe der ‚Erbfeinde' nicht entraten: Sie kennen die dunklen Flecken unserer Geschichte besser als wir. Und wir können den ‚Erbfeinden' von gestern Aufschluss über dunkle Flecken in *ihrer* Geschichte liefern. Die Wahrheit führt zueinander." (Gatterer 1972: 230)

Darüber hinaus spricht gerade die relative äußerliche Unscheinbarkeit, der weitgehend unprätentiöse und unspektakuläre Charakter der interkulturellen

---

[1] Kurier, 21.2.1973

Annäherung zwischen den ehemals verfeindeten Ländern (und zwischen den Volksgruppen in Südtirol) für deren gute Verankerung in der psychosozialen Realität. Entwicklungen, die im gesellschaftlichen Alltag langsam, aber sicher Wurzeln schlagen können, bedürfen zu ihrer Bestätigung kaum der wortgewaltigen Deklamation oder der großen feierlichen Demonstration. (Gerade dort, wo derartiges mit viel Aufwand und Lautstärke betrieben wird, liegt im Gegenteil der Verdacht nahe, dass damit auch starke entgegengesetzte Neigungen und Gefühle übertönt und verdrängt werden müssen).

In diesem Sinne ist etwa auch der Umstand, dass die 1992 bei der UNO erklärte österreichisch-italienische Streitbeilegung im Südtirolkonflikt (vgl. Gehler 2003) überwiegend leidenschaftslos zur Kenntnis genommen wurde, eher als Anzeichen für eine bereits weitgehend konsolidierte Basis des Miteinander-Auskommens zu werten denn als Symptom einer indifferenten oder desinteressierten Stimmung. „Die Aussöhnung zwischen Österreich und Italien hat längst stattgefunden", kommentierte der Soziologe Rainer Münz diesen trotz seiner geringen Dramatik immerhin historischen Moment (Münz 1992: 35).

Der Journalist Bruno Luverà wies darauf hin, dass das Fehlen besonderer Freudenkundgebungen auch in Südtirol selbst nicht als Gleichgültigkeit gegenüber dem Wert des Zusammenlebens missverstanden werden sollte. „Nel tessuto civile della popolazione sudtirolese si sono intrecciati negli anni numerosi fili, legami oltre la paura etnica dell''altro': dal crescente numero di matrimoni misti alla partecipazione incrociata alle manifestazioni culturali dei rispettivi gruppi etnici, dalle amicizie senza frontiere etniche al desiderio dei sudtirolesi italiani di padroneggiare sempre meglio il tedesco, come una delle lingue della comunità sudtirolese."[1] Die Streitbeilegungserklärung habe einen Friedensprozess zwischen den Volksgruppen lediglich offiziell besiegelt, der in der zivilen Gesellschaft bereits Wurzeln gefasst hatte — „malgrado le asperità e i conflitti artificiali di un confronto politico troppo spesso alimentato da tentazioni di chiusura nazionalistica."[2] (Luverà 1996: 16f) Die Bildungsforscher Siegfried Baur, Irma von Guggenberg und Dietmar Larcher gelangen auf Grund einer mehrjährigen Untersuchung zu sensiblen Streitfragen, die in neuerer Zeit öffentliche und private Diskurse in Südtirol geprägt haben, zur Schlussfolgerung: „Es scheint, als hätte die Mehrzahl der PolitikerInnen gar nicht mitbekommen, was aus unserer

---

[1] „Im zivilen Gefüge des Alltagslebens der Südtiroler Bevölkerung sind im Laufe der Jahre zahlreiche Fäden und Bindungen zu einem Netzwerk jenseits der ethnischen Angst vor dem ‚anderen' zusammengewachsen: von der steigenden Zahl gemischter Ehen zur wechselseitigen Teilnahme an kulturellen Veranstaltungen der verschiedenen Volksgruppen, von den Freundschaften ohne ethnische Grenzen bis zum Wunsch der italienischen Südtiroler, das Deutsche als eine der Sprachen der Landesgemeinschaft zunehmend besser zu beherrschen."
[2] „trotz der künstlichen Härten und Konflikte in einer politischen Auseinandersetzung, die allzu oft durch Versuchungen zu nationalistischer Einigelung geschürt wird."

Studie doch recht deutlich hervorgeht: dass nämlich die Bevölkerung von den unaufhörlichen Scharmützeln um ethnischen Symbolkram sehr viel weniger hält als die PolitikerInnen anzunehmen scheinen." (Baur/von Guggenberg/Larcher 1998: 278)

Dementsprechend sind es auch weniger die mit nur mäßiger Aufmerksamkeit verfolgten politischen Ereignisse rund um die staatsoffizielle Streitbeilegung, die den interkulturellen Annäherungsprozess verdeutlichen können, als etwa ein im Mailänder ‚Corriere della Sera' veröffentlichter Leserbrief, der in der Südtirolfrage dafür warb, „[di] riconoscere la realtà di quella splendida regione, che forse taluni possono considerare ‚geograficamente italiana', ma che è resa così affascinante proprio per la profonda civiltà asburgica che l'ha modellata nel giro di tanti secoli. Tutti gli italiani che vogliono aprirsi al mondo e non chiudersi, debbono guardare con ammirazione verso quella civiltà tirolese, e riconoscere così il valore dei diversi, di coloro cioè che sono nati e cresciuti in un'altra lingua, e coltivano altre speranze, perché hanno dietro di loro un'altra storia."[1]

4.2.1 Fünf traditionelle Konfliktfelder zwischen Italien und Österreich

In einem mehrjährigen Forschungsprojekt zum ‚Österreichbild in Italien und Italienbild in Österreich' habe ich mich darum bemüht, sowohl die historischen, gesellschaftlichen und psychologischen Hintergründe der „Erbfeindschaft" zu beleuchten als auch einige der wichtigsten Entwicklungslinien, die von dieser Vergangenheit zu den heutigen entspannteren Beziehungen geführt haben, nachzuzeichnen und im Hinblick auf beispielgebende Merkmale auszuloten (u.a. Berghold 1994; 1995; 1996; 1997; 1997a; 1999; 2002; 2003; Berghold/Pallaver 2003; Kurth/Berghold 2006). Wichtige Achsen dieser Forschungsarbeit waren unter anderem eine Erhebung der sich seit 1945 entwickelnden Beziehungen im Spiegel je einer führenden Tageszeitung in beiden Ländern, sowie besonders auch eine vielschichtige Erfassung der subjektiven Wahrnehmungen des jeweiligen Nachbarlandes mittels ausführlicher Interviews mit einem breiten Spektrum von Personen in beiden Ländern.

---

[1] „die Realität dieser wunderbaren Region anzuerkennen, die manche vielleicht als ‚geographisch zu Italien gehörig' betrachten mögen, die aber gerade auf Grund der tief verwurzelten habsburgischen Kultur so faszinierend ist, die sie im Laufe so vieler Jahrhunderte geprägt hat. Alle Italiener, die sich der Welt öffnen und nicht verschließen wollen, sollten mit Bewunderung auf diese Tiroler Kultur blicken und damit den Wert der anderen anerkennen — derjenigen, die in einer anderen Sprache geboren und aufgewachsen sind und die andere Hoffnungen nähren, weil sie eine andere Geschichte hinter sich haben." (Corriere della Sera, 17.1.1995)

In der Untersuchung sozial- und mentalitätsgeschichtlicher Tiefenschichten der italienisch-österreichischen Erbfeindschaft schälten sich vor allem fünf wesentliche Dimensionen kultureller und politischer Gegensätzlichkeit heraus, die im Folgenden knapp umrissen werden sollen:

1. Der traditionelle *Lebensstilkontrast zwischen germanischer und romanischer Welt*, der sich besonders in allgemein bekannten (realistischen wie klischeehaften) Eigenschaftszuschreibungen spiegelt, welche auf der einen Seite größere Disziplinertheit, Verlässlichkeit, Effizienz, aber auch Sturheit, Gefühlskälte oder Vorschriftshörigkeit postulieren — auf der anderen Seite hingegen größere Spontaneität, Kontaktfreudigkeit, künstlerische Kreativität, aber auch Unzuverlässigkeit, Verantwortungslosigkeit oder Korruptheit.

Eine historische Illustration für diesen Mentalitätsgegensatz — der aus psychoanalytischer Sicht auch als Projektionsfläche für innerpsychische Gegensätze zwischen Über-Ich und Es gedeutet werden kann — kann man etwa einem kuriosen Reisebericht des Soziologen Robert Michels aus dem Jahre 1912 entnehmen: Bei seinem Eisenbahn-Grenzübertritt aus Italien nach Österreich wurde der Zug plötzlich angehalten und „assalito [...] da tutto un esercito di donne in divisa, apparentemente impiegate ferroviarie, trascinanti dietro di sé un vero bagaglio di stracci e di secchie.“[1] Alle Reisenden wurden gezwungen auszusteigen, „e quelle brave donne si diedero, per un intero quarto d'ora, a versare sopra tutti i vagoni e dentro tutti gli scompartimenti dei torrenti diluviali di acqua potabile quasi volessero protestare in nome di una civiltà superiore, contro lo stato poco soddisfacente in cui il Governo italiano e, aggiungeremo, il pubblico viaggiatore, molte volte suole lasciare le sue ferrovie.“[2] Nach einer längeren Phase perplexer Sprachlosigkeit stieß ein italienischer Mitreisender die verhalten ressentimenthaften, wenn auch äußerlich „ironisch-bewundernden“ Worte aus: „Come si vede bene che siamo oramai entrati nella tedescheria! Guardate, quale mirabile pulizia...“[3] (Michels 1912: 480)

---

[1] „von einem ganzen Heer uniformierter Frauen — allem Anschein nach Eisenbahnbedienstete — gestürmt, die einen ganzen Troß von Lappen und Kübel hinter sich herschleppten.“
[2] „und jene tüchtigen Frauen gaben sich nun für eine ganze Viertelstunde der Aufgabe hin, über alle Waggons und in allen Eisenbahnabteilen Riesenströme von Trinkwasser zu vergießen, als ob sie im Namen einer überlegenen Zivilisation gegen den wenig befriedigenden Zustand protestieren wollten, in welchem die italienische Regierung — und wir würden hinzufügen: auch der öffentliche Fahrgast — häufig die Eisenbahnen zu hinterlassen pflegt.“
[3] „Da sieht man doch, dass wir nun in die *tedescheria* eingereist sind! Sehen Sie doch nur, was für eine erstaunliche Sauberkeit...“ (Der Ausdruck „tedescheria“ — in etwa als „teutonischer Lebensraum“ übersetzbar — „ist ein umfassendes Pejorativ, wie viele Zeugnisse belegen.“ [Garms-Cornides 1994: 6])

Mit dieser massiven österreichisch-germanischen „Ordentlichkeits-Lektion" wird also ein ziemlich „traditionsreiches" Spannungsverhältnis veranschaulicht, das sich charakteristischerweise an den Themen übertriebener und mangelhafter Disziplin, Sauberkeit, Ordnung usw. entzündet. In dem Maße, als ein derartiger Kontrast den Stoff für wechselseitige Feindbilder liefert, verweist er besonders auf (kulturell typische) unverarbeitete Konflikte um Disziplin in der frühen Lebensgeschichte der Individuen. Insofern dabei Ansprüche von Disziplin nicht als sinnvolle Realitätsbewältigung, sondern als Unterwerfung des kindlichen Eigenwillens unter willkürliche Regeln erlebt werden, führt dies zu zwei entgegengesetzten, einseitig fixierten Reaktionsweisen: Einerseits zu Überangepasstheit bzw. übertriebener Diszipliniertheit — andererseits zu trotziger Verweigerung bzw. übertriebener Disziplinlosigkeit. Großgruppen wie Nationen, Kulturkreise usw. mit diesbezüglich entgegengesetzten Lebensstilen können füreinander „bevorzugte Feindbilder" werden, da die jeweils anderen diejenige der beiden Reaktionsweisen offener zum Ausdruck bringen, die auf der eigenen Seite stärker verdrängt wird — und durch den äußeren Gegensatz mit den anderen können dann die schwerer erträglichen inneren Konflikte zwischen den entgegengesetzten Reaktionen auch leichter verdrängt gehalten werden. „Die aus solchen Konflikten sich entwickelnden einseitigen Fixierungen auf den einen Pol haben den Charakter des ‚Entweder-Oder' und lassen Lösungen des ‚Sowohl-als-auch'-Typs nicht zu." (Mentzos 1993: 65)

In dem Maße, als es in der allgemeinen Erziehungspraxis aber gelingt, zwischen Anforderungen von Disziplin und Behauptung von kindlichem Eigenwillen tragbare Vermittlungen zu finden, können solche Lebensstil-Gegensätze auch zu „psychologischen Bipolaritäten" (Mentzos) werden, aus denen schöpferische Kompromisse entstehen bzw. bei denen ein feindbildhaftes Ausagieren entsprechender innerer Konflikte überflüssig wird.

2. Vielschichtige Spannungsmotive ergeben sich aus der Tatsache, dass Italien den weitaus ältesten kontinuierlich urbanen Lebensraum Europas darstellt, während Österreich einen weitgehend agrarischen sozialgeschichtlichen Hintergrund hat (Wandruszka 1963: 10; Milanesi 1989: 70). Die grundlegenden ökonomischen und kulturellen *Gegensätze zwischen städtischer und ländlicher Entwicklung* mussten daher in die traditionellen Beziehungen zwischen beiden Ländern wesentlich „hineinragen": Insbesondere der Zusammenhang, dass die wirtschaftliche Prosperität städtischer Räume zum Teil auf Kosten bäuerlicher und feudaler Interessen zustandekommt, wie auch das meist gespannte Verhältnis zwischen dem kulturellen Innovationspotential urbaner Gesellschaften und dem größeren Gewicht konservativer Beharrung in agrarischen Gesellschaften. Der urbane Lebensraum bietet weitaus mehr gesellschaftliche „Nischen der Abwei-

chung", in denen Verstöße gegen herkömmlichen Konformismen eher möglich sind — Verstöße, die für innovative Entwicklungen meist unverzichtbar sind (und die andererseits unter dem dichteren Konformitätsdruck agrarischer Lebenswelten größere Ängste und Widerstände hervorrufen). Die charakteristische Faszination, die Italien seit Jahrhunderten erweckt, dürfte wesentlich auf seinen uralten urbanen „Humus" zurückgehen, der unzählige kleine und große „Nischen der Abweichung" hervorgebracht und damit eine besondere Verfeinerung, Überlegtheit und Originalität vieler Aspekte des Lebensstils ermöglicht hat.

Eine Schattenseite der in dieser städtischen Kultur gewachsenen Weltgewandtheit, merkantilen oder diplomatischen Geschicklichkeit usw. hat sich aber offensichtlich in jenem — im österreichischen (oder auch deutschen) Raum sehr geläufigen — „Machiavelli-Klischee" von den „schlauen, verschlagenen und unzuverlässigen ‚Welschen'" niedergeschlagen, dem in umgekehrter Richtung das „Klischee von den groben, gewalttätigen und anmaßenden, dem Trunk ergebenen Barbaren aus dem Norden" (Wandruszka 1975: 23) entsprach — daneben aber auch das von einer älplerisch-bäuerlichen Verschlossenheit und Rückständigkeit (das etwa auch in Zeiten gesteigerter Spannung in Südtirol häufig bemüht wurde): „[…] è la chiusura intesa come categoria di pensiero e come modello sociale, dal ‚maso chiuso' alla società chiusa; è l'antica paura del montanaro per le cose nuove e diverse"[1] (Vassalli 1985: 30).

3. Ein sensibler Hintergrund von weit in die Geschichte zurückreichenden Erinnerungsspuren wird durch *traumatische Erfahrungen zahlreicher barbarischer (meist germanischer) Invasionen* aus dem Norden bestimmt, von welchen Italien über viele Jahrhunderte heimgesucht wurde (u.a. Sacco di Roma 1527, Sacco di Mantova 1630). Sogar Metternich musste zugestehen, dass die italienische Opposition gegen seine Herrschaft aufgrund der „Geschichte der Invasionen *der Barbaren* in die Halbinsel, und der Unterdrückung des ursprünglichen Stammes" ein verständliches Motiv hätten. „Die Worte, *Fremde* und Barbaren, haben einen höheren Werth als den eines bloßen Lautes; sie haben in Italien den, eines unvertilgbaren Begriffes, welcher die Volksmasse zur Duldung der französischen Unbilden und zur Verwerfung der *deutschen* — also der Österreichischen Wohlthaten stimmt." (Ara 1987: 43) Im 20. Jahrhundert hat dieser Hintergrund durch die deutsche Besetzung Italiens im Zweiten Weltkrieg wiederum eine dramatische Akzentuierung erfahren (Biagi 1994; Bertoldi 1994; Große/Trautmann 1997: 290ff).

---

[1] „Das ist die Abgeschlossenheit im Sinne der Denkweisen und der sozialen Vorbilder, vom geschlossenen Erbhof bis zur abgeschlossenen Gesellschaft; das ist die uralte Angst des Gebirgsbewohners vor neuen und andersartigen Dingen [...]"

Während die österreichische Beteiligung an der als nationaler Alptraum erlebten Zeit von 1943-45 im italienischen Durchschnittsbewusstsein eher ausgeblendet scheint, ist es freilich auch bezeichnend, wenn etwa anlässlich einer Gedenkveranstaltung für die Opfer der größten von den Besatzungstruppen verübten Massaker (im Raum von Marzabotto 1944) vom sie kommandierenden SS-Sturmbannführer Walter Reder als „dem Österreicher, wie sie ihn in dieser Gegend nennen", die Rede sein kann.[1] Für eine unterschwellig verankerte Wahrnehmungsweise seit dem Zweiten Weltkrieg dürfte es auf jeden Fall symptomatisch sein, dass die von Deutschland zu unterscheidende Identität Österreichs von Italienern häufig (oft auch hartnäckig) „übersehen" wird — und zwar in einer typischerweise wie „gleichgültig", aber dennoch unfehlbar wirkenden Art (Morass/Pallaver 1992b: 258f). Wie der Bologneser Italianist Gian Mario Anselmi in einem mir gewährten Interview hervorhob: „Uno dei guasti enormi che il nazismo ha creato — un guasto laterale, se vuole, però sicuramente un guasto — era quello di avere presentato il mondo austriaco e tedesco come se fosse un tutt' uno."[2] (Berghold 1996: 160)

Während sich der Automatismus dieser „gedanklichen Einverleibung" Österreichs in Deutschland im Laufe der vergangenen Jahrzehnten abgeschwächt zu haben scheint, spricht manches dafür, dass er seit dem Erfolg der Haider-FPÖ bei den Parlamentswahlen 1999 und vor allem seit deren Eintritt in die österreichische Regierung im Februar 2000 wieder eine wesentliche Bekräftigung erfahren hat. Eine den italienischen Postbehörden im Herbst 2000 unterlaufene Fehlleistung — ob sie nun einer unbewussten Symptomhandlung oder einer bewussten Intention zuständiger Personen entsprochen haben mag — dürfte sehr hohe Aussagekraft für eine immer noch aktuelle Österreich-Wahrnehmung haben: Auf einer (natürlich umgehend wieder aus dem Verkehr gezogenen) Briefmarke, die die geographischen Umrisse der EU-Länder zeigt, erscheint Österreich schlicht als Teil Deutschlands.

4. Eine vor allem die „klassische Erbfeindschaftsepoche" stark prägende Dimension bestand in den großen politischen *Frontstellungen im Zuge der Herausbildung der modernen Gesellschaft* — zwischen Aufklärung und alter Ordnung, Volkssouveränität und dynastischer Herrschaftslegitimation, Säkularisierung und religiösem Traditionalismus —, die seit der Französischen Revolution über weite Strecken in den österreichisch-italienischen Gegensätzen ihren (oft auch sehr paradoxen) Niederschlag fanden und diesen auch einen besonders ideologischen

---

[1] Corriere della Sera, 5.10.1983
[2] „Einer der außerordentlichen Schäden, die der Nationalsozialismus verursacht hat — ein sekundärer Schaden, wenn Sie so wollen, aber sicherlich ein Schaden — bestand darin, die österreichische und die deutsche Welt so präsentiert zu haben, als ob es sich um eine unteilbare Einheit handle."

Anstrich verliehen. Seine größte Zuspitzung fand dieser historische Gegensatz im Zusammenhang des im späteren 19. Jahrhundert immer virulenter werdenden Konflikts zwischen Nationalstaat und Vielvölker-Imperium, wobei mit Italien eine der (zumindest äußerlich) erfolgreichsten Nationalstaats-Neugründungen Österreich als dem zentralsten übernational-dynastischen Staat Europas gegenüberstand. Wie der Historiker Gaetano Salvemini argumentierte, barg dieser Konflikt — trotz mancher diplomatischer Verständigungsbemühungen — politischen Sprengstoff, der die Kollision des Ersten Weltkriegs beinahe zwangsläufig vorprogrammieren musste: „[...] quelle stesse necessità di vita, che in un impero plurinazionale come quello degli Absburgo, impedivano di accettare il principio di nazionalità come base di riordinamento territoriale — quelle stesse necessità impedivano al governo italiano di abbandonare lo stesso principio. [...] Questa antitesi permanente [...] condannava i due governi a una lotta per la vita [...]"[1] (Salvemini 1944: 164f)

Die Breite der politisch-ideologischen Spannungsmotive, die sich somit in der „Erbfeindschaft" bündelten, kann auch anhand einer literarischen Figur ermessen werden, die Thomas Mann in seinem Roman ‚Der Zauberberg' porträtiert hat. Am Beispiel des Gelehrten Lodovico Settembrini beschrieb Mann die wohl typischen Anschauungen eines gebildeten und aufgeklärten Italieners der Jahrhundertwende (Schmidt-Dengler/Reitani 1992: 156). Inspiriert von den Idealen des Fortschritts und des Rationalismus, der Demokratie und des Selbstbestimmungsrechts der Völker, des Weltfriedens und der Menschheitsverbrüderung, sieht Settembrini im Habsburgerreich den Hauptfeind all dieser Anliegen: „Ach, Wien! [...] dieses Welthindernis [...] die Demokratie hat selbst vom Kreml mehr zu hoffen als von der Hofburg." (Mann 1924: 528)

5. Die enorme Intensität, die die ethnischen bzw. nationalistischen *Konflikte im tirolisch-trentinischen Raum* über längere geschichtliche Perioden erreichten, wäre ohne den Kontext der bisher erörterten Dimensionen wohl nur sehr unzureichend begreifbar. Sie steht ansonsten nämlich in einem kuriosen Widerspruch zum Umstand, dass diese Region — zumindest bis zu den neuen Realitäten, die nach der italienischen Annexion Südtirols geschaffen wurden — an sich zu jenen gemischtsprachigen Gebieten Europas zählte, in denen tragfähige Konfliktlösungen zwischen den Sprachgruppen am unkompliziertesten gewesen sein müßten: Sei es unter dem geographischen Gesichtspunkt (der weitgehend eindeutigen

---

[1] „[...] die Lebensnotwendigkeiten, die es in einem Vielvölkerreich wie dem der Habsburger unmöglich machten, das Nationalitätenprinzip als Grundlage territorialer Neuregelung zu akzeptieren — genau diese Notwendigkeiten machten es der italienischen Regierung unmöglich, gerade dieses Prinzip aufzugeben. [...] Dieser permanente Widerspruch [...] verdammte die beiden Regierungen zu einem Kampf auf Leben und Tod [...]"

Sprachgrenzen); unter dem sozialökonomischen Gesichtspunkt (der geringen Überlagerung der ethnischen Konflikte mit wirtschaftlichen Klassengegensätzen); unter dem Gesichtspunkt staatswirtschaftlicher Interessen (der marginalen ökonomischen Bedeutung des Trentino für das alte Österreich, bzw. Südtirols für das neue Italien); oder auch unter dem Gesichtspunkt machtpolitisch-militärischer Interessen (weder hätte das alte Österreich vor 1914 bei einer Autonomiegewährung für das Trentino dessen Verlust befürchten müssen, noch war die Durchsetzung der Brennergrenze für das neue Italien nach 1918 von ernsthaft strategischer Bedeutung).

Daher scheint es folgerichtig, diese regionalen Konflikte — jedenfalls zu wesentlichen Anteilen — als verschobene Äußerungen der viel weitreichenderen historischen und kulturellen Gegensätze zu deuten, die Italien und Österreich nicht zuletzt in den Ersten Weltkrieg geführt haben. Unter einem (übertrieben) pessimistischen Blickwinkel wurde diese Befrachtung mit solchen (den regionalen Rahmen weit überschreitenden) Konfliktmotiven vom Schriftsteller Sebastiano Vassalli in einem vielbeachteten Buch zum Südtirolkonflikt zum Ausdruck gebracht: „Ciò che si confronta e si scontra, nella politica di qua, sono gli aspetti peggiori di due culture che da duemila anni non riescono a coesistere."[1] (Vassalli 1985: 103). Ins Positive gewendet hat Rainer Münz die offizielle Streitbeilegung in der Frage des Autonomiepakets im Jahre 1992 ebenfalls mit einem Verweis auf übergreifende historische Zusammenhänge kommentiert: „Mit dem Abschluß des Pakets ist der Erste Weltkrieg in den Alpen nun wirklich zu Ende." (Münz 1992a)

Die aus dem Ergebnis des Ersten Weltkriegs hervorgegangene Politik der faschistischen Zwangs-Italianisierung Südtirols hatte nun zweifellos eine neue, höchst konfliktträchtige regionale Eigendynamik geschaffen (welche ihrerseits durch die großräumigen Auswirkungen des deutschen und italienischen Faschismus noch auf die Spitze getrieben wurde [Rusinow 1969; Stuhlpfarrer 1975; 1985; Erhard 1989]). In diesem Zusammenhang führten auch die vom Regime organisierten italienischen Einwanderungsbewegungen zu einem feindselig-distanzierten Nebeneinander von wenig kompatiblen ethnischen Kulturen. Die auch in der Zeit nach dem Zweiten Weltkrieg kaum entschärfte Konfliktkonstellation verschlimmerte sich schließlich in den späten 1950er und frühen 1960er Jahren bis zu einem Spannungsniveau, an dem sie nur knapp vor einer Entgleisung in einen kaum noch zu bremsenden Sog der Gewalt haltmachen konnte (insbesondere nach der die Südtiroler Autonomie einfordernden Massendemonstration vom 17. November 1957, sowie durch die massiven Sprengstoffanschläge der „Feuernacht" des 11. Juni 1961 bzw. die überaus repressiven Ge-

---

[1] „Was sich in der hiesigen Politik gegenübersteht und aufeinanderstößt, das sind die schlimmsten Aspekte zweier Kulturen, denen es seit zweitausend Jahren nicht gelingt zu koexistieren."

genreaktionen des italienischen Staates darauf [Baumgartner/Mayr/Mumelter 1992; Peterlini 2005]).

Gerade in Anbetracht dieser sich zeitweise fatal zuspitzenden Feindseligkeiten erscheint freilich die Tatsache, dass die Eskalationsspirale doch noch gestoppt werden konnte und letztlich eine halbwegs konstruktive, im internationalen Vergleich sogar exemplarische Kompromisslösung für das Zusammenleben der Volksgruppen gefunden werden konnte, als einer der aussagekräftigsten Indikatoren für eine längerfristig positive Haupttendenz in den Beziehungen zwischen Österreich und Italien.

4.2.2 Die Trendwende nach dem Südtirol-Paket

Unzweifelhaft markierte das 1969 beschlossene Südtiroler Autonomiepaket den auffälligsten Wendepunkt im Nachbarschaftsverhältnis: „Wie nach einem sehr langen Winter brach — ohne Vorfrühling — ein warmer, heiterer Mai aus." (Gatterer 1975: 552) „Dass Südtirol kein bosnisches Schicksal erlitten hat, ist sicher das Verdienst des ‚Pakets‘, dessen Geist der Sehnsucht nach ethnisch gesäuberter Gemeinschaft — egal welcher Gruppe — diametral entgegensteht." (Baur/von Guggenberg/Larcher 1998: 236)

Wenn auch manche Paketbestimmungen und ihre unter den politischen Akteuren meist bevorzugten Interpretationen einem engstirnigen Volksgruppenproporz und ethnischen Trennungsmauern Vorschub leisten, so liefert das Autonomiestatut doch auch ein stabiles Rahmengerüst, das „Südtirols Entwicklung in eine Zukunft der interethnischen Gemeinsamkeit ohne Identitätsverlust" (Baur 1998: 72) zumindest grundsätzlich erlauben würde. „In Südtirols ethnisch fragmentierter Gesellschaft, in der ständig ethnische Interessen gegenüber zivilen, egoistische gegenüber gemeinwohlorientierten sich durchzusetzen trachten und politisch favorisiert werden, ist das Vertragswerk des Autonomiestatuts jener große zivilisatorische Fortschritt, der die Sorge um das Gemeinwohl den Gruppenegoismen überordnet, ohne sie zu entwerten." (Baur/von Guggenberg/Larcher 1998: 239) Sowohl am sehr langwierigen Zustandekommen dieses Übereinkommens — zu dem zahlreiche Menschen in direkter wie indirekter, oft erfinderischer und engagierter, oft auch widersprüchlicher Weise beigetragen haben — als auch an seinen Folgewirkungen können vielfältige Anzeichen geortet werden, die in beiden Ländern auf breiter verankerte (aber natürlich nicht homogene) Tendenzen interkultureller Öffnung schließen lassen.

Ein richtungsweisendes Zeichen wurde bald nach dem Beschluss des Südtirolpakets (1971/72) durch zwei italienisch-österreichische Historikertagungen (Wandruszka/Jedlicka 1975) gesetzt, bei denen, „kaum war das ‚Paket‘ unter

Dach, [...] Historiker beider Länder zusammen[traten], um miteinander die Geschichte der österreichisch-italienischen ‚Erbfeindschaft' neu zu erkunden und neu zu schreiben." (Gatterer 1976: 281; Milanesi 1989: 82) Diese Tagungen, deren Zielsetzung auch wesentlich der Entrümpelung der Schulgeschichtsbücher von althergebrachten Feindbildern galt, führten nicht zuletzt auch zur erstmaligen Publikation des bereits erwähnten „bilateralen Geschichtsbuches" in beiden Ländern (Furlani/Wandruszka 1973; 1974). Die nachhaltige Wirkung, die von diesem Geschichtsbuch ausging, kann nicht zuletzt auch daran ermessen werden, dass es noch im Jahr 2002 zu einer von den Historikern Maddalena Guiotto und Stefan Malfèr besorgten, wesentlich überarbeiteten und aktualisierten Neuauflage kommen konnte.

Von weitreichenderer Aussagekraft sind in den letzten Jahrzehnten stark gewachsene, teilweise „mitteleuropäisch" geprägte kulturelle Interessen am jeweils anderen Land. So schufen etwa die schon seit 1967 jährlich in Gorizia veranstalteten ‚Incontri mitteleuropei', die sich nach und nach zu einer fest verankerten Institution entwickelten, einen Rahmen, in dem die Tendenzen der interkulturellen Annäherung wirksam zur Geltung kommen konnten und können. „Gegenseitiges Interesse für Kultur wecken, einander begegnen, die unterschiedlichsten Gesprächspartner zueinanderbringen, ist dort die Devise. In Görz wurden die im Ersten Weltkrieg aufgerissenen Gräben, Gräben auch zwischen unseren Herzen, endgültig zugeschüttet, und das dortige ‚Museo della Grande Guerra' mag ein sichtbares Zeichen dafür sein." (Busek 1992: 17)

Eine wichtige Auslösefunktion für diese wachsenden Interessen hatte auch die große Ausstrahlung einer Schriftstellerin wie Ingeborg Bachmann, die mit Unterbrechungen zwanzig Jahre in Italien gelebt hat (Schmidt-Dengler/Reitani 1992: 167) und dort nach ihren Worten eine „Heimat der Affinität" fand, oder aber die Arbeiten des Germanisten Claudio Magris, dessen besonders erfolgreiche Bücher — unter anderem ‚Donau. Biographie eines Flusses' (Magris 1986) und ‚Triest. Eine literarische Hauptstadt in Mitteleuropa' (Magris/Ara 1982) — ein breites italienisches Publikum zu einer Auseinandersetzung mit kulturellen und literarischen Traditionen Österreichs veranlassen konnten (die sich allerdings mehr auf die Vergangenheit als auf die österreichische Gegenwart bezieht).

Wie Gian Mario Anselmi in diesem Zusammenhang ausführt, hat besonders auch ein in weiten Kreisen erwachendes Interesse an der Psychoanalyse zur großen Entdeckung von österreichischen Autoren wie Joseph Roth, Arthur Schnitzler oder Robert Musil beigetragen: „Innanzitutto, credo che lo studio approfondito della tradizione della psicoanalisi e di Freud abbia fatto conoscere indirettamente la cultura viennese e austriaca. [...] c'è stata proprio una passione per questo mondo — non tanto nella sua componente asburgica [...] quanto proprio nell'intimismo, nell'analisi psicologica dei personaggi."[1] Dieses Interesse sei somit „molto centrato sull'aspetto della grande capacità che hanno questi autori di rappresentare un mondo interiore in tutte le sue sfumature — che quindi si leghi in parte anche al grande boom della psicoanalisi."[2] (Berghold 1996: 322f) Gerade die darin zum Ausdruck kommende Wertschätzung für sorgfältige und differenzierende Beobachtung des subjektiven Erlebens legt einen wesentlichen Abbau von psychischen Zwängen nahe, verleugnete Teile der inneren Gefühlswelt auf äußere Feindbilder zu projizieren.

Neben diesen — relative (aber nicht unbedeutende) Minderheiten betreffenden — eher „hochkulturellen" Interessen konnte mein Forschungsprojekt auch zahlreiche, teilweise auch durch den Tourismus ermöglichte alltagskulturelle Entdeckungen und Begegnungen belegen, die eine gewachsene Verständigungsbereitschaft und Affinität anzeigen. Wenn auch die Beobachtung ihre Berechtigung hat, dass auf die alten Erbfeindschaftsklischees heute andere Klischees gefolgt seien — da „die Österreicher im großen Stil italienische Lebensart von der Stange importieren" oder „für viele Italiener das Feindbild Österreich nostalgischen Verklärungen Platz gemacht hat" (Münz 1992: 33f) —, so sind diese neueren Klischees im Vergleich doch weitaus „weicher" und für Infragestellungen offener. Auch dieser „historische Klischeewandel" verweist also auf reale, wenngleich oft auch begrenzte oder widersprüchliche Ansätze der Öffnung füreinander.

Besonders deutlich wird diese Öffnung natürlich auch anhand geänderter Einstellungen im Tiroler Raum. Während vor Jahrzehnten noch die überwiegende Mehrheit der Tiroler Bevölkerung eine strikt ablehnende Haltung nahezu „allem Italienischen" gegenüber einnahm, erlebt die große Mehrheit der heutigen jüngeren Generationen den italienischen alltagskulturellen Einfluss eher als Bereicherung. In diesem Zusammenhang ist auch das beständige Wachsen des Anteils gemischtsprachiger Partnerschaften und Familien (Weber-Egli 1992) — laut einer neueren Untersuchung bereits 13 Prozent der Bevölkerung der Provinz Bozen (Baur/von Guggenberg/Larcher 1996: 123; 1998: 53) — ein kräftiges Anzeichen interkultureller Verständigung auf kapillarer Ebene. Und bei beiden (großen) Volksgruppen in Südtirol — so gibt eine Bozener italienische Interviewpartnerin ihre intuitive Wahrnehmung wieder — scheint das längerfristige Nebeneinander immerhin zur ansatzweisen Übernahme vorteilhafter Eigen-

---

[1] „Ich glaube, daß vor allem das eingehendere Studium der Tradition der Psychoanalyse und Freuds indirekt zu einem Kennenlernen der Wiener und österreichischen Kultur geführt hat. [...] es gab geradezu eine Leidenschaft für diese Welt — nicht so sehr in ihrer habsburgischen Dimension [...] als vielmehr eben in ihrem Intimismus, in der psychologischen Analyse der Personen."

[2] „sehr auf den Aspekt der großen Fähigkeit gerichtet, mit der diese Autoren eine innere Welt mit allen ihren Nuancen darstellen — und der somit zum Teil auch mit dem großen Boom der Psychoanalyse in Verbindung zu bringen wäre."

schaften von der jeweils anderen Seite geführt zu haben: Die Italiener hätten etwas mehr Sinn für Verantwortlichkeit und Disziplin entwickelt, die deutschsprachigen Südtiroler etwas mehr Sinn für Spontaneität und Umgänglichkeit. Im Sinne der obigen Deutung des germanisch-romanischen Lebensstilkontrastes als „projektiver Entsorgung" gegensätzlicher Ansprüche von Über-Ich und Es könnte man diese Beobachtung in der Richtung eines geglückteren Kompromisses zwischen diesen Ansprüchen — also einer relativen Erstarkung des Ich — interpretieren.

Während eine solche Beobachtung natürlich nicht dazu verleiten sollte, die durchaus noch vorhandenen ethnischen Spannungspotentiale zu unterschätzen, so ist es jedoch auch bezeichnend, dass es den aggressiveren Strömungen auf beiden Seiten nicht gelungen ist, vom stärker nationalistischen Klima in Europa nach 1989 nennenswert zu profitieren. Bezeichnend dafür war etwa der eklatante Fehlschlag einer großangelegten „Gesamttiroler" Demonstration, die am 15. September 1991 in Gries am Brenner gegen die bevorstehende österreichisch-italienische Streitbeilegung und für die Abtrennung Südtirols von Italien veranstaltet wurde — und die übrigens auch durch einen ähnlichen Misserfolg einer am selben Tag vom neofaschistischen MSI in Bozen veranstalteten Gegendemonstration gespiegelt wurde. Wie der Historiker Leopold Steurer dazu anmerkte: „[...] oggi chi sventola la bandiera dell'irredentismo e del separatismo non solo è una minoranza esigua [...], ma appartiene anche al passato, in quanto legato al concetto di Stato nazionale e non ad una collaborazione transfrontaliera."[1] (Luverà 1996: 54)

Dementsprechend hat auch die einst leidenschaftlich umstrittene Staatsgrenze am Brenner ihre emotionale Konfliktträchtigkeit mittlerweile fast gänzlich verloren. Eine Nordtiroler Interviewpartnerin erklärt sogar, dass sie die Brennergrenze seit jeher als „so eine magische Grenze, wo der Süden irgendwie schon begonnen hat", gegenüber einer eventuell weiter südlich verlaufenden Staatsgrenze bevorzugt habe. (Berghold 1996: 350) „Süden", so führt sie aus, habe sie — im Gegensatz zur nicht nur geographischen Enge des Tals, in dem sie aufgewachsen war — immer schon „wie Weite" empfunden: „Vor allem, also dass diese Enge auch irgendwie wegfällt — also auch die Kontrolle, diese dörfliche Kontrolle." (ebenda: 128)

Weitgehend repräsentativ für das stark gewandelte Meinungsklima dürfte auch ihre Beschreibung sein, dass es an ihrem Arbeitsplatz nur noch eine einzige (ältere) Kollegin gebe, die „gern Südtirol wieder bei Tirol haben will" — womit

---

[1] „[...] diejenigen, die heute die Fahne des Irredentismus und des Separatismus schwenken, stellen nicht nur eine unbedeutende Minderheit dar [...], sie gehören auch der Vergangenheit an, da sie sich immer noch der Idee des Nationalstaats und nicht einer grenzüberschreitenden Zusammenarbeit verbunden fühlen."

sie aber allein auf weiter Flur stehe. „Und von den jungen Leuten gibt es dann schon Gegenstimmen, die sagen mehr so: ‚Das ist doch ein Blödsinn — man soll die Grenze doch auf jeden Fall so lassen, wie sie ist'... Da gibt es niemanden, der sagen würde: ‚Ja, recht hast du' — das kommt eigentlich nie vor." (ebenda: 350f)

Auch aus einem großen Überblick über verschiedene (methodisch zum Teil sehr unterschiedlich angelegte) Umfragen, die seit 1960 unter der Südtiroler Bevölkerung zur Frage einer eventuellen Wiedervereinigung mit Nordtirol durchgeführt wurden, ergibt sich für den Politikwissenschafter Günther Pallaver eine über die Jahrzehnte hinweg immer deutlicher werdende Grundtendenz. „Bei aller Zurückhaltung, die […] bei der Interpretation der diversen Daten angebracht ist, lässt sich aber ein allgemeiner Trend feststellen: Für die große Mehrheit der SüdtirolerInnen ist die Frage der Selbstbestimmung und der Wiedervereinigung Tirols heute kein Thema mehr." (Pallaver 2004: 117)

Die 1946 vom sehr unkonventionellen italienischen Diplomaten Nicolò Carandini geäußerte Hoffnung, dass die Brennergrenze in Zukunft nur noch eine „mit dem Bleistift gezogene" Grenze sein möge (Gatterer 1975: 528; Moscati 1975: 480f), dürfte sich somit mit etlichen Jahrzehnten Verspätung doch annähernd erfüllt haben. Ein Ausdruck, mit dem Carandini Ähnliches im Sinne gehabt haben mag wie Arthur Schnitzler, der schon 1918 notierte:

„Nicht auf Grenzregulierungen kommt es an, sondern darauf, dass eine Zeit kommt, in der es vollkommen gleichgültig ist, wo die Grenzen verlaufen, wo Grenzen nur mehr eine administrative Bedeutung haben, ganz in der gleichen Weise, wie heute etwa eine Grenzlinie zwischen zwei italienischen Städten, die vor Jahrhunderten im Kampf miteinander gelegen sind, nicht mehr die Bedeutung hat, dass die Bürger dieser Städte einander hassen und totschlagen dürfen und sich manchmal einbilden, es tun zu müssen." (Schnitzler 1967: 74)

4.2.3 Psychologische Integration als Voraussetzung zum Dialog

Eine grundlegende Perspektive, die im Zusammenhang eines Abbaus von Feindbildern herauskristallisiert, ergibt sich aus dem Charakteristikum psychologischer Integration, das heißt des bewussten Erkennens und Anerkennens gegensätzlicher (ambivalenter) eigener Regungen und Gefühle, die eben dadurch eher überbrückt werden können und zu einer kohärenteren Selbstwahrnehmung zusammenwachsen. Ein offeneres Wahrnehmen von Gefühlsambivalenzen schafft Voraussetzungen, um sie eher auszubalancieren, sie auch in ihrer Zusammengehörigkeit (wechselseitigen Bedingtheit) sehen zu können, mit den entsprechenden Realitäten umsichtiger und kreativer umzugehen.

Grundsätzlich kann man davon ausgehen, dass je mehr eine Person innerlich gespalten ist, sie umso weniger imstande ist, sich dies bewusst einzugeste-
hen — und sich die verleugnete innere Zerissenheit umso mehr in primitiven
Spaltungen (zwischen „Nur-Guten" und „Nur-Bösen") in der Wahrnehmung der
Außenwelt niederschlagen muss. Umgekehrt ist ein bewusstes Wahrnehmen von
Ambivalenzen ein Indiz dafür, dass diese in Wirklichkeit nicht zu groß sind, um
mit ihnen einigermaßen sinnvoll umgehen zu können — dass sie daher keine
(oder jedenfalls weniger) primitive Spaltungen zur Folge haben, eine differen-
ziertere Realitätsauffassung und ein verantwortungsvolleres Handeln erlauben.

Die Inhalte herkömmlicher Vorurteile können dann zumindest ansatzweise
auch als Aspekte des eigenen Innenlebens anerkannt werden: Einstellungen,
Eigenschaften, Neigungen, Gefühle usw., die traditionellerweise (als dem Selbstbild glatt entgegengesetzt) in die andere Seite projiziert wurden, können nunmehr — zumindest in Ansätzen — auch im Lichte eigener Neigungen und Motive betrachtet werden (und damit auch eher aus dem Kontext subjektiver Lebensumstände heraus verstanden bzw. über die Einfühlung in die Lage anderer erörtert werden können).

Ein offeneres Zulassen und Aushalten eigener Gefühlsambivalenzen eröffnet uns also die Möglichkeit, bei uns selbst ein breiteres Spektrum von Empfindungen und Reaktionen wahrzunehmen und somit auch für das Einfühlen in das
Erleben anderer ein breiteres Sensorium zu entwickeln — „de considérer autrui
comme sujet à l'image de soi-même, *ego alter*, et de comprendre de l' intérieur
ses sentiments et ses réactions"[1] (Morin 1995) — und fördert somit die Chancen
einer Kultur des Dialogs.

Im Hinblick auf den erörterten germanisch-romanischen Lebensstilkontrast
kann sich eine derartige größere Offenheit darin äußern, dass zum Beispiel traditionelle österreichische Antipathien gegen eine „allzu disziplinlose" italienische
Lebensweise *auch* unter dem Gesichtspunkt von (eher heimlichen bzw. abge-
wehrten) eigenen Wünschen betrachtet werden können, sich solchen „italie-
nisch"-ungezwungeneren Lebensgewohnheiten hinzugeben. Eine österreichische
Interviewpartnerin spricht etwa davon, es gäbe bei manchen „im hintersten Gedanken irgendwo auch vielleicht eine Eifersucht bezüglich ihrer freieren Einstellung... Das glaube ich halt, nicht, weil die Leute werden sich gesagt haben:
‚Na wieso können die, die leben so in den Tag hinein und lassen sich's gut gehen... schlafen zu Mittag und haben am Abend lang offen und so...' Ja, das ist
sicher mit ein Grund, warum sie gesagt haben: ‚Na so was, so kann man nicht
leben.' Im Endeffekt hätte es ihnen vielleicht selber gefallen." (Berghold 1996:
354f)

---

[1] „den anderen Menschen als Subjekt im Spiegel unserer selbst zu betrachten, als *ego alter*, und von
innen heraus seine Gefühle und Reaktionen zu verstehen"

In umgekehrter Perspektive können traditionelle italienische Antipathien gegen „übertrieben disziplinierte" österreichische (oder auch deutsche) Lebensgewohnheiten etwa *auch* unter dem Gesichtspunkt eigener Bedürfnisse betrachtet werden, zu Formen des gesellschaftlichen Zusammenlebens zu gelangen, die durch mehr gemeinsames Verantwortungsbewußtsein charakterisiert wären. So kann ein italienischer Interviewpartner — der sein Verhältnis zu Österreich noch bis in die frühen 1980er Jahre als „proprio una divisione" begriffen hatte, „un' avversione etnica, culturale, un modo d'intendere la stessa cosa in due maniere completamente opposte"[1] — heute im Gegensatz dazu die Wertschätzung betonen, die er für einen in der österreichischen Gesellschaft stärker verankerten zivilen Gemeinsinn hegt: „Questa è la cosa che, secondo me, l'Austria ha molto radicato, l'Italia no — il rispetto della cosa comune [...]. [In Italia,] lo stato viene visto sempre come un nemico, un oppressore da turlupinare, da fregare [...]"[2] In Österreich habe er demgegenüber den (nunmehr wohl ein wenig idealisierenden) Eindruck empfangen, „che tutto ciò che è pubblico o, diciamo, di tutti, è rispettato."[3] (ebenda: 194ff)

In dem Maße, als innere Konflikte also durch ihr bewusstes Zugeben an Unversöhnlichkeit verlieren, müssen sie auch nicht mehr blind in äußeren Feindschaften inszeniert und ausgelebt werden. Auch führt eine Abkehr von Selbstbildern, die „wie aus einem Guss" sind (d.h. innere Zwiespältigkeiten verleugnen), zugleich zu einem Aufweichen von Haltungen starrer Selbstgerechtigkeit, ohne welche Dämonisierung unmöglich wäre. Natürlich kann es dann trotzdem immer noch Feindschaften — im Sinne von objektiven Interessensgegensätzen — geben. Solche Feindschaften würden aber grundsätzlich bedauert werden (es wären eben keine Feind-„Seligkeiten"), und als logische Folge würde man nach Wegen der Vermittlung, des Dialogs, der Überbrückung oder Abmilderung der Interessensgegensätze suchen.

Die Gegensätzlichkeit von inneren Motiven kann dann auch eher den Charakter von „psychologischen Bipolaritäten" (Mentzos) annehmen, das heißt, starre Fixierungen auf ein „Entweder-Oder" können sich in die Richtung möglicher „Sowohl-als-auch"-Lösungen öffnen, konstruktive und erfinderische Formen des Umgangs mit Konflikten können eher angedacht und erprobt werden.

Im Zusammenhang eines Konflikts, der dem germanisch-romanischen Lebensstilkontrast von „Disziplin gegen Spontaneität" immerhin vergleichbar ist,

---

[1] „geradezu eine Spaltung — eine ethnische, kulturelle Abneigung, eine Art, dieselbe Sache in zwei gänzlich entgegengesetzen Weisen zu verstehen"

[2] „Dies ist etwas, das meiner Meinung nach in Österreich sehr verwurzelt ist, in Italien hingegen nicht — der Respekt für das Gemeinwohl [...]. [In Italien] wird der Staat immer als Feind, als Unterdrücker gesehen, der getäuscht, beschwindelt werden muss [...]"

[3] „dass alles Öffentliche — oder sagen wir: was der Allgemeinheit gehört — respektiert wird."

lieferte Claudio Magris einmal ein anschauliches Beispiel für eine solche Offenheit gegenüber inneren Zwiespältigkeiten. In einem Interview, in dem er seine Entscheidung erläuterte, sich im Jahre 1994 als Kandidat für die italienischen Parlamentswahlen zur Verfügung zu stellen, äußerte er sich freimütig zur Frage der moralischen Verpflichtung, Verantwortung im öffentlichen Leben zu übernehmen:

> „Vede, in me convivono due componenti: la dimensione anarchico-picaresca, che ha il suo modello, non so, nel ‚Santo bevitore' di Roth, ed è fondamento della mia sincera riluttanza a rappresentare. E poi c'è la mia componente di intellettuale con interessi forti di tipo morale: è la dimensione che mi ha convinto, obtorto collo, che, se c'è bisogno di fare un buon combattimento, non bisogna tirarsi indietro. Le due dimensioni, in me, sono perennemente in conflitto: è in conflitto la mia componente anarchica e individualista, con i modelli di scrittore alla Victor Hugo o Émile Zola. E ogni volta che sento di dover far prevalere il polo etico-politico, il prezzo che pago, lo sento molto alto per me..."[1] (Mori 1994)

Gerade die offene Anerkennung auch des Ausmaßes und der Schärfe eines solchen inneren Konfliktes ermöglicht es eher, beiden (oder mehreren) Ansprüchen, die sich dabei gegenüberstehen, angemessene Aufmerksamkeit zu schenken. Dies fördert Bewegungsfreiheit und einen umsichtigen Umgang mit (inneren wie äußeren) Konflikten und kann auch dazu beitragen, unvermutete schöpferische Potentiale und Chancen zu erschließen — und selbst bei kaum überbrückbaren oder ausweglos erscheinenden Konflikten einen geschärften und sensibisierten Blick für vielleicht doch noch gangbare Lösungen zu entwickeln. Offenheit für Dialog im eigenen Inneren fördert also unmittelbar auch Offenheit für Dialog mit den anderen.

---

[1] „Sehen Sie, in mir existieren zwei Komponenten nebeneinander: Die anarchisch-schelmenhafte Dimension, die ihr Vorbild etwa in Roths ‚heiligem Trinker' hat und die meinem aufrichtigen Widerstreben zugrundeliegt, die Aufgabe einer politischen Vertretung auf mich zu nehmen. Und dann gibt es meine Komponente des Intellektuellen mit starken Interessen moralischer Art: Das ist die Dimension, die mich gegen meinen inneren Widerwillen davon überzeugt hat, dass man sich nicht zurückziehen darf, wenn es notwendig ist, einen guten Kampf zu führen. Diese zwei Dimensionen in mir stehen in immerwährendem Konflikt miteinander: Meine anarchische und individualistische Komponente steht im Konflikt mit den Schriftstellervorbildern eines Victor Hugo oder Zola. Und jedesmal, wenn ich spüre, dass ich der ethisch-politischen Seite in mir den Vorrang geben muss, spüre ich auch, dass der Preis, den ich dafür zahle, sehr hoch ist..."

5 Literaturverzeichnis

Achbar, Mark (Hg.) (1994): Noam Chomsky. Wege zur intellektuellen Selbstverteidigung. München; Marino 1996

Adorno, Theodor W. (1950): Studien zum autoritären Charakter. Frankfurt/M.; Suhrkamp 1973

Aguirre, Mariano (1996): I giorni del futuro. Trieste; Asterios

Aigner, Josef Christian (2001): Der ferne Vater. Gießen; Psychosozial-Verlag

Allport, Gordon W. (1954): The Nature of Prejudice. Cambridge; Perseus 1979

Aluffi-Pentini, Anna/Peter Gstettner/Walter Lorenz/Valdimir Wakounig (Hg.) (1999): Antirassistische Pädagogik in Europa. Klagenfurt/Celovec; Drava

Appleborne, Peter (1991): Sense of Pride Outweighs Fears of War. New York Times, 24.2.1991

Ara, Angelo (1987): Fra Austria e Italia. Dalle Cinque Giornate alla questione alto-atesina. Udine; Del Bianco

Arendt, Hannah (1964): Eichmann in Jerusalem. München; Piper

Arkin, William M. (1990): US Nukes in the Gulf. The Nation, 31.12.1990

Atkinson, Rick (1993): Crusade: The Untold Story of the Persian Gulf War. Boston - New York; Houghton Mifflin

Attac (Hg.) (2006): Das kritische EU-Buch. Wien; Deuticke

Atzwanger, Klaus/Katrin Schäfer/Alain Schmitt (1997): Verhaltenswissenschaftliche Überlegungen zur Fremdenscheu. Internat. Zeitschr. f. Sozialpsychologie und Gruppendynamik 22 (1); 3-6

Auernheimer, Georg (2003): Einführung in die Interkulturelle Pädagogik. Wissenschaftliche Buchgesellschaft, Darmstadt 2005

Bagli, Charles V. (1991): The Trends of War, From Kid's Toys to Haute Couture. New York Observer, 25.2.1991

Bailer, Brigitte/Wolfgang Neugebauer (1993): Die FPÖ: Vom Liberalismus zum Rechtsextremismus. In: Stiftung Dokumentationsarchiv des österr. Widerstandes (Hg.), Handbuch des österreichischen Rechtsextremismus. Wien; Deuticke; 327-428

Bailer-Galanda, Brigitte/Wolfgang Neugebauer (1997): Haider und die „Freiheitlichen" in Österreich. Berlin; Elefanten Press

Balbo, Laura/Luigi Manconi (1990): I razzismi possibili. Milano; Feltrinelli

— (1992): I razzismi reali. Milano; Feltrinelli

— (1993): Razzismi. Un vocabolario. Milano; Feltrinelli

Baldwin, David A. (1979): Power Analysis and World Politics: New Trends versus Old Tendencies. World Politics 31 (2); 162-194

Ball, George (1990): The Gulf Crisis. New York Review of Books, 6.12.1990

Bari, Ahmad/Josef F. Bucek/Waltraud Mayer (1991): Fremdenangst und Ausländerfeindlichkeit. Gegenargumente. Wien; Renner-Institut

Bauman, Zygmunt (2000): Vereint in Verschiedenheit. In: Berghold/Menasse/Ottomeyer
(2000); 35-46

Baumgartner, Elisabeth/Hans Mayr/Gerhard Mumelter (Hg.) (1992): Feuernacht. Südtirols Bombenjahre. Bolzano/Bozen; Raetia

Baur, Siegfried (1998): Heimat als Kultur der Mehrheit. In: Larcher/Renner/Anzengruber/
Pirstinger (1998); 66-74

— (2000): Die Tücken der Nähe. Kommunikation und Kooperation in Mehrheits-/Min-
derheitssituationen. Kontextstudie am Beispiel Südtirol. Merano/Meran; Alpha &
Beta

Baur, Siegfried/Irma v. Guggenberg/Dietmar Larcher (1996): Zwischen Herkunft und
Zukunft. Südtirol im Spannungsfeld von ethnischer und postnationaler Identität. In:
Bundesmin. für Wissenschaft, Forschung und Kunst (Hg.), Gesellschaft und Demo-
kratie nach 1945. Wien; 123-135

— (1998): Zwischen Herkunft und Zukunft. Südtirol im Spannungsfeld zwischen ethnischer und postnationaler Gesellschaftsstruktur. Ein Forschungsbericht. Merano/Me-
ran; Alpha & Beta

Beck, Ulrich (1986): Risikogesellschaft. Auf dem Weg in eine andere Moderne. Frank-
furt/M.; Suhrkamp

— (1997): Was ist Globalisierung? Irrtümer des Globalismus – Antworten auf Globalisierung. Frankfurt/M.; Suhrkamp 1999

Beisel, David (1994): Looking for Enemies, 1990-1994. Journal of Psychohistory 22 (1);
1-38

Berger, John (1991): Sourds. Guerre et mensonges. Le Monde diplomatique 38 (445)

Berghold, Josef (1986): Die Hypnose als möglicher Modellfall für autoritäre Abhängikeit.
Phil. Diss., Univ. Salzburg

— (1989): Krieg als Gruppenphantasie? Ein Briefwechsel mit Lloyd deMause. In:
Graf/Ottomeyer (1989); 269-294

— (1991): Fathoming the Depths of War Motivation. Journal of Psychohistory 19 (1);
53-56

— (1991a): The Social Trance. Psychological Obstacles to Progress in History. J. of
Psychohistory 19 (2); 221-243

— (1991b): Psychologische Umrisse einer Kriegsstimmung. Werkblatt 27; 25-49

— (1994): Österreich – Italien. Gegenseitige Wahrnehmungen. In: Bundesmin. für
Wissenschaft und Forschung (1994); 132-147

— (1995): The Image of Austria in Italy—the Image of Italy in Austria. Italian Journal
9 (1); 15-19

— (1995a): Sozialpsychologische Wurzeln und Rahmenbedingungen des rechten Populismus. Das Beispiel der italienischen Lega Nord. Werkblatt 34; 67-88

— (1996): Das Österreich-Bild in Italien und das Italien-Bild in Österreich in ihrer
neueren historischen Entwicklung. Endbericht an das Bundesmin. für Wissenschaft,
Verkehr und Kunst (Forschungsschwerpunkt Millennium). Wien

— (1997): Italien-Austria. Von der Erbfeindschaft zur europäischen Öffnung. Wien:
Eichbauer

— (1997a): Awakening Affinities between Past Enemies: Reciprocal Perceptions of Italians and Austrians. Minneapolis; Center f. Austrian Studies, Working Paper 95-6
— (1998): Gruppenphantasien und Bilderwelten am Beispiel einer rechtsextremen Schülerzeitung. In: Menschik-Bendele/Ottomeyer (1998); 191-212
— (1999): Das Österreichbild in Italien und das Italienbild in Österreich. In: Mazohl-Wallnig/Meriggi (1999); 29-52
— (2000): Bausteine für die Analyse von Gruppenphantasien. In: Ludwig Janus/Winfried Kurth (Hg.), Psychohistorie, Gruppenphantasien und Krieg. Heidelberg; Mattes; 13-34
— (2000a): Der gesellschaftliche Fundus des Fremden (Teilprojekt 2). Endbericht an das Bundesmin. für Wissenschaft und Verkehr (Forschungsschwerpunkt Fremdenfeindlichkeit – Erforschung, Erklärung, Gegenstrategien). Wien
— (2000b): An den Außenposten der Festung Europa. Gespräche mit Angehörigen der Exekutive. In: Ders./Menasse/Ottomeyer (2000); 91-112
— (2002): Das italienische Österreichbild. In: Oliver Rathkolb/Otto M. Maschke/Stefan August Lütgenau (Hg.), Mit anderen Augen gesehen. Österreichs internationale Perzeptionen, 1955-1990. Wien - Köln - Weimar; Böhlau; 263-304
— (2002a): Das fremdenfeindliche Vorurteil. Anhaltspunkte für einen präziseren Blickwinkel. Internat. Zeitschr. für Sozialpsychologie und Gruppendynamik 27 (1); 3-17
— (2003): Vicini lontani: i rapporti tra Italia e Austria nel secondo dopoguerra. Trento; Museo storico
— (2003a): Die globale Gesellschaft als psychologische Herausforderung. In: Andrea Birbaumer/Gerald Steinhardt (Hg.), Der flexibilisierte Mensch. Subjektivität und Solidarität im Wandel. Heidelberg - Kröning; Asanger; 284-294
— (2004): Die globale Gesellschaft: Psychologische Herausforderungen und Hindernisse. Jahrbuch für Psychohistorische Forschung 4; 47-69
— (2004a): La globalizzazione: riflessi psicologici. Nuova civiltà delle macchine 22 (2); 104-112
— (2005): Männerfantasien über eine selbstbewusste Frau. In: Laurie R. Cohen (Hg.), „Gerade weil Sie eine Frau sind..." Erkundungen über Bertha von Suttner, die unbekannte Friedensnobelpreisträgerin. Wien; Braumüller; 195-226
— (2007): Feindbilder aus der Sicht der politischen Psychologie. In: Dieter Bingen/ Peter Oliver Loew/Kazimierz Wóycicki (Hg.), Die Destruktion des Dialogs. Wiesbaden; Harrassowitz; 15-22
— (2007a): Wenn die Befreiung von Sorgen Angst macht. Psychische Widerstände gegen wirtschaftliche Existenzsicherheit. In: Birgit Zenker/Werner Rätz/Andreas Exner (Hg.), Reichtum für Alle? Das Buch zum Grundeinkommen. Wien; Deuticke
— (2007b): Das Unbehagen in der globalisierten Kultur. In: Herbert Bickel (Hg.), Variationen zu Sigmund Freuds Unbehagen in der Kultur. Münster; Lit
Berghold, Josef/Albert Fuchs (2004): Macht und Interessen. In: Fuchs/Sommer (2004); 277-289
Berghold, Josef/Elisabeth Menasse/Klaus Ottomeyer (Hg.) (2000): Trennlinien. Imagination des Fremden und Konstruktion des Eigenen. Klagenfurt/Celovec; Drava
Berghold, Joe/Klaus Ottomeyer (1995): Populismus und neuer Rechtsruck in Österreich im Vergleich mit Italien. In: Reinhard Sieder/Heinz Steinert/Emmerich Tálos (Hg.),

Österreich 1945-1995. Gesellschaft – Politik – Kultur. Wien; Verlag für Gesell-schaftskritik; 314-330

Berghold, Josef/Günther Pallaver (2003): Dire a nuora perché suocera intenda. Die Reak-tion Italiens auf die schwarz-blaue Koalition. In: Michael Gehler/Anton Pelinka/ Günter Bischof (Hg.), Österreich in der Europäischen Union. Bilanz seiner Mit-gliedschaft. Wien - Köln - Weimar; Böhlau; 575-594

Berghold, Josef/Martina Sommeregger (1989): Muster der Verarbeitung von atomarer Bedrohung bei Offizieren und anderen Bevölkerungsgruppen im Vergleich. In: Graf/ Ottomeyer (1989); 163-189

Bertoldi, Silvio (Hg.) (1994): I tedeschi in Italia. Album di una occupazione, 1943-1945. Milano; Rizzoli

Bettelheim, Peter/Rudi Benedikter (Hg.) (1982): Apartheid in Mitteleuropa? Sprache und Sprachenpolitik in Südtirol. Wien - München; Jugend & Volk

Biagi, Enzo (1994): 1943. Un anno terribile che segnò la storia d'Italia. Milano; Rizzoli

Bion, Winfried R. (1961): Erfahrungen in Gruppen. Stuttgart; Klett 1971

Bloch, Ernst (1959): Das Prinzip Hoffnung, Bd. I. Frankfurt/M.; Suhrkamp

— (1964): Etwas fehlt... Über die Widersprüche der utopischen Sehnsucht. Rundfunk-gespräch mit Theodor W. Adorno. In: Ders., Tendenz – Latenz – Utopie. Frankfurt/ M.; Suhrkamp 1978; 350-368

Blum, Thomas (Hg.) (1993): Prenatal Perception, Learning and Bonding. Berlin - Hong Kong - Seattle; Leonardo

Bobbio, Norberto (1979): La natura del pregiudizio. In: Ders., Elogio della mitezza e altri scritti morali. Milano; Linea d'ombra 1994; 123-139

— (1994): Destra e sinistra. Ragioni e significati di una distinzione politica. Roma; Donzelli

Bohleber, Werner (1992): Nationalismus, Fremdenhaß und Antisemitismus. Psychoana-lytische Überlegungen. In: Krovoza (1996); 143-164

— (1998): Die Volksgemeinschaft – lebensbekleidender Uterus und ausstoßende Ge-walt. Zu den unbewußten Wurzeln rechtsextremer Phantasmen. Werkblatt 40; 67-88

Bourdieu, Pierre (1996): Le mythe de la «mondialisation» et l'État social européen. In: Ders., Contre-feux. Propos pour servir à la résistance contre l'invasion néo-libérale. Paris; Raisons d'agir 1998; 34-50

Bowlby, John (1979): The Making and Breaking of Affectional Bonds. London - New York; Routledge 1995

Bracher, Karl D. (1984): Die totalitäre Utopie: Orwells 1984. Psychosozial 22; 31-48

Brunner, Verena (2006): Globalisierung der Ungerechtigkeit. Zur Missachtung der Men-schenrechte durch neoliberale Politik und globale Akteure. Marburg; Tectum

Bundesministerium für Wissenschaft und Forschung (Hg.) (1994): Grenzenloses Öster-reich. Symposium. April 1994. Wien

Bundesministerium für Wissenschaft, Forschung und Kunst (Hg.) (1995): Fremdenfeind-lichkeit. Konflikte um die groben Unterschiede. Symposium 1994. Wien

Busek, Erhard (1992): Österreich – Italien: Weltbilder einer mitteleuropäischen Nachbar-schaft. In: Morass/Pallaver (1992); 15-19

Carson, Robert/James Butcher/James Coleman (1988): Abnormal Psychology and Mod-ern Life. Glenview - Boston - London; Scott, Foresman & Co

Center on Violence and Human Survival (Hg.) (1991): Peace Pieces from the Gulf War. City University of New York

Clark, Ramsey (1992): The Fire This Time. US War Crimes in the Gulf. New York; Thunder's Mouth Press 1994

Cockburn, Alexander (1990): West Vacationed While Saddam Burned. Wall Street Journal, 6.9.1990

— Massacre of the Innocents? The Nation, 4.2.1991

Cohen, Roger (2000): A Haider in Their Future. New York Times Magazine, 30.4.2000

Coleman, Mary (1984): Nuclear Politics in the 1980s. Journal of Psychohistory 12 (1); 121-132

— (1985): Shame: A Powerful Underlying Factor in Violence and War. Journal of Psychoanalytic Anthropology 8 (1); 67-79

Crossette, Barbara (1998): Annan's Candor Makes His Iraqi Hosts Wince. International Herald Tribune, 24.2.1998

Czernin, Hubertus (Hg.) (2000): Wofür ich mich meinetwegen entschuldige. Haider, beim Wort genommen. Wien; Czernin

Dahmer, Helmut (2004): Der immer neue alte Schrecken. Sozialist. Zeitung 19 (11); 24

Deaglio, Enrico (1995): Besame mucho. Diario di un anno abbastanza crudele. Milano; Feltrinelli

de Brie, Christian (2000): Geschäft ist Geschäft. Le Monde diplomatique (dt. Ausg.) 6 (4)

deMause, Lloyd (Hg.) (1974): Hört ihr die Kinder weinen. Eine psychogenetische Geschichte der Kindheit. Frankfurt/M.; Suhrkamp 1977

— (1982): Grundlagen der Psychohistorie. Hg. A. Ende. Frankfurt/M.; Suhrkamp 1989

— (1984) Reagans Amerika. Eine psychohistorische Studie. Basel - Frankfurt/M.; Stroemfeld/Roter Stern 1987

— (1985): A Proposal For A Nuclear Tensions Monitoring Center. Journal of Psychohistory 13 (2); 197-206

— (1986): Ronbo Reagan in Kriegstrance. Psychologie heute 11/1986; 47-53

— (1986a): War as a Group Fantasy. (Manuskript)

— (1988): On Writing Childhood History. J. of Psychohistory 16 (2); 135-171

— (1990): It's Time to Sacrifice... Our Children. J. of Psychohistory 18 (2); 135-144

— (1991): The Gulf War as a Mental Disorder. J. of Psychohistory 19 (1); 1-22

— (1991a): The Gulf War as Mental Disorder. The Nation, 11.3.1991

— (1991b): The Universality of Incest. J. of Psychohistory 19 (2); 123-164

— (1996): Restaging Early Traumas in War and Social Violence. J. of Psychohistory 23 (4); 344-392

— (2002): Das emotionale Leben der Nationen. Klagenfurt/Celovec; Drava 2005

Derber, Charles (2002): One World. Von globaler Gewalt zur sozialen Globalisierung. Hamburg - Wien; Europa Verlag 2003

Dervin, Daniel (1991): From Oily War to Holy War: Vicissitudes of Group-Fantasy Surrounding the Persian Gulf Crisis. J. of Psychohistory 19 (1); 67-83

Despratx, Michel/Barry Lando (2004): Unser alter Freund Saddam. Le Monde diplomatique (dt. Ausg.) 10 (11)

Devereux, Georges (1967): Angst und Methode in den Verhaltenswissenschaften. Frankfurt/M. - Berlin - Wien; Ullstein 1976

Dixon, Keith (1998): Die Evangelisten des Marktes. Universitätsverlag Konstanz 2000

Döpp, Hans-Jürgen (1983): Minimal Erotic oder Die Erosion der Genitalität im Zeichen des Narzißmus. Psychoanalyse 4 (2-3); 133-185

Donovan, Denis M. (1991): Darkness Invisible. Journal of Psychohistory 19 (2); 165-184

Drew, Elizabeth (1990; 1990a; 1991; 1991a): Letter from Washington. The New Yorker, 15.10.1990; 3.12.1990; 4.2.1991; 11.3.1991

Dudek, Peter/Hans-Gerd Jaschke (1981): Revolte von Rechts. Anatomie einer neuen Jugendpresse. Frankfurt/M. - New York; Campus

— (1981a): Die „neue" rechtsextreme Jugendpresse in der Bundesrepublik Deutschland. In: Aus Politik und Zeitgeschichte. Beilage zur Wochenzeitung Das Parlament, B43/81, 24.10.1981

Durkheim, Émile (1897): Der Selbstmord. Neuwied - Berlin; Luchterhand 1973

Ebner-Eschenbach, Marie v. (1887): Das Gemeindekind. In: Dies. (1961); 5-200

— (1880): Aphorismen. In: Dies. (1961); 863-904

— (1961): Das Gemeindekind. Novellen. Aphorismen. Wien; Dt. Buchgemeinschaft

Elias, Norbert (1985): Humana conditio. Beobachtungen zur Entwicklung der Menschheit am 40. Jahrestag eines Kriegsendes (8.Mai 1985). Frankfurt/M.; Suhrkamp

Elias, Norbert/John L. Scotson (1965): Etablierte und Außenseiter. Frankfurt/M.; Suhrkamp 1993

Elovitz, Paul H./Henry Lawton/George Luhrmann (1985): On Doing Fantasy Analysis. Journal of Psychohistory 13 (2); 207-228

Engelmann, Bernt (1974): Wir Untertanen. Ein Deutsches Anti-Geschichtsbuch. Frankfurt/M.; Fischer 1976

Enzensberger, Hans Magnus (1992): Die Große Wanderung. Dreiunddreißig Markierungen. Frankfurt/M.; Suhrkamp

Erdheim, Mario (1984): Die gesellschaftliche Produktion von Unbewußtheit. Eine Einführung in den ethnopsychoanalytischen Prozeß. Frankfurt/M.; Suhrkamp

— (1987): Zur Ethnopychoanalyse von Exotismus und Xenophobie. In: Ders., Psychoanalyse und Unbewußtheit in der Kultur. Frankfurt/M.; Suhrkamp; 258-265

— (1988): Adoleszenz zwischen Familie und Kultur. In: ebenda; 191-214

— (1990): Aufbruch in die Fremde. Der Antagonismus von Kultur und Familie und seine Bedeutung für die Friedensfähigkeit der Individuen. In: Reiner Steinweg/ Christian Wellmann (Hg.), Friedensanalysen, Bd. 24: Die vergessene Dimension internationaler Konflikte: Subjektivität. Frankfurt/M.; Suhrkamp; 93-113

— (1998): Adoleszenz, Esoterik und Faschismus. In: Modena (1998); 311-329

Erhard, Benedikt (Hg.) (1989): Option – Heimat – Opzioni. Eine Geschichte Südtirols. Una storia dell'Alto Adige. Tiroler Geschichtsverein Bozen

Erikson, Erik H. (1950): Kindheit und Gesellschaft. Stuttgart; Klett 1971

— (1959): Identität und Lebenszyklus. Frankfurt/M.; Suhrkamp 1966

— (1975): Lebensgeschichte und historischer Augenblick. Frankfurt/M.; Suhrkamp

Escobar, Roberto (1997): Metamorfosi della paura. Bologna; Mulino

Etzersdorfer, Irene/Michael Ley (Hg.) (1999): Menschenangst. Die Angst vor dem Fremden. Berlin - Bodenheim b. Mainz; Philo

Evers, Hans-Dieter (2000): Die Globalisierung der epistemischen Kultur. Entwicklungstheorie und Wissensgesellschaft. In: Ulrich Menzel (Hg.), Vom Ewigen Frieden und vom Wohlstand der Nationen. Frankfurt/M.; Suhrkamp; 396-417

Fanta, Walter/Valentin Sima (2003): „Stehst mitten drin im Land". Das europäische Kameradentreffen auf dem Kärntner Ulrichsberg von seinen Anfängen bis zur Gegenwart. Klagenfurt/Celovec; Drava

Fassmann, Heinz/Rainer Münz (1995): Einwanderungsland Österreich? Historische Migrationsmuster, aktuelle Trends und politische Maßnahmen. Wien; Jugend & Volk

Fast, Howard (1991): Commentary. New York Observer, 11.3.1991

Felber, Christian (2006): 50 Vorschläge für eine gerechtere Welt. Gegen Konzernmacht und Kapitalismus. Wien; Deuticke

Fenichel, Otto (1945; 1945a): Psychoanalytische Neurosenlehre, Bd. I; II. Frankfurt/M. - Berlin - Wien; Ullstein 1983

Ferencz, Benjamin B./Ken Keyes Jr. (1988): PlanetHood. Coos Bay; Vision Books

Ferenczi, Sándor (1913): Entwicklungsstufen des Wirklichkeitssinnes. Schriften zur Psychoanalyse, Bd. I. Frankfurt/M.; Fischer 1970; 148-163

Ferguson, Thomas (1991): The Economic Incentives for War. The Nation, 28.1.1991

Fischer, Gero/Peter Gstettner (Hg.) (1990): „Am Kärntner Wesen könnte diese Republik genesen". Klagenfurt/Celovec; Drava

Fischer, Gottfried/Peter Riedesser (1999): Lehrbuch der Psychotraumatologie. München - Basel; Reinhardt

Fischer, Lorenz/Günter Wiswede (1997): Grundlagen der Sozialpsychologie. München - Wien; Oldenbourg

Fleischer, Helmut (1969): Marxismus und Geschichte. Frankfurt/M.; Suhrkamp

Fornari, Franco (1966): Psicoanalisi della guerra. Milano; Feltrinelli 1988

Forrester, Viviane (2000): Une étrange dictature. Paris; Fayard

Fraser, Laura (1991): Disaster back home: Bay Area Iraqi Americans discuss the war. San Francisco Bay Guardian, 3.4.1991

French, Hilary (2000): Vanishing Borders: Protecting the Planet in the Age of Globalization. New York - London; Norton

Freud, Anna (1936): Das Ich und die Abwehrmechanismen. Frankfurt/M.; Fischer 1984

Freud, Sigmund (1900): Die Traumdeutung. Gesammelte Werke (GW), Bd. II/III. Frankfurt/M.; Fischer 1999

— (1904): Zur Psychopathologie des Alltagslebens. GW, Bd. IV

— (1905): Der Witz und seine Beziehung zum Unbewußten. GW, Bd. VI

— (1909): Über Psychoanalyse. GW, Bd. VIII; 1-60

— (1914): Zur Geschichte der psychoanalytischen Bewegung. GW, Bd. X; 43-113

— (1916/17): Vorlesungen zur Einführung in die Psychoanalyse. GW, Bd. XI

— (1917): Eine Schwierigkeit der Psychoanalyse. GW, Bd. XII; 1-12

— (1920): Jenseits des Lustprinzips. GW, Bd. XIII; 1-69

— (1921): Massenpsychologie und Ich-Analyse. GW, Bd. XIII; 71-161

— (1925): Die Verneinung. GW, Bd. XIV; 9-15

— (1926): Die Frage der Laienanalyse. GW, Bd. XIV; 207-296

— (1927): Die Zukunft einer Illusion. GW, Bd. XIV; 323-380

— (1930): Das Unbehagen in der Kultur. GW, Bd. XIV; 419-506

— (1933): Neue Folge der Vorlesungen zur Einführung in die Psychoanalyse. GW, Bd. XV

Freud, Sigmund/Ludwig Binswanger (1992): Briefwechsel 1908-1938. Hg. G. Fichtner. Frankfurt/M.; Fischer

Friedman, Thomas L. (1991): Desert Fog: The Uncertain Time Beyond High Noon. New York Times, 24.2.1991

Fröhlich, Werner D. (1968): Einführung. In: James Drever/Ders., dtv-Wörterbuch zur Psychologie. München; 1972; 11-36

Fromm, Erich (1936): Theoretische Entwürfe über Autorität und Familie. Sozialpsychologischer Teil. In: Studien über Autorität und Familie. Paris; Alcan; 77-135

— (1947): Psychoanalyse und Ethik. Stuttgart - Konstanz - Zürich; Diana 1954

— (1961): Afterword. In: George Orwell: Nineteen Eighty-Four. New York; New American Library; 257-267

— (1970): Analytische Sozialpsychologie und Gesellschaftstheorie. Frankfurt/M.; Suhrkamp

— (1973): Anatomie der menschlichen Destruktivität. Stuttgart; Deutsche Verlagsanstalt 1974

Fuchs, Albert/Gert Sommer (Hg.) (2004): Krieg und Frieden. Handbuch der Konflikt- und Friedenspsychologie. Weinheim - Basel - Berlin; Beltz

Furlani, Silvio (1988): L'immagine dell'Austria in Italia dal 1848 alla prima guerra mondiale. Clio. Rivista trimestrale di studi storici 24 (3); 415-433

Furlani, Silvio/Adam Wandruszka (1973): Österreich und Italien. Ein bilaterales Geschichtsbuch. Wien - München; Jugend & Volk (Erw. Neuaufl. 2002 Wien; Öbv & http; Hg. M. Guiotto/S. Malfèr)

— (1974): Austria e Italia. Storia a due voci. Bologna; Capelli (Erw. Neuaufl. 2002; Hg. M. Guiotto/S. Malfèr)

Fusella, Ambrogio (Hg.) (1993): Arrivano i barbari. La Lega nel racconto di quotidiani e periodici 1985-1993. Milano; Rizzoli

Galeano, Eduardo (1991): Être comme eux. Le Monde diplomatique 38 (451)

— (2000): Aidez-moi, docteur, je ne peux pas dormir! Le Monde diplomatique 47 (557)

Galli, Giorgio (1993): Prefazione. In: Fusella (1993); V-XIV

— (1995): Diario politico 1994. Milano; Kaos

Galtung, Johan (2000): Menschenrechte für das nächste Jahrhundert. In: Ders., Die Zukunft der Menschenrechte. Frankfurt/M. - New York; Campus; 7-158

Garms-Cornides, Elisabeth (1994): Das Bild Österreichs in Italien. Von der Erbfeindschaft zur Nostalgiewelle. (41. Historikertagung des Instituts für Österreichkunde, ‚Österreichische Selbstbilder – Fremdbilder von Österreich', St. Pölten, 27.3.1994)

Gatterer, Claus (1972): Erbfeindschaft. Italien – Österreich. Wien - München - Zürich; Europaverlag

— (1975): Die italienisch-österreichischen Beziehungen vom Gruber-Degasperi-Abkommen bis zum Südtirol-Paket (1946-1969). In: Wandruszka/Jedlicka (1975); 521-553

— (1976): Österreich und seine südlichen Nachbarn. In: Ders. (1991); 263-284

—   (1979): Südtirol 1930-1945. Eine politische Landschaftsskizze. In: Ders. (1991); 171-184
—   (1981): Über die Schwierigkeit, heute Südtiroler zu sein. O.O.; Selbstverlag Kontaktkomittee für's Andere Tirol, oder in: Ders. (1991); 311-326
—   (1991): Aufsätze und Reden. Bolzano/Bozen; Raetia
Gehler, Michael (2003): Vollendung der Bilateralisierung als diplomatisch-juristisches Kunststück: Die Streitbeilegung zwischen Italien und Österreich 1992. In: Sieglinde Clementi (Hg.), 1992: Ende eines Streits. Baden-Baden; Nomos; 17-82
Geiger, H. Jack (1991): Observations from Iraq (20.4.1991). In: Center on Violence and Human Survival (1991); 114-115
Genovese, Antonio (2003): Per una pedagogia interculturale. Dalla stereotipia dei pregiudizi all'impegno dell'incontro. Bologna; Bononia University Press
Gilmore, David (1991): Mythos Mann. München; dtv
Ginsborg, Paul (2007): In the Shadow of Berlusconi. New York Review of Books 54 (1); 50-52
Giustinelli, Franco (1991). Razzismo scuola società. Le origini dell'intolleranza e del pregiudizio. Firenze; Nuova Italia 1992
Godwin, Robert (1994): On the Function of Enemies: The Articulation and Containment of the Unthought Self. Journal of Psychohistory 22 (1); 79-102
Goldmann, Harald/Hannes Krall/Klaus Ottomeyer (1992): Jörg Haider und sein Publikum. Eine sozialpsychologische Untersuchung. Klagenfurt/Celovec; Drava
Gombos, Georg (1992): Leben mit dem Fremden. In: Karl Althaler/Andrea Hohenwarter (Hg.), Torschluss. Wanderungsbewegungen und Politik in Europa. Wien; Verlag für Gesellschaftskritik; 162-173
—   (1992a): Sprachanalyse – Interpretation von Interviewtexten „Zwischen Neugier und Angst: Umgangsformen mit Fremden in Rechnitz". In: Ders./Christiane Gruber/ Christine Teuschler (Hg.), „... und da sind sie auf einmal dagewesen." Zur Situation von Flüchtlingen in Österreich. Beispiel Rechnitz. Oberwart; lex liszt 12
—   (1998): Von Nachbarn und anderen Fremden. Zur Wahrnehmung des Anderen in der multikulturellen Gesellschaft. In: Larcher/Renner/Anzengruber (1998); 93-112
Goodman, Howard (1987): Give War a Chance. Philadelphia Inquirer, 19.7.1987
Gopnik, Adam (1999): Display Cases. The New Yorker, 26.4./3.5.1999
Graf, Wilfried/Klaus Ottomeyer (Hg.) (1989): Szenen der Gewalt in Alltagsleben, Kulturindustrie und Politik. Wien; Verlag für Gesellschaftskritik
—   (1989a): Identität und Gewalt. Ein Überblick. In: Dies. (1989); 1-46
Gratzer, Christian (1998): Der Schoß ist fruchtbar noch... NSDAP (1920-33) – FPÖ (1986-98). Kontinuitäten, Parallelen, Ähnlichkeiten. Wien; Grünalternative Jugend
Große, Ernst U./Günter Trautmann (1997): Italien verstehen. Darmstadt; Primus
Group of Lisbon (1995): Grenzen des Wettbewerbs. Die Globalisierung der Wirtschaft und die Zukunft der Menschheit. Darmstadt; Luchterhand 1997
Gruen, Arno (2000): Der Fremde in uns. Stuttgart; Clett-Cotta
—   (2002): Der Kampf um die Demokratie. Der Extremismus, die Gewalt und der Terror. Stuttgart; Clett-Cotta

Habermas, Jürgen (1998): Die postnationale Konstellation und die Zukunft der Demokratie. In: Ders., Die postnationale Konstellation. Politische Essays. Frankfurt/M.; Suhrkamp; 91-169

Halimi, Serge (1991): Des médias en tenue camouflée. Le Monde diplomatique 38 (444)

Halliday, Denis (1999): Sanktionen gegen das Volk. Le Monde diplomatique (dt. Ausg.) 5 (1)

Haller, Max (1994): Nationale Identität. Die Rolle von Kleinstaaten im Prozeß der Einigung Europas. In: Bundesmin. für Wissenschaft und Forschung (1994); 156-172

Harrer, Gudrun (2003): Kriegs-Gründe. Versuch über den Irak-Krieg. Wien; Mandelbaum

Hamann, Brigitte (1996): Hitlers Wien. München - Zürich; Piper

Hasselbach, Ingo/Winfried Bonengel (1993): Die Abrechnung. Ein Neonazi steigt aus. Berlin - Weinheim; Aufbauverlag

Herbert, Bob (2004): Voting Without the Facts. New York Times, 8.11.2004

Herman, Judith Lewis (1992): Trauma and Recovery. New York; Basic Books 1997

Hersh, Seymour M. (2000): Overwhelming Force. The New Yorker, 22.5.2000

Hess, John L. (1991): If Only the Peace Could Start as Swiftly as This War Did. New York Observer, 4.2.1991

Hierdeis, Helmwart (2005): Fremdheit als Ressource. Probleme und Chancen interkultureller Kommunikation. Studia Universitätsverlag, Innsbruck

Hiltermann, Joost R. (1991): Le peuple irakien, victime de deux folies. Le Monde diplomatique 38 (447)

Hitchens, Christopher (1991): Minority Report. The Nation, 25.3.1991

Hobsbawm, Eric J. (1990): Nations and Nationalism: Programme, Myth, Reality. Cambridge; Cambridge University Press 1992

— (1994): Das Zeitalter der Extreme. Weltgeschichte des 20. Jahrhunderts. München - Wien; Hanser 1995

— (1999): On the Edge of the New Century. In Coversation with Antonio Polito. New York; New Press 2000

Holt, Robert R. (1984): Can Psychology Meet Einstein's Challenge? Political Psychology 5 (2); 199-225

— (1987): Converting the War System to a Peace System: Some Contributions from Psychology and Other Social Sciences. (Exploratory Project on the Conditions of Peace, Cohasset, Mai 1987)

Horkheimer, Max/Theodor W. Adorno (1947): Dialektik der Aufklärung. Philosophische Fragmente. Frankfurt/M.; Fischer

Hundseder, Franziska (1988): Militante Pimpfe und Jungmädel. Die Zeit, 1.4.1988

Ignazi, Piero (1994): L'estrema destra in Europa. Bologna; Mulino 2000

Jacoby, Russell (1975): Soziale Amnesie. Eine Kritik der konformistischen Psychologie von Adler bis Laing. Frankfurt/M.; Suhrkamp, 1978

Jacques, André (1991): Torture et nouvel ordre mondial. Le Monde diplomatique 38 (447)

Janus, Ludwig (1993): Wie die Seele entsteht. Unser psychisches Leben vor und nach der Geburt. Heidelberg; Mattes 1997

— (2000): Die Psychoanalyse der vorgeburtlichen Lebenszeit und der Geburt. Gießen; Psychosozial-Verlag

— (2006) : Frühe Wurzeln der Gewalt. Psychohistorische Zusammenhänge von Kriegs-
inszenierungen und Kriegskindheit. In: Ders. (Hg.), Geboren im Krieg. Kindheits-
erfahrungen im 2. Weltkrieg und ihre Auswirkungen. Gießen; Psychosozial-Verlag;
310-318

Jervis, Giovanni (1989): La psicoanalisi come esercizio critico. Milano; Garzanti 1994

— (2005) : Contro il relativismo. Roma - Bari; Laterza

Julien, Claude (1991). Une guerre si propre... Le Monde diplomatique 38 (443)

— (1991a): Amère victoire. Le Monde diplomatique 38 (449)

Kannonier-Finster, Waltraud (2004): Eine Hitler-Jugend. Innsbruck - Wien - München -
Bozen; Studien Verlag

Keen, Sam (1986): Faces of the Enemy: Reflections of the Hostile Imagination. San Francisco; Harper 1991

Keupp, Heiner/Klaus Weber (Hg.) (2001): Psychologie. Ein Grundkurs. Reinbek b. Hamburg; Rowohlt

Kracauer, Siegfried (1947): Von Caligari zu Hitler. Eine psychologische Geschichte des
deutschen Films. Frankfurt/M.; Suhrkamp, 1979

Krall, Hannes (2004): Jugend und Gewalt. Herausforderungen für Schule und Soziale Arbeit. Münster; Lit

Kraus, Karl (1926): Die letzten Tage der Menschheit. Frankfurt/M.; Suhrkamp 1986

Krauß, Thomas (1992): Die Angst vor Fremden aus psychoanalytischer Sicht. In: U.
Scheub/A. Böhm (Hg.), Die Deutschen und die Fremden. Berlin; 74-76

Kreissler, Felix (1987): Nationswerdung und Trauerarbeit. In: Pelinka/Weinzierl (1987);
127-142

Krovoza, Alfred (Hg.) (1996): Politische Psychologie. Ein Arbeitsfeld der Psychoanalyse.
Stuttgart; Verlag Internationale Psychoanalyse

Kurth, Winfried/Josef Berghold (2006): Gruppenfantasien im Umfeld des „Siegesplatz"-
Konfliktes in Bozen. Jahrbuch für Psychohistorische Forschung 7; 97-138

Langer, Alexander (1996): Aufsätze zu Südtirol. Scritti sul Sudtirolo, 1978-1995. Hg. S.
Baur/R. Dello Sbarba. Merano/Meran; Alpha & Beta

Lanthaler, Franz (Hg.) (1990): Mehr als eine Sprache. Zu einer Sprachenstrategie in Südtirol. Più di una lingua. Per un progetto linguistico in Alto Adige. Merano/Meran;
Alpha & Beta

Larcher, Dietmar (1991): Fremde in der Nähe. Interkulturelle Bildung und Erziehung im
zweisprachigen Kärnten, im dreisprachigen Südtirol, im vielsprachigen Österreich.
Klagenfurt/Celovec; Drava

— (1992): Kulturschock. Fallgeschichten aus dem sozialen Dschungel. Merano/Meran;
Alpha & Beta

— (1994): Minimundus Periculosus. Die Einübung von Ethnozentrismus, Nationalismus, Eurozentrismus und Rassismus im ganz alltäglichen Leben. In: Kurt Luger/
Rudi Renger (Hg.), Dialog der Kulturen. Wien - St. Johann; Österr. Kunst- und Kul-
turverlag; 193-209

— (1998): Herminator, Terminator und andere Produkte der Glokalisierung. In: Ders./
Renner/Anzengruber/Pirstinger (1998); 7-21

— (2000): Die Liebe in den Zeiten der Globalisierung. Konstruktion und Dekonstruktion von Fremdheit in interkulturellen Paarbeziehungen. (mit Petruška Krčmárová, Ruth Krčmár und Gerti Schmutzer) Klagenfurt/Celovec; Drava

Larcher, Dietmar/Agnes Larcher (2006): Interkulturelle Neugier, oder Narrative Empirie als Opera buffa mit einer Ouvertüre und drei Akten. Merano/Meran - Klagenfurt/Celovec; Alpha & Beta/Drava

Larcher, Dietmar/Elke Renner/Grete Anzengruber/Susanne Pirstinger (Hg.) (1998): Grenzen der Vielfalt? Globalisierung – Regionalisierung – Ethnisierung. schulheft 92

Larcher, Dietmar/Wolfgang Schautzer/Marion Thuswald/Ute Twrdy (Hg.) (2005): Fremdgehen. Fallgeschichten zum Heimatbegriff. Klagenfurt/Celovec - Merano/Meran; Drava/Alpha & Beta

Lawton, Henry (1988): The Psychohistorian's Handbook. New York - London; Psychohistory Press

Lebhart, Gustav/Rainer Münz (1999): Migration und Fremdenfeindlichkeit. Fakten, Meinungen und Einstellungen zu internationaler Migration, ausländischer Bevölkerung und staatlicher Ausländerpolitik in Österreich. Wien; Österr. Akademie der Wissenschaften

— (1999a): Die Österreicher und ihre „Fremden". Meinungen und Einstellungen zu Migration, ausländischer Bevölkerung und Ausländerpolitik. In: Heinz Fassmann/Helga Matuschek/Elisabeth Menasse (Hg.), Abgrenzen – ausgrenzen – aufnehmen. Empirische Befunde zu Fremdenfeindlichkeit und Integration. Klagenfurt/Celovec; Drava; 15-32

le Carre, John (2003): The United States of America has gone mad. The Times, 15.1.2003

LeDoux, Joseph (2001): Das Netz der Gefühle. Wie Emotionen entstehen. München; dtv

Leggewie, Claus (2003): Die Globalisierung und ihre Gegner. München; Beck

Leithäuser, Thomas/Birgit Volmerg (1988): Psychoanalyse in der Sozialforschung. Opladen; Westdeutscher Verlag

Lessing, Doris (1994): Under My Skin. London; Harper-Collins

Lettau, Reinhard (1971): Täglicher Faschismus. Amerikanische Evidenz aus sechs Monaten. München; Hanser

Levi, Primo (1986): I sommersi e i salvati. Torino; Einaudi 1991

Levin, Charles (2006): Eine Verschiebung im psychischen Akzent. Freuds *Witz* – hundert Jahre danach. In: Karl Fallend (Hg.), Witz und Psychoanalyse. Internationale Sichtweisen – Sigmund Freud revisited. Innsbruck - Wien - Bozen; Studien Verlag; 27-38

Lewis, Justin/Sut Jhally/Michael Morgan (1991): The Gulf War: A Study of the Media, Public Opinion and Public Knowledge. Research Archives, P-8. Amherst; University of Massachusetts, Cter. for the Study of Communication

Lewontin, Richard (2004): Dishonesty in Science. New York Review of Books 51 (18); 38-40

Lifton, Robert J. (1991): Techno-Bloodshed (14.2.1991). In: Center on Violence and Human Survival (1991); 52-53

— (1991a): America Triumphant (1.3.1991). In: Center on Violence and Human Survival (1991); 77-78

Lifton, Robert J./Eric Markusen (1990): The Genocidal Mentality: Nazi Holocaust and Nuclear Threat. New York; Basic Books

Lotto, David J. (1989): Psychoanalytic Perspectives on War. Journal of Psychohistory 17 (2); 155-178

Loewenberg, Peter (1984): Decoding the Past: The Psychohistorical Approach. Berkeley - Los Angeles - London; University of California Press

— (1999): Xenophobie als intrapsychisches Problem. In: Etzersdorfer/Ley (1999); 113-120

Lowenthal, Leo/Norbert Guterman (1949): Prophets of Deceit: A Study of the Techniques of the American Agitator. Palo Alto; Pacific Books 1970

Lukes, Steven (1982): Panoptikon. Macht und Herrschaft bei Weber, Marx, Foucault. Kursbuch 70; 135-148

Lussu, Emilio (1933): Marcia su Roma e dintorni. Torino; Einaudi 1978

Luverà, Bruno (1996): Oltre il confine. Regionalismo europeo e nuovi nazionalismi in Trentino-Alto Adige. Bologna; Mulino

— (1999): I confini dell'odio. Il nazionalismo etnico e la nuova destra europea. Roma; Editori Riuniti

— (2000): Il Dottor H. Haider e la nouva destra europea. Torino; Einaudi

MacArthur, John R. (1993): Die Schlacht der Lügen. Wie die USA den Golfkrieg verkauften. München; dtv

Mack, John E. (1991): If Lawrence of Arabia Were Viewing the War. New York Newsday, 17.2.1991

Mack, John E./Jeffrey Z. Rubin (1991): Is This Any Way to Wage Peace? Los Angeles Times, 31.1.1991

Magris, Claudio (1986): Donau. Biographie eines Flusses. München; Hanser 1988

Magris, Claudio/Angelo Ara (1982): Triest. Eine literarische Hauptstadt in Mitteleuropa. München; dtv 1993

Mahrenholz, Simone (1994): Man mache sich ein Titelbild von der Zeit. Tagesspiegel, 3.7.1994

Maltese, Curzio (2006): Come ti sei ridotto. Modesta proposta di sopravvivenza al declino della nazione. Milano; Feltrinelli

Mann, Thomas (1924): Der Zauberberg. Roman. Frankfurt/M.; Fischer 1959

Manoschek, Walter (2003): Quantitative und qualitative Auswertung der Fragebogenuntersuchung „Österreicher im Zweiten Weltkrieg". In: Hannes Heer/Ders./Alexander Pollak/Ruth Wodak (Hg.), Wie Geschichte gemacht wird. Zur Konstruktion von Erinnerungen an Wehrmacht und Zweiten Weltkrieg. Wien; Czernin; 59-80

Martin, Hans-Peter/Harald Schumann (1996): Die Globalisierungsfalle. Der Angriff auf Demokratie und Wohlstand. Reinbek b. Hamburg; Rowohlt

Maschino, Maurice T. (1980): Le crépuscule de la raison. Le Monde diplomatique 27 (315)

Massing, Michael (1991): The Way to War. New York Review of Books, 28.3.1991

Matouschek, Bernd/Ruth Wodak/Franz Januschek (1995): Notwendige Maßnahmen gegen Fremde? Wien; Passagen

Mazohl-Wallnig, Brigitte/Marco Meriggi (Hg.) (1999): Österreichisches Italien – italienisches Österreich? Wien; Verlag der Österr. Akademie der Wissenschaften

McFarland, Robert B. (1991): War Hysteria and Group-Fantasy in Colorado. Journal of Psychohistory 19 (1); 35-51

Meerloo, A. M. (1950): Die Atomfurcht. Eine psychologische Interpretation. In: Krovoza (1996); 211-224

Menschik-Bendele, Jutta (1998): „Plötzlich ist die Selbstsicherheit weg". Größenphantasie und Schuldgefühl bei männlichen und weiblichen Jugendlichen. In: Dies./Ottomeyer (1998); 271-295

Menschik-Bendele, Jutta/Klaus Ottomeyer (Hg.) (1998): Sozialpsychologie des Rechtsextremismus. Entstehung und Veränderung eines Syndroms. Opladen; Leske + Budrich 2002

Mentzos, Stavros (1976): Interpersonale und institutionalisierte Abwehr. Frankfurt/M.; Suhrkamp 1996

— (1993): Der Krieg und seine psychosozialen Funktionen. Frankfurt/M.; Fischer

Menzel, Ulrich (1998): Globalisierung versus Fragmentierung. Frankfurt/M.; Suhrkamp

Meyer, Alwin/Karl-Klaus Rabe (1979): Unsere Stunde wird kommen. Rechtsextremismus unter Jugendlichen. Bornheim-Merten

Michels, Roberto (1912): In Austria-Ungheria. Impressioni di viaggio. Nuova Antologia 246; 479-491

Mies, Maria (2001): Globalisierung von unten. Der Kampf gegen die Herrschaft der Konzerne. Hamburg; Rotbuch

Milanesi, Alberto (1989): Il cambiamento dell'immagine dell'Austria in Italia: 1918-1988. Studi Goriziani 69; 69-86

Mitscherlich, Alexander (1954): 50 Jahre später. Einige Empfehlungen an den Leser. In: Freud (1904) (Taschenbuchausg.) Frankfurt/M.; Fischer; 6-12

Modena, Emilio (Hg.) (1998): Das Faschismus-Syndrom. Zur Psychoanalyse der Neuen Rechten in Europa. Gießen; Psychosozial-Verlag

— (1998a): Das Faschismus-Syndrom. In: Ders. (1998); 176-202

Moeller, Michael L. (1982): Sich selbst überleben. Streifzüge durch das Dickicht der Macht. Kursbuch 70; 71-99

Morass, Michael/Günther Pallaver (Hg.) (1992): Österreich – Italien. Was Nachbarn voneinander wissen sollten. Wien; Deuticke

— (1992a): Italien und Österreich. Nachbarn in Europa. In: Dies. (1992); 9-14

— (1992b): Erbfeindschaft, Entfremdung, Beziehungskonjunktur – oder schlicht: Gleichgültigkeit? In: Dies. (1992); 245-265

Mori, Anna Maria (1994): „Io, politico soltanto per dovere..." la Repubblica, 8.3.1994

Morin, Edgar (1989): Pour une nouvelle conscience planétaire. Le Monde diplomatique 36 (427)

— (1995): Mère Méditerranée. Le Monde diplomatique 42 (497)

Morin, Edgar/Anne Brigitte Kern (1993): Terre-Patrie. Paris; Seuil

Moscati, Ruggero (1975): Das Gruber-De Gasperi-Abkommen. In: Wandruszka/Jedlicka (1975); 471-489

Münz, Rainer (1992): Österreich – Italien. Feindbilder von einst, Klischees von heute? In: Morass/Pallaver (1992); 27-35

— (1992a): Ende des Ersten Weltkriegs. profil, 9.6.1992

Naureckas, Jim (1990): Media on the March: Journalism in the Gulf. Extra! 3 (8), Nov./Dez. 1990

Neill, Alexander Sutherland (1960): Theorie und Praxis der antiautoritären Erziehung. Das Beispiel Summerhill. Reinbek b. Hamburg; Rowohlt 1969

Nixon, Richard (1991): Bush Has It Right: America's Commitment in the Gulf is Moral. International Herald Tribune, 7.1.1991

Nyssen, Friedhelm/Ludwig Janus (Hg.) (1997): Psychogenetische Geschichte der Kindheit. Gießen; Psychosozial-Verlag

Ötsch, Walter (2000): Haider light. Handbuch für Demagogie. Wien; Czernin

Ortega y Gasset, José (1942): Über das römische Imperium. Stuttgart; Reclam 1967

Orwell, George (1937): The Road to Wigan Pier. Harmondsworth; Penguin 1962

— (1945): Notes on Nationalism. In: Ders. (1965); 155-179

— (1946): James Burnham and the Managerial Revolution. In: Ders. (1968); 192-215

— (1947): Why I Write. In: Ders. (1965); 180-188

— (1947a): Toward European Unity. In: Ders. (1968); 423-429

— (1949): Neunzehnhundertvierundachtzig. Konstanz, Stuttgart; Diana 1964

— (1965): Decline of the English Murder and other essays. Harmondsworth; Penguin

— (1968): The Collected Essays, Journalism and Letters of George Orwell. Vol. IV: In Front of Your Nose 1945-1950. Hg. S. Orwell/I. Angus. Harmondsworth; Penguin

Ottomeyer, Klaus (1984): Über Identität, Heimat und Ethnozentrismus. In: Arbeitsgruppe Volksgruppenfrage (Hg.), Zwischen Selbstfindung und Identitätsverlust: Ethnische Minderheiten in Europa. Wien; Verlag für Gesellschaftskritik; 15-25

— (1987): Lebensdrama und Gesellschaft. Szenisch-materialistische Psychologie für soziale Arbeit und politische Kultur. Wien; Deuticke

— (1992): Prinzip Neugier. Einführung in eine andere Sozialpsychologie. (mit Michael Wieser) Heidelberg; Asanger

— (1995): Schiefe Heilung in einer verwirrten Gegenwart. Behinderte in Familie, Schule und Gesellschaft 18 (2); 54-58

— (1997): Kriegstrauma, Identität und Vorurteil. Mirzadas Geschichte und Ein Brief an Sieglinde Tschabuschnig. Klagenfurt/Celovec; Drava

— (1997a) Psychoanalytische Erklärungsansätze zum Rassismus. Möglichkeiten und Grenzen. In: Paul Mecheril/Thomas Teo (Hg.), Psychologie und Rassismus. Reinbek b. Hamburg; Rowohlt; 111-131

— (1998): Rechtstrend und Haider-Faszination in Österreich. In: Modena (1998); 75-99

— (1998a): Theoretischer Rahmen und Ergebnisse der Studie. In: Menschik-Bendele/ Ders. (1998); 14-42

— (2000): Die Haider-Show. Zur Psychopolitik der FPÖ. Klagenfurt/Celovec; Drava

— (2000a): Fremdenfeindlichkeit als Selbstwertdroge. Identität, Ethnizität und die Bedeutung des Fremden für das Unbewusste. In: Berghold/Menasse/Ders. (2000); 17-34

— (2004): Ökonomische Zwänge und menschliche Beziehungen. Soziales Verhalten im Kapitalismus. Münster; Lit

Ottomeyer, Klaus/Karl Peltzer (Hg.) (2002): Überleben am Abgrund. Psychotrauma und Menschenrechte. Klagenfurt/Celovec; Drava

Ottomeyer, Klaus/Walter Renner (Hg.) (2006): Interkulturelle Traumadiagnostik. Klagenfurt/Celovec; Drava

Pallaver, Günther (2004): Die Beziehungen zwischen Südtirol und Nordtirol und die Europaregion Tirol-Südtirol-Trentino. In: Ferdinand Karlhofer/Anton Pelinka (Hg.), Politik in Tirol. Innsbruck - Wien - München - Bozen; Studien Verlag; 115-135

— (Hg.) (2006): Die ethnisch halbierte Wirklichkeit. Medien, Öffentlichkeit und politische Legitimation in ethnisch fragmentierten Gesellschaften. Theoretische Überlegungen und Fallbeispiele aus Südtirol. Innsbruck - Wien - Bozen; Studien Verlag

Pallaver, Günther/Josef Berghold (2006): Annäherungen an den politischen Zyklon Berlusconi. Psychotherapie Forum 14 (2), 68-73

Pansa, Giampaolo (1993): L'anno dei barbari. Diario cattivo di come la crisi dei partiti ci ha regalato l'incognita leghista. Milano; Sperling & Kupfer

Parin, Paul (1978): Der Widerspruch im Subjekt. Ethnopsychoanalytische Studien. Hamburg; Europäische Verlagsanstalt 1992

— (1978a): Warum die Psychoanalytiker so ungern zu brennenden Zeitproblemen Stellung nehmen. In: Ders. (1978); 7-19, oder in: Krovoza (1996); 25-40

Passalacqua, Guido (2000): Immigrati, la Lega va in piazza. la Repubblica, 18.12.2000

Peck, Harris B. (1984): Do You Prefer Life to Death? From Denial to Action. Transactional Analysis Journal 14 (4); 225-228

Pelinka, Anton (1985): Windstille. Klagen über Österreich. Wien - Berlin; Medusa

— (1987): Der verdrängte Bürgerkrieg. In: Ders./Weinzierl (1987); 143-153

— (1998): Ethnische Abrüstung. Zum Versuch transethnischer Solidarität. In: Larcher/Renner/Anzengruber/Pirstinger (1998); 22-32

— (2000): Die rechte Versuchung. SPÖ, ÖVP und die Folgen eines falschen Tabus. In: Scharsach (2000); 46-66

Pelinka, Anton/Erika Weinzierl (Hg.) (1987): Das Große Tabu. Österreichs Umgang mit seiner Vergangenheit. Wien; Edition S

Peterlini, Hans Karl (2003): Wir Kinder der Südtirol-Autonomie. Ein Land zwischen ethnischer Verwirrung und verordnetem Aufbruch. Wien; Folio

— (2005): Südtiroler Bombenjahre. Von Blut und Tränen zum Happy End? Bolzano/Bozen; Raetia

Pfaff, William (1991): Islam and the West. The New Yorker, 28.1.1991

Pilgrim, Volker E. (1986): Muttersöhne. Reinbek b. Hamburg; Rowohlt, 1989

Pinter, Annalisa (1992): Educazione alla differenza. In: Primo Magri/Gianpiero Magnani (Hg.), Diritti degli uomini e diritti dei cittadini in prospettiva. Università degli Studi di Ferrara; 124-134

— (2003): Immigrati. Comunicazione ed educazione. Pisa; Edizioni ETS

Quindlen, Anna (1991): The Microwave War. New York Times, 3.3.1991

Preston, Richard (1998): The Bioweaponeers. The New Yorker, 9.3.1998

Ramonet, Ignacio (1995): La pensée unique. Le Monde diplomatique 42 (490)

— (2003): Stratégies de la faim. Le Monde diplomatique 45 (536)

Rauscher, Hans (2004): Wenn Rebellen beim Umstieg scheitern. Der Standard, 13.8.2004

Rees, Martin (2003): Unsere letzte Stunde. Warum die moderne Naturwissenschaft das Überleben der Menschheit bedroht. München; Bertelsmann

Revers, Wilhelm J. (1962): Ideologische Horizonte der Psychologie. München; Pustet

Richter, Horst Eberhard (1974): Lernziel Solidarität. Gießen; Psychosozial-Verlag 1998

— (1995): Bedenken gegen Anpasssung. Psychoanalyse und Politik. Hamburg; Hoffmann & Campe

— (1998): Zur Psychoanalyse des Rechtsradikalismus. In: Modena (1998); 228-239

— (2005): Ist eine andere Welt möglich? Gießen; Psychosozial-Verlag

Rivas, Rodrigo (2000): La grande rapina del terzo mondo. libertaria 2 (1); 33-47

Rochu, Gilbert (1994): L'Italie gagnée par la fureur xénophobe. Le Monde diplomatique 41 (478)

Rossanda, Rossana (1998): L'exception italienne. Le Monde diplomatique 45 (537)

Rumiz, Paolo (1996): Maschere per un massacro. Roma; Editori Riuniti, 2000

— (1997): La secessione leggera. Roma; Editori Riuniti

— (1999): Carinzia, la nuova destra di Haider il populista. la Repubblica, 18.9.1999

Rusinow, Dennison I. (1969): Italy's Austrian Heritage 1919-1945. Oxford; Clarendon

Russbach, Olivier (1985): „Objection! Votre Terreur..." La menace nucléaire hors tribunal. Le Monde diplomatique 32 (376)

Salinger, Pierre/Eric Laurent (1991): Krieg am Golf. München; Hanser

Salvemini, Gaetano (1944): La politica estera italiana dal 1871 al 1915. Milano; Feltrinelli 1970

Santayana, George (1905): The Life of Reason. New York; Scribner's Son 1954

Schäfer, Katrin/Klaus Atzwanger (1999): Xenophobie aus verhaltensbiologischer Sicht. In: Etzersdorfer/Ley (1999); 33-49

— (1999a): Individuelle und kulturelle Vielfalt im Verhalten. Eine humanethologische Studie. In: Etzersdorfer/Ley (1999); 19-32

Schandl, Franz (1997): Was wird bloß der Haider sagen? Die Presse, 25./26.10. 1997

Scharsach, Hans-Henning (1995): Haiders Clan. Wie Gewalt entsteht. Wien - München - Zürich; Orac

— (Hg.) (2000): Haider. Österreich und die rechte Versuchung. Reinbek b. Hamburg; Rowohlt

— (2000a): Bekenntnis zur sozialen Volksgemeinschaft. Braune Markierungen auf dem Weg in die „Dritte Republik". In: Ders. (2000); 188-208

— (2000b): Gewalt von rechts. Österreichs gefährlichste Neonazis kamen aus der FPÖ. In: Ders. (2000); 209-224

Scharsach, Hans-Henning/Kurt Kuch (2000): Haider. Schatten über Europa. Köln; Kiepenheuer & Witsch

Schmidt-Dengler, Wendelin/Luigi Reitani (1992): Symmetrie der Entfremdung. Italien und Österreich im wechselseitigen Blick ihrer Literaturen. In: Morass/Pallaver (1992); 151-180

Schnitzler, Arthur (1967): Ohne Maske. Leipzig - Weimar; Kiepenheuer 1992

Sciolino, Elaine/Michael R. Gordon (1990): US Gave Iraq Little Reason Not to Mount Kuwait Assault. New York Times, 23.9.1990

Seeleib-Kaiser, Martin (2003): Globalisierung und Sozialstaat. In: Sieglinde Rosenberger/ Emmerich Tálos (Hg.), Sozialstaat. Probleme, Herausforderungen, Perspektiven. Wien; Mandelbaum; 64-78

Shatan, Chaim F. (1985): Have You Hugged a Vietnam Veteran Today? The Basic Wound of Catastrophic Stress. In: William E. Kelly (Hg.), Post-Traumatic Stress Disorder and the War Veteran Patient. New York; Brunner Mazel; 12-28

—   (1997): Living in a Split Time Zone: Trauma and Therapy of Vietnam Combat Sur-
     vivors. Mind and Human Interaction 8 (2); 205-223
Shiva, Vandana (2005): Erd-Demokratie. Alternativen zur neoliberalen Globalisierung.
     Zürich; Rotpunktverlag 2006
Sidel, Victor W./H. Jack Geiger (1991): Trip Wire of Armageddon. New York Times, 5.2.
     1991
Smargiassi, Michele (1994): La violenza della Lega. la Repubblica, 7.2.1994
Sommer, Gert (2004): Feindbilder. In: Fuchs/Ders. (2004); 303-316
Spitz, René A. (1965): Die Evolution des Dialogs. In: Ders., Vom Dialog. Studien über
     den Ursprung der menschlichen Kommunikation und ihrer Rolle in der Persönlich-
     keitsbildung. Frankfurt/M. - Berlin - Wien; Ullstein 1982; 66-89
Steinert, Heinz (1995): Fremdenfeindlichkeit. Ein Rahmenprogramm für einen For-
     schungsschwerpunkt. In: Bundesmin. f. Wissenschaft, Forschung und Kunst (1995);
     19-30
Streek-Fischer, Annette (1992): „Geil auf Gewalt". Psychoanalytische Bemerkungen zu
     Adoleszenz und Rechtsextremismus. In: Werner Bohleber (Hg.), Adoleszenz und
     Identität. Stuttgart; Verlag Internationale Psychoanalyse 1996; 182-207
—   (1994): Gewalt und Rechtsextremismus als Ausdrucksform einer schweren Adoles-
     zenzkrise. sub 16 (3); 23-33
Streibl, Ralf E. (2004): Psychologische Kriegführung und Information Warfare. In: Fuchs/
     Sommer (2004); 330-343
Stuhlpfarrer, Karl (1975): Das Südtirolproblem vom Anschluß bis zum Ende des Zweiten
     Weltkriegs. In: Wandruszka/Jedlicka (1975); 295-312
—   (1985): Umsiedlung Südtirol. 1939-1940. (2 Bde.) Wien - München; Löcker
Sullivan, Andrew (1999): What's So Bad About Hate. New York Times Magazine,
     26.9.1999
Sullivan, Kevin (1996): A Japanese Run on Nikes. International Herald Tribune, 8.11.
     1996
Suskind, Ron (2004): Without a Doubt. New York Times Magazine, 17.10.2004
Terr, Lenore (1990): Too Scared to Cry: Psychic Trauma in Childhood. New York; Basic
     Books
Tesich, Steve (1991): Quick Wars, Quick Fixes: Breaking Away from Ourselves. The Na-
     tion, 18.3.1991
Theweleit, Klaus (1980): Männerphantasien. Reinbek b. Hamburg; Rowohlt
Toffler, Alvin/Heidi Toffler (1993): War and Anti-War: Survival at the Dawn of the 21st
     Century. Boston - New York - Toronto; Little, Brown & Co.
Ustinov, Peter (2003): Achtung! Vorurteile. Hamburg; Hofmann & Campe
Valentini, Chiara (1995): Ho scoperto l'Homo Finianus. L'Espresso, 3.2.1995
van Dijk, Teun A. (1995): Theses on the Rise of European Racism. In: Bundesmin. f.
     Wissenschaft, Forschung u. Kunst (1995); 31-40
Vassalli, Sebastiano (1985): Sangue e suolo. Viaggio fra gli italiani trasparenti. Torino;
     Einaudi
Veblen, Thorstein (1899): The Theory of the Leisure Class. Harmondsworth; Penguin
     1979

Volkan, Vamik D. (1988): The Need to Have Enemies and Allies. From Clinical Practice to International Relationships. Northvale - London; Jason Aronson

Wandruszka, Adam (1963): Österreich und Italien im 18. Jahrhundert. Wien; Verlag für Geschichte und Politik

— (1975): Die neuere Geschichte Italiens in der österreichischen Historiographie. In: Ders./Jedlicka (1975); 15-32

Wandruszka, Adam/Ludwig Jedlicka (Hg.) (1975): Innsbruck – Venedig. Österreichisch-italienische Historikertreffen 1971 und 1972. Wien; Verlag der Österr. Akademie der Wissenschaften

Wangh, Martin (1962): Psychoanalytische Betrachtungen zur Dynamik und Genese des Vorurteils, des Antisemitismus und des Nazismus. In: Krovoza (1996); 66-93

— (1991): Weitere klinische Überlegungen zum psychologischen Fallout der nuklearen Bedrohung. In: Krovoza (1996); 225-233

Weber, Max (1922): Wirtschaft und Gesellschaft. Grundriß der verstehenden Soziologie. Tübingen; Mohr 1980

Weber-Egli, Daniela (1992): Gemischtsprachige Familien in Südtirol/Alto Adige. Zweisprachigkeit und soziale Kontakte. Merano/Meran; Alpha & Beta

Wiegandt, Klaus (2006): Nachwort. In: Ernst Peter Fischer/Ders. (Hg.), Die Zukunft der Erde. Was verträgt unser Planet noch? Frankfurt/M.; Fischer; 425-430

White, Ralph K. (1991): Empathizing with Saddam Hussein. Political Psychology (Juni 1991). Privater Vorabdruck

Winnicott, Donald W. (1964): The Child, the Family, and the Outside World. Harmondsworth; Penguin 1991

Wirth, Hans-Jürgen (1984): Der „Große Bruder" in uns selbst. Gedanken zur psychischen Realität von Orwells ‚1984'. Psychosozial 22; 12-30

— (2002): Narzissmus und Macht. Zur Psychoanalyse seelischer Störungen in der Politik. Gießen; Psychosozial-Verlag

Worm, Alfred (2000): Widersprechen, auffallen, trendsetten. Jörg Haider – eine schlechte, aber perfekte Inszenierung. In: Scharsach (2000); 169-179

Wurzer, Thomas (2003): Die Menschheit auf Bewährungsprobe. Phil. Diss., Univ. Klagenfurt

Ziegler, Jean (1998): Die Barbaren kommen. Kapitalismus und organisiertes Verbrechen. München; Goldmann 1999

— (2002): Die neuen Herrscher der Welt und ihre globalen Widersacher. München; Bertelsmann 2003

— (2007): Das Imperium der Schande. Der Kampf gegen Armut und Unterdrückung. (Aktualisierte Aufl.) München; Pantheon

Ziegler, Meinrad/Waltraud Kannonier-Finster (1993): Österreichisches Gedächtnis. Über Erinnern und Vergessen der NS-Vergangenheit. Wien - Köln - Weimar; Böhlau

Zimbardo, Philip G./Richard J. Gerrig (2002): Psychologie. [16. Aufl.] München, Pearson Studium 2004

Zöchling, Christa (1999): Haider. Licht und Schatten einer Karriere. Wien; Molden

6 Namensregister